Online-Beratung im Gruppenchat für Jugendliche und junge Erwachsene

Monika Vey

Online-Beratung im Gruppenchat für Jugendliche und junge Erwachsene

Zwischen Leichtigkeit und Tiefgang

PL ACADEMIC RESEARCH

Bibliografische Information der Deutschen Nationalbibliothek
Die Deutsche Nationalbibliothek verzeichnet diese Publikation in der Deutschen Nationalbibliografie; detaillierte bibliografische Daten sind im Internet über http://dnb.d-nb.de abrufbar.

Zugl.: Frankfurt (Main), Univ., Diss., 2015

Umschlagabbildung:
©kieferpix / Fotolia.com

Gedruckt auf alterungsbeständigem,
säurefreiem Papier.

D 30
ISBN 978-3-631-67589-2 (Print)
E-ISBN 978-3-631-69573-9 (E-Book)
E-ISBN 978-3-631-69574-6 (EPUB)
E-ISBN 978-3-631-69575-3 (MOBI)
DOI 10.3726/978-3-631-69573-9

PL Academic Research ist ein Imprint der Peter Lang GmbH.

Peter Lang – Frankfurt am Main · Bern · Bruxelles · New York · Oxford · Warszawa · Wien

Diese Publikation wurde begutachtet.

www.peterlang.com

JOHANN WOLFGANG GOETHE
UNIVERSITÄT
FRANKFURT AM MAIN

Online-Beratung im Gruppenchat für Jugendliche und junge Erwachsene
Zwischen Leichtigkeit und Tiefgang

Inauguraldissertation
zur Erlangung des Grades eines Doktors der Philosophie
im Fachbereich der Gesellschaftswissenschaften
der Johann Wolfgang Goethe-Universität
zu Frankfurt am Main

Vorgelegt von
Monika Vey
aus: Fulda

Einreichungsjahr: 2014
Erscheinungsjahr: 2016

1. Gutachter: Prof. Dr. Tilman Allert
2. Gutachter: Prof. Dr. Rolf Haubl

Tag der mündlichen Prüfung: 24.11.2015

Inhaltsverzeichnis

Einleitung

Die vorliegende Arbeit präsentiert eine gesprächsanalytische Untersuchung von professioneller psychologischer Beratung unter den Umständen medial vermittelter Kommunikation in Form eines Gruppenchats mit der Zielgruppe Jugendliche bzw. junge Erwachsene. Leitgedanke der Arbeit war eine Mikroanalyse, eine detaillierte Beschreibung, was im therapeutischen Arbeitsbereich unter diesen medialen Bedingungen geschieht und welche Option diese medial vermittelte Form für die Kommunikation zur Krise und Krisenbewältigung bietet.

Welche Beziehung entsteht zwischen den beiden Domänen, wenn sie verschränkt werden, aufeinander zu arbeiten?

Wie verändert sich Chatkommunikation von jungen Menschen unter den Bedingungen von Beratungsthemen und wie wird Beratung vorgenommen unter den medialen Restriktionen dieser Form von schriftbasierter Kommunikation mit den Merkmalen von Leichtigkeit und Unverbindlichkeit? Wie begegnen und beeinflussen sich Fluidität/Leichtigkeit des unverbindlich anmutenden Chattens mit dem Anspruch auf Seriosität und Tiefgang, den ein qualifiziertes psychologisches Beratungsangebot offerieren sollte und für das es in die Pflicht genommen wird?

Allzu oft provozieren diese Fragen ein leichtes Urteil, dem sich einige Studien vorschnell ebenfalls angeschlossen haben: die schriftbasierte Kommunikation mit den medialen Restriktionen sei für seriöse Beratungsofferten ungeeignet bzw. unzureichend. Hier möchte die vorliegende Untersuchung ansetzen und mit einer genaueren Mikroanalyse aufzuzeigen versuchen, was die Beteiligten hier tun und welche Wirkungen es hat, was sie tun. Erst auf der Grundlage einer vertieften empirischen Basis kann dann sachlich über Möglichkeiten und Grenzen dieses Ansatzes, über Chancen und Risiken dieser medial vermittelten Form von Beratung diskutiert werden.

Die vorliegende Arbeit möchte einen Beitrag zum Verständnis dieser neuen Form von Beratung sowie Impulse aus der Praxis zur theoretischen und praktischen Weiterentwicklung liefern, z. B. Anstöße zur fachkundigen Qualifizierung und Weiterentwicklung der Professionalität der Fachkräfte, die mit diesen neuen Beratungsformen experimentieren und arbeiten. Das entspricht den Forderungen aus der Dissertation von Sasse (2011) ebenso wie von vielen auf diesem Gebiet Tätigen (vgl. Hintenberger/Kühne, 2009) und theoretisch Interessierten (z. B. Bergmann, 2005).

Den Anstoß zu dieser Arbeit gaben meine eigenen ersten praktischen Erfahrungen mit der Onlineberatung und speziell mit der Form des Jugend-Gruppenchats im Jahre 2009. Ich hatte zuvor noch nie gechattet und war überrascht vom Tempo und Witz, den die Jugendlichen dabei an den Tag legten, und gleichzeitig beeindruckt von dem Tiefgang, der sich in der Schwere der eingebrachten Themen ebenso wie in der Solidarität untereinander und ernsthafter Lösungssuche widerspiegelte. Diese Mischung aus Leichtigkeit und Ernsthaftigkeit der jungen Menschen in der Auseinandersetzung mit teils sehr bewegenden Themen des eigenen Lebensalltags faszinierte mich und rief Neugier hervor, genauer zu verstehen, was hier vor sich geht. Die Entdeckung, dass der Gruppenchat als Beratungsangebot überwiegend skeptisch beäugt und in der Forschung ebenfalls eher stiefmütterlich behandelt wird, weckte den wissenschaftlichen Ehrgeiz in mir, der dann in diese Arbeit mündete.

Nach rund 20 Jahren Praxiserfahrung in der Jugend- und Familienberatung sowie als psychologische Psychotherapeutin war die intensive Auseinandersetzung mit theoretischen Themen – noch dazu im fachfremden Gebiet Soziologie – eine ebenso spannende wie nervenzehrende Herausforderung.

Luckmann (1986, S. 196) beschreibt die methodologische Aufgabe der Sozialwissenschaften als „systematische Rekonstruktion der sinnkonstituierenden Alltagspraxis", denn „Verstehen" komme logisch vor dem „Erklären". Wessen bedarf es zu diesem Verständnis und der daraus folgenden Erklärung?

Die wissenschaftliche Erörterung eines Untersuchungsgegenstandes aus soziologischer Sicht erfordert zunächst eine genaue Beschreibung desselben, was mit dem Hinterfragen scheinbar so selbstverständlicher Begriffe wie „Beratung" oder „Jugendliche" beginnt.

Es geht sozusagen zuerst einmal um eine „Wesensbeschreibung" dessen, was dann näher erforscht und expliziert werden sollen, in Form einer theoretisch idealisierten Konfiguration als Folie, vor der dann die empirischen Befunde bestimmt werden können.

Damit beschäftigt sich der erste Teil.

Was ist unter Beratung zu verstehen? Was macht das Besondere aus, das Beratung von normaler Alltagskommunikation unterscheidet? Wo ist hier der Einfluss von professioneller Schulung zu spüren und was passiert mit dem professionellen Selbstverständnis in der Begegnung bzw. der psychologischen Arbeit mit Jugendlichen, deren Selbstwert extrem abhängig ist von einem hohen Autonomiestreben und dem Ringen um Eigenständigkeit, Selbstverantwortung und in Ruhe gelassen werden?

Diese besonderen Bedingungen der Zielgruppe Jugendliche und junge Erwachsene gilt es zunächst genauer auszuleuchten: was zeichnet diese Altersgruppe aus, was sind deren Besonderheiten, auch in soziologischer Hinsicht? Und explizit dann eben unter der Fragestellung, wie die Erfordernisse und speziellen Krisen dieser Klientel zu einem Beratungssetting passen, das als Rechtsanspruch vorgesehen ist?

Wie erfolgt die Verschränkung dieser beiden Bereiche: altersspezifische Besonderheiten und Anforderungen einerseits und Beratungsangebot unter den Bedingungen medialer Vermittlung andererseits, wo Kommunikation eben in einer Mischung aus „Nähe" (vertraute Sprache, emotionales Einlassen) und Distanz (durch digitale Vermittlung auf Ferne, unter den Bedingungen von „Nicht-Identifizierbarkeit" als reale Person) geschieht.

Was sind die Eigenheiten computervermittelter Kommunikation und wie wirken diese interaktionell zusammen mit den oben skizzierten Bedingungen Jugend und Beratung?

Bei der Computervermittelten Kommunikation handelt es sich um eine schriftbasierte Äußerung, weshalb es neben den technischen Gegebenheiten und daraus folgenden Implikationen zunächst die Form der schriftlichen Selbstmitteilung zu erörtern gilt. Was hat diese soziologisch zu bedeuten? Welche Implikationen ergeben sich aus der Wahl für diese Option statt mündlicher Mitteilung? Die Form des schriftgestützten Austauschs, die im Vergleich zur mündlichen Mitteilung grundsätzlich eine eher dauerhafte und öffentlichere Form darstellt, kann eine lange Tradition in der Lebensbegleitung, z. B. als geistliche Begleitung, vorweisen, die nun mit Hilfe moderner technischer Infrastruktur in den Grundzügen wiederbelebt bzw. neu gestaltet wird.

Was zeichnet eine schriftliche Form aus? Speziell bezogen auf einen Bereich, der im eigenen Leben eher als fragwürdig, hinter-fragwürdig, problematisch wahrgenommen wird? Und wie unterscheidet sich die unter einem Pseudonym geführte Online-Beratung von der Face-to-Face-Beratung im örtlichen Setting?

Was bewegt junge Menschen dazu, sich in einer solchen Form mit fachlicher Hilfe und Begleitung von Gleichaltrigen eigenen bewegenden Lebensthemen zuzuwenden?

Nach diesem grundsätzlichen Auffalten der einzelnen Bezugsfolien sollen im zweiten Teil die Bedingungen des Untersuchungsgegenstandes vorgestellt werden: die Online-Jugendberatungsseite der bke (Bundeskonferenz für Erziehungsberatung) sowie die technischen Implikationen, die mit der Onlineberatung per se wie mit der speziellen Entscheidung für die Teilnahme an einem Gruppenchat verbunden sind. Nach Erläuterung der technischen Implikationen werden dann das

Forschungsmaterial und das methodische Vorgehen erörtert, bevor die eigentliche Analyse des vorliegenden Textmaterials beschrieben wird.

Im dritten Teil sollen die Ergebnisse vorgestellt werden, die einerseits die Kommunikationsbedingungen des Chatgeschehens als solches und vor allem im Hinblick auf die Einbettung in ein professionelles Beratungssetting umfassen. Die Ergebnisse sollen mit theoretischen Erkenntnissen unterfüttert und ein erster Versuch der Generalisierung gewagt werden. Darauf aufbauend steht als nächstes die Frage im Mittelpunkt, welche Schlussfolgerungen für die Professionellen dieses Bereiches aus den präsentierten Ergebnissen gezogen werden können. Worauf soll bei der künftigen Schulung neuer Fachkräfte geachtet werden? Wie kann ein passgenaues Angebot für Jugendliche auf der Grundlage dieser Ergebnisse weiterentwickelt werden?

Welche praktischen Erkenntnisse können aus den theoretischen Erörterungen und den empirischen Ergebnissen für das Verständnis und die Weiterentwicklung der Onlineberatung, nicht nur für Jugendliche gewonnen werden? Wo liegen die Chancen und die Risiken dieses neuen Ansatzes? Das soll in einem Abschlusskapitel vertieft werden.

Zu einer solchen Arbeit gehört stets die Unterstützung vieler Beteiligter im beruflichen wie persönlichen Umfeld, denen ich hiermit meinen herzlichen Dank aussprechen möchte. Dazu gehören in erster Linie Frau Sabine Buckel als Pionierin auf diesem neuen Gebiet der Gruppenchatberatung, der frühere bke-Geschäftsführer Herr Klaus Menne und der langjährige Leiter der Onlineberatungsplattform, Herr Heinz Thiery.

Meinem betreuenden Doktorvater, Herrn Professor Tilman Allert, den Teilnehmern seines Kolloquiums sowie den beiden Doktorandenkollegen Michael Walter und Michael Liebig verdanke ich viele wertvolle Anregungen.

Meinem privaten Umfeld danke ich für Unterstützung und Ermutigung. Meinen Kindern vermittelten mir wertvolle praktische Erkenntnisse, wie Jugendliche so sind, was sie bewegt und wie sie erreicht werden können. Meine Eltern lebten mir ein gelungenes Modell der guten Mischung aus Leichtigkeit und Tiefgang im Leben vor.

Last not least danke ich all meinen KlientInnen, denen ich im Laufe meines Berufslebens online wie offline begegnet bin. Ihr Vertrauen und ihre Suchprozesse in den oft sehr bewegenden Anliegen sind ein wesentlicher Bestandteil dieser Arbeit.

A Theoretische Bezugsfolien

I Beratung

1 Einführung / Allgemeine Definition

Im allgemeinen Sprachverständnis versteht man unter „Beratung" entweder ein strukturiertes Gespräch bzw. eine praktische Anleitung mit dem Ziel, ein Problem oder eine Aufgabe zu lösen bzw. auf dem Weg zur gesuchten Lösung weiterzukommen; meist im Sinne von „jemandem helfen; jemandem Ratschläge erteilen". Bei Beratung wird darüber hinaus ein gewisses Hilfeersuchen bzw. zumindest die Bereitschaft des Ratsuchenden vorausgesetzt. „Beratungsbedarf" lässt sich unter anderem aus der Fülle von Ratgeberbüchern in nahezu jedem Lebensbereich ablesen. So findet man unter dem Stichwort „Lebenshilfe" eine Unzahl von sehr erfolgreichen Büchern z. B. zu Erziehungsfragen, monatelange Bestsellerplätze für Titel wie „Warum unsere Kinder Tyrannen werden" und ähnliches.

Überwiegend wird um Rat bei Verwandten und Freunden nachgesucht, denen man sich mit der eigenen Ratlosigkeit oder Bitte um Unterstützung in schwierigen Lebens- oder Krisensituationen anvertraut. Idealerweise wird ebenso in diesem Kontext Beratung eher als „Hilfe zur Selbsthilfe" verstanden, d. h. dass es mehr um die Förderung von eigenen Problemlösekompetenzen geht und weniger um das Erteilen von Ratschlägen, denn – wie es im Volksmund heißt – „auch Rat-schläge sind Schläge".

So hilfreich zunächst für das Öffnen über die eigenen Themen und Probleme das vertraute Verhältnis zum anderen scheint, dem man sich in seiner Hilflosigkeit anvertraut, so kann eben genau diese Nähe sich doch für die Problemlösung als hinderlich erweisen, denn die persönliche, oft sogar emotional enge Beziehung beeinflusst die Wahrnehmung der um Rat nachgesuchten Person. Deren Äußerungen und Kommentare sind nicht unabhängig von dieser Kenntnis bzw. vom eigenen Bild, das sie innerlich von der ratsuchenden Person haben, und so werden Lösungsvorschläge oft beeinflusst sein von dem persönlichen Zutrauen in die Kompetenzen des anderen, was zu einer Über- oder Unterforderung führen kann. Zudem handelt es sich nicht selten um Beziehungskonflikte, und damit ist hier die beste Freundin einer Ehefrau nicht so objektiv, wie es für förderliche Unterstützung, die von der Problemdefinition der ratsuchenden Person ausgeht und die (Wieder-)Aktivierung von deren eigenen Kompetenzen in den Vordergrund stellt, notwendig wäre. Bestimmte Tabuzonen, beispielweise Kritik am Partner oder am Erziehungsverhalten, werden aus Vorsicht oder Angst vor

Konfrontation vermieden, was einer umfassenden Problemsicht und damit neuen Lösungsansätzen im Weg steht.[1]

Rainer Paris (2005) benennt in seinem Artikel „Raten und Beratschlagen" als wesentliche Komponenten des Beratens mehrere Faktoren: zum einen ein Nähe- und Vertrauensverhältnis zwischen dem Ratsuchenden und dem Ratgeber als Voraussetzung, dass ein Rat angenommen werden kann. Zum anderen eine gewisse Asymmetrie, nämlich Hilfesuchender und Experte, die allerdings nicht als störend erlebt wird, da dieser Kompetenzunterschied ja Ausgangsvoraussetzung für solch eine Beratung/Ratschlag sei. Diese Kompetenz der Rat gebenden Person werde sowohl von vorne herein unterstellt wie im Geschehen selbst inszeniert. Von dieser Struktur des „Ratschlags" unterscheidet er das „gemeinsame Beratschlagen" als Gruppenprozess, wo die Kommunikation des Austauschs – selbst über problematische Sachverhalte – eher geprägt ist von gemeinschaftlicher Verbundenheit unter „Gleichen", einem Wir-Gefühl der Gruppe.[2] Bei beiden Formen ist das übereinstimmende Ziel auf jeden Fall die „Verflüssigung"/ Vervielfältigung der Perspektiven gegenüber dem „Eingemauert sein in eine einzige Perspektive" als Ausgangspunkt von Ratlosigkeit (ebd., S. 362).

Nothdurft/Reitemeier/Schröder (1994) heben in ihren empirischen Arbeiten über Beratungssituationen als Interaktionstypus vor allem diesen asymmetrischen Charakter der komplementären Beteiligungsrollen „Ratsuchender" und „Ratgeber" hervor. Die Unterschiede bestehen ihnen zufolge sowohl im Fachwissen und unterschiedlichen Sichtweisen auf das, was zum Gegenstand der Beratung gemacht wird, als auch in der Distanz/ Betroffenheit in Bezug auf das Anliegen sowie in der Frage der Handlungs- und Lösungsmöglichkeiten. Erst und wesentlich durch diese Unterschiede könne sich Beratung produktiv erweisen, weil so neue, auch professionell geschulte Sichtweisen übernommen und die Distanz des Nicht-Betroffenen zur Lösungsfindung genutzt werden könne.

Dies ist ebenfalls grundlegend für das Angebot von Beratung in professioneller Form.

---

1 Nicht ohne Grund betitelte die populärwissenschaftliche Zeitschrift „Psychologie heute" einen Beitrag zu diesem Thema vor einigen Jahren mit „Schlechter Rat von guten Freunden".

2 Paris bezieht sich hier eher auf ein gemeinsames Anliegen, wo die Gruppe nach einer kollektiven Lösung sucht. Demgegenüber abzugrenzen ist sicher noch einmal die Dynamik in einer Gruppe, wo explizit ein Teilnehmer (bzw. wechselseitig) in der Gruppe von Gleichen/ebenfalls Betroffenen Lösungsanstöße für ein eigenes Thema/Problem erwartet (Therapie- bzw. Selbsthilfegruppe mit oder ohne professionelle Leitung).

2 Institutionelle Beratung

So hilfreich manchen das Beratschlagen im Familien- oder Freundeskreis erscheint, so scheuen doch andere aus den oben genannten Gründen diesen Weg und/oder er scheint nicht (mehr) ausreichend, so dass professionelle Hilfe durch einen neutralen Dritten gesucht wird, wenn Menschen sich aktuell von einer Krisensituation wie z. B. nach einer Trennung oder Lebensanforderungen, z. B. Erkrankung, überfordert fühlen.

Neben privat getragenen und kostenpflichtigen Angeboten existiert mittlerweile eine Fülle von teils spezialisierten Beratungsstellen, die von öffentlichen und freien Trägern aus dem Bereich der sozialen Arbeit unterhalten werden. Gemeinsames Kennzeichen und Anliegen solcher Beratungsstellen ist ein möglichst niederschwelliger und in der Regel kostenfreier oder sehr kostengünstiger Zugang, z. B. Bitte um kleinen Eigenanteil oder Spenden für längerfristige Beratung. Dadurch ist für die Zielgruppe ein unkomplizierter Zugang zu Expertenwissen möglich und ohne großen Aufwand realisierbar. Das Medium einer Beratung ist hauptsächlich die (gleiche) Sprache, weshalb in den letzten Jahren – entsprechend dem steigenden Anteil der Bevölkerung mit Migrationshintergrund – entweder gezielte Angebote für Fremdsprachige entstanden, z. B. Migrationsberatung, oder in den herkömmlichen Beratungsstellen auf muttersprachliche MitarbeiterInnen Wert gelegt wird, die aufgrund der Kenntnis der Herkunftskultur einen anderen Zugang zu solchen Ratsuchenden haben. So findet man mittlerweile z. B. türkischsprachige Mitarbeiterinnen in Frauenberatungsstellen gegen Gewalt oder russischsprachige zu Themen wie Sucht in der Familie.

Die Tätigkeitsfelder von institutionell organisierter Beratung umfassen lebenspraktische Fragen sowie psychosoziale Krisensituationen und können sowohl nach verschiedenen Beratungsfeldern/-anlässen, wie z. B. Erziehungs-, Familien-, Partnerschafts-, Schuldner-, Sucht-, Berufsberatung etc., als auch nach Beratungsansätzen oder Settings, wie Einzel-, Paar-, Gruppen- oder Teamberatung unterschieden werden.

Als ausschlaggebenden Faktor kann man auf jeden Fall eine subjektive Bewertung des Ratsuchenden über eine Problemdefinition, d. h. eine als Unzufriedenheit oder gar Not erlebte Ausgangssituation, die mit – meist negativen – Wertungen verbunden ist, voraussetzen. Eine ratsuchende Person wendet sich mit ihren Fragen, Anliegen und subjektiv empfundener Not sowie einem Änderungswunsch an einen Berater, der zunächst bei einer klaren Erkenntnis des Problems unterstützt. Dazu gehören Fragen wie: Was wird als problematisch erlebt? Wer ist beteiligt? In welchem Kontext findet das Erleben statt? Welche Zusammenhänge mit Situationen und anderen Menschen müssen berücksichtigt werden? Auf der Problemerkenntnis aufbauend geht es dann um die Suche nach neuen Handlungsmöglichkeiten zur Veränderung der Situation bzw. darum, reflektierte Entscheidungen zu treffen. Neben der bewussten Entscheidung für einen bestimmten Beratungskontext auf Seiten des Ratsuchenden spielt im Beratungsprozess selbst die gemeinsame Suche nach persönlichen und sozialen Ressourcen ebenso wie die Unterstützung beim Umgang mit nicht auflösbaren Belastungen eine wichtige Rolle. Eine Veränderung kann demnach sowohl in konkreten Handlungen und Situationsveränderungen bestehen, aber ebenso in einer veränderten Bewertung einer nicht aufhebbaren schwierigen Lebenssituation. Es geht vorrangig um die Stärkung der Eigenverantwortlichkeit, d.h. dass der Ratsuchende durch neue Einsichten das alltägliche Leben wieder bewältigen kann und Möglichkeiten gelernt hat, mit ähnlichen Problemen umgehen zu können.

In dieser institutionalisierten Form umfasst der Begriff „Beratung" heute demnach weniger eine direkte Anleitung als vielmehr ein Angebot, bei Unsicherheiten wie auch schon aufgetretenen problematischen Zuspitzungen und Krisensituationen mit einer neutralen dritten Person die Thematik zu besprechen und gemeinsam neue Lösungsschritte zu überlegen, eher als „Anleitung zur Selbsthilfe". Das setzt ein starkes Fokussieren auf die Ressourcen und Vertrauen in die prinzipiellen Lösungsfähigkeiten der Klienten voraus, sowie nach übereinstimmenden Befunden der Therapie- und Beratungsforschung eine gute, von Wertschätzung getragene und von Empathie geprägte Berater-Klienten-Beziehung. Von Seiten des Klienten muss eine gewisse Bereitschaft zur „Selbstoffenbarung" und eine ernsthafte Suche nach neuen Verhaltensalternativen zur Veränderung von problematischen Mustern eingebracht werden.

Qualitätssicherung und Beratungsverständnis

Verschiedene Dachverbände versuchen in diesem Feld der institutionalisierten Beratung eine qualitativ hochwertige, professionelle Beratungsdienstleitung zu sichern. Ein solcher Dachverband ist beispielsweise die 2004 gegründete **Deutsche Gesellschaft für Beratung/German Association for Counseling e.V. (DGfB)** mit heute 29 Verbänden als Vertretung für über 30000 Beraterinnen und Berater, die sich zur Aufgabe gemacht hat, der Fachöffentlichkeit, der Politik und dem Verbraucher einen Orientierungsrahmen für die **Qualität von Beratungsleistungen** zu bieten. Die Grundlage hierfür bietet ein am 19.06.2003 noch vom Vorgängerverband als Grundsatzpapier verabschiedetes „Gemeinsames Beratungsverständnis", das hier zusammenfassend wiedergegeben werden soll:[3]

---

3 Abrufbar unter www.dachverband-beratung.de, Zugriff am 02.01.14.

Das Beratungsverständnis betont den „subjekt-, aufgaben- und kontextbezogenen“ Charakter der Beratung und die dialogische Bearbeitung der anstehenden Aufgaben, Probleme und Konflikte innerhalb institutioneller, rechtlicher, ökonomische und berufsethischer Rahmenbedingungen. Es wird hervorgehoben, dass ein Beratungsergebnis nur „kooperativ erreichbar“ sei und „eine gemeinsame Anstrengung und Leistung aller Beteiligten, BeraterIn/ Beratene und ggf. Kostenträger, sowie klare Zielvereinbarungen voraussetze.“ (ebd., Seite 3)

Es gehe auf der Basis einer professionellen Beratungsbeziehung vor allem darum, das verantwortungsvolle Handeln einzelner Personen oder Gruppen in ihren jeweiligen Kontexten zu fördern. Die Ratsuchenden werden bei der Reflexion von Erfahrungen und Erlebenszusammenhängen und damit bei der Einordnung von persönlichen, zwischenmenschlichen und gesellschaftlichen Anforderungen und Konflikten unterstützt, was ebenso Fragen zur persönlichen Identitätsbildung, zur Entwicklung von Sinnperspektiven oder die Bearbeitung konkreter Belastungssituationen umfassen könne.

Zu diesem dialogischen Prozess, der sowohl die Bearbeitung von Emotionen wie die Entwicklung von Handlungskompetenzen und wenn möglich Veränderungen von problemverursachenden Verhältnissen zum Ziel habe, gehöre die Definition erreichbarer Ziele, das Entwerfen angemessener Handlungspläne unter Nutzung individueller sowie kontextbezogener Ressourcen sowie die Unterstützung bei nicht auflösbaren Belastungen.

> „Das Ziel der Beratung ist in der Regel erreicht, wenn die Beratenen Entscheidungen und Problembewältigungswege gefunden haben, die sie bewusst und eigenverantwortlich in ihren Bezügen umsetzen können. Hierzu gehört auch, dass Selbsthilfepotentiale und soziale Ressourcen in lebensweltlichen (Familie, Nachbarschaft, Gemeinwesen und Gesellschaft) und arbeitsweltlichen (Team, Organisation und Institution) Bezügen erschlossen werden“ (ebd., S. 5).

Zum fachlichen Profil einer Beraterpersönlichkeit gehören diesem Beratungsverständnis zufolge systematische, theoretisch und methodisch fundierte Konzepte sowie deren beständige Reflexion bei der Planung, Umsetzung und Auswertung des beruflichen Handelns, damit das theoretisch und methodisch geprägte Handeln intersubjektiv überprüfbar sei und beliebigem Handeln vorgebeugt werden könne. Dazu gehöre ebenso, den Ratsuchenden selbst die Konzepte und Methoden transparent und verständlich darzustellen.

Schon wesentlich länger als die DGfB besteht die Deutsche Arbeitsgemeinschaft für Jugend- und Eheberatung e.V. (DAJEB), nämlich bereits seit 1949.

Die DAJEB ist – ihrer Selbstdarstellung auf der Homepage zufolge – ein überparteilicher, konfessionell nicht gebundener Verband mit den Arbeitsschwerpunkten

Fort- und Weiterbildung sowie Forschung im Bereich Ehe und Familie, gefördert zum größten Teil vom Bundesministerium für Familie, Senioren, Frauen und Jugend (BMFSFJ). In Übereinstimmung mit dem Grundgesetz, Artikel 6, das „den besonderen Schutz von Ehe und Familie" ausdrücklich betont, wird eine professionelle und qualifizierte Begleitung für Probleme in diesen Bereichen empfohlen und als staatliche Leistung flächendeckend bereitgestellt.

Für Ratsuchende und die Fachöffentlichkeit steht auf der Homepage der DAJEB der „Beratungsführer online" zur Verfügung. In dieser Datenbank sind sämtliche ambulanten psychosozialen Versorgungseinrichtungen in Deutschland erfasst. Zum Zeitpunkt 16.12.2013 waren hier 13.810 Beratungsstellen abfragbar[4].

In ihrem (ebenfalls online verfügbaren) Informationsblatt für Ratsuchende mit dem Titel „Psychologische Beratung hilft….." werden die Anwendungsbereiche und Handlungsweisen wie folgt geschildert:

„Psychologische Beratung hilft Ratsuchenden bei Problemen mit sich selbst, mit dem (Ehe)Partner / der (Ehe)Partnerin, in der Familie und Lebensgemeinschaft sowie im sozialen, privaten oder beruflichen Umfeld." Die Notwendigkeit von Krisen im Entwicklungsprozess wird betont, wobei Krisen als Belastungen, aber ebenso als Chance für Neuorientierung und positive Weiterentwicklung gedeutet werden. „Psychologische Beratung hilft dabei Ratsuchenden, für sie geeignete Wege aus der Krise zu finden, unzureichende oder unbrauchbare Problemlösungsversuche zu korrigieren und bisher ungenutzte Potenziale zu entdecken und anzuwenden." Professionelle Gesprächsführung sowie die professionell gestaltete Beziehung zwischen Berater(in) und ratsuchender Person werden dabei ebenso als Wirkfaktoren betrachtet wie praktische Anleitung und Übungen und das Erleben neuer Erfahrungen, wobei „Berater/in und die ratsuchende Person dabei gleichermaßen Verantwortung für den Beratungsprozess übernehmen."[5]

In dem Informationsblatt wird ferner darauf hingewiesen, dass die so arbeitenden Beratungsstellen Gewähr bieten würden für ein multiprofessionelles Team und regelmäßige Fortbildung der Berater*innen sowie für eine kontinuierliche Qualitätssicherung.

---

4 www.dajeb.de, Abfrage 02.01.14.

5 www.dajeb.de, Zugriff am 02.01.14.

3 Exkurs Abgrenzung zur Therapie

Wer sich seelisch belastet fühlt und/oder unter psychischen Problemen leidet, wünscht sich vor allem schnelle und kompetente Unterstützung für sein Wohlbefinden und bei der Lösung seiner Probleme. Doch wann ist dazu psychologische Beratung hilfreich und wann ist Psychotherapie angesagt? Eine Frage, die viele, nicht nur Laien überfordert.

Unter Psychotherapie versteht man in der Regel die Behandlung seelischer Probleme bzw. die Behandlung mit „seelischen" Mitteln, für gewöhnlich Gespräche, im Gegensatz zu beispielsweise medikamentöser Behandlung.

Im Psychotherapeutengesetz von 1999 wird Psychotherapie definiert als „Tätigkeit zur Feststellung, Heilung oder Linderung von Störungen mit Krankheitswert, bei denen Psychotherapie indiziert ist". Als Beispiele für „Störungen mit Krankheitswert" gelten beispielweise Depressionen, Sucht oder Angststörungen.[6]

Es gibt eine Fülle von anderen psychischen Problemen – zum Beispiel Lebenskrisen, Beziehungs- oder Familienprobleme, berufliche Schwierigkeiten, Mobbing am Arbeitsplatz –, die sehr belastend und lebensqualitätsbeeinträchtigend sein können, jedoch im Sinne der obigen Definition keinen „Krankheitswert" aufweisen. Obwohl in den Beratungs- und Therapieangeboten für diese Probleme inhaltlich und methodisch ähnlich vorgegangen wird, gelten diese daher im gesetzlichen Sinne nicht als „Psychotherapie". Im praktischen Lebensalltag kommen häufig Überschneidungen vor, z. B. führen Depressionen häufig zu Beziehungsproblemen oder umgekehrt: schwierige Lebensumstände begünstigen den Ausbruch einer tiefgreifenden psychischen Störung, wo dann eine Psychotherapie vorrangig durchgeführt werden sollte.[7]

---

6 offizielle Definition und Übersicht über psychische Störungen im ICD-10, Internationale Klassifikation der Krankheiten in der 10. Revision.

7 Kritische Anmerkung: Die Definition eines „Krankheitswertes" ist ebenfalls immer wieder zeitgeschichtlichen Strömungen und nicht zuletzt auch dem Lobby-Einfluß von Pharmaunternehmen unterworfen. So finden sich im neuen DSM V (2013), einem Schlüsselwerk zur Diagnose krankheitsrelevanter Störungen, im Vergleich zur Erstfassung von 1952 ein Mehrfaches der ursprünglichen Störungen. Wobei von Praktikern wie Wissenschaftlern die Lockerung der diagnostischen Kriterien heftig kritisiert wird, da eine potentielle Ausweitung des Krankheitsbegriffes und eine Pathologisierung normaler Entwicklungs- und Anpassungsprozesse (z. B. Wutausbrüche bei Kindern oder Trauerprozesse) befürchtet werden. Fazit: Auch „Krankheitswert" ist ein relativer Begriff.

Überlegungen aus der Praxis zur Abgrenzung[8]

Wie oben bereits beschrieben wurde, ist das Ziel einer Beratung in erster Linie „Verflüssigung" der oft festgefahrenen Problemsicht mit der Perspektive des nächsten konkreten Schrittes in einer gegebenen, krisenhaft erlebten Situation, wohingegen Therapie als „heilkundliche Behandlung" oft weniger situationsbezogen ansetzt. Eine Psychotherapie setzt neben dem vom Fachmann diagnostizierten Krankheitswert eine hohe Anfangsmotivation voraus: Der Klient erlebt sich als „krank", ist bereit Hilfe zu suchen und diese in intensiver Form zuzulassen. Beratung kann dagegen vorher ansetzen, gerade in der Ambivalenzphase, wo die Ratsuchenden sich (noch) nicht sicher sind, wie tiefgehend eine erlebte „Störung" tatsächlich ist und ob sie professionelle Hilfe in welchem Ausmaß zulassen wollen und können. In dieser Hinsicht hinderlich könnte z. B. die Angst vor Abstempelung durch eine Diagnose, die der Krankenkasse bekannt wird, sein. Beratung stellt hier oft einen wichtigen Zwischenschritt dar, der hinsichtlich der Konsequenzen unverbindlicher und niederschwelliger eingegangen werden kann. In der Beratung geht es nicht selten um Erzeugung und Festigung einer Anfangsmotivation zu weiteren Schritten.

Die Anfangsmotivation ist stets der subjektiv erlebte Leidensdruck. Dieser ist bei beiden Formen, Therapie wie Beratung, gegeben, wird aber in verschiedenen Settings umgesetzt, die dann jeweils unterschiedliche Konsequenzen nach sich ziehen. Therapie setzt in der Regel einen höheren Grad an Bewusstheit voraus, was die Einschränkung, den „Krankheitswert", Selbstattribution, evtl. auch die Konsequenzen betrifft. In einer Therapie ist darüber hinaus wichtig, wie ausdrücklich Ratsuchende /Leidende dies anerkennen und damit umgehen können.

Berater in den institutionellen Psychologischen Beratungsstellen sind in der Regel neben ihrer Grundqualifikation – überwiegend Diplom-Psychologen, Diplom- oder Sozialpädagogen, bzw. Sozialarbeiter – in therapeutischen Verfahren weitergehend qualifiziert. Eine *therapeutische Identität* ist sozusagen Teil ihrer beruflichen Rolle, selbst wenn nicht jeweils spezifische therapeutische Verfahren eingesetzt bzw. eine therapeutische Tätigkeit im heilkundlichen Sinne erbracht wird.

Was macht dann die Professionalität in der Beratung aus? Wenn Beratung als Einladung zur Selbstreflexion und gemeinsamen Entdecken der Problemdefinition/-Einsicht wie auch der notwendigen Lösungsfähigkeiten verstanden wird, bedeutet

8 Die Autorin ist, wie viele ihrer KollegInnen, selbst als approbierte psychologische Psychotherapeutin in einer Beratungsstelle tätig. Die Abgrenzung zwischen Beratung und Therapie ist als heißes Eisen ein häufiges Diskussionsthema.

professionelle Beratung vor allem folgendes: im Reflexionsprozess dem Ratsuchenden einen Schritt voraus zu sein, zu Selbstreflexion einladen und anleiten zu können.

Professionalität wird in dem Sinne eher verstanden als mitmenschliche Voraussetzung, weniger von der Ausbildung her. Das entspricht dem von Christoph Hutter (2013, S. 22) vorgebrachten Beziehungspostulat: „Beratung ist zuallererst Beziehungsangebot".

Die sogenannten Rogers-Variablen Transparenz, Echtheit und Wertschätzung, die unter Abschnitt „Spezielle Therapie- und Beratungsformen" noch ausführlicher definiert werden, gelten heute – aufgrund ihrer Bedeutung für die Klient-Berater- bzw. Patient-Therapeuten-Beziehung – als grundlegend für eigentlich alle Beratungs- und Therapieverfahren. Grundsätzlich sind sie aber nicht als kennzeichnend für Therapie anzusehen, sondern übergreifend gültig für menschliche Begegnungen, wenn auch nicht immer voll erfüllt. Im Grunde spiegeln sie die Ausführungen des jüdischen Philosophen Martin Buber wider, der ein gelingendes Gespräch als „Ich-Du-Begegnung" charakterisiert und dem zufolge das „Ich", d.h. das Individuelle des Menschen, sein „Geheimnis" im Sinne Simmels, das, wozu jede Therapie und Beratung führen will, nämlich das selbst-bewusste Ich-Sein, „erst vom Verhältnis zu Du aus", d.h. in der Begegnung mit einem anderen bestimmt werden könne.

Für Martin Buber scheint charakteristisch gewesen zu sein, was ebenso eine gute Beratung ausmacht, nämlich den anderen mitzunehmen, damit er selbst in sich und durch eigene Reflexion entdecken kann, was er braucht. „Ich habe keine Lehre. Ich zeige nur etwas. Ich zeige Wirklichkeit, ich zeige an der Wirklichkeit, was nicht oder zu wenig gesehen worden ist. Ich nehme ihn, der mir zuhört, an der Hand und führe ihn zum Fenster. Ich stoße das Fenster auf und zeige hinaus. Ich habe keine Lehre, aber ich führe ein Gespräch" (Martin Buber, 1961; hier zit. nach Beck/Miller, 1993, S. 5).

Siegmund Freud, der mit der Entwicklung der Psychoanalyse als einer der Begründer von Psychotherapie gilt, legte hohen Wert auf die sogenannte Abstinenzregel, d.h. dass der Therapeut – um dem Patienten wirklich hilfreich sein zu können – sich weitgehend eigener Äußerungen und Regungen enthalten solle.

Kleine Vorausschau: Diese „depersonalisierte" Form der Begegnung ist im Kontext der computervermittelten Kommunikation in hohem Grade erfüllt. Ob wohl Freud – statt hinter der Couch, d.h. dem Sichtfeld des Patienten entzogen sitzend – heute diese Form gewählt hätte? Auf Kopräsenz verzichtend, damit der Patient möglichst unbeeinflusst durch äußere Ablenkung ungestört in seiner eigenen Sphäre und den eigenen Assoziationen verweilen kann?

Als ein kleiner Hinweis in diese Richtung könnte gewertet werden, dass die Vertreter der psychoanalytischen Richtung als eine der ersten im therapeutischen Feld auf die Onlinekommunikation zu psychologischen/therapeutischen Zwecken eingestiegen sind bzw. sich sehr stark für die Auswirkungen dieser Bestrebungen auf das (Beziehungs-)Erleben der Menschen interessierten. Von grundlegender Bedeutung im Sinne einer Pionierarbeit waren hierbei sicher die Forschung und Arbeiten von Sherry Turkle (1998), die im Kapitel „Onlineberatung" ausführlicher referiert werden.

Wie aus diesen Ausführungen ersichtlich, gibt es viele Überschneidungen zwischen Therapie und Beratung, trotz aller formellen Abgrenzungen – Stichwort „Therapie als heilkundliche Tätigkeit für Störungen mit Krankheitswert" – und Settings-bedingten Besonderheiten, die vor allem in Deutschland eine wichtige Rolle spielen, wo „der Beratungsbereich… überaus strikt vom Bereich der Psychotherapie juristisch-administrativ getrennt ist, etwa im Gegensatz zu den USA" (J. Kriz, 2013, S. 25).

Jenseits all dieser Besonderheiten gilt wohl dennoch für beide das, was Hermann Argelander in seinem Buch „Das Erstinterview in der Psychotherapie" z. B. über die Bedeutung des äußeren Rahmens schreibt, der dazu „mithelfen soll, dem Patienten schnell die Atmosphäre des Gesprächs deutlich zu machen, die er für sich nutzen kann, um Vertrauen, Offenheit, Intimität und verständnisvolles Mitgehen, Mitdenken und Nachempfinden bereitzustellen. ….. Der Erstinterviewer kritisiert und urteilt nicht, sondern nimmt alles hin, wie es angeboten wird und forscht nur nach seinem Sinn. …. Die meisten Patienten schließen sich unter dieser Haltung erstaunlich schnell auf und sprechen mit Erleichterung über Dinge, die sie sonst niemandem anvertrauen." (H. Argelander, 1987(3), S. 42, S. 57).

Ebenso betont Argelander die Wertschätzung für das Erleben und die subjektive Bewertung des Patienten selbst. „Der Patient ist die einzige Person, die unsere Auffassung von seiner psychischen Krankheit korrigieren kann und deshalb fühlen wir uns ohne seine Bestätigung nicht überzeugt" (ebd., S. 57) – auch dies eine wiederholt zu findende Grundvoraussetzung im heutigen Beratungsverständnis, wie die beschriebenen Definitionen aufzeigen und was im Folgenden näher dargelegt werden soll.

4 Beratungsstellen für Eltern, Kinder und Jugendliche

Die institutionelle „Erziehungs-, Jugend- und Familienberatung" für Eltern, Kinder, Jugendliche und deren Bezugspersonen, zu der das in der vorliegenden Arbeit untersuchte Onlineberatungsangebot zählt, beruht auf dem Rechtsanspruch nach SGB VIII (Kinder- und Jugendhilfegesetz, KJHG). Dieses regelt Ansprüche und Leistungen der Träger der Öffentlichen Jugendhilfe an anspruchsberechtigte und hilfebedürftige Kinder und Jugendliche sowie deren Eltern. Die Beratung ist für Ratsuchende kostenfrei und vertraulich, die Berater unterliegen der Schweigepflicht nach §203 StGB. Jede Kommune muss diese Leistung vorhalten, so dass ein flächendeckendes Netz an Beratungsstellen existiert. Diese sind für Leistungen in verschiedenen Lebenssituationen und Notlagen zuständig, die in diversen Paragraphen geregelt sind. Die Hauptzuständigkeit wird in §28 erläutert.

KJHG § 28 Erziehungsberatung

„Erziehungsberatungsstellen und andere Beratungsdienste und -einrichtungen sollen Kinder, Jugendliche, Eltern und andere Erziehungsberechtigte bei der Klärung und Bewältigung individueller und familienbezogener Probleme und der zugrunde liegenden Faktoren, bei der Lösung von Erziehungsfragen sowie bei Trennung und Scheidung unterstützen. Dabei sollen Fachkräfte verschiedener Fachrichtungen zusammenwirken, die mit unterschiedlichen methodischen Ansätzen vertraut sind." (SGB VIII, § 28)

Jugendliche können sich selbständig an die Beratungsstellen wenden und dort auch ohne Wissen der Eltern, gegebenenfalls sogar anonym beraten werden.

Die **Bundeskonferenz für Erziehungsberatung (bke)** ist der Fachverband der Erziehungs- und Familienberatung in der Bundesrepublik Deutschland. In ihr sind die Mitarbeiter*innen der Erziehungsberatungsstellen organisiert. Diese haben sich auf freiwilliger Basis in Landesarbeitsgemeinschaften für Erziehungsberatung zusammengeschlossen, die seit 1962 gemeinsam die Bundeskonferenz für Erziehungsberatung bilden.

Die bke definiert ihr Beratungsangebot und –Verständnis in ihrer Imagebroschüre folgendermaßen:

Beratung für Kinder, Jugendliche und Eltern in Erziehungs- und Familienberatungsstellen

> „Kinder, Jugendliche, Eltern und andere Erziehungsberechtigte können sich bei Erziehungsfragen und bei persönlichen oder familienbezogenen Problemen an Erziehungs- und Familienberatungsstellen wenden. Die Mitarbeiterinnen und Mitarbeiter dieser Einrichtungen haben die Aufgabe, zusammen mit den Ratsuchenden deren Probleme zu klären und Lösungen ihrer Fragen zu suchen. Mit ihren breiten Fachkenntnissen helfen die Beraterinnen und Berater Kindern, Jugendlichen und Eltern, ihre Schwierigkeiten zu bewältigen. Auch bei Fragen und Konflikten im Zusammenhang mit Trennungen und Scheidungen bieten die Erziehungs- und Familienberatungsstellen allen Familienmitgliedern ihre professionelle Hilfe an."

„Schlafstörungen, Entwicklungsverzögerungen, Essstörungen, Ängste, Trennungs- und Kontaktschwierigkeiten, Sprachstörungen, Einnässen, Einkoten oder auch Leistungs- und Verhaltensprobleme: Die verschiedensten Schwierigkeiten können Anlass sein, eine Beratungsstelle aufzusuchen. In einer Notlage können sich Kinder und Jugendliche ohne Eltern und vor allem auch ohne deren Wissen an eine solche Einrichtung wenden."

In über 10000 Erziehungs- und Familienberatungsstellen werden pro Jahr in Deutschland über 300 000 Beratungen durchgeführt. Die Adressen sind im Internet unter www.bke.de abrufbar, wo ebenfalls bei der gezielten Suche nach spezialisierten Beratungsstellen geholfen wird.[9]

Fazit

Die vorgestellten Beratungsdefinitionen zusammenfassend können sicher als übergreifendes Kennzeichen von institutioneller Beratung zwei zentrale Punkte hervorgehoben werden: zum einen soll über den zwischenmenschlichen Prozess durch Interaktion zwischen dem Berater und dem Klienten/Ratsuchenden sowohl eine klarere Einsicht in die Problematik selbst als auch die Aktivierung eigener Problemlösekompetenz gefördert werden, zum anderen dient psychosoziale Beratung ebenso zur Aufklärung über externe Hilfsmöglichkeiten. Entscheidend ist neben dem kostenfreien und unbürokratisch-niederschwelligen Zugang auf jeden Fall, dass Beratung nicht nur die Vermittlung von Informationen umfasst, sondern ein interaktionelles Geschehen ist, das in gemeinsamer Verantwortung von Ratsuchendem und Berater vor allem zur Selbstreflexion anregen und Selbsthilfe fördern soll. Grundlegend hierfür ist eine von Wärme und Wertschätzung getragene Beratungsbeziehung zwischen Ratsuchendem (= Klient) und Berater sowie die prinzipielle Überzeugung, dass der Klient selbst die für die Problemlösung erforderlichen Fähigkeiten mitbringt und es eher – um Sokrates und seine Überlegungen für gelingende Gesprächsführung zu berücksichtigen – der „Hebammenkunst" des Beraters bedarf, diese Fähigkeiten, bzw. das Vertrauen in sich beim Klienten selbst zu wecken und die Aktualisierung der in der Krise verschütteten, nicht zugänglichen Fähigkeiten zu ermöglichen. Dies gilt idealtypisch heute allgemein als eine der Grundlagen für professionelle psychologische Beratung: weg vom „ex cathedra" mitgeteilten Expertenwissen hin zu gemeinsamer, bewusst als Interaktion gestalteter Suche nach den Fähigkeiten, die der Klient braucht, um die von ihm erlebte Krise eigenverantwortlich zu meistern. Der Berater begleitet ihn dabei auf seinem Weg und Suchprozess.

9 Zitate aus der bke-Imagebroschüre, Download möglich unter www.bke.de, Zugriff am 02.01.14.

Christoph Hutter (2013) spitzt dies in seiner „Standortbestimmung“[10] auf die These zu: „Zum einen und zuallererst ist Beratung ein Beziehungsangebot. Weil Verbundenheit unverzichtbar zum Menschsein gehört (anthropologische Perspektive), weil der moderne Mensch gerade in seiner Verbundenheit verletzt und verunsichert ist (diagnostische Perspektive) und weil Verbundenheit heilt (Interventionsperspektive), ist und bleibt Beziehung der wichtigste Wirkfaktor von Beratung.“ .... „Beratung ist ein von verlässlicher Beziehung getragener Ort für Selbstvergewisserung und Selbstentwurf“ (ebd., S. 22).

5 Wichtige Beratungsansätze

Bevor in Kapitel VI der Ansatz der Onlineberatung, d. h. Beratung mit Hilfe computervermittelter Kommunikation erläutert wird, sollen zunächst zwei Ansätze vorgestellt werden, die in den letzten Jahrzehnten sehr prägend für die Entwicklung professioneller psychologischer Beratung wie Psychotherapie waren und in den oben vorgestellten Beratungsdefinitionen der einflussreichen Dachverbände professioneller Beratung unschwer wiederzufinden sind.[11]

5.1 Personenzentrierte Psychotherapie und Beratung nach Carl Rogers

Eine zentrale Rolle in der Entwicklung einer Beraterhaltung nimmt Carl Rogers ein, der Begründer der zu den humanistischen Ansätzen zählenden „Gesprächspsychotherapie“ bzw. international üblicherer Begriff der „personenzentrierten Psychotherapie“. Nach den an innerseelischen Defiziten orientierten tiefenpsychologischen Ansätzen der Psychoanalyse und dem mechanistischen Modell der Verhaltenstherapie ging es ihm darum, das Ganzheitliche des Menschen, seine Persönlichkeit und dessen Entwicklung stärker in den Vordergrund zu rücken. Für das Gelingen eines Beratungs- oder Therapieprozesses formulierte er nach jahrelanger Forschung sowie aus eigener klinischer Erfahrung drei wichtige Grundhaltungen:

1. Bedingungslose positive Wertschätzung gegenüber der Person des Ratsuchenden mit ihren Schwierigkeiten und Eigenheiten (wozu ebenfalls die das aktuelle Leiden verursachenden Bedingungen gehören).

---

10 Titel seines Vortrags anlässlich des 50 jährigen Jubiläums der Ehe-, Familien- und Lebensberatung der Katholischen Kirche.

11 Anmerkung: auch in der Entwicklung dieser Ansätze findet man die in den USA übliche fehlende Abgrenzung zwischen Therapie und Beratung.

2. Empathie: Einfühlsames Verstehen der Welt und der Probleme aus der Sicht des Klienten, und die Fähigkeit, diese Empathie dem Klienten zu kommunizieren.
3. Kongruenz in der Haltung des Beraters/Therapeuten, d.h. die Echtheit und Wahrhaftigkeit gegenüber dem Klienten, wozu – im Gegensatz zu Freuds Abstinenzregel – in der Begegnung durchaus z.B. die Selbstmitteilung des Therapeutenerlebens gegenüber dem Klienten gehört.

Carl Rogers ging davon aus, dass die Wirkung von Personenzentrierter Psychotherapie und Beratung in erster Linie durch die Umsetzung dieser drei Grundhaltungen bedingt werde. Diese prägen die Beziehung zum Klienten, der sich dank dieser Erfahrung wiederum seiner eigenen Person in wachsendem Maße wertschätzend, empathisch und kongruent zuwenden kann und damit in der eigenen Persönlichkeit wachsen und zunehmend auch die an ihn gestellten Anforderungen kongruenter, d.h. in höherer Übereinstimmung mit seinen eigenen Fähigkeiten und Werten bewältigen könne. Die Wirkung liegt nicht im theoretischen und diagnostischen Experten-Wissen über Klienten oder in der Anwendung therapeutischer Techniken, sondern in dieser jeweils individuell auf den Klienten abgestimmten Form der persönlichen Begegnung.

5.2 Die Lösungs- und Ressourcenorientierte Kurzzeittherapie

Die **lösungsorientierte- und ressourcenorientierte Kurztherapie** kann als eine spezielle Art der Gesprächstherapie verstanden werden.[12] Die zentrale Grundannahme dieser Therapierichtung ist die These, dass es für den Klienten viel hilfreicher ist, sich auf Wünsche, Ziele, Ressourcen und sogenannte „Ausnahmen" vom Problem zu konzentrieren anstatt auf die Probleme selbst und die Frage, wie diese wohl entstanden seien. Lösungsfokussierung bedeutet demzufolge, danach zu schauen, wo es bereits jetzt, wenn auch erst in kleinen Ansätzen, passt oder zumindest besser funktioniert und diese positiven Ansätze weiter auszubauen und zu verstärken (Vgl. zu diesen Punkten und den folgenden Ausführungen

12 Erstmals vorgestellt 1982 von den Psychotherapeuten Steve de Shazer und seiner Frau Insoo Kim Berg, basierend auf der Weiteentwicklung von Forschungsergebnissen der sogenannten Palo-Alto-Gruppe (am Mental-Research-Institut MRI in Palo Alto, Kalifornien). Der Ansatz ist stark geprägt von kommunikations- und systemtheoretischen Grundlagen, Konstruktivismus und Hypnotherapie nach Milton H. Ericson sowie von der von Maturana vertretenen Theorie von der Selbstorganisation lebender Systeme (Autopoiese).

Steve de Shazer (2004), Insoo Kim Berg/Scott Miller (1993), Rupert Membarth (2013) und Gunther Schmidt (2004)).

Die Fokussierung auf Lösungen/gewünschte Zustände statt auf Probleme jeglicher Couleur folgt dem Grundsatz „Energy flows where Attention goes“, d. h. die Energie oder Motivation geht in Richtung der Aufmerksamkeit; wo diese liegt, dahin wird ebenso die (Handlungs-) Energie gelenkt.

Mittlerweile wird dieser Ansatz durch aktuelle Ergebnisse der Hirnforschung klar bestätigt. Das Gehirn verändert fortlaufend seine Struktur und seine damit zusammenhängende Funktionen entsprechend den gemachten Erfahrungen. Konzentriert sich der Nutzer auf positive Erfahrungen und versucht diese – ausgehend von den Anstößen in der Therapie- bzw. Beratungssitzung – im Alltag verstärkt und vor allem bewusst einzubauen, indem normalerweise *unwillkürlich* ablaufende Prozesses der gewünschten Art nun *gezielt* aktiviert werden, werden neue Erfahrungen „gelernt“, d. h. synaptische Verbindungen zwischen Neuronen verstärkt und damit neue Lösungsmuster verankert. Die lösungsorientierte Kurztherapie regt zu Erfahrungen an, die in Richtung der Therapieziele der Klienten weisen.

Lösungsfokussierte Beratung bedeutet vor allem, dass die Lösung, nicht das Problem, im Mittelpunkt steht. Die bereits bestehenden persönlichen und sozialen Fähigkeiten einer Person, die sich in den „Ausnahmen“ bzw. kleinen Veränderungsschritten widerspiegeln, sollen deutlich gemacht und besonders hervorgehoben werden. Damit – so die Annahme – können „Lösungen“ gefunden werden, die die dysfunktionalen, zu sehr problemverhafteten Gedanken-, Gefühls- und Handlungsmuster allmählich ersetzen können.

Es geht demnach nicht um das Verständnis tiefsitzender innerseelischer Konflikte oder problematischer Verhaltensweisen, sondern um die Ziele eines Menschen, zu deren Erreichung er seine Fähigkeiten bewusst einsetzen soll. Die stets betonte Ressourcenorientierung ist als eine Grundhaltung zu verstehen, die sich nicht an Defiziten, sondern an den Stärken und Kompetenzen der Menschen orientiert.

Ein ganz wesentlicher Faktor im Lösungs- und ressourcenorientierten Therapieansatz ist die veränderte Form der Beziehung. Der Klient selbst wird als „Experte“ für sein Leben betrachtet, nicht so sehr der Berater/Therapeut. Es geht hier weg von der Vorrangstellung des Professionellen hin zu einer gemeinsamen „Suchbewegung“ in Richtung auf die gewünschte Veränderung, wobei die Erfahrungen des Klienten und nicht die „Deutungen“ des Beraters/Therapeuten die Wegmarken sind. Die verstärkte Beziehungsebene, die schon die humanistischen, personenzentrierten Ansätze stark betont haben – im Unterschied zu der analytisch verankerten Abstinenzregel –, wird hier sozusagen noch einmal fortgeschrieben. Insofern entspricht dies dem oben bereits zitierten Beratungsverständnis der gemeinsamen Verantwortung von Ratsuchendem und Berater, wie es schon in den Beratungsdefinitionen der Dachverbände hervorgehoben wurde, sowie dem von Rainer Paris (2005) beschriebenen und oben ausgeführten „Beratschlagen".

6 Sonderform Beratung in der Gruppe

Ohne dass dies explizit ausgeführt wurde, schwingt bei den oben angeführten Beratungsmodellen eher die idealtypische Form einer intimen Zweiersituation mit: eine ratsuchende Person wendet sich an eine andere, der sie mehr Erfahrung/eine gewisse Expertise in den sie belastenden Fragestellungen zutraut bzw. von der sie sich Verständnis, Mitgefühl und Unterstützung erwartet. Die beiden Personen bereden in diesem Zweiersetting die relevanten Fragen und Umstände, um der ratsuchenden Person in ihrem Anliegen etwas weiterzuhelfen. Dritte Personen werden in diesem Setting zunächst nicht herangezogen, es sei denn, es handelt sich hierbei um den ausdrücklichen Wunsch der ratsuchenden Person und/oder um das Ergebnis eben dieser Unterredung, dass die Einbeziehung Dritter der Lösungsfindung förderlich sei.

Da es sich meist um belastende bzw. Krisensituationen handelt, ist es aus der Lebenserfahrung verständlich, dass man sich hierbei einen vertraulichen, geschützten Rahmen wünscht, der sowohl im privaten Bereich in der Regel als impliziter Teil der Abmachung gilt als auch im Rahmen der professionellen Beratung rechtsverbindlich vorgeschrieben ist.[13]

Das professionelle Zweiersetting der Beratung – sofern es sich um eine Einzelberatung handelt – ist eine Folge der Entwicklung der Therapien, die ja genau auf diesem Setting beruhen: Inhalte, die der Vertraulichkeit bedürfen und/oder – wie in der Psychoanalyse vorausgesetzt – dem Ratsuchenden selbst noch nicht (völlig) bewusst sind, werden im Schutz der intimen Zweiersituation besprochen, um dem Ratsuchenden Impulse und Anstöße für seinen Weg mitzugeben. Es handelt sich um eine sehr intime Situation, die neben intensiv erlebter emotional-zwischenmenschlicher Nähe ebenso die Entwicklung von Abhängigkeiten zwischen Patienten und Therapeuten fördern kann. Alle Therapierichtungen haben ihre eigenen Methoden entwickelt, mit dieser möglichen Gefährdung umzugehen, für alle ist es (idealtypisch gedacht) eine Selbstverständlichkeit,

13 Die MitarbeiterInnen in den Beratungsstellen unterliegen den Regelungen der Schweigepflicht nach StGB § 203.

immer wieder die entstandene Zweierbeziehung auch auf diesen Punkt hin – zum Schutz des Patienten – kritisch zu hinterfragen.[14]

Eine andere Situation entsteht dagegen, wenn das Setting erweitert wird, wenn statt der intimen Zweiersituation Klient-Berater (bzw. Patient-Therapeut) das Besprechen der Anliegen im Rahmen der Paarbeziehung oder der gesamten Familie erfolgt (Familientherapie) oder gar in einer größeren Gruppe von (unbekannten) Menschen, die eventuell die gleiche Problematik teilen. Seit den 1970er Jahren hat die sogenannte Gruppentherapie starken Aufwind erhalten, da Ratsuchende häufig die Erfahrung machen, wie hilfreich und entlastend der Austausch mit Gleichbetroffenen sein kann, die die leidvollen Erfahrungen kennen und damit mehr Verständnis für das eigene, oft fremdartig anmutende Erleben teilen (z. B. die Angst davor, von jemand angesprochen zu werden, was viele andere ja genießen).

Ursprünglich wurde die Idee der Gruppenbehandlung auch aus Kostengründen entwickelt, denn mit diesem Verfahren war es möglich, mehrere Patienten gleichzeitig zu behandeln. Parallel dazu schälte sich dann die Erfahrung heraus, dass die in einer Gruppe auftretenden speziellen Gruppenphänomene (Gruppendynamik, Übertragung eigener Bedürfnisse und Bilder auf andere Teilnehmer und deren Reaktion darauf (= Gegenübertragung)) für die Gruppenpsychotherapie außerordentlich nützlich sein könnten. Ausgangspunkt war zunächst eher ein tiefenpsychologisches Konzept, das mit Erkenntnissen aus der Sozialpsychologie und der Gruppendynamik ergänzt und weiterentwickelt wurde. Im Zuge der humanistischen Ansätze, die die heilsame persönliche Begegnung besonders betonten, kam es zu einem regelrechten Boom an Gruppentherapien.

In der Arbeit mit mehreren Patienten/Teilnehmern in einer Gruppe gibt es – ebenso wie in der Einzelpsychotherapie – verschiedene Schulrichtungen, die sich grob zusammengefasst in vier Hauptkategorien beschreiben lassen:

- Der *gruppenanalytische Ansatz:* Für die jeweils individuellen Probleme der einzelnen Teilnehmer wird in der Gruppe gemeinsam nach den Ursachen gesucht. Der die Gruppe leitende Psychotherapeut versucht mit Hilfe von Deutungen Einfluss auf die den Problemen zugrunde liegende Persönlichkeitsstruktur zu nehmen.

14 Z. B. Auszug aus dem Beratungsverständnis der Deutschen Gesellschaft für Beratung (abrufbar auf der Homepage www.dachverband-beratung.de): „Die Fachkräfte sind verpflichtet, mit in der Beratungsbeziehung entstehenden Abhängigkeiten sorgsam umzugehen. Die fortlaufende Analyse der Beziehungen, Verhaltensweisen und Interaktionen im Beratungsprozess sind wesentlicher Bestandteil der Beratung.“

- *Verhaltenstherapeutischer Ansatz:* Hier geht es nicht um Ursachensuche, sondern um das Ziel, das von diesen selbst als problematisch erlebte Verhalten der Teilnehmer zu verändern. Die Gruppe wird sozusagen als ein „sozialer Erfahrungsraum", entsprechend den Alltagskontakten mit anderen Menschen, betrachtet, in dem der Teilnehmer – unter geschützten Bedingungen und unter Anleitung durch den Therapeuten – sein Verhalten verändern und neue Verhaltensformen einüben kann.
- *Familien- und Paartherapie:* Hier steht nicht der einzelne Teilnehmer im Mittelpunkt, sondern es geht vorrangig um die dysfunktionalen Interaktionsmuster *zwischen* den einzelnen Beteiligten, die verändert werden sollen.
- *Personen- bzw. Klientenzentrierte Gruppentherapie:* Analog dem personenzentrierten Ansatz in der Einzelbehandlung geht es hier darum, durch erlebte Wertschätzung und Anteilnahme in der Gruppe die eigene Persönlichkeit weiterzuentwickeln.

Die hilfreiche Funktion der Gruppe wird darauf zurückgeführt, dass sie quasi als Abbild der Gesellschaft, mit der jeder Teilnehmer in jeweils eigener Weise verbunden ist, und der Herkunftsfamilie jedes Teilnehmers wirkt und dass in dieser angeleiteten Form der Gruppe nun neue, korrigierende Erfahrungen für früheres oder aktuelles Erleben in der Interaktion mit anderen Menschen möglich sind, die den Teilnehmer weiterbringen.

Je nach Ansatz und Ausrichtung der Gruppe gibt es im Verhältnis Teilnehmer – Gruppe drei Sichtweisen bzw. Schwerpunkte, die auch kombiniert werden können:

1. Der einzelne Teilnehmer wird therapiert, die anderen Gruppenmitglieder sind eher Beobachter, sozusagen „Therapie vor Publikum".
2. Bei der Therapie des einzelnen Teilnehmers sind die anderen quasi Co-Therapeuten, die Gruppe selbst und die Erfahrungen in der Begegnung bzw. Austausch mit den anderen werden als ein therapeutisches Element verstanden.
3. Nicht der einzelne, sondern die Gruppe selbst, z. B. eine Familie, ist Ziel der Beobachtung und der angestrebten Veränderung.

Von der Gruppentherapie unter Leitung eines speziell ausgebildeten und erfahrenen Psychotherapeuten sind die Selbsthilfegruppen zu unterscheiden. Diese sind entweder von einem bestimmten gemeinsamen Anliegen und Ausgangspunkt geprägt, z. B. Selbsthilfegruppen zur Bewältigung von Sucht, Selbsthilfegruppen für Angehörige psychisch Kranker, Selbsthilfegruppen für Eltern von ADHS-Kindern usw., oder – ohne spezifisch deklarierte Inhalte – als Anstoß zur individuellen Weiterentwicklung gedacht, die sogenannten Selbsterfahrungs-Gruppen.

Letztere erlebten einen hohen Boom in den 70er Jahren des letzten Jahrhunderts, z. B. durch die Encounter-Gruppen oder ähnliche Bewegungen.

Allen geschilderten Gruppenformen gemeinsam sind der idealtypisch gedachte emotionale Zusammenhalt in der Gruppe und das gemeinsame zwischenmenschliche Lernen.

Wie bei der Einzelsituation ist hier ebenfalls die Grenze zwischen „Gruppentherapie" und „Gruppenberatung" fließend. Gruppenpsychotherapien, die explizit den heilkundlichen Tätigkeiten zugerechnet werden, sind krankenkassenfinanziert, z. B. Gruppentherapie während einer psychosomatischen Rehabilitationskur, Gruppenarbeit in den öffentlich finanzierten Beratungsstellen dagegen nicht – obwohl die Inhalte durchaus ähnlich sein können.

Die lösungsorientierten sowie systemische Ansätze, d. h. weg von der Fokussierung auf individuelle Störungen hin zum Betrachten eines Symptoms in dem Kontext und den Beziehungszusammenhängen, in denen es auftritt, erfreuen sich in den Beratungsstellen größter Beliebtheit. Hier bieten Gruppenansätze dem einzelnen Teilnehmer ein weites Experimentierfeld, da eben durch die Interaktion in der Gruppe manche Symptome und Verhaltensweisen zutage treten, die ebenso in der Gesellschaft „draußen", d. h. außerhalb des geschützten Rahmens, zu Erfahrungen der Teilnehmer in ihren zwischenmenschlichen Kontakten zählen. Durch das aktuelle Auftreten in der Gruppe kann so manchem Teilnehmer durch entsprechendes Feedback der anderen der eigene Anteil an diesen stets wiederkehrenden Erfahrungen bewusst und somit einer gezielten Veränderung zugänglich gemacht werden.

II Zielgruppe Jugendliche und junge Erwachsene

1 Definition

Im Kinder- und Jugendhilfegesetz KJHG als Rechtsgrundlage für Jugend- und Sozialarbeit mit Heranwachsenden wird strikt nach Lebensalter definiert. So gilt als „Kind, wer noch nicht 14 Jahre alt ist, Jugendlicher, wer 14, aber noch nicht 18 Jahre alt ist, junger Volljähriger, wer 18, aber noch nicht 27 Jahre alt ist." (SGB VIII, § 7). Scherr (2009, S. 28) schlägt eine etwas differenziertere Einteilung vor:

- Eine pubertäre Phase (ca. 12–18 Jahre): Jugendliche im engeren Sinne
- Eine nachpubertäre Phase (ca. 19–21 Jahre): die Heranwachsenden
- Phase nach dem Erreichen der vollen Rechtsmündigkeit bis zum Abschluss der Erstausbildung (21 Jahre bis ca. Ende des zweiten Lebensjahrzehnts): die jungen Erwachsenen

In einem Artikel über psychische Störungen in der Adoleszenz, verfasst von drei Autoren aus der Kinder- und Jugendpsychiatrie wird „die frühe (11–14 Jahre), die mittlere (15–17 Jahre) und die späte Adoleszenz (18–21 Jahre)" unterschieden, wobei „das Ende der Adoleszenz neurobiologisch mit dem Abschluss der Hirnentwicklung zu Beginn des dritten Lebensjahrzehnts" und „in der psychosozialen Entwicklung mit der Übernahme reifer sozialer Verantwortung in Beruf, Partner- und Elternschaft" begründet werden könne (Herpertz-Dahlmann, B./Bühren, K./Remscheid, H. (2013), S. 1).

Die von der Bundesregierung beauftragte Expertenkommission für den 14. Kinder- und Jugendbericht (2013) nimmt zur Definition wieder andere Kriterien in den Blick. „Wenn von Jugend in diesem Bericht die Rede ist, wird dabei die Altersgruppe ungefähr zwischen dem Eintritt in die Sekundarstufe (mit 10 bis 12 Jahren) und dem Ende der Pflichtschulzeit bzw. dem Verlassen der allgemein bildenden Schulen (mit 16 bis 20 Jahren) in den Blick genommen – wissend, dass man es mit vielfältigen fließenden Übergängen von der Kindheit (vgl. Kap. 4) in das Jugendalter und vom Jugendalter in die Altersphase der jungen Erwachsenen (vgl. Kap. 5) zu tun hat." (ebd., S. 138).

Die hervorgehobenen „fließenden Kriterien" sind ein Hinweis darauf, dass eine Definition über ausschließlich äußere Merkmale wie Alter oder Schulform eben nicht der Vielfalt der Entwicklungs- und Ausprägungsbedingungen im Jugendalter mit fließendem Beginn und Ende gerecht wird. Die Autoren bemängeln, dass es für die Zwischenphase – vom Verlassen des allgemeinbildenden Schulsystems als ungefährem Ausgangspunkt bis zur Einmündung in eine Erwerbstätigkeit und der Gründung einer eigenen Familie – keinen spezifischen Begriff gebe, der diese „Jahre der partiellen und mitunter prekären Verselbstständigung, gekennzeichnet durch unabgeschlossene Übergänge" bezeichne, die man „weder als eine Verlängerung der Jugend noch als Ausdruck von Veränderungen des Erwachsenenalters" sehen könne (ebd., S. 31).

Dementsprechend umfasst die Zielgruppe dieser Untersuchung ebenso diesen Alters-und Entwicklungsabschnitt der jungen Erwachsenen auf dem Weg der „Entwicklung zu eigenverantwortlichen und gemeinschaftsfähigen Persönlichkeiten" (ebd., S. 43).

2 Lebensphase Jugend mit vielfältigen Entwicklungsherausforderungen

Die Jugend/Adoleszenz mit wichtigen körperlichen wie seelischen Entwicklungsschüben und damit einhergehenden Brüchen gilt schon von jeher als schwierige Lebensphase, die Jugendlichen selbst wie deren Umfeld, z. B. Schule, Eltern, Vereinen..., zu schaffen macht.[15]

Was spielt sich in einer Adoleszenzkrise ab? Was konstituiert diese Krise?

1. Auf affektiver Ebene geht es um eine systematische Entwertung der elterlichen Vorgaben; es besteht bezüglich dieser Vorgaben sozusagen eine hohe Disqualifikations*notwendigkeit*. Die Krise erzwingt Distanz von der sozialisatorischen Umgebung, in der man aufgewachsen ist. Das tut weh, weil damit Selbstgestaltungsaufforderung einhergeht, die eine hohe Attraktivität/Verlockung in sich trägt, geprägt jedoch von einer hohen Unsicherheit, wie dies umzusetzen sei. Die körperliche Reifung, beispielsweise Zeugungsfähigkeit, impliziert zumindest die Möglichkeit des Elternstatus, von dem man sich aber doch abgrenzen muss. Diese Widersprüche werden oft als äußerst verwirrend erlebt.
2. Auf kognitiver Ebene finden ebenfalls wichtige innere Prozesse statt. Die nachwachsende Generation muss sich adaptiv-assimilatorisch mit den Vorgaben

15 Vgl. Hurrelmann: Lebensphase Jugend (2010), Krebs et al. (1997): Lebensphase Adolezenz, Scherr (2009): Jugendsoziologie, Eckey et al. (2008): Jugend bewegt Beratung. Wertvolle Anregungen zu den folgenden Ausführungen verdanke ich auch zwei Kolloquiumssitzungen unter Leitung von Prof. Dr. Allert, wo diese Themen breit diskutiert wurden.

der vorherigen Generation auseinandersetzen, die Jugend MUSS eine Antwort darauf finden, z. B. Umgang mit Kriegserfahrungen, Energiewende, pluralistische Wertevielfalt..... Geschichte ist demzufolge eine permanente Generationenauseinandersetzung mit Deutungsmustern. Die gedankliche Auseinandersetzung wird beflügelt von den neuen kognitiven Möglichkeiten, z. B. mehrere Standpunkte gegeneinander abwägen können, Dinge kritisch hinterfragen statt sie als gegeben zu akzeptieren, sowie der Lust am „Widerstand", des Widersetzens und der Vehemenz, für erkannte Wahrheiten bedingungslos ohne Wenn und Aber einzustehen.

3. Zentrales Thema ist die Selbstkreation, die Herausforderung zur Selbstdefinition im Unterschied zu den bisherigen zur Verfügung stehenden Deutungen der Welt. Die Jugendlichen und Heranwachsenden sind ungeübt im Aushalten von Ambivalenz, werden aber genau damit in hohem Maße konfrontiert und können aufgrund der gestiegenen kognitiven Fähigkeiten erkennen, dass A und B – scheinbar unvereinbar – doch gleichzeitig gelten können. Nichts erscheint in dieser Überforderung und Ambivalenz-Zumutung so attraktiv wie Eindeutigkeit, daher findet man oft erstaunliche Komplexitätsreduktionen, z. B. hinsichtlich Geschlechtsrollen, und perspektivische Vereinseitigungen als Weg, der überfordernd erscheinenden Ambivalenz etwas entgegenzusetzen.
4. Als vierter Punkt sind das andere Zeit-Erleben und die hohe Flexibilitätsverpflichtung der Jugendlichen zu berücksichtigen. Wie stabil ist das Internalisierte? Wenn Jugend als Zeit hoher Flexibilität, Adaptionsbereitschaft und -Fähigkeit betrachtet wird, was bedeutet das hinsichtlich getroffener Entscheidungen und Aussagen (und für das Interpretieren solcher)? Wie verlässlich/stabil kann es sein, wenn Jugendliche sich zu einem bestimmten Zeitpunkt zu einem bestimmten Thema äußern? Adoleszente müssen eine Systematik der Lebensführung für sich entwerfen. Die Herkunft, ein wichtiges Thema in der Identitätsentwicklung, muss mit Zukunft synthetisiert werden, während der Jugendliche sowohl Herkunft wie auch Zukunft neutralisieren und im „Jetzt" leben will. Wohl deshalb stellt Simmel (1910) in seinem Essay über die „Philosophie des Abenteuers" die Verbindung zwischen Jugend und Abenteuer her. „Seine Atmosphäre ist unbedingte Gegenwärtigkeit, das Aufschnellen des Lebensprozesses zu einem Punkt, der weder Vergangenheit noch Zukunft hat und deshalb das Leben mit einer Intensität in sich sammelt, der gegenüber der Stoff des Vorganges oft relativ gleichgültig wird"... „Nur die Jugend kennt im allgemeinen solches Übergewicht des Lebensprozesses über die Lebensinhalte", „die Intensität und die Gespanntheit, mit der der

Reiz des Abenteuers … uns das Leben fühlen lässt" (ebd.). Diese Fähigkeit zur „Aussonderung eines Ereignisses aus dem Gesamtzusammenhang des Lebens" (ebd.) ist eine besondere Gabe, aber oft auch eine Herausforderung für Jugendliche, da sie solche Ereignisse eben oft nicht gut in ein zeitliches wie bedeutungsmäßiges Kontinuum einzuordnen vermögen, was Lust und Last gleichermaßen bedeuten kann.

Was bedeuten nun diese Eckpunkte für die Jugendlichen in ihrem Lebensalltag?

Die Jugendlichen haben in dieser „transitorischen Phase" (Scherr, 2009, S. 29) wichtige Entwicklungsaufgaben zu bewältigen, die auf individuell-psychologischer Ebene z. B. beschrieben werden als „Aufbau von Beziehungen zu Sekundärgruppen (Peers), erste Lösung aus der Primärgruppe Familie, Entdeckung und Umgang mit erotischen Wünschen, Reflexion eigener Handlungs- und Leistungspotenzen" (Fröhlich-Gildhoff 2002) oder als Bewältigung von Ängsten in drei grundlegenden Bereichen: Existenzangst („Wer bin ich? Auf jeden Fall anders!"), Sozialangst („Wie bin ich? Wie komme ich bei anderen an?") und Zukunftsangst („Was werde ich werden?")[16]. Dies alles unter schwierigen Entwicklungsbedingungen in kognitiver wie seelischer Hinsicht, einer Art „Umbauphase" von Hirn und Körper, deren Folgen Allert (1998, S. 163) zutreffend mit „leibseelischen Irritationen" bezeichnet.

Die Psychotherapeutin Irene Kummer betont in ihrer Zusammenfassung den Beziehungsaspekt dieser Aufgaben: Ablösung von Familie und andere Autoritäten, Beziehungen zum anderen Geschlecht, soziale Kontakte, aber ebenso die eigenverantwortliche Suche nach Antworten in Bereichen wie berufliche Identität und Sinn des Lebens (Kummer 1986, S. 27). Wie der bekannte Familientherapeut Helm Stierlin sieht sie ebenfalls die Hauptaufgabe in der gelingenden Verbindung zwischen wachsender Individualität und Verortung in der Gemeinschaft, die „bezogene Individuation". Die selbstreflexive Beschäftigung mit sich als grundlegendes Merkmal der Adoleszenz/Identitätsentwicklung ist kennzeichnend für diese Alters- und Entwicklungsstufe. Dies findet sowohl allein als auch wesentlich in der Peer-Gruppe statt, d. h. im Austausch und Vergleich mit etwa Gleichaltrigen.

Neben entwicklungspsychologischen und soziologischen Merkmalen ist als strukturbestimmendes Merkmal der Jugend die Präsenzorientierung, die Distanz zur Perspektivierung ihrer Existenz in Bezug zur historischen Zeit zu betrachten. Die Jugendlichen sehen ihre Existenz noch nicht von Vergangenheit

---

16 Vgl. Berwanger (2008). Eine Auflistung bzw. zusammenfassende Darstellung der Entwicklungsaufgaben des Jugendalters auch in Oerter/Montada (1987).

auf Zukunft gerichtet, sondern das Denken/Erleben wird beherrscht von einer extremen Gegenwartsbezogenheit. Die aktuell erlebten Probleme werden noch nicht als aus der eigenen Geschichte erklärbar/entstanden betrachtet und nicht mit Implikationen auf Zukunft erlebt. Spontaneität, z. B. ein witziger Spruch, gilt als wichtiges Status-Merkmal. Daraus ableitbar wäre eine besondere Form der Elastizität im Erleben z. B. auch aktueller Probleme: spontan enorm schwer/belastend, nach kurzer Zeit relativiert. Das könnte bedeuten, dass im Umgang mit den eigenen Problemen ein leichter Umgang vorherrscht, dass die den Jugendlichen eigene enorme Elastizität des Erlebens, mit wichtiger Funktion z. B. bei Partnerverlust/ -neuorientierung, eben verhindert, dass die Last des Schmerzes bei einem bestimmten Problem ankommt bzw. verleugnet wird und/oder zwar als ausgesprochen schmerzlich erlebt wird, aber in kurzer Zeit erheblich gemildert werden kann.

Der Jugendliche erlebt sich in seiner Ich-Bezogenheit gleichzeitig als In-der-Welt-sein und Nicht-in-der-Welt-sein Kleine Anmerkung: Diesem Erleben trägt das Medium Computer/ computervermittelte Kommunikation Rechnung, da hier z. B. Anwesenheit in mehreren Chaträumen gleichzeitig möglich ist, oder Anwesenheit im Chat gekoppelt mit Nebentätigkeiten wie telefonieren, aufräumen, essen. Ebenso gibt es hier schnelle, unkomplizierte Ein- und Ausstiegsformen, d. h. Dasein und Nicht-Dasein.

Als Hypothese könnte daher angenommen werden, dass das schnelle Medium Gruppenchat mit rascher Entsprechung von Problemdefinition und Lösungssuche der stark ausgeprägten Gegenwartsorientierung der Jugendlichen entgegenkommt.

Mit altersgerechter Loslösung von der Herkunftsfamilie rücken neue soziale Beziehungen als Orte des Austauschs und der Norm- und Wertebildung in den Mittelpunkt. Die Gruppe der Gleichaltrigen wird zum wichtigen Bezugspunkt des eigenen Denken und Handelns, hier geschieht ein großer Teil der Identitätsentwicklung und des „Ich-werden“: die Einzigartigkeit des eigenen Lebensentwurfes im Vergleich zum anderen bzw. in Bezug auf andere erleben. Sich ausprobieren in der Gruppe, Feedback für eigene Wirkung erhalten und damit umgehen lernen ist ein wichtiges Merkmal der eigenen Identitätsentwicklung, ebenso wie zeitweise ausgeprägtes soziales Empfinden und Engagement: beim Kampf um das „selbstbestimmte Leben“ stellvertretend andere bei ihrem Kampf um das gleiche Ziel unterstützen und begleiten.

Zentrales Thema dieser Altersphase ist wie gesagt die Ablösung aus der Elternfamilie und die Einzigartigkeitswerdung, d. h. eine befriedigende Antwort zu finden auf die Frage: wer bist du? Die bislang tragende Selbstdefinition als

„Kind meiner Eltern" passt nicht mehr. Es geht um Resonanz in der Peergroup; die Etablierung eines sozialen Status dort bei gleichzeitiger Bewahrung der Identität, was bedeutet: anerkannt werden, ohne sich verbiegen zu müssen. Als weitere Aufgaben, die in diesen Bereich hineinspielen, ist selbstverständlich genauso die berufliche und sexuelle/partnerschaftliche Orientierung zu nennen, vorrangig aber bleibt die beschriebene zentrale Aufgabe der Selbstfindung.

Der bereits erwähnte 14. Kinder- und Jugendbericht verweist neben den komplexen intraindividuellen Entwicklungsaufgaben der Jugendlichen gleichfalls auf die gesellschaftlichen Erwartungen bezüglich zunehmender Verselbständigung und Verantwortungsübernahme.

Aus soziologischer Perspektive gilt diese Lebensphase Jugend als „Übergangszeit", jedoch in viel stärkerem Maße bezogen auf die Anpassung an/das Hineinwachsen in vorgegebene gesellschaftlich-strukturelle Rahmenbedingungen. Scherr (2009, S. 29f) weist darauf hin, dass dies unter ungleichen sozialen Rahmenbedingungen und milieu- wie geschlechtsbezogen unterschiedlich ausgeprägten Erwartungshaltungen erfolge. Zudem stünden die Jugendlichen in einem widersprüchlichen Spannungsfeld zwischen einerseits wachender Autonomie und zugestandener Eigenverantwortlichkeit, andererseits aber ökonomischer Abhängigkeit sowie pädagogischen Einflussnahmen und Kontrollmaßnahmen – und dies in einer Phase, wo neben der Bewältigung der psychosozialen Ablöseprozesse von der Herkunftsfamilie ebenso schulische und berufliche Qualifizierungszwänge ihren Tribut forderten, mit Risiken des Versagens, die von entscheidender Bedeutung für die soziale Platzierung in einer sich wandelnden Gesellschaft seien. Das ist den Jugendlichen überwiegend sehr bewusst – so dass die Autoren der repräsentativen Shell-Jugendstudien die heutigen Jugendlichen als „Generation unter Druck" oder „pragmatische Generation" beschreiben.[17]

Fachleute aus dem medizinischen Bereich weisen darauf hin, dass diese sensible Phase anfällig für vielfältige, entwicklungshemmende Störungen ist. In einer im Ärzteblatt veröffentlichter Studie (Dahlmann et al., 2013) werden Befunde zitiert, dass einer Fragebogenerhebung zufolge z. B. bei knapp einem Viertel der Jugendlichen zwischen 14 und 17 psychische Auffälligkeiten festzustellen seien; neben Gewalt- und Übergriffserfahrungen mit entsprechenden Folgen z. B. deutliche Zunahme von Angst- und depressiven Störungen oder selbstverletzendem Verhalten. Viele Jugendliche klagen über Verlust an Lebensqualität.

17 Shell Deutschland Holding (Hrsg) 2010. Jugend 2010. Eine pragmatische Generation behauptet sich.

Zu Recht wird aber von Scherr (2009, S. 29f) betont, dass eben nicht nur und vor allem nicht bei allen Jugendlichen diese Zeit als „krisenhaft-bedenklich“ einzuordnen sei, sondern auch die enorme Anpassungsleistung zu würdigen sei, die diese jungen Heranwachsenden in dieser Zeit leisten.[18]

Angesichts der oben geschilderten Entwicklungsaufgaben in psychologischer wie soziologischer Hinsicht besteht Unterstützung demzufolge mehr darin, die Selbstregulationskompetenzen der Jugendlichen bei ihrer Entfaltung zu begleiten, die an Stelle der unmittelbaren Bedürfnisbefriedigung treten sollen, d. h. Begleitung bei der zunehmenden Autonomie über das eigene Leben, mit gleichzeitiger Kontrolle – ein schwieriger Balanceakt für Eltern, Lehrer und die gesamte Umgebung.

Was bedeutet das nun für „Beratung von Jugendlichen?“ Eine angemessene Prävention, Diagnostik und Behandlung muss den oben ausführlich beschriebenen Besonderheiten dieser Lebensphase Rechnung tragen, d. h. die Besonderheiten dieser „Übergangsphase“ kennen, die Anforderungen entsprechend dem jeweiligen Entwicklungsstadium dosieren, das Erleben und Selbstständigkeitsbestreben der Jugendlichen (be-)achten und die Familie in angemessenem, den Ablösebestrebungen gerecht werdenden Maße mit berücksichtigen.

Es geht um Begleitung auf dem Weg ins Erwachsenwerden, Stärkung der Bewältigungskompetenzen in einer durch die Anforderungen von außen als schwer händelbar erlebten Umwelt, Stärkung des Vertrauen in die eigenen Fähigkeiten und die Entwicklung eines gesunden Selbst-Bewusstseins, d. h. Kenntnis der eigenen Stärken und Schwächen, als Aufgabe der Prävention und Intervention bei Jugendlichen.

3 Wichtige Faktoren bei der jugendlichen Identitätsentwicklung und Selbstfindung

Musik nimmt schon seit jeher eine zentrale Rolle für Jugendliche ein, sowohl als „Abgrenzung“ Richtung andere Generationen, der Elterngeneration wie den „Kindern“ gegenüber, die noch keine Ahnung haben, wie auch als wichtiger Ausdruck des eigenen Stils. Musik als Medium der vorbegrifflichen Artikulation vermittelt ebenso wie Tanz oder Style, z. B. Klamotten, Frisur, einen körperlichen Ausdruck dessen, wer/was ich bin. Musik und Tanz stehen als nicht berufs-/leistungsbezogene Ausdrucksformen im Zentrum der Selbstdarstellung.

---

18 Dies gilt es vielleicht besonders herauszuheben angesichts von Buchtiteln wie „Jugend und andere Krankheiten“ (Klaus Farin, 2008).

Gerne wird bevorzugte Musik weiterempfohlen oder -gegeben ohne Begründung dessen, was daran so fasziniert. „Das ist stark, hör doch mal…". Nicht selten kommt es ebenso im therapeutischen Kontext vor, dass z. B. ein you-tube-Link als Einleitung zu einer Therapiesitzung zugesandt wird, als Ausdruck dessen, „was ich nicht in Worte fassen kann". Diese Selbstexplikation über Musik kommt der oft noch hohen Unsicherheit im sprachlichen Ausdruck entgegen und das gemeinsame Hören und Teilen von Musik wird als Mittel zur Beziehungsgestaltung genutzt.

Die für Jugendliche so wichtige, weil das Feedback der Peer-Group bestimmende Selbstinszenierung findet ihren Ausdruck in verschiedenen Wegen: sorgfältiges Herrichten von Frisur und Style gehören ebenso dazu wie Poster an der Wand, bevorzugter Musik- oder Tanzstil. All dies dient sozusagen als Hülsen für den Selbstausdruck. Jugendliche sind noch nicht positionell über berufliche Leistung verortet, demnach braucht es andere Hilfsmittel, um eine gewisse Verortung deutlich zu machen. Die Jugend ist ein Lebensabschnitt, in dem die Selbstfindung noch ohne Objektivierung, z. B. klares Berufsziel, gesucht und verfolgt wird.

Ein großes Ziel und hohe Motivation für diese Selbstinszenierung stellt der Wunsch nach einer maximalen Peergroup-Vernetzung dar. Die Zahl der per Facebook vernetzten Freunde oder der dort erhaltenen Geburtstagsgrüße sind äußere Trophäen für die innerlich ersehnte Anerkennung und Bestätigung der eigenen Wichtigkeit als Gegenpol zur oft schmerzlich erlebten Insuffizienz in den realen Beziehungen und Alltagsaufgaben bei gleichzeitig hohen Ansprüchen an sich selbst. Ein 2013 in den Charts vertretenes Lied drückt diese Realität treffend aus: „Muss jetzt nur noch kurz die Welt retten, und dann bin ich gleich wieder bei dir … Muss nur noch 148 Mails checken, dann flieg ich zu dir….."[19] Die Intimität kommt an letzter Stelle, vorrangig ist die Vernetzung, die Anerkennung durch andere: 148 Mails = ich bin wichtig! sowie der unrealistisch hohe Anspruch an sich selbst und die zugrunde liegende Selbstüberschätzung: „Welt retten".

Wichtige Wege zur guten Positionierung in der Peergroup sind gute körperliche Performanz, wie beispielsweise Tanz oder Style, sprachliche Raffinesse und witzige, originelle Kommunikationsanschlüsse als Profilierungsmerkmal. Wer die Kunst des schlagfertigen Blödelns beherrscht, erzielt die Lacher und erntet Anerkennung der anderen, er gilt als "cool". Coolness als heiß begehrtes Markenzeichen der eigenen Persönlichkeit verkörpert Lässigkeit und Distanz, eine unangestrengte Performanz, die Jugendliche aufgrund ihrer fehlenden

19 Tim Bendzko (2013), „Nur noch kurz die Welt retten". Songtext unter www.Google.de.

Verortung noch nicht so nach außen zeigen können, wie es z. B. ein Arzt durch seine berufliche Verortung kann. Diese Sicherheit wird den Erwachsenen heimlich geneidet. Deshalb brauchen und suchen Jugendliche substitutive Orte, wo sie kompensatorisch zeigen können, was sie sind und schon können.

Gleichzeitig soll niemand auf die Idee kommen, dass sie etwas „inszenieren". Es bedarf oft stundenlangen Herrichtens, damit die erzielte Performanz, z. B. lässig zerzaustes Haar, tatsächlich überzeugend zufällig aussieht. Oder es erfolgt eine Fotosession mit über 100 Fotos, um daraus das eine, ultimative Profilfoto für Facebook auszuwählen.

Hierbei ist quasi das eigene Zimmer mit den Identitätsrequisiten die Hinterbühne im Sinne des Goffmanschen Alltags-Theater-Modells, soziale Netzwerke oder das Internet allgemein sind die Vorderbühne, der Ausschnitt fürs Publikum. Hier kann ich mein Profil erfinden, neue Teilaspekte der Identität ausleben. Der Vorhang hebt und senkt sich dabei auf *meinen* Knopfdruck, d. h. die Kontrolle über die Plattform/Performanz, über das Bild, das ich nach außen von mir vermittle, ist in diesem Modell in weit höherem Maße gegeben als im realen Alltag. Dies stärkt das eigene Selbst-Bewusstsein, positiv auf andere zu wirken, und ermöglicht sich von der besten Seite zeigen zu können ohne Angst, wegen Frisur, Style, Gang etc. ausgelacht zu werden. Sich neu erfinden ist damit problemlos möglich, notfalls eben über das Anlegen eines neuen Profils.

Wie im Kapitel über computervermittelte Kommunikation ausgeführt, dient der Nick Name sozusagen als alter Ego = wie ich eigentlich/wirklich bin oder zumindest sein könnte. Diese Aspekte des Ungelebten/noch zu Entdeckenden machen einen wesentlichen Teil der Faszination aus.

Wesentliches Bedürfnis der Jugend ist die Selbstinszenierung und die Wirkung auf andere auszutesten. Resonanz durch andere wird als Spiegel für das eigene, noch unfertige Ich gebraucht und genutzt. Das Miteinander dient ebenfalls der Ablenkung von der eigenen inneren Leere und Unruhe: Wo sich was rührt, braucht man nicht so viel über sich nachzudenken. Zudem ist das Bedürfnis nach Unterhaltung ebenfalls ein charakteristisches Kennzeichen.

4 „Ein bisschen Spaß muss sein"[20] – Zur Unterhaltungskultur Jugendlicher

Im Rahmen des Forschungsprojektes „Kommunikationskulturen Jugendlicher" an der Johann-Wolfgang-Goethe-Universität in Frankfurt/Main haben die beiden

20 Nicht nur ein bekannter Lied-Titel, sondern ebenso Titel einer Studie von A. Deppermann und A. Schmidt (2001) über „die Eigenart der Unterhaltungskultur Jugendlicher".

Autoren Arnulf Deppermann und Axel Schmidt Mitschnitte von Gesprächsprotokollen männlicher Jugendlicher bei Treffen in ihrer Freizeit ausgewertet. Die Jugendlichen waren in ihrer Clique unbeobachtet und zeichneten die Mitschnitte selbst auf. Diese Rahmenbedingungen -Eigenkontrolle der Situation ohne Fremdkontrolle durch Erwachsene, Aufgabenentbundenheit, Privatheit und ein hoher Grad an Vertrautheit in der Clique – wurden als wichtige Voraussetzungen für die Entfaltung gruppentypischer Kommunikationspraktiken identifiziert, welche sich vor allem durch die Merkmale Erlebnis-, Unterhaltungs-, Wettkampf- und Spielorientierung auszeichnen würden (Vgl. hierzu und zu den folgenden Ausführungen Neumann-Braun, K./Deppermann A./Schmidt A. (2001) und Deppermann A./ Schmidt, A. (2001)).

Während übliche Interaktionsregeln z. B. Sprecherwechsel, Kohärenzbildung zwischen den Beteiligten gelockert seien, was zur Folge habe, dass es für einzelne Sprecher wesentlich mühevoller ist sich durchzusetzen, finde man folgende jugendtypische, regelmäßig praktizierte Interaktionsroutinen:

- Spaßige, groteske, gelegentlich absurde Fiktionalisierungen, oft basierend auf einem realen Ereignis oder Beobachtung.
- Verschiedene Formen ritualisierter, meistens unernster Konfliktaustragungen: Beleidigungen, abwertende Informationen, Vorwürfe/Kritik/Unterstellungen, Necken und „Verarschen".
- Klatsch und Lästern über Abwesende.
- Angeben und Vorschwärmen über vergangene wie zukünftige Ereignisse.
- Gemeinsames Durchziehen von running gags, wiederholtes Erzählen gemeinsamer Erlebnisse.

Weitere typische Elemente der Gespräche waren wechselseitiges Überbieten, assoziative Beitragsverknüpfung, zahlreiche spielerische Elemente wie Sprachwitz oder spontane Neologismen und vor allem intensiver expressiv-emotionaler Ausdruck, die v.a. der Selbstunterhaltung der Gruppe dienten und eine wichtige Rolle im Wettbewerb um den Status der Gruppenmitglieder darstellen. Profilieren gelingt am ehesten über witzige und schlagfertig-souveräne Reaktionen. Während die Selbststilisierung als Tabubrecher in der Regel gut ankommt, werden gleichzeitig normabweichende Nicht-Gruppenmitglieder eher schroff verurteilt. „Explizite Beanspruchung oder Zuweisung von Status wirkt kontraproduktiv; Anerkennung gewinnt, wer typische Gruppeninteraktionsformen routiniert beherrscht und sich in ihrem Kontext subtil in Szene zu setzen versteht, d. h. den Kommunikationsprinzipien Witzigkeit, Schlagfertigkeit, Originalität entsprechend handelt und sich generell in Bezug auf Normen und Werte der Gruppe auszuzeichnen versteht." (Deppermann A./ Schmidt, A. (2001), S. 10).

Soziale Kategorien werden schnell und auf der Grundlage weniger äußerer Merkmale gebildet und v.a. zur Abgrenzung der eigenen Gruppe von anderen Gruppen genutzt. Einen wichtigen Stellenwert hat dabei die Zuschreibung von Authentizität. Hier jedoch entsteht das Dilemma, dass zwar einerseits über Natürlichkeit und Glaubwürdigkeit ein hoher Status- und Distinktionsgewinn zu erzielen ist, der Teilnehmer andererseits jedoch in der schnellen und überbordenden Interaktion (kompetitiver Kommunikationscharakter) zu übertriebener und extremer Selbstpräsentation gezwungen ist, um überhaupt erst einmal Gehör zu finden. Eine solche Selbstpräsentation wird aber schnell als unauthentisch identifiziert, so dass ein solcherart erzielter Statusgewinn höchst fragil ist.

Im Gespräch selbst lassen sich weitere typische Phänomene für Kommunikation unter Jugendlichen beobachten:

- Die Jugendlichen sind außer mit dem Gespräch oft gleichzeitig mit körperlichen oder anderweitigen Aktivitäten beschäftigt (Sitzhaltung, Zigaretten drehen, in Zeitschrift blättern etc.), wodurch manche Teilnehmer nicht alles mitkriegen oder – ausgelöst von Parallelaktivitäten – mehr als ein Aufmerksamkeits-Fokus entsteht.
- Typische sonst übliche Sprechregeln, z. B. dass auf eine Frage eine Antwort erfolgt, werden ignoriert. Jugendliche reden oft durcheinander, beantworten Fragen oder Bitten nicht, ignorieren Behauptungen und sogar schwere Beleidigungen.
- Themenkohärenz ist kein zentrales Anliegen, es erfolgen assoziative Verknüpfungen mit der Folge eines schnellen Themenwechsels.
- Entgegen der Grundregel für effektiven Informationsaustausch, nur Dinge zu sagen, die man für wahr hält, ist Jugendkommunikation gekennzeichnet von massiven Übertreibungen bzw. Behauptungen, die wenig Wahrheitsgehalt vermuten lassen.
- Takt, d. h. Respekt vor der Privatsphäre des anderen und Bestätigung eines positiven Selbstbildes des Gegenübers ist eine weitere allgemeine Gesprächsregel, die von Jugendlichen gezielt missachtet wird. Mit Vorliebe werden Tabuthemen oder diskreditierende Äußerungen thematisiert und Grenzen der Privatheit in der Gruppe, d. h. vor Publikum überschritten.
- Häufige Abweichungen von einer gepflegten, schriftsprachlich geprägten Gesprächskultur durch sprachliche Besonderheiten, z. B. Zusammenziehen von Buchstaben, umgangssprachliche oder Dialekt-Ausdrücke, jugendsprachlich geprägte Wortformen, unvollständige Syntax, und Zelebrieren von Tönen und Lauten wie Rülpsen, Kreischen, Stöhnen etc., was unter Erwachsenen verpönt ist.

Zusammenfassend kann man folgende Schlussfolgerungen ziehen: Systematische Verletzung der sonst üblichen Höflichkeitsregeln dient den männlichen Jugendlichen zur eigenen Abgrenzung und zur kompetitiven Selbstunterhaltung. Die Peer-Group-Kommunikation ist in hohem Maße situationsgebunden. Die parallel stattfindenden Aktivitäten dienen der eigenen Profilierung und der Belustigung des Publikums, entstehen oft erst durch ein anfeuerndes Publikum. Sowohl die Performance als auch die damit erzielten Reaktionen belegen hohe Expressivität, die durch entsprechende sinnliche Gestaltung wie lautes Rufen/Lachen, übertriebene Darstellung, etc. weiter ausgeschmückt wird.

Abweichungsfiktionen sowie Lustig machen über Normen dienen als Ressourcen für Männlichkeit beweisende, autonome Selbststilisierung und Statusgewinn.

Peer-Group-Kommunikation ist geprägt von einem intensiven Wettbewerb: es setzt sich das kommunikative Angebot durch, welches für die Beteiligten am attraktivsten erscheint. Rederecht und Aufmerksamkeit müssen wiederholt neu erkämpft werden, was durch kurze Beiträge, außergewöhnliche Inszenierung oder zusätzliche stilistische Mittel versucht wird – Mittel, die außerdem die eigene Identität untermauern. Diese Wettbewerbsorientierung führt zu Gesprächssequenzen, in denen sich die Beteiligten systematisch zu übertreffen versuchen. Dies ist nicht zuletzt dem „Publikum" geschuldet; das Bewusstsein über die potenzielle Bewertung durch dieses führt zu massivem Inszenierungs- und Schaukampfcharakter der Beiträge.

5 Erfahrungen mit Jugendlichen in der Beratung[21]

In den offiziellen Jugendberatungsstellen sind die Jugendlichen im Vergleich zu ihrem Bevölkerungsanteil unterrepräsentiert. Diese Jugendberatungsstellen sind oft eingegliedert in Erziehungsberatungsstellen und oft schon dadurch abschreckend für Jugendliche. Gleichzeitig erblühte in den letzten Jahren die Schulsozialarbeit als vielgepriesenes Mittel, Streetworker werden gesucht, Jugendhäuser arbeiten mit sozialpädagogischem Personal. Die Zahl der niedergelassenen Kinder- und Jugendlichenpsychotherapeuten ist überall im Steigen und trotzdem ertönen allerorten Klagen über lange Wartezeiten. Zeitungsmeldungen über Komasaufen, verrohtes Verhalten in Schulen, steigende Zahl von jugendtypischen (klein-)kriminellen Konflikten wie steigende Kosten in der kommunalen Jugendhilfe belegen scheinbar ein hohes Vorkommen auffälligen Verhaltens (und damit Beratungsbedarf?) wie die Notwendigkeit des Gegensteuerns.

---

21 Vergleiche hierzu den lesenswerten Sammelband „Jugend bewegt Beratung"; von Eckey, Haid-Loh und Jacob (Hrsg) (2008).

Wenn überhaupt, tauchen Jugendliche in den klassischen Beratungsstellen oft nur widerwillig im Schlepptau ihrer Eltern mit auf und sind bestrebt, diese ganze Sache möglichst schnell über die Bühne zu bringen. Oder sie kommen mit einem eigenen Anliegen, das sie aber möglichst schnell und sofort gelöst haben wollen, eher in der Art eines zielbezogenen Coachings bzw. Krisenintervention denn mit der Bereitschaft sich auf einen längeren, umfassenden Beratungsansatz einzulassen. Die Motivation ist – wie bei vielem in dieser Zeit – eher schwankend und das Wichtigste am ganzen Prozess ist oft ein schnelles Ergebnis, so wie Ungeduld und Vorwärtsstürmen als wichtige Kennzeichen dieser Altersstufe zu betrachten sind. Positiv im Beratungsprozess sind die Ehrlichkeit und das unverblümte Ansprechen kritischer Punkte, sowohl bei andern als auch bei sich selbst, solange dies nicht ein anderer tut, negativ wird der Prozess oft beeinflusst durch hohe Unzuverlässigkeit wie „Vergessen" von Terminen oder sporadisches Auftauchen eher bei punktuellen Entwicklungen anstelle von Einlassen auf verbindlichen Prozess, weswegen Jugendliche gemeinhin eher als „schwieriges Klientel" gelten und im offiziellen Gesundheitssystem oft nur schwer einen Therapieplatz finden. Angesichts der für diese Alters- und Entwicklungsstufe typischen Spontaneität und Flexibilität und Zeiterleben ist das auf starre Terminvorgaben angewiesene klassische Beratungssystem oft zu schwerfällig. Jugendliche wollen dann Unterstützung, wenn's brennt… und dann aber ausführlich Zeit für das gewidmet kriegen, was ihnen auf den Nägeln brennt und ihr Inneres in Beschlag nimmt – wer weiß, ob das in drei Tagen, wenn der vorgesehene Termin wäre, noch ansteht und/oder relevant ist. Für die Beratungsfachkräfte stellt der Balanceakt zwischen Stärkung der selbst oft schon überschätzten Autonomie und Schutz der Jugendlichen vor Überforderung bzw. behutsames Begleiten, wo Selbststeuerung noch nicht ausreicht, eine wichtige Herausforderung dar, wobei hier ebenfalls viel nur über Beziehung gelingt.

In dem bereits erwähnten Kinder- und Jugendbericht zur Lebenssituation von Kindern und Jugendlichen und darauf aufbauender Weiterentwicklung der staatlichen Jugendhilfe werden das Internet bzw. die sozialen Netzwerke als relevant für die Bewältigung der oben ausführlich beschriebenen zentralen Entwicklungsaufgaben (Streben nach Autonomie, Gestaltung sozialer Beziehungen, Verwirklichung von Selbstbestimmung und Teilhabe sowie Abgrenzung von Elternhaus) betrachtet. Die Onlineberatungsangebote werden als niederschwellige Anlaufstelle für Jugendliche eingestuft, die aufgrund ihres Autonomiestrebens mit solchen Unterstützungsformen außerhalb des Internets kaum etwas zu tun haben wollen.[22]

---

22 Vergleiche hierzu Wabnitz et al. (2013), Kinder- und Jugendbericht, S. 140ff und 86ff, sowie S. 305. Es gibt dazu neben dem hier untersuchten bke-Portal bereits einige

Damit sind wir beim Thema der nun vorliegenden Untersuchung, den Möglichkeiten psychologischer Beratung im Rahmen eines jugendgemäßen internetbasierten Kommunikationsangebotes. Der Bedarf wurde aufgezeigt. Inwieweit hier nun der „anonyme", Selbstwert-wahrende Rahmen jenseits elterlicher Kontrolle, den die internetbasierten Medien bieten, eine hilfreiche Rolle spielen kann, wird im empirischen Teil näher beleuchtet werden.

Angebote. So bietet seit November 2013 die Stiftung Deutsche Depressionshilfe ein Internetangebot für Jugendliche. FIDEO, Abkürzung für FIghting DEpression Online, ein Informationsangebot mit fachlich moderiertem Forum für junge Menschen ab 14 Jahren, die depressive Züge bei sich erkennen (s. www.fideo.de und www.barmer-gek.de). Weitere Angebote, die der Altersgruppe auch nicht-themenspezische fachliche Unterstützung in Hilfesituationen bieten, sind die kostenfreie Telefonhotline „Nummer gegen Kummer", sowie verschiedene Online-Angebote, z. B. www.kids-hotline.de, www.bke-jugendberatung.de, www.kids-kit.de.

III Schriftliche Selbstmitteilung

1 Wurzeln der schriftlichen Selbstmitteilung

Eines der berühmtesten Shakespeare-Sonette "Shall I compare thee to a summer's day..." endet mit den Worten: "So long as men can breathe or eyes can see, so long lives this and this gives life to thee."[23]

Obwohl es als ein besonders schönes Liebesgedicht gilt, wird es doch ebenso dahingehend interpretiert, dass Shakespare hier eine Hymne auf die Kunst, speziell die Dichtkunst, verewigt. Einmal niedergelegt besteht sie für alle Ewigkeit, und die Schönheit wird – im Gegensatz zu den zitierten zarten Maiknospen – von der Vergänglichkeit oder widrigen Umständen nicht dahingerafft, sondern es gilt: Solange Menschen atmen und Augen sehen, wird dies weiterleben... und diese Schriftlichkeit gibt der Kunst Leben und Zukunft über alle Zeit hinweg: „When in eternal lines to time thou growest".

Damit ist sie für alle Zeit und Ewigkeit festgehalten, unverrückbar, nicht mehr hinweg zu tilgen vom Antlitz dieser Erde....

Und für alle sichtbar, nicht im Verborgenen.

„Die Schriftlichkeit hat ein aller Geheimhaltung entgegengesetztes Wesen", so beginnt Simmels berühmtes Essay über die schriftliche Selbstmitteilung, den Brief (Simmel, 1908).[24]

Damit sind die Grundfesten skizziert: Schriftlichkeit hat von jeher dazu gedient, Verborgenes, eigenes inneres Wissen, Traditionen, Gedanken, Mitteilungen etc. nach außen zu tragen, sich selbst zu „enthüllen" und damit der Nachwelt ein Zeugnis zu hinterlassen, das überdauert.

Schriftliche Selbstmitteilung ist wohl eines der Urbedürfnisse des Menschen. Seit vielen tausend Jahren existieren schriftliche Zeugnisse, in denen Menschen über räumliche und zeitliche Grenzen hinweg etwas von sich mitteilen und der Umwelt bzw. der Nachwelt etwas von sich hinterlassen wollen. Ausgehend von den ersten dokumentierten schriftlichen Hinterlassenschaften verschiedener Hochkulturen, z. B. Babylonier, Ägypter..., auf Tontafeln und Papyri im 2. und 3. Jahrtausend vor Christus bis zu den vielfältigen Kommunikationsformen der Neuzeit inklusive der ausgeprägten E-Mail-Kultur zu Beginn des 3. Jahrtausends

---

23 Shakespeare, Sonett 18, kompletter Text im Anhang (Shakespeare, W./Borgmeier, R./Hanke, M. (Hrsg), 2006, S. 28).

24 Simmel, G. (1908). Der Brief. Aus einer Soziologie des Geheimnisses. Hier wie in den folgenden Ausschnitten zitiert nach Simmel, G./Rammstedt, H., 2008, S. 190–193).

nach Christus, d. h. über einen dokumentierten Zeitraum von knapp 5000 Jahren, handelt es sich in der Regel stets um mehr oder weniger sorgfältig ausgearbeitete Zeugnisse, die das aktuelle Geschehen sowohl festhalten als auch überdauern und damit ein Stück „Zeitlosigkeit" gewinnen.

Dieser Wunsch nach „Zeitlosigkeit" und „Weiterbestehen" als ein Aspekt, wie Menschen sich mit ihrer Angst vor dem eigenen Ende, der Bedeutungslosigkeit auseinandersetzen, kann ebenso als eine Triebfeder des schriftlichen Ausdrucks bzw. Austausches betrachtet werden wie das Grundbedürfnis nach Gemeinschaft und Kommunikation, eben auch über Distanzen und Zeiten hinweg (vgl. dazu Bergmann 2005, S. 3).

Nickisch (2003, S. 63ff) bezeichnet in seinen historischen Betrachtungen über die Entwicklung des Briefes diesen als „die älteste schriftliche Textform überhaupt" sowie „die haltbarste und wohl auch unverzichtbarste", die uns zur Verfügung stehe (ebd., S. 63).

Als Ersatz für eine nicht mögliche mündliche Mitteilung kann er trotzdem die Grundfunktionen eines mündlichen Kommunikationsvorganges erfüllen, sei dies nun sachbezogene Informationsvermittlung, partnerbezogene Appelle oder eine deutliche Bekundung – und damit eigene Bestätigung – für das Selbst der schreibenden Person. Laut Nickisch macht diese letzte Funktion die historisch älteste Grundfunktion aus, die jedoch bis heute nichts von ihrer Aktualität eingebüßt hat.

Über viele Jahrhunderte hinweg kann man zwar einen vielfältigen Wandel der schreibtechnischen Formen und Mitteilungsträger (Papyrus, Tontafeln, Pergament, Papier, elektronische Medien) konstatieren, jedoch haben diese veränderten Formen die kommunikative Funktion des „Briefes" kaum wesentlich beeinflusst. Die originäre Grundfunktion des Briefes ist auf Austausch und Dialog gerichtet und diese reziproke Grundbedeutung ermöglicht Verständigung über zeitliche und räumliche Trennungen hinweg, ja, sogar über die ursprünglich einbezogenen Personen hinaus, wie das hohe Interesse an literarisch verwerteten Briefwechseln belegt – man denke nur an Goethes Korrespondenz mit Frau von Stein.

Zwar waren die materiellen Bedingungen für die Verbreitung in früheren Zeiten, z. B. Beförderung vom Briefen durch berittene Boten, wesentlich schlechter als heute, wo mit der Verbreitung der Computertechnik ein weltumspannendes und blitzschnelles Netzwerk für Versand und Empfang schriftlich festgehaltener Nachrichten besteht, dennoch kann man über den Verlauf der Jahrhunderte und -tausende die Konstanz des Phänomens „Brief" konstatieren. Heute noch – so Mitteilung der Deutschen Post AG für das Jahr 2012 – wurden in Deutschland im Jahre 2012 7,6 Milliarden klassische Briefe (davon 84,2 % geschäftlich, 15,8 % privat) durch den Marktführer Deutsche Post versendet, zu denen noch die von kleineren Regionalfirmen beförderten Briefe hinzukommen. Selbst wenn die Tendenz seit Jahren rückläufig ist, kommen doch immer noch beträchtliche Mengen zusammen.

2 Kurzer historischer Abriss der schriftlichen Selbstmitteilung am Beispiel des Briefs

Im Verlauf dieser Entwicklung lassen sich - so Nickisch - im Wesentlichen 5 Epochen der deutschen bzw. europäischen Briefgeschichte beschreiben, die hier im Folgenden kurz wiedergegeben werden sollen.

Antike

Schon aus der griechisch-römischen Zeit - u.a. Platon, Cicero, Horaz oder Seneca - sind Briefe überliefert, die allerdings eher als literarisch überformte Schriftzeugnisse betrachtet werden können, was auf das griechisch-römische Verständnis des Briefeschreibens als Teil der Redekunst zurückgeht. So dienten z. B. die Briefe des Apostels Paulus und der ersten Kirchenväter als offene Schreiben zur Verkündung und Verbreitung der christlichen Inhalte. Vellusig (2000) zitiert Artemon, den Herausgeber einer Sammlung von Aristoteles-Briefen, demzufolge der Brief als ein „halbierter Dialog“ zu betrachten sei, wobei „der Brief selbst als Kommunikationsmedium das anwesende Substrat des abwesenden Gesprächspartners“ darstelle (ebd., S. 27). Die rhetorische Aufmachung war als Vorbild für die europäische Briefliteratur prägend bis in das 18. Jahrhundert.

Mittelalter

So wurden Briefe in Europa bis ins 15 Jahrhundert auf Latein verfasst, erst später dann in den Volkssprachen. Da nur ein sehr kleiner privilegierter Anteil der Bevölkerung des Lateinischen mächtig war, wurden solche Briefe quasi ausschließlich in den Kanzleien der Herrscher und der hohen Geistlichkeit sowie in den Klöstern verfasst, was das Image des Briefes als urkundlich-amtliches Zeugnis bzw. als gelehrte Darlegung verfestigte. Das Verfassen solcher Briefe wurde nach Maßgabe der antiken Rhetorik bzw. traditionellen Formel- und Briefsammlungen gelehrt, wozu es ganze Lehrbücher gab. Im Mittelalter war der Brief demzufolge eher ein amtliches Dokument denn eine Preisgabe privater, individueller Gedanken oder gar Gefühle, die in einem eigenen freien Stil wiedergegeben wurden. Eine Ausnahme bildeten hier die persönlicher gehaltenen

Schriften der Mystiker des 12.–14. Jahrhunderts, so z. B. Heinrich Seuse, oder die Versepen des Mittelalters mit gereimten Briefgedichten oder -einlagen, Minnebriefe, die als wichtige Impulse zur Weiterentwicklung persönlicherer Briefe betrachtet werden können. Dazu zählt ebenfalls das Werk von Aelred von Rievaulx (1110–1167), einem bedeutenden Mystiker des Zisterzienserordens, „Über die geistliche Freundschaft" und über die Bedeutung eines inspirierenden Austausches unter Freunden als Anstoß zur eigenen Weiterentwicklung.

16. und 17 Jahrhundert

In diesem Zeitraum breitete sich das Briefschreiben weiter aus, wobei hier zunächst Kanzleischreiben, Handelsbriefe und gelehrt-philosophische Briefwechsel Vorrang hatten. Dennoch gab es ebenso brieflichen Austausch als Form der „geistlichen Begleitung" und Lebenshilfe. Beispielhaft wäre hier zu nennen die zwischen Johanna Franziska von Chantal und Franz von Sales nach ihrem ersten Zusammentreffen 1604 entstandene und in der Kirchengeschichte einzigartige geistliche Freundschaft. In etwa 350 Briefen, von denen leider von Johanna Franziska nur noch sehr wenige erhalten sind, weil sie diese nach dem Tod des Franz von Sales verbrannte, ist dokumentiert, wie sich zwei Menschen, in tiefer Freundschaft verbunden, gegenseitig halfen, ihren persönlichen, nach Heiligkeit strebenden Weg in ihrem Alltag und mit ihren bestehenden Verpflichtungen zu finden.

In diesen und ähnlichen Briefwechseln sind stilistisch viel mehr Freiheiten und persönliche Ausarbeitungen zu finden als in den amtlich und handelsmäßig verfassten Briefen, die sich – wie oben beschrieben – durch rhetorisch-aufwändige Syntax und einen steifen, formelhaften Sprachstil auszeichnen. Dies geschah wohl deshalb, um durch diesen hervorgehobenen Sprachstil dem ständischen Rang der schriftlich Kommunizierenden (immer noch Ausnahmeerscheinung) gerecht zu werden. In der barocktypischen Geziertheit und Formelhaftigkeit ist noch deutlich zu spüren, wie sehr diese Schreiben nach wie vor die ständegegliederte gesellschaftliche Ordnung widerspiegeln.

18. und 19. Jahrhundert

> *„Briefe: Es ist das Leben selbst, regt an, beschäftigt, nährt; bleiben sie aus, so schwindet man kraftlos dahin und kann die Umwelt nicht ertragen; kurz, ich stelle fest, dass es lebenswichtig ist, diese Mitteilungen eines so geliebten Menschen zu erhalten."* – Marie de Sévigné, Briefe an Frau von Grignan, 27. September 1684

Diese Epoche ist durch eine länderübergreifende hohe briefliche Mitteilungsfreudigkeit gekennzeichnet, wozu ebenso zahlreiche literarische Werke zählen (so z. B. französische Briefwerke der Madame des Sévigné). In Deutschland setzte Christian Fürchtegott Gellert 1751 eine durchgreifende Briefstilreform durch, womit sich der frei formulierte, individuelle und gefühlsbestimmte Brief gegenüber den vorher amtlich dominerten Schreiben endlich behauptete. Gellert sah im Brief „eine freye Nachahmung des guten Gesprächs" (Gellert, 1840, zit. nach Hintenberger, 2010). Er plädierte für eine Abwendung von den steifen, formelhaften Vorgaben zugunsten eines spontaneren, natürlicheren Schreibstils, so dass der Brief, wie der mündliche Dialog, an Lebendigkeit gewinne. Mit der Ausbreitung der Alphabetisierung und den verbesserten Möglichkeiten des Brieftransports erfolgte ein deutlicher Aufschwung der Briefkultur. Dies war jedoch wesentlich den zeitgeschichtlichen Strömungen zu verdanken. Entsprechend dem Zeitgeist, der von Sozialhistorikern als „Freundschaftskult" beschrieben wird, d.h. als einer Zeit, in der intensives Interesse an der Person des Gegenübers und dessen Empfinden bekundet wurde, folgte eine Unmenge von freundschaftlichen und amourösen Briefwechseln mit hoher emotionaler Dichte und ungewohnter sprachlicher Lebendigkeit. Der Mensch erhielt nach der Aufklärung eine zentrale Rolle im neuen Weltbild, wodurch eine Privatsphäre an sich erst einmal erschaffen wurde. Die betonte Einmaligkeit der Person löste eine starke Gefühlsbezogenheit aus, die individueller als früher unterstrichen werden sollte.

Mit der Befreiung von den einschränkenden rhetorischen Vorgaben gewann nun das Individuell-Spontane des Ausdrucks und des Gedankenflusses die Oberhand, was die großen und literarisch sehr bedeutsamen Briefwerke der Aufklärung, des Sturm und Drangs, der Klassik und Romantik in entscheidendem Maße prägte.

> *„Schreibe nur, wie du reden würdest, und so wirst du einen guten Brief schreiben."* – Johann Wolfgang von Goethe, Brief an Cornelia Goethe, 7. Dezember 1765

Mit dem Aufschwung der Naturwissenschaften verbreitete sich dann wieder eine Tendenz zu knapperer, wissenschaftlicher-sachbezogener Erörterung. So wurden beispielsweise bereits in der 2. Hälfte des 19. Jahrhunderts verkürzende Briefformen wie Telegramm oder Postkarte erfunden, die per se nur für kurze, knappe Mitteilungen geeignet waren.

Mit der Erfindung des Telegrafen und des Telefons verlor der Brief etwas von seiner bis dahin ausgeprägten kommunikativ-gesellschaftlichen Bedeutung, was sowohl den geschäftlichen wie auch privaten Bereich betrifft.

20. und beginnendes 21. Jahrhundert

Der Siegeszug des Telefons und dessen Verbreitung in immer mehr private Haushalte im 20. Jahrhundert, was nun eine raschere Nachrichtenübermittlung so wie unmittelbarere Kontaktpflege ermöglicht, hatte ebenso Auswirkungen auf das Briefschreiben. Der private Brief als Trägermedium für ganz persönliche Gedanken und Gefühle war zwar als Kommunikationsmedium für breite Massen rückläufig, gleichzeitig nahmen geschäftliche Schriftwechsel quantitativ enorm zu. Selbst wenn vieles davon zu Beginn des 21. Jahrhunderts größtenteils elektronisch abgewickelt wird, so werden laut Meldung der Deutschen Post AG allein vom Marktführer Deutsche Post im Jahr 2012 immer noch jährlich 7,6 Milliarden Briefe befördert.

Der private Brief mit einem Anteil von 15,2 % (und dies seit Jahren mit rückläufiger Tendenz) ist darunter eher eine Rarität und vielleicht gerade dadurch von besonderer emotionaler Bedeutung. Gerade weil er in seiner ursprünglichen materiellen und mehrfach sinnlich wahrnehmbaren Form (in die Hand nehmen, öffnen, das Rascheln hören, lesen) so selten geworden ist, ist er sozusagen ein besonderes Geschenk, vergleichbar einem selbstgemachten Gegenstand, der gerade in Zeiten von Überfluss- und Konsumgesellschaft eine besondere Renaissance erlebt und bewusst eingesetzt wird, um eine bestehende Beziehung in ihrer Bedeutung besonders hervorzuheben und damit zu festigen. Briefe wie persönliche Geschenke werden eher in emotional bedeutsamen Beziehungen eingesetzt und dienen damit wohl ebenso deren Bekräftigung und Stabilisierung, hervorgehoben vor anderen Beziehungen.

Es ist zudem klar erkennbar, wie bestimmte zeitgeschichtliche Umstände den persönlichen Brief wiederum begünstigten, v.a. die Kriegszeiten, wo er für Soldaten wie Daheimgebliebene oft den einzig möglichen Kommunikationsweg darstellte. Wie Voland (2001) darlegt, wurden Schätzungen zufolge schichtenübergreifend und unabhängig vom Bildungsstand im zweiten Weltkrieg etwa 40 Milliarden gebührenfreie Feldpostsendungen verschickt, wobei diese Briefe über lange bange Zeiten hinweg oft das einzige Lebenszeichen darstellten. Aufgrund der schwierigen Zustellungsbedingungen war die dialogische Funktion dieser Briefkultur stark eingeschränkt, so dass in diesen Briefen eher das einseitige Erzählen bestimmend war.

Aus den Lagern und Kerkern sind ebenfalls solch schriftlichen Zeugnisse bekannt. Diese Renaissance des sehr persönlich gehaltenen Briefes erklärt der Volksmund mit „Not lehrt Briefe schreiben".

Im ausgehenden 20. und zu Beginn des 21. Jahrhunderts haben zwar elektronische Medien eine hohe Bedeutung als Trägermedium gewonnen, dennoch existieren nach wie vor Anleitungen, „Ratgeber", für das korrekte Verfassen sowohl von Geschäfts- wie auch privaten Briefen, mittlerweile eben sogar online verfügbar, was deren weiterbestehenden Status unterstreicht. Diese sind den heutigen Bedingungen entsprechend weniger formelhaft als früher, dafür neuen gesellschaftlichen Entwicklungen angepasst. So verweist Voland auf Ratgeber für Liebesbriefe, die eben genauso Rubriken wie „nach dem ersten Mal“ oder „Seitensprung“ enthalten (Voland, 2001, S. 6).

Trotz der enorm verkürzten Zeitdifferenz zwischen Versand und Empfang einer Nachricht in der computervermittelten Kommunikation zieht Nickisch (2003) den Schluss, dass „die Form interpersonaler Kommunikation, wie sie der Austausch von E-Mail- und SMS-Botschaften darstellt, eine Fortführung der vormaligen brieflichen Kommunikation ist, dass auch die neuen Kommunikations- und Beziehungsmedien, wie der Brief, auf der Grundlage schriftlicher Kommunikation funktionieren und einer technischen Übermittlung bedürfen“ (Nickisch, 2003, S. 72). Er sieht daher optimistisch in die Zukunft, was den Fortbestand der Briefkultur als dialogisch ausgerichtete Form der Mitteilung eigener Gedanken und Gefühle über Zeit und Raum hinweg betrifft. Dementsprechend heben ja mehrere andere Autoren hervor, wie viel Jugendliche heute – infolge der digitalisierten Kommunikation – schreiben.

3 Die Bedeutung von Schriftlichkeit in unserer heutigen Zeit

Der Akt des Schreibens selbst ist ja bereits eine konzentrationsfördernde und fokussierende kontemplative Angelegenheit. Die schreibende Person befasst sich neben den Inhalten mit dem eigenen Erleben, so dass eine schriftliche Mitteilung einen hohen Anteil an Selbstmitteilung enthält. Ein Brief ist neben dem Tagebuch eine wichtige Möglichkeit zur geschützt erlebten Darlegung intimster Gedanken: man „schreibt sich etwas von der Seele“, es handelt sich um eine intensive Auseinandersetzung mit den eigenen Gedanken und Gefühlen, die introspektiv fokussiert werden und wohl auch in der Wirkung auf den Empfänger bedacht, so dass eine schriftliche Selbstmitteilung – seien es nun Briefe, persönliche E-Mail oder Blog-Eintrag – stets genauso ein Stück Autokommunikation und monologische Mitteilung verkörpert.[25] Die für das Ausformulieren benötigte Zeit kann vom Verfasser selbst bestimmt werden. Das ist z. B. für eine Konfliktklärung sehr hilfreich, wenn nach einem Streit versucht wird einzulenken, die eigene Position noch einmal darzulegen und ohne Zeitdruck die richtigen Worte zu finden. Manchmal ist ein Gespräch aufgrund räumlicher Entfernung nicht realisierbar oder wird bewusst vermieden, da man Distanz wahren will. Im Brief, in der selbst gewählten, manchmal wohlüberlegten, manchmal sehr

25 Voland (2001) zitiert hier den in der Epistolartheorie gängigen Begriff „Brief als Spiegel oder Abbild der Seele“.

spontan niedergeschriebenen schriftlichen Formulierung ist es möglich, manches bewusst vage zu halten oder Sachverhalte wie auch Empfindungen nur anzudeuten, da es – anders als im Gespräch – keine sofortigen Rückfragen gibt, die eine Präzisierung einfordern. Damit wird das Interaktionsgeschehen zwischen Sender und Empfänger einer Nachricht stärker betont, denn der Empfänger muss quasi stärker „zwischen den Zeilen" lesen und die Andeutungen für sich selbst mit Inhalt füllen.

4 Simmels Essay: Der Brief

Dieses Geschehen hebt bereits Georg Simmel in seinem Essay „Der Brief" von 1908 hervor (alle folgenden Zitate aus eben diesem Essay, S. 190f). Er charakterisiert zunächst die schriftliche Form grundlegend als Bekundung von Öffentlichkeit und Zeugenschaft und damit Bekräftigung des Dargelegten, das damit nun infolge der Kenntnis vieler, auch einer potentiellen späteren Öffentlichkeit, verbindlicher wird, selbst ohne dass Zeugen persönlich – wie früher z. B. bei geschäftlichen Transaktionen üblich – anwesend sein müssten. Die schriftlich niedergelegte Form sei eine Objektivierung des geistigen Inhalts, die damit jetzt wie zukünftig jederzeit von einer beliebigen – und damit prinzipiell unbegrenzten – Öffentlichkeit abgerufen werden könne, unabhängig davon, wie diese subjektiv auf den Inhalt reagieren würden. In den Worten Simmels:

> *„Der geistige Inhalt, einmal niedergeschrieben, hat damit eine objektive Form erhalten, eine prinzipielle Zeitlosigkeit seines Da-Seins, einer Unbeschränktheit von Reproduktionen im subjektiven Bewusstsein zugängig, ohne aber seine Bedeutung oder Gültigkeit, da sie nun fixiert ist, von dem Kommen oder Ausbleiben der seelischen Realisierung durch Individuen abhängig zu machen."*

Damit besitze das Geschriebene eine objektive Existenz, die auf jede Garantie des Geheimbleibens verzichte. Das hat Simmel bereits im ersten Satz des Essays betont *„Die Schriftlichkeit hat ein aller Geheimhaltung entgegengesetztes Wesen"*. Das wiederum laufe vor allem dem Wesen des Briefes entgegen, der „in seiner Wehrlosigkeit" des besonderen Schutzes bedürfe[26]. Simmel charakterisiert den

---

26 Dem wird im deutschen Strafrecht mit dem Paragrafen zur „Verletzung des Briefgeheimnisses" bis heute Rechnung getragen: STG §202 (1) Wer unbefugt
1. einen verschlossenen Brief oder ein anderes verschlossenes Schriftstück, die nicht zu seiner Kenntnis bestimmt sind, öffnet oder
2. sich vom Inhalt eines solchen Schriftstücks ohne Öffnung des Verschlusses unter Anwendung technischer Mittel Kenntnis verschafft

wird mit Freiheitsstrafe bis zu einem Jahr oder mit Geldstrafe bestraft.

Brief – als soziologisches Phänomen – als einzigartige Verkehrsform, die er in seiner Eigentümlichkeit der persönlichen Begegnung mit mündlicher Mitteilung gegenüber stellt. In letzterer werde der mitgeteilte Inhalt der Worte angereichert durch vielfache nonverbale Mitteilungen („*die mit Worten nicht auszudrückende Stimmungssphäre, die tausend Nuancen im Rhythmus und in der Betonung der Äußerungen*"). Dies fehle weitgehend in der schriftlich fixierten Form des Briefes, selbst wenn er auf eine bestimmte Person hin gerichtet sei, bzw. müsse „*aus den Erinnerungen des persönlichen Verkehrs*" ergänzt werden.

> „*Es ist der Vorzug oder Nachteil des Briefes, prinzipiell nur den reinen Sachgehalt unseres momentanen Vorstellungslebens zu geben und das zu verschweigen, was man nicht sagen kann oder will*".

Simmel beschreibt es als einen Widerspruch zwischen dem Charakter des Inhalts, nämlich einer persönlich ausgerichteten, subjektiven Mitteilung, und der schriftlichen Form, die vieler Ausdruckmöglichkeiten – wie oben beschrieben – beraube. Zudem zeichne sich der Brief „*durch eine Mischung von Bestimmtheit und Unbestimmtheit*", die der schriftlichen Form eben zu Eigen sei, aus. Durch die reduzierten Ausdrucksmöglichkeiten („*Begleiterscheinungen des Stimmklangs und der Akzentuierung, der Gebärde und der Miene*"),[27] werde entgegen der scheinbaren objektiven Sicherheit der Schriftlichkeit eine Fülle von Deutungen möglich – Anmerkung: wie oben beschrieben vom Verfasser eventuell bewusst so intendiert? Der Empfänger begnüge sich ja gerade nicht mit dem logischen Sinn, weil es für das Verständnis eben mehr als des logisch erschließbaren Sinnes bedürfe. Insofern lasse der Brief viel mehr Freiraum für Deutungen, die ebenso Missverständnisse nach sich ziehen könnten. Simmel unterscheidet hier zwischen dem „logischen Sinn", der durch das Schriftliche stark vorgegeben sei und dem tieferen und persönlichen Sinn: das „Geheimnis", das Subjektiv-Einzigartige des Verfassers, dessen Verständnis im Brief eben gerade durch die fehlenden zusätzlichen Ausdrucksmöglichkeiten freier und vieldeutiger sei als in der persönlichen Mitteilung. Dort

---

Darüber hinaus besteht in der Bundesrepublik eine Schutzfrist von 70 Jahren, bevor ein Brief ohne Zustimmung des Verfassers publiziert werden darf (z. B. aus der Hinterlassenschaft eines Schriftstellers).

27 In der Schriftform fehlen die para- oder nonverbalen Möglichkeiten der Mitteilung, was im Rahmen der computervermittelten Kommunikation als „Kanalreduktion" beschrieben wird, da viele Sinneskanäle als Ausdrucksmöglichkeiten wegfallen und der Austausch rein auf die Produktion und Rezeption der schriftbasierten Äußerung reduziert ist.

werde das „Geheimnis“ viel stärker offenbar, was in der schriftlichen Darstellung verschwiegen oder besser verborgen werden könne.

„Der Brief ist deshalb deutlicher, wo es auf das Geheimnis des anderen nicht ankommt, undeutlicher und vieldeutiger aber, wo dies der Fall ist.“

Simmel definiert das „Geheimnis“ des Menschen als seine *„logisch nicht ausdrückbaren Stimmungen und Seinsqualitäten“*, d.h. das höchst Individuelle, das für ein wahrhaftiges Verständnis grundlegend sei.[28] Während in der persönlichen Mitteilung, der Rede, dieses Geheimnis mit dem Inhalt durch die nonverbale Mitteilungsebene verschmelze, so dass Inhalt und Interpretation des Zuhörers nicht auseinander zu halten sei, fehle eben dieses Verschmelzen bei der schriftlichen Fassung und sei durch eine Deutungsleistung des Lesers nachträglich zu ergänzen.

Simmel betont demnach die Leistung, die bei der schriftlichen Mitteilung in Form des Briefes von dem Empfänger zu erbringen sei, wenn es um das Verständnis und Erfassen der Mitteilung geht. Dies entspricht ebenso neuen Kommunikationstheorien, die ebenfalls das Verständnis einer Botschaft als Interaktionsgeschehen zwischen Sender und Empfänger beschreiben (z.B. Schulz von Thun, Watzlawick, Palo-Alto-Schule u.a.).

Westerbarkey (1991, S. 95ff) weist in diesem Zusammenhang auf die von Simmel beschriebene Ambivalenz des Wissens und Ambiguität der Nähe hin: eine ständige Dynamik von Präzision und Ungewissheit beispielsweise durch die vielfältigen Deutungsmöglichkeiten verhindere eine völlige Übereinstimmung (Konsens), die damit weitere Kommunikation erübrigen würde (Redundanz) und sei somit eine grundlegende Voraussetzung dafür, dass Kommunikation stattfinde, von Interesse sei und weitergeführt werde. Nur durch diese Ungewissheit behalte das „Geheimnis“ der anderen Person seinen Reiz, erlaube Nichtwissen, d.h. Neugier und Attraktion, ebenso wie Fiktion. Von daher beschreibt Westerbarkey diese Ambiguität als unvermeidlich und notwendig. Schon Simmel betont als Bedingung für Nähe ein Wissen „umeinander“, aber ebenso ein gewisses Nichtwissen, ein wechselndes Maß gegenseitiger Verborgenheit.

Eine schriftliche Niederlegung sei eine selektive Auswahl, die für Struktur und Überschaubarkeit sorge und überdies –diese Lesart Simmels wird von Westerbarkey hervorgehoben – in der formalen Objektivität schriftlich fixierten Wissen

28 Dies entspricht wohl dem, was Martin Buber in seinem Gesprächsverständnis als Voraussetzung für eine gelingende Ich-Du-Begegnung bezeichnet.

durch ihre „milieutranszendierende Funktion" und als prinzipiell jedem zugängliche und reproduzierbare „übersoziale Nährquelle" einem breiten Publikum dienen könne (ebd., S. 98). Schriftlicher Verkehr, d. h. das Ordnen von Kommunikationsprozessen – zunächst innerlich für sich und dann durch die schriftliche Formulierung – erlaube durch die Überschreitung elementarer Interaktionsprozesse „neue Gesprächspartner" zu finden, weil das umgebende soziokulturelle Milieu ergänzt, aufgebrochen und infrage gestellt werden könne. Durch die dem Schriftlichen eigene „potentielle unbegrenzte Öffentlichkeit" könne über das alltägliche soziale Umfeld hinaus eine soziale Nährquelle eröffnet werden, die prinzipiell zugänglich und reproduzierbar ist. Damit allerdings, so Westerbarkeys Schlussfolgerung, werde einer höheren Subjektivität beim Rezipienten Vorschub geleistet, denn Schriftliches, was Beschränkung auf einen Sinneskanal bedeute, erleichtere Selektivität.

Im Zusammenhang mit der beschriebenen „Ambivalenz der Nähe" weist Müller-Dohm (1998) auf den Verlust der Diskretion als allgemeine gesellschaftliche Entwicklung hin. Der „Blick ins Private und Intime" werde heute als verbreitete Unterhaltungskultur und Teil des Alltags, z. B. Handy im Zug, Essen auf der Straße, gelebt. Das von Simmel propagierte „Geheimnis" versteht Müller-Doohm als prinzipielle Unbestimmbarkeit des Subjekts. Die Differenz bzw. Distanz, das Wissen um diese Unbestimmbarkeit interpretiert er als wesentliche Bedingung für Hinwendung zu anderen Menschen, als Bedingung für Wechselseitigkeit und Sozialität. Die Sozialität der Nähe entstehe eben durch diese Distanz, was im Kapitel „Onlinekommunikation" als Forschungsergebnis zu Chat/Foren und Mailinglisten in Rahmen von Selbsthilfekommunikation ausgeführt wird: Nähe wird durch die Distanz erleichtert. In Kombination mit dem allgegenwärtigen öffentlichen Geplauder stellt Müller-Dohm damit die These auf: Intimität wird zur Last, die durch beredsame Geschwätzigkeit loszuwerden versucht wird. Dies spitzt er in dem Paradox zu: Je vernetzter, desto einsamer?

5 Schriftliche Kommunikation bei Jugendlichen heute

Die fortschreitende Mediatisierung des Alltags speziell durch die digitalen Medien macht erst recht nicht vor den Jugendlichen Halt, die einem bekannten Bonmot zufolge als sogenannte „digital natives" ganz selbstverständlich mit den neuen technischen Annehmlichkeiten und Neuerungen aufwachsen, die sich die Generation 40 + erst mühsam erarbeiten muss.

Im Rahmen der hier vorliegenden Untersuchung interessiert die Frage, welchen Stellenwert schriftlich vermittelte Kommunikation für Jugendliche einnimmt.

Zahlen aus einer aktuellen Studie belegen die Verbreitung und „Vernetzung" der Jugendlichen:[29]

Im Durchschnitt sind Zwölf- bis 19-Jährige in Deutschland 208 Minuten täglich online im Internet unterwegs, nach eigenen Angaben größtenteils im Bereich der Kommunikation, wobei vor allem die Nutzung von Online-Communities für viele eine zentrale Rolle spielt (75 % mindestens mehrmals pro Woche). Die mobile, d. h. ortsunabhängige Nutzung des Internet über Smartphone oder Handy hat dabei stark zugelegt: 88 Prozent der Internetnutzer haben in den 14 Tagen vor der Befragung das Internet über ihr Smartphone genutzt (2012: 49 %). Mittlerweile hat die internetbasierte Kommunikationsform „What's App" zur schnellen Übermittlung von Textnachrichten, die von 85% der Jugendlichen täglich genutzt wird, die SMS abgelöst, die vorher zentrale Bedeutung für Jugendliche hatte und als klassische neue Form schriftbasierter Kommunikation anzusehen ist.[30] Einer Untersuchung von Timo Kopoomaa in Finnland aus dem Jahre 2000 zufolge (hier zit. nach Höflich, J./Gebhardt, J./Steuber. S. (2003), S. 268) diente die SMS vor allem als Alternative zum Telefonat, wobei in seinen Interviews mit Jugendlichen zwischen 12 und 18 vor allem der private Charakter betont wurde, im Vergleich zu einem per Mobiltelefon geführten Telefonat in der Öffentlichkeit. Zudem wurde die für Jugendliche, wie oben beschrieben, sehr wichtige „Abgrenzungsfunktion" hervorgehoben: der Austausch von Textnachrichten liege außerhalb der Kontrolle der Eltern und Lehrer. Dass die Zahl der ausgetauschten Nachrichten die Zahl der Telefonate überwiegt, kann – trotz des veränderten Trägermediums What's App – ebenfalls heute noch konstatiert werden, selbst wenn dies in Zeiten der Flatrate-Verträge anders als früher, wo eine SMS günstiger als ein Telefonat war, nicht mehr aus Kostengründen so ist. Umso mehr interessieren die inhaltlich positiv erlebten Aspekte. Als wesentlicher Vorteil wurde in mehreren Studien zur SMS-Nutzung die Bedeutung des Mediums zur Selbstdefinition der Jugendlichen gegenüber älteren Generationen und damit der Einfluss auf die Identitätsbildung hervorgehoben, speziell bei adoleszenten Mädchen, da dieses Medium die Bildung und Aufrechterhaltung sozialer Kontakte bzw. Netzwerke ermögliche (Vgl. Ling 1998, Skog 2002, beide zit. nach Höflich, J./Gebhardt, J./Steuber. S. (2003), S. 270).

29 Jugend in Medien (JIM-Studie 2015, 2013): Studie des Forschungsverbundes Südwest zur Mediennutzung Jugendlicher zwischen 12 und 19 Jahren.

30 SMS = Short Message Service, ein Telekommunikationsdienst zur Übertragung von kurzen Textnachrichten, die maximal 160 Zeichen umfassen dürfen. Auch die Kurznachricht selbst wird im Sprachgebrauch als SMS bezeichnet.

Höflich und Gebhardt selbst (ebd., S. 276ff) führten im Zeitraum von Juni 2000 bis Januar 2001 19 explorative Gruppendiskussionen mit Jugendlichen in Deutschland durch, v. a. im Hinblick auf die Nutzung des klassischen Briefes im Vergleich zu anderen kommunikativen Praktiken, und kamen dabei zu folgenden Ergebnissen: Der Gebrauch von Handy und SMS wird von Jugendlichen als selbstverständlicher Teil ihres kommunikativen Alltags und als integraler Bestandteil eines freien, unabhängigen und selbstbestimmten Lebens gesehen. Das Handy gilt außerdem als Identitätsmarker, sowohl nach innen – kollektive Selbstbestätigung in Bezug zur Peer-Gruppe – als auch zur Abgrenzung nach außen, v.a. um sich damit der elterlichen Kontrolle entziehen zu können und weitere Schritte in Richtung unabhängiges Leben zu gehen.

Als Funktionen und Einsatzbereiche der SMS wurden vor allem Beziehungspflege, Verabredungen, gegenseitige Rückversicherungen, Organisation des Alltags und Verabredungen genannt. Beliebt bei diesem Kommunikationsweg ist: man könne dem anderen etwas mitteilen unabhängig von dessen momentaner Aktivität, ohne ihn – wie etwa durch ein Telefonat – bei Aktivitäten zu stören und damit als aufdringlich zu gelten. Das gilt sicher ebenfalls für die heute üblichere Variante des „What's App". Damit eigne es sich speziell z. B. für schüchternere Jugendliche, die sich so eher eine Kontaktaufnahme zutrauen.

Eine neuere Studie von Bitcom (2013) bestätigt diese Ergebnisse: 94 % der Jugendlichen nutzen das Handy eher für schriftliche Mitteilungen als für Telefonate.

Die Möglichkeit der allseitigen Erreichbarkeit per Handy wurde aber auch als Zwang zur Erreichbarkeit beschrieben, ebenso die öffentliche Aufdringlichkeit bzw. Belästigung durch andere Nutzer, die ihr Handy in der Öffentlichkeit verwenden.

Interessant sind die geschlechtsspezifischen Effekte, die in den Studien nachgewiesen werden konnten: Mädchen tendieren eher zu sozioemotionaler Kommunikation, verwenden demzufolge eher paraverbale Substitute wie Smileys etc. Sie schreiben nicht nur mehr, sondern auch längere SMS-Botschaften. Der gleiche Effekt konnte bei E-Mails und Briefen konstatiert werden.

Soziologisch interessant ist bei der schriftlich vermittelten Kommunikation mit Hilfe moderner Trägermedien die Frage nach der Reziprozität, d. h. die Frage nach der möglichst weitgehenden Balance zwischen Leistung und Gegenleistung, was als ein Grundprinzip sozialer Beziehungen gilt. Da es in den SMS-Botschaften ja oft um Organisationen und Verabredungen gilt, wird eine zeitnahe Reaktion des Gegenübers laut den befragten Jugendlichen erwartet und selbst befolgt. Zusätzlich kommt es in dem schnellen SMS-Austausch zu quasi gesprächsähnlichen Dialogen, die ebenfalls eine unmittelbare Antwort erwarten und eine längere Kette von Interaktionen (Rede-Gegenrede) auslösen – manchmal mit unklarem Ende bzw. hoher Unsicherheit, ob ein Dialog wieder abgebrochen werden kann, ohne den Kommunikationspartner zu verletzen bzw. als unhöflich zu wirken. Manchmal wird dann das Medium gewechselt, z. B. irgendwann dann doch angerufen, in der Regel wird die Kommunikation nach Auffassung der befragten Jugendlichen jedoch mit demselben Medium weitergeführt. Die aufgeführten Befunde gelten für die „What's App"-Kommunikation mit quasi synchronem Austausch sicher umso mehr.

Man kann demnach bei der über neue Trägermedien vermittelten schriftlichen Kommunikation im Prinzip von den gleichen Reziprozitätsnormen ausgehen wie bei den klassischen Brief-Formen. Führten die Jugendlichen im Jahre 2000 noch „hohe Kosten" als erschwerenden und hemmenden Faktor an, so ist dies heutzutage durch die „all inclusive-Flatrate"- wie auch die internetbasierten neuen Angebote mutmaßlich kein Thema mehr, das wesentlichen Einfluss auf die Nutzung hätte.[31]

Zusammenfassend kann man festhalten: Die Bedeutung des Briefes als eine persönliche Form der schriftlichen Selbstmitteilung ist trotz aller kultur- und bedeutungsgeschichtlichen Veränderungen über viele Jahrhunderte, ja Jahrtausende beständig geblieben. Das soziologische Phänomen des auf Dialog und Gegenseitigkeit gerichteten Briefes entspricht sowohl dem Bedürfnis des Menschen nach Nähe und Gemeinschaft auch über Distanzen hinweg, wie nach Distanz und „Geheimniswahrung", d. h. eben nicht komplette Enthüllung, sondern zielgerichtete Mitteilung an einzelne, individuelle Geheimnisse wahrend und damit einen Ort der Intimität schaffend. Untersuchungen über Liebesbriefe über Jahrhunderte hinweg bestätigen diese Bedürfnisse ebenso wie die Auswertung heutiger SMS- oder „What's App"-Botschaften Jugendlicher als grundlegend ebenso für unsere Zeit. Die Form der Mitteilungen – freier und individueller – und die Trägermedien sowie die Geschwindigkeit des Austausches haben sich stetig verändert, ohne dass die Grundbedeutung, nämlich schriftlicher Ausdruck meines Erlebens als Form der Beziehungspflege und Selbstoffenbarung, dadurch geschmälert worden wäre.

In seinem Aufsatz „Form und Beziehung" weist Stegbauer (2003, S. 75–94) darauf hin, dass Formen sowohl schriftliche wie mündliche Kommunikation regulieren. Die Form lässt Rückschlüsse auf den Kommunikationspartner wie

31 Stand Februar 2014: Nutzung des „What's App?"-Nachrichten-Austauschdienstes im ersten Jahr kostenfrei, ab dem 2. Jahr 0,79 €/Jahr. Die damit einhergehende prekäre Datensicherheit durch Zugriffsmöglichkeiten der Betreiber spielt angesichts des komfortablen und kostengünstigen Übermittlungsweges offenbar kaum eine Rolle.

auch auf die Beziehung zwischen den beiden Briefpartnern zu, sie ist abhängig von der Beziehung und gibt gleichzeitig Gelegenheit, sie neu zu definieren. So unterscheiden sich äußere Form ebenso wie Schreibstil je nach Anlass, z. B. Trauerbrief oder Kündigungsschreiben, und Empfänger: vertraute Beziehung oder sehr formal geprägt, z. B. Brief an einen Rechtsanwalt. Die Wahl der äußeren Form wie auch der Anrede- und Grußformel lässt als Rahmung viele Rückschlüsse auf die bestehende Beziehung zu und sollte im Hinblick auf diese Beziehung sorgsam gewählt werden.

Diese gilt ebenso für die digital vermittelte Kommunikation, obwohl dort zunächst, z. B. bei E-Mails, der Eindruck entsteht, dass die Einhaltung von Formen im Vergleich zum klassischen Brief lockerer gehandhabt werde. Im Geschäftsbereich gibt es hier schon wieder entsprechende Standards, die formale Defizite und damit Missverständnisse wie Konflikte vermeiden helfen sollen. Im Bereich der öffentlichen webbasierten Kommunikation per Chat oder Foren existieren ebenso solche Regelwerke („Netiquette"), die den Umgang miteinander regeln sollen.

Die digital per Computer vermittelte Kommunikation ist aufgrund ihrer Verbreitung heute sowohl privat als auch im geschäftlichen Bereich nicht mehr wegzudenken. Sie spielt für Jugendliche, die einen Großteil ihrer Kommunikation per internetbasierten Formen abwickeln, eine große Rolle. Ihre strukturellen Grundzüge und Besonderheiten sollen im folgenden Kapitel dargestellt werden.

IV Computervermittelte Kommunikation

1 Situationsbeschreibung

Dass Menschen heute mit Hilfe des Internets ihre Kommunikationsmöglichkeiten erweitern, ist eine alltägliche Erfahrung. Weltweit treffen sich Unbekannte und Freunde in sozialen Netzwerken oder Chatrooms, lassen sich mit technischen Mitteln problemlos Entfernungen überbrücken, so dass die Enkelin während ihres Au-Pair-Jahres in Brasilien der Oma per Skype[32] quasi „von Angesicht zu Angesicht" gratulieren oder ein Geburtstagständchen darbringen kann.

Im Internet können Nutzer der computervermittelten Kommunikation heute ganz selbstverständlich und in der Regel problemlos zwischen verschiedenen Modi wie E-Mail, Chat, Forum, Internettelefonie, etc. wechseln.

Dies wird zu vielfältigen Zwecken genutzt: Kommunikation, Unterhaltung, Information, Kontaktanbahnung.... Man kann wohl mit Fug und Recht behaupten, dass das Internet in den letzten Jahren immer mehr zu einem gesellschaftlich umfassenden Instrument geworden ist, das seinerseits ebenfalls neue gesellschaftliche Entwicklungen beeinflusst. So wird z. B. im politischen Bereich die „Piratenpartei", die sich vehement für die Belange der neuen Informationstechnologie einsetzt, mit einer „Internet-Partei" gleichgesetzt, beteiligen sich weltweit Tausende an Protesten gegen das ACTA-Abkommen und nutzten mittlerweile alle Parteien z. B. vor anstehenden Wahlen das Internet als Plattform für Ihre Programmpräsentation, Blogs, Politische Information per Kurznachrichtendienst Twitter etc.[33]. Dass selbst Papst Benedikt den Twitter-Dienst zeitweise nutzte, war beim ersten Mal etlichen Medien eine Meldung wert, während diese Technik bei dem jetzigen Papst Franziskus schon als fast selbstverständlich gilt und trotzdem noch z. B. in Printmedien zitiert wird[34] – möglicherweise um hier anhand der Zahlen, 11 Millionen Follower in 9 Sprachen, in einem Bereich wie der Katholischen Kirche, die nicht gerade als Prototyp fortschrittlicher Entwicklung gilt, die universale und alltägliche Verbreitung in fast jedem Lebensbereich zu illustrieren.

Sprachlich ist der Einfluss ebenfalls deutlich auszumachen, worauf Kallmeyer (2000) hinweist. So haben inzwischen etliche ursprünglich aus dem Computerbereich stammende Begriffe ganz selbstverständlich Einzug in den alltäglichen

32 Internetbasierte Telefonverbindung mit Wort-und Bildübertragung.

33 www.vodafone-institut.de, Allgäuer Zeitung vom 11.9.2013, S. 4. „Im Netz wird nicht nur gemeckert".

34 Meldung Allgäuer Zeitung vom 3.1.14.

Sprachgebrauch gehalten. Dinge werden „gespeichert“ statt gemerkt, man „hat etwas auf dem Schirm“, sofern es noch zur baldigen Erledigung ansteht, und es ist selbstverständlich geworden, dass man Begriffe „googlet“, um sich Informationen zu beschaffen. Es wird „getwittert“ und „gesimst“, „gebloggt“ und „geskypt“, um nur einige zu nennen.

Doch was genau ist das Faszinierende an dieser neuen Art der schon lange geübten „schriftlichen Selbstmitteilung“? Die mittlerweile so selbstverständlich und verbreitet ist, dass manche die „digitale Revolution“ gar mit der „Industriellen Revolution“ Ende des 19. Jahrhunderts vergleichen und ähnliche gesellschaftsumwälzende Auswirkungen erwarten respektive befürchten.[35] Es ist eine nicht zu leugnende Tatsache, dass die digitale Kommunikation heute in nahezu jedem Lebensbereich und Altersklasse Einzug gehalten hat. Was hat sie mehr zu bieten als der „Brief“? Worin besteht das Faszinosum dieser Kommunikationsform mit „speziellem Charakter von digitalisierter Schriftlichkeit zwischen gesprochener und geschriebener Sprache“ (Brunner 2009, S. 29), die doch auch erhebliche Nachteile mit sich bringt? Vor allem hinsichtlich der hier interessierenden Form Gruppenchat, wo private Inhalte eben nicht vertraulich, sondern „vor Publikum“ veröffentlicht, besprochen und damit festgehalten werden?

2 Theoretische Einordnung

Grundsätzlich bietet die netzbasierte Kommunikation eine Fülle von Möglichkeiten: Austausch zwischen zwei Einzelpersonen (z. B. private E-Mail, „one to one“), Austausch zwischen einer Einzelperson und vielen (Mail an großen Empfängerkreis, Forums-/Netzwerkbeitrag, der von einer potentiell hohen Zahl von anderen Teilnehmern gelesen werden kann, „one to many“) oder Massenkommunikation von vielen Personen zu einer anderen Vielzahl von Personen („many to many“), wozu die hier in Fokus stehende Chatkommunikation zählt: eine Form der direkten und synchronen Kommunikation in offenen oder geschlossenen Gruppen.

---

35 Dies gilt insbesondere mit Blick auf bestehende Ungleichheiten und damit einhergehende strukturelle Benachteiligungen derer, die z. B. aus finanziellen Gründen eben nicht im selben Umfang von den Segnungen der neuen Technik profitieren und deren positiven Möglichkeiten nutzen können. Zur ausführlicheren Diskussion dieser Ungleichheiten siehe 14. Kinder- und Jugendbericht (2013, S. 43 und S. 186ff) sowie die Dissertation von A. Klein (2005). Angesichts dieser Einschränkungen hinsichtlich gesellschaftlicher Partizipation ist die zu den Anfangszeiten des Internet vorherrschende Euphorie über eine klassenlose, gleichberechtigte weltweite Gesellschaft doch einer deutlichen Ernüchterung gewichen.

Innerhalb des Netzes ist abhängig von eigenen Verschlüsselungs- und Sicherungssystemen zu unterscheiden zwischen beabsichtigter Öffentlichkeit, potentiellem Publikum und tatsächlichen Publikum. Dass diese theoretisch bekannte Tatsache dennoch im Einzelfall zu Stürmen der Entrüstung beitragen kann, belegen nicht nur die Debatten um Sicherungsvorkehrungen beim Facebook-Profil, sondern ebenso um die Abhöraffäre der NSA im Sommer 2013.

Die Bedeutung der computervermittelten Kommunikation und der damit ermöglichten neuen Gemeinschaftsformen/Netzwerke sieht man darüber hinaus sowohl im positiven Sinne bei aktuellen weltpolitischen Ereignissen wie Umsturz in Ägypten und den Maghreb-Ländern Anfang 2011 mit Austausch/Verbreitung vor allem unter der jungen Bevölkerung durch Facebook, Twitter und Co, als auch im negativen Sinn durch Ausbreitung neuer Formen wie Cyber-Mobbing etc.

Die computervermittelte Kommunikation ist schriftlich basiert, d.h. es handelt sich um eine fixierte und damit prinzipiell beliebig reproduzierbare Form der Selbstmitteilung, die so in abgestuftem Grade Öffentlichkeit herstellt. Ein ganz zentraler Aspekt daran ist sicher die Aufhebung der räumlichen und zeitlichen Beschränkungen, die in der direkten zwischenmenschlichen Kommunikation bestehen, mit Vor- und Nachteilen, die damit einhergehen. Während durch die Aufhebung der physischen Kopräsenz weite Distanzen für einen Austausch mühelos und in Sekundenbruchteilen überbrückt werden können, so erhöht sich auf der anderen Seite der Aufwand für die Informationsübermittlung: durch die Beschränkung auf diesen Übertragungsweg müssen ausnahmslos alle Informationen in eine schriftliche Form gebracht und übermittelt werden, was einen erheblich höheren Zeitaufwand bedeutet als die Verständigung per Sprache. Zudem entfallen die in anderen Kommunikationssituationen oft nonverbal vermittelten Hinweise wie Kopfnicken oder -schütteln, Stirnrunzeln oder zustimmendes Lächeln, die als verständnissichernde Signale Rückmeldung an den Sender geben können, so dass beispielsweise die Überprüfung des Verständnisses oder der Austausch zwischen unterschiedlichen Perspektiven durch schriftliche Rückfragen und Antworten ausgehandelt werden muss.[36] Damit erhöht

36 Dieses Charakteristikum (Beschränkung auf einen Sinneskanal) wird in der einschlägigen Literatur als „Kanalreduktinsmodell“ behandelt. (S. hierzu z.B. Döring, 2002, S. 161 f, und 2003, 127ff.) Entgegen der Befürchtung, dass durch wegfallende nonverbalen Informationen eine „Verarmung“ und „Ent-Emotionaliseirung“ der Kommunikation (Döring, 2003, S. 149) eintrete, belegen individuelle Rückmeldungen wie Forschungsbefunde (z.B. Heller 2005), dass auch rein textbasiert ein warmherziger und emotional getönter Austausch stattfinden kann.

sich der Zeitaufwand für die Informationsübertragung und Einigungsprozesse, andererseits stehen jederzeit allen Teilnehmern in gleicher Weise die gegebenen Informationen zur Verfügung, sowohl im Moment des Schreibens selbst als auch zeitversetzt durch die automatische Speicherung der einzelnen Textbeiträge. Dies gilt sowohl für den Austausch zu zweit wie in sehr großen Gruppen.

Dem befürchteten Defizit an Verständnis, wenn sich auf ausschließlich textbasierte Vermittlung ohne nonverbale Zusatzinformationen beschränkt wird, ist entgegenzuhalten, dass in anderen Zusammenhängen ebenso eine rein textbasierte Vermittlung von Gefühlen und Stimmungen möglich ist. Die Anfangspassagen eines Krimis oder eines banalen Liebesroman in ihrer Unterschiedlichkeit sind hier genauso zu nennen wie die Tatsache, dass man auch in einem (gelesenen) Witz die Stimm- und Gefühlslage intoniert und „hört", was nicht zuletzt mit dem Erfahrungswissen und der vom Rezipienten vorgenommenen „Rahmung", d.h. Herstellung eines Kontextes zu erklären ist. Die Erfahrungen der letzten Jahre zeigen, dass textbasierte Kommunikation ebenfalls so lebendig und sinnlich erlebt wird, dass Menschen sich ineinander verlieben bzw. auf anderer Ebene freundschaftliche Beziehungen, getragen von hoher Vertrautheit ohne jedwedes persönliches Kennenlernen, entstehen und dauerhaft gelebt werden. Offenbar ist Emotionalität, persönliches Berührtsein und vertrauensvoller Austausch auf dieser schriftbasierten Basis möglich. Das beweisen nicht zuletzt die jahrhundertealten Zeugnisse von Brieffreundschaften (z.B. Franz von Sales), die als wertvolle Dokumente von eben diesem vertrauten, textbasierten, auf ihre Weise Raum und Zeit überbrückenden Umgang und seinen Möglichkeiten gelebter zwischenmenschlicher Nähe zeugen.

Simulations- und Imaginationsmodell

Da wie oben beschrieben die sozialen Hinweisreize ausgeblendet sind, haben die Teilnehmer der cvK die Wahl und damit hohe Kontrolle darüber, was sie – per Textinformation – von sich preisgeben wollen. Man kann demzufolge Identitätsmerkmale wie Alter, Lebensumstände, Geschlecht verschweigen oder in nahezu beliebiger Weise simulieren, ohne dass dies vom Gegenüber nachzuprüfen wäre. Allerdings ist dem Kontrollgewinn auf der einen Seite die Gefahr eines Kontrollverlustes auf der anderen Seite entgegensetzt: man ist ja selbst ebenso potentiellen Simulationen des Kommunikationspartners ausgesetzt und wird damit verletzbarer.[37]

---

37 Eine Befragung von Studi-vZ-Nutzern (Real-life-Extensions, 2009) ergab ein interessantes Ergebnis: die Nutzer beschreiben sich/ihre eigenen Angaben als viel ehrlicher

Nicht nur bei der Selbstdarstellung, sondern ebenso bei der Personenwahrnehmung ist durch die reduzierte Informationsweitergabe im textbasierten System ein hoher Freiheitsgrad gegeben, der kognitive Konstruktionsprozesse zum Ausfüllen der Informationslücken in Gang setzt. Durch die fehlende Überprüfbarkeit dienen die Kommunikationspartner im Netz in hohem Maße als Projektionsflächen, oft entsprechend den eigenen Bedürfnissen in positiver, zuweilen auch in negativer Richtung. Die aktive Imagination steigert eher das Empfinden, als dass es die im Kanalreduktionsmodell beschriebene „Verarmung" bedienen würde. Dadurch dass man sich nicht „Auge in Auge" gegenübersteht, wird – wie schon beschrieben – ein offener Austausch auch über persönliche und potentiell schambesetzte Angelegenheiten erleichtert. Die dadurch erlebte Intimität und Nähe fördert den Effekt, sich gedanklich stärker mit dem Kommunikationspartner auseinander zu setzen, was wiederum eine positive, von Sympathie getragene Wahrnehmung des anderen begünstigt.[38]

Internetsprache

Wie schon mehrfach erwähnt zeichnet sich die textbasierte Kommunikation durch einige sprachliche Besonderheiten aus, wie z. B. Computerfachbegriffe, Abkürzungen, orthographische Freiheiten, Umgangssprache, Verzicht auf Interpunktion und netzspezifische Ausdrucksformen wie Emoticons und Aktionswörter[39]. Diese netzspezifischen Sprachvariationen haben nach Döring (2003, S. 183f) v.a. drei Funktionen: Ökonomie (Zeitersparnis im schnellen Tippen für den schnellen Austausch), Identität (Zugehörigkeit zur Netzkultur und/oder Subgruppen verdeutlichen), und Interpretationsfunktion (Anschein von Ungezwungenheit, informelle „Sprache der Nähe"). Die geschriebene Sprache in der cvK insgesamt ist eine Mischung aus Elementen der mündlichen wie der schriftlichen Kommunikation – als Oraliteralität bezeichnet –, wodurch sich die Unmittelbarkeit der

(92%) als die anderer Nutzer (37%). Sie gehen demnach bei angegebener eigener Ehrlichkeit von einer hohen Wahrscheinlichkeit der Täuschung durch andere aus.

38 Das trifft nicht nur auf Kontakte zu, die auf eine mögliche erotische oder Partnerschaftsbeziehung hinarbeiten, sondern auch auf den Kontext der Onlineberatung, wie Hartl (2008) in ihrer Diplomarbeit beschreibt. Literarisch überaus erfolgreich (Buch und Theaterstück) schildert Daniel Glattauer (2008) diese Prozesse der gegenseitigen positiven Imagination gerade durch das Vermeiden eines persönlichen Zusammentreffens in seinem Werk „Gut gegen Nordwind".

39 Vgl. Kilian 2002. Eine ausführlichere Darstellung der sprachlichen Stilmittel wird im Abschnitt. „Hilfsmittel in der Chatkommunikation" beschrieben.

Mitteilung wie auch die Partizipation der Kommunikationspartner untereinander verstärkt.

3 Unterhaltung online

Computervermittelte Kommunikation, speziell über das Internet, dient in hohem Maße der „Unterhaltung", was in doppeltem Sinne gemeint ist: "unterhalten werden" ebenso wie „sich miteinander unterhalten".

Einer Definition von S. Trepte und L. Reinecke (2010) zufolge ist Unterhaltung als „Rezeptionsphänomen" zu sehen: nicht ein Medienangebot oder - Genre an sich, sondern allein die begleitenden Gefühle und Gedanken seien ausschlaggebend dafür, ob man ein Angebot möge oder sich dadurch amüsiert/unterhalten fühle (vergleiche zu den folgenden Ausführungen Trepte, S./ Reinecke, L. (2010), S. 210f). Wissenschaftlich gesehen dagegen gehe es eher um die Motive, das Erleben und die Effekte der Unterhaltung. So konnte beispielsweise nachgewiesen werden, dass Medieninhalte zur gezielten Verbesserung von Stimmungen ausgewählt werden, dass Menschen mit Hilfe von Medienunterhaltung an ihrem Selbstkonzept arbeiten und dass unterhaltsame Nachrichten besser erinnert werden und eher überzeugen als „langweilige". Stimulation, Entspannung, Abwechslung, Spaß und Freude gelten als wichtige Dimensionen des Unterhaltungserlebens, worauf die Mediennutzer abzielen.

Unabhängig von den Dimensionen, in denen Unterhaltung charakterisiert oder erhoben werden kann, gilt, dass durch die verbesserten internetbasierten Partizipationsmöglichkeiten der einzelnen Nutzer die eigene Unterhaltung heute - unabhängig von Programmgestaltern oder Produzenten, die bisher andere Medien inhaltlich stark steuern konnten - wesentlich stärker selbst und individuell gestaltet werden kann, durch selektiven Abruf von Medieninhalten und durch die Option eigener Produktion von Unterhaltung im Sinne selbstgestalteter Beiträge und Ausgestaltungsmöglichkeiten. Das Web 2.0 als sogenanntes Mitmach-Medium ermöglicht eine deutlich stärkere Partizipation und setzt die Produktion eigener Inhalte quasi voraus, womit es den Unterhaltungsmotiven wie z. B. Selbstwirksamkeit, Selbstoffenbarung oder Selbstdarstellung entgegenkommt und deren Befriedigung erst ermöglicht. Ohne eigene Beiträge ist keine Selbstoffenbarung möglich, diese führen gleichzeitig zu Zufriedenheit und Bestätigung durch darauffolgende Reaktionen (hohes Selbstwirksamkeitserleben) und bieten diverse Optionen auf eigene Gestaltung des Selbstkonzeptes durch selektive Auswahl der veröffentlichten realen oder fiktiven Identitätsaspekte (vgl. ebd., S. 219f).

Hier spielen die bei Jugendlichen stark beliebten „sozialen Netzwerke" eine große Rolle, die neben und durch ihre Kommunikationsofferten ein hohes

Unterhaltungspotential bieten, z. B. durch verschiedene Spielangebote, Mitgliedschaft in diversen Gruppen, automatische Infos über Veröffentlichungen anderer Nutzer etc., was von den Jugendlichen neben Kontaktpflege überwiegend als Hauptnutzungsmotiv genannt wird.[40]

Aktive Kontrolle, wechselseitige Kommunikation und Synchronizität als Merkmale von Interaktivität gelten als wichtige Faktoren, die zum Unterhaltungserleben beitragen. Das grundlegende Bedürfnis, sich selbst als aktiv und kompetent zu erleben, wird durch eigene, selbstgestaltete Beiträge wie durch die unmittelbaren Reaktionen darauf in hohem Maße befriedigt. Stetige Rückmeldungen bestärken das subjektive Gefühl des Kontrollerlebens.

Die Selbstoffenbarung, erleichtert durch Anonymität und hohes Kontrollempfinden in der Unverbindlichkeit, ermöglicht unterhaltsame Gratifikationen, Aufbau von sozialen Kontakten im Netz mit entsprechendem Feedback und einhergehender Bestätigung, sowie die (Weiter-)Entwicklung sozialer Kompetenzen. Eine Untersuchung der beiden Autoren ergab, dass Studienteilnehmer mit stärkerer Nutzung von Web 2.0-Diensten eine signifikant höhere Bereitschaft zur Preisgabe privater Informationen aufweisen im Vergleich zu Personen, die Web 2.0. selten oder nie nutzen (Trepte, S., Reinecke, L., 2010, S. 224).

Es existiert ein klarer Zusammenhang mit dem Selbstkonzept: die häufigsten Formen der Selbstdarstellung, nämlich sich als sympathisch und kompetent zu präsentieren, gelten real wie virtuell. Zum Aufbau und der Pflege von Kontakten gehört ein Minimum an preisgegebenen Informationen über die eigene Person und das eigene Erleben. Das Internet bietet hohe Möglichkeiten zur Eindruckslenkung, aber auch persönliche Weiterentwicklung sowie Selbstwertsteigerung durch Bestätigung von außen. Dies gilt vor allem bei Jugendlichen: Identitätsentwicklung wird wesentlich durch Resonanz der Peers beeinflusst. Das Internet kann somit als „Spielwiese für Selbstdarstellung und Identitätsmanagement" (ebd., S. 225) betrachtet werden, v. a. durch den spielerischen Charakter vieler Mitmachangebote.

Trotz allen Spiel- und Experimentiercharakters im Bereich der Selbstdarstellung belegen einschlägige Studien wiederholt eine erstaunlich hohe Übereinstimmung zwischen dem realen Selbstkonzept und dem im Netz dargestellten Eigenschaften, mit Tendenz zur positiven Tönung[41]. „Die einschlägigen Studien

40 Vgl. Ergebnisse der JIM-Studien der Jahre 2009–2015 (Jugend in Medien; Studie des medienpädagogischen Forschungsverbundes Südwest).

41 Vgl. Studien z. B. im Bereich der online-Computerspiele von Bessiere et al. (2007), Hsu et al. (2005), Chester und Bretherton (2007), hier zitiert nach Trepte, S., Reinecke, L. (2010, S. 226).

zur Selbstdarstellung in Social Netwoks belegen, dass authentische User sich am besten amüsieren“ (Trepte, S., Reinecke, L., 2010, S. 226). Dies entspricht im Übrigen den oben zitierten Befunden Turkles (1998) auf der Grundlage ihrer psychoanalytisch geprägten Interviews mit Teilnehmern computerbasierter Rollenspiele und der Studien zur Identitätsdarstellung am Beispiel des früher sehr beliebten Netzwerkes StudiVZ (Prummer et al., Reallife extensions, 2009).

Trepte und Reinecke ziehen aus diesen Befunden den Schluss, dass das Unterhaltungserleben online eben vorrangig durch „Unterhaltung“ im wörtlichen Sinne, d. h. wechselseitiger Kommunikation bestimmt wird. Die Medien dienen vorrangig der Vermittlung und Vernetzung von Menschen, und in der Auseinandersetzung mit sich selbst und anderen fänden Teilnehmer Spaß, Entspannung und Befriedigung, vorrangig durch die oben ausführlich dargestellten Komponenten Selbstoffenbarung, Selbstwirksamkeit und Selbstdarstellung.

Man kann davon ausgehen, dass dies im Bereich des Chattens – einer Form der Cvk, die die Unterhaltung, das „Plaudern“, schon im Namen trägt – in hohem Maße zutrifft. Die besonderen Bedingungen der Chatkommunikation werden uns im nächsten Abschnitt beschäftigen.

4 Chatkommunikation

4.1 Charakteristika des Chat

Zieht man die wörtliche Übersetzung heran (englisch: to chat = plaudern), drückt sich damit die Einladung zu einer unverbindlichen Form des Austausches eher auf Small-Talk-Ebene aus. Durch die technischen Möglichkeiten, dass viele Teilnehmer – woher auch immer und über Zeitzonengrenzen hinweg – sich über das Internet gleichzeitig in einen Chat-Room, d. h. einer Kommunikations-Plattform einloggen können, besteht quasi rund um die Uhr ein Angebot an möglichen Gesprächspartnern, zu welchen Themen auch immer. Diese sind manchmal durch die Namen der Chatrooms bzw. durch die Anbieter vorgegeben, z. B. „Flirtchannel“, aber es gibt ebenso ganz offene Kanäle. Manche Autoren vergleichen es dann eher mit einer Kneipe/Bar, wo man eben mal vorbeischauen kann, ob man jemand Bekannten trifft oder interessante neue Menschen kennenlernen kann. Wenn nicht oder wenn das Bedürfnis nach Unterhaltung und Austausch gedeckt ist, kann man jederzeit ohne große Umstände wieder gehen. Viele webbasierte Chats, die der reinen Unterhaltung dienen, sind zeitlich unbegrenzt zugänglich und durch eine hohe Fluktuation der Beteiligten gekennzeichnet.

Unter sprachwissenschaftlichen Gesichtspunkten handelt es sich beim Chat um eine minimal zeitversetzte, quasi-synchrone, wechselseitige Kommunikation mehrerer Personen mithilfe computervermittelter Kommunikation, weswegen er der Kategorie „Diskurs" zugerechnet wird. Jeder Teilnehmer loggt sich an seinem Computer ein und gelangt mit Hilfe seines Internetbrowsers in einen „virtuellen Raum", der als Treffpunkt für das gemeinsame „Gespräch" fungiert. Hier hat man die Möglichkeit – unabhängig von äußeren begrenzenden Faktoren – mit einer großen Zahl Interaktionspartner in einem gemeinsamen Raum sich auszutauschen. Zugangsvoraussetzung für den Chat ist neben den technischen Bedingungen ein Anmelden bei dem jeweiligen Betreiber, was unkompliziert durch eine Registrierung erfolgt. Hierfür notwendig sind in der Regel ein selbstgewählter sogenannter „Nick Name", d.h. ein persönlich gewählter (Spitz-)Name, der dann im Chat angezeigt wird und somit bei den Beiträgen eine eindeutige Zuordnung und damit eine gewisse „Wiedererkennbarkeit" gewährleistet, und manchmal die Angabe eines Passwortes, das wiederum dafür sorgen soll, dass dieser Nick geschützt ist und stets nur derselben Person in Kenntnis von Nick und Passwort Zugang zu diesem Chatraum ermöglicht.

Eine Besonderheit dieser Kommunikationsform, die quasi synchronen Kontakt zu potentiellen Interaktionspartnern quer über die ganze Welt ermöglicht, ist sicher genau dieser Reiz: das fehlende Wissen darüber, wer sich zur selben Zeit in ebendiesem Chat anmeldet und wen man dort kennenlernt bzw. wiedertrifft. Eine fremde Person würde niemand einfach so anrufen, ohne eine gewisse Irritation bei dieser auszulösen. Im Chat jedoch geht es genau darum, mit fremden Personen zu kommunizieren, von denen man erst mal nichts weiß. außer den in unterschiedlichem Grade durch den Nicknamen zu erschließenden Hinweisen und Phantasien über deren Motivation, sich in diesem Chat zu beteiligen. Insofern dient der Chat als große Kommunikationsbörse oder „Spielwiese" (Turkle, 1998, S. 365).

Nach Betreten dieses Kommunikationsraumes Chat – was den anderem Teilnehmern per Systemmeldung mitgeteilt wird – erfolgt erwartungsgemäß eine Begrüßung. Danach kann man still mitlesen, sich den bisherigen Gesprächsverlauf über spezielle Befehle als Textprotokoll herunter laden und nachlesen oder sich mit Fragen nach dem aktuellen Gesprächsstand/-Thema oder einem anderen Beitrag einklinken. In der Regel wird bei Chattern eine aktive Teilnahme erwartet. Wer sich am Gespräch beteiligen möchte, tippt seinen Beitrag auf seine Tastatur und kann diesen Beitrag durch einen Sendebefehl losschicken, so dass das System ihn für alle sichtbar auf dem Bildschirm veröffentlicht. Die bereits zuvor gesendeten Beiträge aller Teilnehmer bleiben dabei erhalten, so dass eine Art Gesprächsprotokoll entsteht, der Chat log und auf den Gesprächsverlauf – von dem stets nur ein aktueller Ausschnitt auf dem Bildschirm sichtbar ist – und früher gesendete Beiträge/Informationen zurückgegriffen werden kann.

Bei seinen Beiträgen hat jeder Teilnehmer als „Sender" eine hohe Steuerungsmöglichkeit: er kann seinen Text sehr spontan verfassen und abschicken, er kann ihn aber auch vor dem Absenden mehrfach überarbeiten, was sowohl Tippfehler wie inhaltliche Aspekte betrifft.

Die Gesprächsbeiträge erscheinen in der Reihenfolge, wie sie an das technische System abgeschickt werden bzw. von diesem angezeigt werden, nicht unbedingt in der Reihenfolge der Produktion, wenn jemand noch überlegt, Fehler verbessert, usw. Dies führt zu Fragmentierungen und Überlappungen von Beiträgen, so dass zusammengehörende, aufeinander bezogene Wortmeldungen nicht unbedingt paarweise aufeinander folgen, sondern aus dem Gesamttext heraus erschlossen und selbstständig in eine sinnvolle Reihenfolge und Sinnzusammenhang gebracht werden müssen. Die auf dem Bildschirm linear sequenzierten Beiträge erscheinen für den ungeübten Teilnehmer zunächst wenig kohärent und stark verwirrend.

Für den Rezipienten stellt dies deutlich höhere Anforderungen, da im Chattext selbst oft mehrere Interaktionen gleichzeitig stattfinden und die Beiträge der einzelnen Teilnehmer ineinander verwoben dargestellt werden. Es liegt allein am Leser, die Äußerungen aus der zeitlich linearen Ordnung, die sich am Bildschirm nach der Reihenfolge des Absendens ins System abbildet, in eine inhaltlich stringente Reihenfolge zu bringen und Kohärenz zwischen den verschiedenen thematischen Strängen herzustellen. Thimm (2002) weist in ihrem Beitrag zu Recht auf die erhöhte Komplikation dadurch hin, dass – im Unterschied zu einem Gespräch in einem realen Raum mit physischer Präsenz der Teilnehmer – z. B. ein sich entwickelndes Zweiergespräch eben nicht stimmlich identifiziert werden kann, indem sich die Äußerungen Dritter zu einem begleitenden Hintergrundgeräusch summieren, sondern dass sämtliche Äußerungen aller Teilnehmer gleichwertig dargestellt werden, ob nun Begrüßungs-, themenbezogene oder sonstige Beiträge.

Dieser virtuelle Chat-Raum wird ja erst durch die Kommunikation erschaffen und besitzt keine materielle Entsprechung. In Wirklichkeit sitzt jeder allein vor seinem Computer und die erlebte Gemeinschaft/Austausch wird durch technische Infrastrukturen ermöglicht. Das bedeutet, Elemente wie Blickkontakt oder Stimmmodulationen, die im realen Gespräch vor Ort Sprecherwechsel markieren oder Aufmerksamkeit auf sich ziehen, entfallen hier durch die medialen Bedingungen und müssen unter diesen anderweitig organisiert werden.

Interessanter Nebenaspekt: Da eben diese nonverbalen, üblicherweise dem Gegenüber erkennbaren persönlichen Merkmale wie Stimme, Kleidungsstil, körperliche Erscheinung fehlen, sind alle verfügbaren Informationen an die Schriftkommunikation gekoppelt, wie z. B. Nick Name, Selbstpräsentation durch Schreibstil etc.. Die Selbstinszenierung ist daher in hohem Grad bestimm- und kontrollierbar. Verschiedene Autoren (z. B. Thimm 2002) betonen, dass dadurch der Aspekt der sozialen Selektion bei der Auswahl der Interaktionspartner geringer werde und Möglichkeiten zur Begegnung Angehöriger verschiedener Klassen/Milieus möglich werden, die sonst schon durch äußerlich sichtbare Merkmale eine Begegnung kaum zugelassen hätten. Demzufolge sind damit „alle potentiellen Gesprächspartner zunächst gleich" (ebd.).

Für den Rezipienten und den Produzenten eines Beitrags kann durch diese strukturellen und technischen Bedingungen wie durch die eigene Produktionsgeschwindigkeit im Denken, Tippen und Absenden die zeitliche Verschiebung – in der hohen Geschwindigkeit des Chats – unterschätzt werden, so dass der eigene Beitrag „verspätet" erscheint, z. B. 20 Zeilen unter einem Beitrag, auf den man antworten wollte. Die oft fehlende Bezugnahme aufeinander kann ebenfalls zu Schwierigkeiten in der Sequentialitätsdeutung führen.

4.2 Hilfsmittel in der Chatkommunikation

Um diese medialen Restriktionen zu überwinden haben sich in der chatspezifischen Kommunikation verschiedene Hilfsmittel eingebürgert, die vor allem dem hohen Tempo Tribut zollen. Die von den Teilnehmern trotz der technisch bedingten Verschiebung als „synchron und zeitgleich" wahrgenommene Kommunikation wird zwar schriftbasiert ausgeführt, in ihren wesentlichen Funktionen aber eher als mündlicher Austausch erlebt. Dies wird oft als „konzeptionelle Mündlichkeit" benannt (z. B. Storrer 2001). Über die Frage, ob es nun eher „vermündlichte Schriftlichkeit" (Schmidt 2000), „geschriebene Mündlichkeit" (Kilian 2001) oder „Oraliteralität" (Hintenberger 2010) sein mag, darüber streiten sich die Experten. Unabhängig davon bleibt festzuhalten: gerade bei Jugendlichen erfreut sich das Chatten ja hoher Beliebtheit und wird als Teil der Alltagswirklichkeit, als Fortsetzung der Gespräche unter Freunden erlebt. Selten zuvor haben so viele Jugendliche so viel geschrieben wie heute. Zugegeben: nicht immer klassisches Schriftdeutsch, sondern vielmehr „Chatslang", verkürzte Kommunikationsformen und orthographisch durchaus kreativ, was als eine Form der Zeitökonomie im hohen Chattempo zu werten ist. Hier bildet sich (nach Kilian, 2001, S. 64) eher die mündlich geprägte „Sprache der Nähe" ab, im Gegensatz zur eher als „Sprache der Distanz" erlebten bzw. distanz-schaffenden Schriftsprache.

Bei diesen „getippten Gesprächen“ (Storrer, 2002) mischen sich Elemente der mündlichen, direkten Kommunikation mit Bedingungen der Verschriftlichung, z. B. kein direktes nonverbales Feedback, keine Unterbrechungsmöglichkeit während des Entstehens einer Antwort. Dieses Spannungsfeld räumlicher Trennung bei gleichzeitig emotional oft intensiv erlebtem Kontakt und Möglichkeiten virtuellen Handelns macht für viele Jugendliche einen hohen Reiz des Chattens aus, ebenso wie der mündlich geprägte, eher lockere Plauderton. Es herrscht ein hohes Tempo, daher sind die Beiträge in der Regel sehr kurz und prägnant formuliert. Um im Gespräch mithalten zu können, muss ein ökonomischer Umgang mit der Sprache gefunden werden, da Tippen und schriftliche Produktion immer mehr Zeit in Anspruch nehmen als eine mündliche Unterhaltung. Dafür und um die oben beschriebenen medialen Restriktionen, was zusätzliche nonverbale Informationen betrifft, zu überwinden, haben sich verschiedene Hilfsmittel eingebürgert, die auf spielerisch-kreative Weise die vorhandenen begrenzten Ausdrucksmittel, im textbasierten Chat den für alle gleichen ASCII Zeichensatz, nutzen und kombinieren. Mit Hilfe bestimmter Zeichenkombinationen gelingt es, sogenannte „Emoticons“ darzustellen, die mittels Satzeichen unterschiedliche Gesichter symbolisieren. Man „liest“ sie um 90 Grad nach links gedreht und sie gelten als expressive Mittel zur Verdeutlichung verschiedener Gefühlszustände: z. B. ☺ für fröhlich, ☹ für traurig.

Als ein weiteres Hilfsmittel, um kurz und prägnant bei hohem Tempo und schnellem Gesprächsverlauf zusätzliche Informationen weitergeben zu können, sind die Akronyme zu sehen. Hierbei handelt es sich um aus Anfangsbuchstaben zusammengesetzte neue Kurzworte, wie z. B. * lol* („laughing out loud“) oder *afk“ („away from Keyboard“ zur Bekanntgabe kurzer Abwesenheit). In handlungskommentierenden Gesprächsschritten, z. B. *tonne mitgefühl schick*, oder Aktionswörtern, die zur Abhebung vom sonstigen Text in sogenannte „Asteriske“ (= Sternchen: * *) eingefügt werden, z. B. *verdutzt guck*, werden ebenfalls Gefühlslagen, intrapsychische Vorgänge oder interaktive Handlungen paraphrasiert und damit fehlende direkte nonverbale Mitteilungen ausgeglichen. Mit diesen stilistischen Mitteln können Informationen zeitökonomisch transportiert und damit das Tempo des Gesprächsflusses deutlich erhöht werden, was erfahrenen Chattern besser gelingt als Neueinsteigern. Der souveräne Einsatz dieser Mittel ist daher ein Kriterium, aus dem auf die Chathäufigkeit bzw. -Erfahrung rückgeschlossen werden kann.

Aufgrund des hohen Tempos und der simultanen Beitragsproduktion, ohne dass diese wie in natürlichen Gesprächen durch Sprechweise oder sonstige Hinweise ersichtlich oder ausgehandelt wird, kommt es öfter zu Überschneidungen geschriebener Texte, so dass manchmal aufeinander bezogene Gesprächssequenzen nicht immer gleich erkennbar sind, mehrere Gesprächsstränge sich überlappen und Fragmentierungen teilweise als negativ erlebt werden.

Trotz dieser medialen Restriktionen kommen die Chatteilnehmer offenbar gut mit der sinnstiftenden Organisation dieser Gesprächsverläufe zurecht. Schmidt (2000) beschreibt verschiedene kommunikationsstrukturierende Strategien im Umgang mit diesem Phänomen. Ebenso weist Schönfeld (2002, S. 25–53) in ihrem Beitrag zur Gesprächsorganisation nach, dass im Chat wie in natürlichen Gesprächssituationen der Verlauf immer dialogisch ausgerichtet sei und alle Beiträge sich „entweder als initiierende, reaktive oder reaktiv-initiierende Gesprächsschritte mindestens einer Gesprächssequenz zuordnen lassen" (ebd., S. 44). Zudem könnten längere Dialoge ganz klar als aus Rede und Gegenrede zusammengesetzt identifiziert werden. Die Teilnehmer folgen demnach einem Gesprächsfaden, was nicht ausschließt, dass ein einzelner Teilnehmer an mehreren parallel verlaufenden Gesprächssträngen gleichzeitig teilnimmt, entweder im selben Chat oder in mehreren verschiedenen Chaträumen, in die er sich eingeloggt hat. Theoretisch ist die Zahl gleichzeitig zu bedienender Chats unendlich, praktisch wird die Teilnahme durch kognitive Kapazitäten begrenzt, da eine tatsächlich ablaufende Kommunikation nur mit wenigen Chatpartnern möglich ist (vgl. Thimm, 2002, S. 259).

Da jeder „Produzent" ungestört seinen Beitrag verfassen kann – ohne Unterbrechung durch andere, keiner weiß, wer gerade eine Antwort oder Frage verfasst, Beitrag wird erst als Ganzes sichtbar nach Absenden –, entfallen typische „Hörer-Signale", die Aufmerksamkeit signalisieren. Beliebig viele Teilnehmer können simultan ihre Beiträge verfassen und alle erscheinen technisch organisiert gleichberechtigt auf dem Bildschirm. Darin ist sicher ein deutlicher Unterscheid zu einer Gruppe mit physischer Kopräsenz zu ersehen, wo unterschiedliche Stimmstärke, auffällige Gestikulation, Körperhaltung etc. mehr Aufmerksamkeit auf sich zieht.

Hierfür haben sich ebenfalls in der Schriftform Äquivalente entwickelt. So gilt beispielsweise das Schreiben in Großbuchstaben, z. B. HALLO, als „schreien" und wird in der Regel eher negativ von den anderen Teilnehmern kommentiert. Als andere Ausdrucksformen, die Inhalte unterstreichen und/oder emotionale Zustände verdeutlichen, gelten die schriftsprachliche Imitation von paraverbalen und nonverbalen Merkmalen der Mündlichkeit, z. B. Intonation durch Buchstabenhäufung, wie „haaaaallooooooooo", oder Satzzeichenreduplikationen; „es reicht jetzt!!!!!!", „waaaas?????". Zudem ist die Verkürzung bzw. Zusammenziehung verschiedener Worte („kommste dann nochma vorbei?", „son Mist") ein häufig zu beobachtendes Phänomen, ebenso wie typische Regionalismen, z. B. „moin" als im Norddeutschen übliche Begrüßungsformel, die durchaus dazu eingesetzt werden, um Nähe zu schaffen oder zu verdeutlichen. Beliebt und oft verwendet sind darüber hinaus Inflektivformen („seufz"), Gesprächswörter („ach je!", „ähh") und sogenannte „question tags", d. h. gesprächsübergebende Partikel am Beitragsende („..., oder?", „.....etwa nicht?"). (Vgl. hierzu auch Kilian (2002) und Willand (2002, S. 56ff). Nach Bittner (2003, zit. nach Dorta, 2005, S. 34) haben diese Partikel im Chat jedoch eine grundlegend andere Funktion als im persönlichen Gespräch: während sie dort eher der Vorbereitung des Sprecherwechsels dienen, geht es im Chat mit dem Einsatz dieser Mittel eher um Inhaltsverstärkung und Aufmerksamkeitslenkung. Diese Funktionen spielen eine große Rolle aufgrund des durch Tempo und Gruppengröße herrschenden Konkurrenzdrucks: es gilt die Aufmerksamkeit auf den eigenen Beitrag zu lenken, der sich dafür irgendwie abheben muss. Zusätzlich zu den sprachlichen Stilmitteln sind hier eine gewisse Schlagfertigkeit und der Einsatz von humorvollen Interventionen zu nennen.

Daneben hat sich ein gewisser Fachjargon eingebürgert, der ebenfalls auf Abkürzungen und schriftsprachliche Imitation des Mündlichen verweist, z. B. „CU" für „See you"/„man sieht sich" oder „thx" als Abkürzung für „thanks".

4.3 Regeln innerhalb des Chats

Für den Umgang untereinander gibt es in jedem Chatsystem eine Gruppe von aufgelisteten Verhaltensregeln, die sogenannte Chatiquette, zusammengesetzt aus „Chat" und Etikette, die als Empfehlung und Orientierungsrahmen für das Verhalten im Chat dient. Diese ist entweder von Nutzern nach und nach ausgehandelt und dann konventionalisiert worden oder – häufiger – bereits von den Betreibern des Chats als Verhaltenskodex hinterlegt worden, so dass sie für jeden Teilnehmer bei der Registrierung sichtbar wird.

Dazu gehören grundlegende Höflichkeitsformen, wie beispielsweise die Aufforderung, zu Beginn die anderen zu begrüßen oder das Verlassen des Chats den anderen Teilnehmern durch Verabschiedung kundzutun statt kommentarlos zu verschwinden. Ebenso wird auf den gegenseitigen respektvollen Umgang miteinander verwiesen und den eigenen Beitrag zu einem reibungslosen und befriedigenden Gesprächsverlauf.

„Die Netiquette beschreibt als Verhaltenscodex Offenheit, Toleranz und emotionale Nähe als Grundlagen der CMC (computermediatet communication = CvK, M. V.) und umfasst zugleich Aspekte praktischen Verhaltens und seiner formalen Stilisierung" (Thiedeke, 2003, S. 48).

Bei groben Regelverletzungen können Teilnehmer des Chats entweder durch soziale Exklusion von Seiten der anderen Nutzer wie durch sprachliche Mittel (Kritik, Spott) und/oder durch technisch mögliche Sperren von Seiten der Moderatoren bzw. technische Administratoren zeitweise oder sogar dauerhaft sanktioniert werden. Zwar sind die Sanktionsmöglichkeiten beschränkt und/ oder gelegentlich physisch schwer durchsetzbar bzw. leicht zu umgehen, z. B. dass Jugendliche nach einem „Rauswurf"/technischen Sperre mit einem anderen Nick wieder in den Chat reinkommen und sich über solche Konsequenzen eher „amüsieren" (Orthmann, 2002, S. 288), dennoch belegt ihre Existenz einen wichtigen normbildenden Einfluss und widerlegt die These einer „Konsequenz freien Kommunikationszone", wie sie Kallmeyer (2000, S. 298) postuliert.

Zusammenfassung

Als wesentliche Kennzeichen verbindet der Chat Vorteile virtueller Kommunikation (z. B. Möglichkeit zur Anonymität, Ortsunabhängigkeit, durch Verschriftlichung mögliche Reproduzierbarkeit) mit der Chance einer unmittelbaren, als synchron erlebten Kommunikation. Durch Hilfsmittel und neue Formen der Gesprächsorganisation sowie medienangemessenen Kommunikationsregeln hat sich eine neue Form schriftlich realisierter Gespräche entwickelt. Die einzelnen Beiträge sind in der Regel kurz gehalten, der Einsatz verschiedener Hilfsmittel als Ersatz für die fehlenden nonverbalen Mitteilungen ermöglicht trotz hohen Tempos und reduzierter Möglichkeit der Informationsweitergabe über das „Plaudern", englisch „to chat", hinaus zu einem inhaltlich befriedigenden Austausch zu kommen. Zudem sind die Inhalte oft von Witz und Leichtigkeit geprägt.

4.4 Forschungsstand Chatkommunikation

4.4.1 Chatkommunikation aus linguistischer Sicht

Die vorliegenden Forschungsbefunde zu Chatkommunikation stammen überwiegend aus dem linguistischen Bereich (so z. B. mehrere schon zitierte Aufsätze im Sammelband von Beißwenger (2002)[42], Veröffentlichungen des Instituts für deutsche Sprache (Wintermantel/Becker-Beck, Kallmeyer, 2000) oder die Dissertationen von Dorta (2005) und Orthmann (2004). Sie beziehen sich demzufolge mehr auf die sprachlichen, lexikalischen und syntaktischen Mittel bzw. unterschiedliche

42 Vgl. die Beiträge von Kilian (2002), Storrer (2002), Thimm (2002), Schönfeldt (2002), ebenso Thimm (2000).

kommunikativ-pragmatische Aspekte, wie sie unter Abschnitt 4 „Chatkommunikation“ ausführlich beschrieben wurden.

Die chatspezifischen Kommunikationsstile, geprägt vor allem von Flüchtigkeit und “Untiefen“, werden auch als „phatische Kommunikation“ (Sassen, 2000) bezeichnet. Sassen konnte in ihrer empirischen Untersuchung für den Internet-Relay-Chat nachweisen, dass in Online-Gesprächssituationen häufig ritualisierte Beschwichtigungs-, Explorations-und Initiierungsgespräche und weniger tiefgreifende Diskussionen stattfinden. Es gehe eher um Etablierung und Pflege zwischenmenschlicher Kontakte als um Informationsvermittlung. Götzenbrucker/Hummel (2002, S. 213f) belegen am Beispiel des Chatrooms Palazzo (mit hoher Fluktuation), dass sich durch die fluktuationsbedingten permanenten Begrüßungs- und Verabschiedungsformeln kaum vertiefende Beziehungen gestalten lassen. Wohl aufgrund dieser besonderen Bedingungen liege die durchschnittliche Beitragslänge in dieser Untersuchung bei 20 ASCII Zeichen, was etwa 2,7 Wörtern entspricht, und seien normverletzende Verhaltensweisen an der Tagesordnung.

In ihrer 2004 veröffentlichten Dissertation an der FU Berlin untersucht Claudia Orthmann die Besonderheiten der Kommunikationsform Chat bei Kindern und Jugendlichen anhand der Auswertung von 21 Logfiles (Chatprotokollen) im Web Chat „Europachat“, der zum Zeitpunkt der Datenerhebung berlinweit von mehreren Jugendeinrichtungen genutzt wurde. Für die Frage nach den beim Chatten geltenden interaktiven Regeln wurden exemplarisch sowohl Begrüßungssequenzen qualitativ als auch chatspezifische Sprachmittel quantitativ ausgewertet. Die Begrüßungssequenzen wurden konversationsanalytisch darauf untersucht, ob sie dem Prinzip der Paarsequenzierung folgen, was nicht betätigt werden konnte. Die allgemeinen Begrüßungen haben eher die Funktion eines gesprächsinitiatorischen, aufmerksamkeitsgenerierenden Schrittes in der Chatkommunikation.

Gabriel Dorta (2005) untersucht in seiner Dissertation die wechselseitige Identitäts- und Beziehungsaushandlung in web-basierten Chats. Er bezieht sich dabei überwiegend auf einen Flirtchat in der Altersgruppe „Über 30“, bei dem die Beziehungsanbahnung und die dafür nötige Selbstdarstellung im Vordergrund stehen. In seinen Beispielen gelingt ihm der Nachweis, dass abhängig von Gesprächsthemen verschiedene Identitätsaspekte deutlich werden und Stilmittel wie Humor, spaßige Fiktionalisierungen und Höflichkeit zur Herstellung von Nähe, Verbindlichkeit und damit Beziehungsaushandlung eingesetzt werden. Machtausübung z. B. durch aggressiv getönte Sprache, rassistische Äußerungen oder interaktionelles Herstellen von Statusdifferenzen, beispielsweise bezogen auf Bildung, seien ebenfalls ein häufiges Phänomen, vermutlich weil sonst übliche äußere Status-Symbole wie Kleidung oder Alter im Text Chat nicht sichtbar seien. Aus seinen Befunden zieht er den Schluss, dass Chaträume als Performanz orientierte soziale Welten zu betrachten seien, in denen einerseits mediale Restriktionen überwunden, z. B. durch Höflichkeit, andererseits z. B. zur Machtausübung in dem weitgehend sanktionsfreien Raum auch ausgenutzt werden. Berechtigt weist Döring (2010) jedoch in ihrer Rezension der Arbeit darauf hin, dass chatspezifische Methoden der Machtausübung, z. B. Ignorier-Funktion, Zensieren bestimmter Wortwahl, Moderatoren-Rolle mit Privilegien, etc., die durchaus soziale Sanktionen ermöglichen, ausgespart werden. Kritisch wäre hier überdies anzumerken, dass Dorta die selektive Auswahl seiner Chats (Flirtraum) nicht weiter hinterfragt, sondern die Ergebnisse verallgemeinert, wozu sicher weitere Untersuchungen unter anderen Chatbedingungen nötig wären, z. B. Arbeits- oder Selbsthilfechats, bei denen neben der Selbstdarstellung das gemeinsame Zusammenwirken auf ein Ziel hin eine weitaus größere Rolle spielt.

4.4.2 Chatkommunikation aus sozialpsychologischer Sicht

Die sozialpsychologisch geprägte Forschung konzentriert sich eher auf den zwischenmenschlichen Einfluss beim Chatten und durch das Chatten. Hier gibt es große Forschungsdesiderate in dem noch relativ neuen und aufgrund seiner Komplexität schwer händelbaren Gebiet. Man geht heute von einer hohen Verbindung und Überschneidung der realweltlichen Off- und der computergestützten Online-Kommunikation aus. Zumindest für heutige Jugendliche ist das Chatten ein genauso selbstverständlicher Bestandteil ihrer sozialweltlichen Bezüge wie das persönliche Treffen. Es geht demzufolge in sozialpsychologischer/soziologischer Hinsicht weniger um die Kontextbedingungen, sondern eher darum, wie die Menschen ihrem Tun und den sozialen Chatsituationen Bedeutung verleihen. Hierzu stellt die sozial-konstruktivistische Rahmenanalyse nach Erving Goffmann mit ihrer charakteristischen Grundfrage nach „Was geht hier eigentlich vor?“ (E. Goffmann, 1980, S. 16) und der individuellen, vom Hintergrundwissen und dem situativen Kontext beeinflussten sinngebenden Konstruktion als Antwort auf diese Frage eine geeignete theoretische Grundlage bereit.

Im Rahmen der eher sozialpsychologischen Fragestellungen sind einige Aspekte besonders zu betrachten, von denen hier manche kurz – eher „schlaglichtmäßig“ und ohne Anspruch auf Vollständigkeit – beleuchtet werden sollen.

Chatten als Identitätsarbeit

Der Zugang zum Chat erfolgt durch die Registrierung eines sogenannten „Nick Name" oder kurz Nick. Dieser selbstgewählte Name kann der Real Name sein, ein besonders wohlklingender oder aus anderen Gründen präferierte anderer Vorname oder eine kreative Mischung aus Namen, Eigenschaften, Wunschbildern, Befindlichkeitsmitteilungen, usw. Da dieser Nick in diesem Chatraum und eventuell darüber hinaus in der Regel immer wieder verwendet wird, dient – wie oben bereits beschrieben – die Wiederkennbarkeit zur persönlichen Identifizierung (vgl. hierzu u.a. Orthmann, 2002, S. 283, Gallery, 2000, Fix, 2001). Es ist davon auszugehen, dass die Möglichkeit der eigenen Namenswahl durchaus einen bedeutsamen Aspekt darstellt und sich die Teilnehmer in der Regel Gedanken über einen solchen Namen machen, denn der Nick Name ist für jeden Teilnehmer das erste Element seiner Selbstpräsentation und damit ein Teil seiner Identitätsbeschreibung, auf die andere Teilnehmer sich beziehen können und werden. Die Wahl des Nicks, als Identitätsrequisite im Sinne der Selbstpräsentation nach Goffman: auf der „Hinterbühne" vorbereitet, um auf der „Vorderbühne", vor dem Publikum, seine Wirkung zu entfalten, geschieht somit ebenso unter einem kommunikativen Aspekt: wie wirkt der Name auf die anderen? Welche Assoziationen wird er hervorrufen? Will ich diese als Einstiegsthema nutzen, wenn mich jemand darauf anspricht?

Mit zunehmender Zahl der ChatterInnen steigt die Wahrscheinlichkeit, dass ein bevorzugter Name schon vergeben ist, so dass Variationen z. B. durch Schreibweise (LiNdA) oder Zahlen (Linda123) kreiert werden und viele ähnliche Nicks im Netz kursieren (vgl. hierzu Gallery, 2002, S. 77). Die Entscheidung besteht nun darin, ob eher die 37. Variation eines Namens – mit dem Risiko „untergehen in der Masse", d. h. evtl. nicht wiedererkannt oder verwechselt zu werden- oder eine ausgefallene, einzigartige eigene Kreation, die einen hohen Wiedererkennungswert garantiert, verwendet werden soll.

Manche nutzen Zahlenkombinationen durchaus, um z. B. weitere Informationen einzubringen. So werden an den Namen angehängte Zahlen oft als Alter oder Geburtsjahr interpretier, z. B. Tom19 oder Tom92. Das muss nicht unbedingt der Realität entsprechen, die informelle Übereinkunft wird jedoch oft von älteren Chattern ausgenutzt, die Kontakt zu Jugendlichen suchen und sich damit als „einer von uns" präsentieren.

Ein weiterer Gesichtspunkt eines Nicks ist, damit einen ungelebten Teil der eigenen Persönlichkeit zu repräsentieren, z. B. „Meister", „king of hearts", sozusagen ein alter Ego, das, was man schon immer mal sein wollte und nicht darf/kann. Der Nick wie die Art der Selbstpräsentation im Laufe des Chats kann sozusagen auch ein Ausprobieren verschiedener Aspekte des eigenen Selbst, verschiedener Teilidentitäten sein. Bin ich im Alltag eher still und zurückhaltend-schüchtern, bietet sich die Chatkommunikation mit ihrer eher anonymen Grundatmosphäre vielleicht dazu an, sich mal „frecher", vorlauter, rücksichtsloser zu gebärden als sonst und entsprechendes Feedback der anderen auszuhalten.

Im Unterschied zu früher geht man heute eher von einem Konzept der Identität als „Mischung" verschiedener kontextbezogener Teil-Identitäten aus: Identität als Frau, als Mutter, als Berufstätige, als Freundin,.... Die Entwicklung solcher Teilidentitäten ist daran gebunden, dass diese in entsprechenden sozialen Kontexten/Strukturen realisiert und anerkannt werden. Somit gilt das Chatten in der „Pseudonymität" des Wiedererkannt-Werdens, aber letztlich nicht als reale Person identifiziert werden können, als großes Experimentierfeld für Identitätsarbeit (Döring 2002, Döring 2003, Turkle, 1995, Willand 2002, 67ff).[43]

Die beschriebene Pseudonymität, d.h. nicht unter realem Namen aufzutreten, aber dennoch als immer wieder erkennbare klare Online-Identität, der unterschiedliche Beiträge zugeordnet werden können, dient nicht der Täuschung/ Maskierung, um sich beispielsweise Freiräume für ungebührliches Verhalten zu schaffen, sondern eher dem Schutz der Privatsphäre im Netz. So wie gleichfalls im realen Leben unsere Arbeitskollegen nicht unbedingt wissen sollen, ob ich bei einer Partnervermittlung angemeldet bin, an Selbsthilfegruppen der Anonymen Alkoholiker teilnehme oder was die letzte Amazon-Bestellung war, so dient ebenso das Pseudonym zum Schutz dieser Informationen, die sonst unter Realnamen über Suchmaschinen im Netz technisch auffindbar wären.[44]

Turkle (1998) geht davon aus, dass das „Vagabundieren durch verschiedene Identitäten" (ebd., S. 287) der Entwicklung des Selbst sehr förderlich sei, da dadurch verschiedene Rollen ausprobiert, gemischt und neu gestaltet werden könnten, die dann wieder neu ins eigene Selbsterleben integriert würden. Das bestätigt ebenfalls Orthmann (2002) anhand ihrer Untersuchungen von chattenden Kindern

43 Turkle schildert dies ausführlich unter dem Stichpunkt „Aspekte des Selbst" (1998, 285f). Sie bezieht sich in ihren Darlegungen und Beispielen auf die damals gebräuchlichen Multiuserdomains MUDs, d.h. Spielwelten, wo viele Nutzer gleichzeitig als virtuelle Personen interagieren. Die damals technisch möglichen Inter Relay Chats waren noch sehr viel aufwändiger als die heute gebräuchlichen webbasierten Versionen, die Grundidee, gemeinsames Interagieren mit Fremden über Raum und Zeit hinweg, ist jedoch ähnlich, so dass man die Ergebnisse und Schlußfolgerungen wohl übertragen kann.

44 Eine Aufhebung dieser Pseudonymität ist über technische Mittel realisierbar (z.B. IP-Adressen), was von verschiedenen Chatbetreibern unterschiedlich gehandhabt wird. So wird in den Nutzungsbedingungen darauf hingewiesen, dass z.B. bei strafrechtlich relevanten Inhalten über den technischen Provider der Sender ermittelt werden kann und wird.

und Jugendlichen. Wenn diese als Alternative zu ihrer üblichen Alltagspraxis neue Reaktionen im Chat ausprobierten und die damit einhergehenden Reaktionen der anderen im Zusammenhang mit ihrem neuen Verhalten bewerteten, könne dies zur Identitätsentwicklung beitragen (Orthmann, 2002, S. 279ff).

Sherry Turkle (1998) fand außerdem bei ihren Untersuchungen heraus, dass dies am ehesten dann gelingt, wenn die neu gestalteten „personae" /virtuelle Identitäten den Persönlichkeitsanteilen näher stehen, die man an sich selbst kennt bzw. noch zu entwickeln versucht, sozusagen „als Möglichkeit, eine bessere Version seiner selbst zu verwirklichen" (ebd., S. 312). Sind die Unterschiede zwischen den „personae" und den eigenen Erfahrungen im realen Leben dagegen zu groß, treten diese positiven Effekte nicht auf, sondern es kommt eher zu einer weiteren Selbstabwertung und die Schwierigkeiten im realen Leben, z. B. Kontaktprobleme, Mangel an Selbstwert, Konflikteskalationen, werden dann ebenfalls in der neuen virtuellen Umgebung re-inszeniert.

Dies bestätigen ebenso die von Döring (2002, 2010) zusammengefassten empirischen Befunde, denen zufolge die meisten Chatter sich in ihrer Selbstdarstellung an relevanten Selbstaspekten orientieren und damit der Chatkommunikation jenseits von übertriebenen Selbstdarstellungen eine persönliche Bedeutung verleihen. Dies scheint gerade innerhalb von Chatcommunities wichtig, als Gemeinschaften, in denen man sich öfter „trifft", miteinander chattet, z. T. sich vielleicht irgendwann persönlich kennenlernt. Hier ist von hoher Bedeutung, über viele Chatgespräche hinweg ein konsistentes und glaubwürdiges Bild von sich selbst zu vermitteln. Das gelingt erfahrungsgemäß umso besser, je näher man sich hierbei an der Realität orientiert.

Eine Befragung von 1200 Studierenden über Nutzung von Studi-VZ, einem vor Facebook unter Studenten sehr verbreiteten sozialen Netzwerk, über Nutzungsmotive, Selbstrepräsentation und damit verbundene Konstruktionen von Identität ergab folgende Ergebnisse: Soziale Netzwerke werden als zusätzliche Form der sozialen Interaktion, als Hilfsmittel zur Erweiterung der Netzwerke über soziale und räumliche Grenzen hinweg betrachtet, wobei sie eher zur Pflege bestehender als zur Generierung neuer Kontakte genutzt werden. Selbstrepräsentation wird im Netz dynamischer und mit höherem Kontrollgrad erlebt, da hier spielerisches Ausprobieren möglich sei. Im Anlegen des Profils wird ein positives Bild der eigenen Person zu konstruieren versucht, inklusive eines Fotos. 80% Männer und 93% Frauen gaben „ehrlich bei Profil" an, 97,5% haben kein 2. Nutzerprofil angelegt. Man kann daraus schließen, dass die Nutzer sich in ihrem Profil – als indirektes Mittel der Identitätskonstruktion – authentisch präsentieren wollen. Gleichzeitig herrscht jedoch hohes Misstrauen gegenüber anderen Profilen: nur 37% glauben an Ehrlichkeit bei den anderen (Prummer et al., 2009).

Eine von Döring (2010, S. 167) zitierte Untersuchung von 30.773 Facebook-Profilen (Lampe, Ellison & Steinfield 2007) zeigt auf, in welch starkem Ausmaß ein Großteil der NutzerInnen private und identifizierende Daten wie Universitätszugehörigkeit (100%), E-Mail-Adressen (92%), Geschlecht (94%), Studienfach (89%) etc., angeben. Das dient der sozialen Kontakt- und Beziehungspflege, man kann aber ebenso daraus schlussfolgern, dass die Nutzer in diesem der Beziehungspflege dienenden sozialen Netzwerk identifiziert werden wollen, was vermutlich eben am Nebeneinander der Online- wie offline-, d.h. der realweltlichen Kommunikation liegt.

Die zitierten Forschungsbefunde spiegeln die hohe Bedeutung der Selbstdarstellung mittels authentischer Inhalte wider und bestätigen damit anekdotische Befunde.

„Generell steigt die Glaubwürdigkeit von Online-Identitäten, je länger und intensiver eine Person mit demselben Pseudonym agiert, dabei inhaltlich wertvolle und widerspruchsfreie Beiträge liefert und enge Kontakte zu anderen Onlinern pflegt" (Döring 2010, S. 166). Dieser empirische Befund widerlegt die These der „Anonymisierung" und „Entmenschlichung" der CvK.

Zwar werden manchmal, vorrangig zu Zwecken der Attraktivitätssteigerung, einzelne Merkmale wie Gewicht oder körperliche Einschränkungen ausgeblendet oder „geschönt", auf der anderen Seite jedoch wird das Nebeneinander von räumlicher Distanz und erlebter emotionaler Nähe zu mehr Selbstoffenbarung genutzt, und das nicht selten als Hilfestellung in persönlichen Fragen (s.a. Abschnitt „CvK als Virtuelle Lebenshilfe"). Das hängt wohl nicht zuletzt mit dem hohen Freiheitsgrad zusammen, immer wieder neu entscheiden zu können, was und wie viel ich von mir preisgebe, sowie sich in als bedrängend oder unangenehm erlebten Situationen zunächst konsequenzlos der Kommunikation durch Ausloggen auf einfachem Wege zu entziehen. Dies alles trägt wohl dazu bei, dass die Chatkommunikation „von höherer Vertraulichkeit zwischen Fremden und ausgeprägter emotionaler Expression der Beiträge gekennzeichnet ist" (Thiedeke, 2003, S. 28).

Projektionen

Wie im Modell der sozialen Informationsverarbeitung schon beschrieben, dient die Pseudonymität des Chattens u.a. dazu, Projektionen zu befördern, d.h. sowohl sich selbst in besserem Lichte darzustellen als auch die anderen ebenso wahrzunehmen. Die Wahrnehmung des anderen und des eigenen Selbst wird unter Ausblendung der sonst dominanten körperlichen Merkmale eben im Geiste konstruiert und ist nicht unbedingt im Text enthalten. Diese Fähigkeit, den Zwängen des eigenen Lebens zu entfliehen und „jemand anderes" zu sein, ist nicht nur der Ausgangspunkt für Max Frischs berühmten Roman „Stiller"[45], sondern wohl eine Ursehnsucht in jedem von uns, neue Handlungsspielräume gegenüber den vorgegebenen Verpflichtungen des Alltags zu finden.

> „...ich fühle mich online einfach ganz anders, gehe mehr aus mir heraus und bin weniger gehemmt. Fast so, als wäre ich mehr ich selbst....." (aus einem Interview über Online-Erfahrungen, Turkle, 1998, S. 288).

Claudia Orthmann hat in ihrer Befragung von chattenden Kindern und Jugendlichen über Gründe für die Vorliebe für Chatten ebenfalls als ein wichtiges Motiv herausgefunden, „dass sie in der online-Kommunikation ganz anders sein können" (Orthmann, 2002, S. 283).

Dass der Kommunikationspartner nicht erkenn- und greifbar ist, steigert oft dessen Anziehungskraft und das eigene Bemühen, die medial erzeugte Distanz durch phantasierte oder generierte Nähe zu überwinden.[46]

> „Für mich ist es eine komplett andere Ebene, ob ich jetzt jemanden Face-To-Face vor mir habe oder eben im Chat. Im Chat habe ich die Freiheit, mir von dem anderen vorzustellen, was ich möchte. Wenn ich mich jetzt gerne mit einem bestimmten Menschentyp umgebe, dann kann ich mir ja einbilden, mein Gegenüber wäre so, wie ich es gerne hätte." (Höflich, Gebhardt, 2001, S. 33).

Gruppen

Thiedeke (2003, S. 23ff) legt in seinen Ausführungen dar, inwiefern bestimmte gruppenkonstituierende Merkmale auf die durch Cvk entstandenen „virtuellen Gemeinschaften" zutreffen, d.h. inwiefern diese demnach „Gruppen" im Definitionssinne sonstiger sozialer Gruppen darstellen. Er nennt hier verschiedene Merkmale, die diese Formen zu einer eigenständigen Sozialform machen. Bedingt durch die Cvk mit hoher Zugangsmöglichkeit für viele und wechselnder Beteiligung liege keine strukturelle Einschränkung der Kommunikationskontakte vor, da die Kommunikation sowohl im Sinne eines Individualmediums (one to one) als auch im Sinne eines Massenmediums (many to many, one to

45 Max Frisch (1954). Der Eingangsversicherung „Ich bin nicht Stiller..." folgen 430 Seiten, wo das Leben eben dieses Menschen Anatol Stiller aufgerollt und mit der Distanz eines vermeintlich „Fremden", der einer Verwechslung zum Opfer fällt, kommentiert wird.

46 Das entspricht den oben referierten Theorien über positive Imagination/Eindrucksbildung (Döring, 2003, 2010); eindrucksvoll beschrieben auch in dem schon erwähnten Roman über eine e-mail-Beziehungs-anbahnung „Gut gegen Nordwind" von D. Glattauer (2008).

many) genutzt werden können. Die Kommunikationsbeziehungen sind „virtuell“, da medial vermittelt, was aber keinesfalls heiße, dass sie ir-real seien. Zu Recht weist Bergmann (2005) ja darauf hin, dass „Kommunikation“ bisher schon immer durch ein Medium wie Sprache, Brief, Telefon, ... vermittelt wurde und deshalb nicht weniger real war.

Wichtige Merkmale dieser virtuellen Gruppen sind lt. Thiedeke folgende:

Anonymität, bzw. Pseudonymität, durch mögliche Verschleierung wichtiger Identitätsmerkmale),

Selbstentgrenzung: weniger Konformitätsdruck durch Pseudonymität und Wegfall realer Sanktionsmöglichkeiten mit positiven – mehr Selbstoffenbarung – und negativen Aspekten, wie leichteres Überschreiten von Grenzen, z. B. Beleidigungen,

Interaktivität: hier v.a. die erhöhten Anforderungen an die Teilnehmer an die Konstruktion der Kommunikation, z. B. die aktive Suche nach bzw. Herstellen von Kohärenz unter schwierigeren Bedingungen als in der ko-präsenten Situation.

Optionalität: nahezu unbegrenzte Möglichkeiten der Auswahl von Themen, Interaktionen, Kommunikationsumgebungen, etc..

Er stellt zudem fest, dass die Äußerungen von Gefühlen, die ein grundlegendes Steuerungsmedium von Gruppeninteraktionen darstellen, im Chat sogar stärker als im Gespräch nachzuweisen seien und diese „Gefühls-Kommunikation“ (mit Hilfe formalisierter wie kreativer Stilmittel wie Emoticons etc.) die Kohäsion, d. h. den erlebten Zusammenhalt, stark fördere. Damit entstehe einerseits ein ausgeprägtes Wir-Gefühl wie auch ein hoher Gruppendruck auf die Mitglieder im Sinne eines gruppenkonformen Verhaltens.

Darüber hinaus werde dieses Steuerungsmedium der Gefühle sehr stark dafür genutzt, um Vertrauen zu vermitteln. Vertrauen als „Vorschussleistung“ im Sinne Luhmanns sei unter den gegebenen Bedingungen der Cvk – rein textbasiert, hohe Unsicherheit durch Anonymitätsumgebung und Unverbindlichkeit – eine noch höhere Anforderung als in der realen Begegnung und müsse dementsprechend aufgebaut und unterstützt werden. Dazu zählen ebenfalls die explizite Verdeutlichung von Scham- und Taktgefühlen. Dies wird genauso von Götzenbrucker/Hummel (2002, S. 222) betont. Neben dieser „Moralisierung von Taktverstößen“ beschreiben sie die Bedeutung einer relativ dauerhaften Teilnahme, die dann ebenso Rückbezug zu zumindest minimaler gemeinsamer Geschichte und damit eine gewisse Dauerhaftigkeit der Interaktionskontakte ermögliche, sowie eine verbindende Orientierung an speziellen Interessen oder sozialen Orientierungen als förderliche Bedingungen für die Bildung eines Vertrauensverhältnisses.

Wobei manche Teilnehmer bewusst den Chat für flüchtige Begegnungen bevorzugen – nicht immer ist der Wunsch nach tiefen vertrauensvollen Verhältnissen maßgeblicher Wunsch an die Chatteilnahme. Aber eben auch.

Als weitere wichtige Steuerungsinstanz benennt Thiedeke den Einsatz von Humor, wie Ironie, Witz, etc. Die wichtige Funktion von Humor als grundlegendem und gezielt eingesetztem Element in der Chatkommunikation hat ebenso Dorta (2005) in seiner Dissertation ausführlich dargelegt. Mit diesen Steuerungsmitteln werde eine „dauerhafte Erinnerungsstruktur gemeinsamer Handlungsepisoden und aufgetretener Identitäten erzeugt, die Grundlage zukünftiger Verhaltenserwartungen ist" (Thiedeke, 2003, S. 52). Und eben dadurch sei – trotz der Unverbindlichkeitsstruktur – die temporale Stabilität von Kommunikationssystemen per CvK gegeben. Sofern eine bekannte Identität, ein gleichbleibender Nick Name, verwendet werde, sei es möglich, nach Abwesenheit „wiedererkannt" zu werden und sowohl an frühere Bekanntschaften als auch an gemeinsame Erinnerungen anzuknüpfen – ein wesentliches Merkmal von Gruppen.

Es wird jedoch ausdrücklich hervorgehoben, dass gerade die „Bekanntschaft" und die wechselseitige Bezugnahme auf Beiträge und Identitäten eine Grundbedingung sei, um von einer virtuellen Gruppe reden zu können.

Döring (2003, 501ff) dagegen betont, dass allein die Tatsache des computervermittelten Kontakts das „Virtuelle" darstelle, ansonsten aber dieselben Definitionskriterien gelten wie für herkömmliche soziale Gruppen. Für den Chat sind dies Kriterien wie regelmäßiger computervermittelter Austausch miteinander, dabei empfundenes Zusammengehörigkeitsgefühl, gemeinsames Verfolgen von Zielen, dass es Aufgabenverteilung und Rollendifferenzierung wie auch Regeln sowohl für den Zugang zur wie auch für das Verhalten innerhalb der Gruppe gebe. Götzenbrucker und Hummel (2002, S. 212) betonen gleichfalls die persönliche Anteilnahme und das eingebrachte zeitliche Engagement als „zentralen Ankerpunkt der Integration in Chatter-Gemeinschaften".

Wird dieses Engagement nicht investiert oder – z. B. durch Missachtung der Normen – eine fehlende Bereitschaft zum Einfügen ersichtlich, führt dies schnell zu einer Außenseiterposition, die soziale Folgen nach sich zieht. Während der „Kern der Gruppe" sich enthusiastisch begrüßt, Insider-Witze reißt, Klatsch austauscht und ausgedehnte Privat-Unterhaltungen möglich sind, werden sporadisch Vorbeischauende diesen emotional getönten Kontakt kaum selbst erleben. Sie erhalten wenig Aufmerksamkeit bzw. Zuwendung, die Beiträge bleiben oft ohne Resonanz und erst ein aktives Bemühen und Einlassen auf die Gruppe kann mit der Zeit hier für Veränderung sorgen. Nur durch eigenes Engagement kann eine solche virtuelle Gemeinschaft dann ein wichtiger Teil des eigenen sozialen Lebens werden.

So schildern Götzenbrucker/Hummel (2002, S. 214) am Beispiel des IRC-Chats #austria, wie „Neuankömmlinge von der eingeschworenen Chattergemeinschaft stundenlang ignoriert" werden (ebd.) Vor der Annäherung an die Gruppe und dem Privileg mitreden zu dürfen, müssen sie sich sozusagen erst einen Status erarbeiten, was durch passende und originelle Beiträge ermöglicht wird. Die Bewertung darüber obliegt den schon länger anwesenden Mitgliedern.

Heute kann man von einer wechselseitigen Beeinflussung zwischen Online- und offline-Gruppen ausgehen. Immer mehr bestehende Gruppen organisieren einen Teil ihrer Kommunikation untereinander bereits mit Hilfe eines webbasierten Kommunikationsmediums, z. B. Informationen über Handballtraining der Jugendmannschaft per Facebook oder „What's App", andererseits nutzen Mitglieder von Onlinecommunities ebenso andere Medien wie Telefonate oder persönliche Treffen, so dass die im Netz begonnenen Sozialkontakte sozusagen aus dem Netz heraus „expandieren" (Döring 2010, S. 172). Neu entstehende soziale Gruppen starten oft schon mit einer Kombination der verschiedenen Formen, z. B. persönliche Treffen mit E-Mail-Liste oder Verabredung zu Chats zwischen den realen Treffen.

Als Nebenaspekt gilt hier vielleicht noch zu erwähnen, dass „Gruppen" im Sinne selbst gewählter Zusammenschlüsse ja gerade in den sozialen Netzwerken eine besondere Bedeutung haben. Gruppenzugehörigkeit ist hier die entscheidende Determinante für Zugänglichkeit zu Informationen und Wahl des „Publikums", das die von einem Teilnehmer veröffentlichten Informationen und Neuigkeiten einsehen darf. Aufgrund des in den letzten Jahren ziemlich hochgekochten Themas „Datenschutz"/Schutz der Privatsphäre hat z. B. Facebook die Voreinstellungen zum Thema „Wer darf mein Profil einsehen?" geändert. Jugendliche können nun z. B. wählen, dass nur eigene „Freunde" und wiederum deren Freunde Zugriff auf die eigenen Daten haben. Bei einem durchschnittlichen Wert von 272 Freunden pro Teilnehmer ergeben sich bei nur einer Weiterleitung da durchaus beträchtliche Zahlen eines potentiellen und vermutlich nicht so hoch eingeschätzten Publikums (272 x 272 = 73984 Teilnehmer).[47]

---

47 Durchschnittliche Zahl der „Freunde" eines jugendlichen Facebook-Mitgliedes in diesem Netzwerk lt. JIM-Studie 2012 (Jugend in Medien; Studie des Südwestdeutschem Medien-Forschungsverbundes).

5 CvK als virtuelle Lebenshilfe

Entgegen der ursprünglichen Befürchtung von „Ent-Emotionalisierung“ und „Ent-Menschlichung“ fördert – wie oben bereits beschrieben – die Pseudonymität und die Kombination von emotionaler Nähe bei räumlicher Distanz eher die Selbstöffnung. Die Entkoppelung der Kommunikation im Netz mit mehr oder weniger Fremden vom Lebensalltag führt demnach nicht zu Scheinidentitäten im Sinne einer beliebigen Maskerade[48], sondern zu mehr „Selbstoffenbarung“ (Trepte 2010), d. h. mehr Offenheit und Authentizität. Nicht verwunderlich, dass diese Offenheit gerade den Aspekten gilt, die im Alltag oft als heikel und unerwünscht betrachtet werden. Wer erwartet im Alltag auf die gängige Begrüßungsformel „Und, wie geht's?“ denn wirklich eine ehrliche Auskunft über die Sorgen und Nöte, die gerade belastend erlebt werden? Wie soll ich als Jugendliche die erlebte Ambivalenz hinsichtlich des selbst verletzenden Verhaltens, z. B. Ritzen, oder der eigenen sexuellen Orientierung (Bin ich vielleicht lesbisch, wenn ich so gerne mit meiner Freundin zusammen Zeit verbringe?) gegenüber anderen ansprechen, wenn ich selbst so verwirrt bin, dass ich kaum Worte finde und eine befürchtete Zurückweisung/Tadel nicht zu verkraften wäre?

Die Tatsache, die anderen in Realität weit weg zu wissen, und die Sicherheit dessen, dass das, was ich in diesem Raum erzähle, nicht mit meiner realen Person in Verbindung gebracht werden kann, erleichtert die Selbstoffenbarung und die Enthüllung von verborgenen, „dunklen“ Seiten meines Lebens.

5.1 Erfahrungsberichte

„Endlos habe ich mich mit den Leuten im Spiel über meine Probleme unterhalten… Mit ihnen kann ich viel besser über solche Dinge reden, weil sie nicht da sind. Das heißt, natürlich sind sie da. Aber du sitzt vor deinem Computer und erzählst ihnen von deinen Problemen und brauchst keine Angst zu haben, dass du ihnen am nächsten Tag über den Weg läufst“. (Erfahrungen eines Teilnehmers am MUD, zit. nach Turkle, 1998, S. 319.)

„Oft geht es so richtig um ganz persönliche Sachen, um Ängste oder Wünsche, die man so hat. Ich glaube, im Chat kann man auch sehr schnell über sowas reden, weil alles was mit dem Schein zu tun hat (…) also alles was mit Schein und Äußerlichkeiten zu tun hat, existiert nicht. (…) plötzlich redet man wirklich

48 Kallmeyer (2000, S. 298) verweist darauf, dass es die Möglichkeit der (zeitweisen) Konstruktion einer „fremden“, von der Alltagserfahrung abweichenden Identität (z. B. im Karneval) in vielen Kulturen gebe und die mit der Diskrepanz zwischen Selbst- und Fremdeinschätzung verbundenen Vortäuschungen im Alltag ebenso omnipräsent seien.

über ganz existenzielle Sachen. Also das ist dann auch eine Chance, dass man den anderen nicht sieht." (Interview mit Pedro P., zit. nach Willand, 2002, S. 52). Diese Aussage kann als ein Beispiel für die unter Punkt „Projektionen" bzw. „Soziale Hinweisreize-Theorie" geschilderte Tendenz zur Konstruktion eines eigenen Bildes durch Wegfallen äußerer Hinweisreize gelten.

Nicht nur die räumliche Entfernung und die damit verbundene Nicht-Identifizierbarkeit, sondern ebenso die damit einhergehende Distanz zu den eigenen Themen und damit die Chance auf ein unvoreingenommenes Feedback werden als attraktiv wahrgenommen. Die eigenen Freunde sind – selbst wenn man es wagt sie auf Probleme anzusprechen – ja immer mit eingebunden ins soziale Netz, in jeweils eigener Sichtweise auf die beteiligten Personen, und so kann ein Außenstehender die Dinge neutraler betrachten und damit einen anderen Resonanzboden für die eigenen Gefühle, Befürchtungen und Verwirrung darstellen.

„Man kann Leute ja was fragen und sie wissen nicht, wer das fragt. .....So kann man ziemlich unvoreingenommene Antworten abfragen. Antworten auf Fragen bekommen, die man sonst nicht zu stellen wagt... Ich wollte über meine Probleme einfach mal mit ganz fremden Leuten sprechen und mal gucken, was die mir als Feedback auf solche Sachen geben, und dennoch hätte ich mich jetzt nicht getraut, jemanden, den ich in der Bücherei oder so kennenlerne, solche Sachen zu fragen und zu bequatschen. Ich habe festgestellt, dass viele Personen aus diesem Grunde im Chat vielleicht eher ehrliche Antworten von sich preisgeben, weil es alles so anonym ist." (Interview mit Sabine S., zit. nach Willand, 2002, S. 53).

5.2 Wissenschaftliche Befunde

Nach diesen eher anekdotischen Einblicken, die die Grundthesen illustrieren, sollen nun noch einige wissenschaftliche Ergebnisse zum Thema Selbstoffenbarung im Rahmen von CvK und dabei erlebte Hilfe zusammengefasst werden, hier fokussiert auf den Bereich der Selbsthilfe ohne therapeutische Begleitung.

Karin Heller (2005) hat die psychosoziale Beratung in einer Selbsthilfe-Newsgroup zum Thema Angst empirisch untersucht und kam dabei zu folgenden Ergebnissen: Die Hemmschwellen zum Äußern persönlicher Erfahrungen seien herabgesetzt. Die Kommunikation erfolge als gleichberechtigte Interaktion und es sei ein größeres Kontrollerleben der Teilnehmer festzustellen. Dadurch biete die Internetkommunikation vorteilhafte Bedingungen für Beratung. Heller hebt besonders den warmen und herzlichen Umgangston untereinander hervor. Mit Hilfe der parasprachlichen Mittel wie Emoticons, Aktionswörter, humorvolle Anmerkungen würde persönliche Nähe und ein Gefühl von Vertrautheit geschaffen[49]. Hilfreich sei vor allem die Öffentlichkeit der Kommunikation: man könne als „Mitlesender“ selbst ohne Beteiligung an der öffentlichen Diskussion eine individuelle Lösung für ein allgemein verbreitetes Problem, z. B. Ängste finden. Der Kontakt zu Menschen mit ähnlichen Erfahrungen, die Erleichterung nicht allein dazustehen, die erlebte Unterstützung und Hilfe sowie Erfolgsgeschichten der einzelnen Teilnehmer würden zur eigenen Konfrontation mit dem Thema ermutigen. Hier werde im Austausch mit Gleichbetroffenen Solidarität, Zugehörigkeit und das Bemühen um Verständnis erlebt, ebenso wie Zuversicht, Mitfreude und Ermunterung der anderen, was ebenfalls wichtige Wirkfaktoren in der Bewältigung der eigenen Thematik darstelle. Die durch die schriftliche Darstellung erzeugte und erlebte Distanz zum eigenen Erleben biete sowohl den notwendigen Schutz für die Konfrontation wie auch ein Erfolgserleben, „ich bin mehr als meine Angst“.

Als ganz entscheidendes Merkmal betrachtet Heller zudem den Rollentausch, ein wichtiges Strukturmerkmal dieser Selbsthilfegruppe. Die Ratsuchenden erleben sich eben nicht nur als ratsuchend, demnach bedürftig und schwach, sondern ebenso als Experte. Beratende/unterstützende Funktionen für andere werden im Austausch ebenso wahrgenommen wie die Möglichkeit, über eigene Erfahrungen zu sprechen und sich selbst Rat zu holen. Als weitere typische Strukturmerkmale, die ebenso den vor Ort existierenden Selbsthilfegruppen entsprechen, sieht sie die Solidarität, das geteilte kollektive Wissen und dazugehörige Emotionen, Zugehörigkeitsgefühle, Selbstoffenbarung und Normalisierung des oft stigmatisierten Erlebens über Generalisierung und die Erfahrung, anderen geht es ja genauso!

Typische virtuelle Strukturmerkmale seien dagegen die Anonymität und der damit verbundene höhere Freiheitsgrad bei der Selbstoffenbarung und die erlebte „Nähe durch Distanz“, d. h. beide an sich antagonistische Bedürfnisse können auf diesem Wege vereinbart werden. Problematisch dagegen sei die höhere Gefahr von Missverständnissen, weil z. B. auch technisch bedingte Ausfälle/Verzögerungen anders, auf der persönlichen bzw. Kommunikationsebene, gedeutet würden.

Heller bewertet ihre Ergebnisse als Beleg dafür, dass solche virtuellen Selbsthilfegruppen zwar keinen Ersatz, aber eine gute Ergänzung zu anderen Beratungs-/Therapieformen darstellen könnten.

Döring (2000, S. 509ff) ordnet dies ebenfalls als eine wichtige Ergänzungsform ein. Neben der Möglichkeit sich frühzeitig und niederschwellig über Angebote zu informieren, sei die medial vermittelte Erfahrung („Was fragen die? Ist mein

49 Diese Befunde entsprechen dem, was Thiedeke (2003) als Kennzeichen virtueller Gruppen beschreibt (s. entsprechenden Abschnitt oben).

Problem auch bei anderen bekannt?") eine wichtige Hilfe, um Zugangsschwellen, z. B. zu professioneller Beratung zu senken. Durch das Mitmachmedium Web 2.0. können Betroffene nicht nur Informationen abrufen, sondern ebenso selbst publizieren, d. h. sich gegenseitig über verschiedene Dienstleistungen im Gesundheitswesen beraten, so dass mehr Möglichkeiten zu Selbstbestimmung und Transparenz, gerade im Therapiesektor bestehen. Dies wird von Sasse (2011, S. 39) in ihrer Untersuchung über Onlineberatung gleichfalls hervorgehoben.

Speziell für die Selbsthilfe gebe es mittlerweile eine Fülle von Materialien, die neben Verhaltenstipps Einsicht und Zuversicht vermitteln sowie zum Umdenken und Umlernen anleiten und motivieren sollen.

Der zeitgemäße Trend zur Selbstreflexion, der sich im boomenden Sektor von Ratgeber- und Lebenshilfeangeboten in vielen Lebensbereichen zeigt, beeinflusst ebenso Angebot und Nachfrage im Internet. Selbsthilfematerialien dienen vielen zur ersten Information oder als Ratgeber bei der Erwägung, professionelle Hilfe aufzusuchen. Das wiederum hat eine zweischneidige Funktion: dient es einerseits der notwendigen Aufklärung bei fehlendem Kenntnisstand, was zu einer gesunden Psychoedukation und einer Engt-Dramatisierung beitragen kann, besteht auf der anderen Seite jedoch die Gefahr einer Überpsychologisierung, z. B. die Pathologisierung „normaler" Prozesse wie pubertäre Stimmungsschwankungen als (Fehl-)Deutung von Borderlinesymptomen) oder Fehldiagnosen nach einem „Selbsttest".

Insgesamt gesehen sind die Erweiterung des Abrufmediums zum Kommunikationsmedium und die damit einhergehenden Austauschmöglichkeiten vor allem im Bereich der Selbsthilfe sehr wichtig und fruchtbar. Die Solidarisierungs- und damit Entlastungsfunktion, die der Austausch mit Gleichbetroffenen ermöglicht, ist eine wichtige emotionale Quelle der Selbsthilfe. Döring (2000, S. 514) zitiert das rege genutzte Angebot einer „griefpage" zum Austausch über Trauerprozesse. Dies wie auch virtuelle Friedhöfe, Gedenkseiten im Internet und Beerdigungen im Chat seien Beispiele dafür, wie emotional bedeutsames Handeln im Internet realisiert werden könne und dadurch die öffentlichen wie privaten Umgangsweisen mit dem Tod um neue Ausdrucksmöglichkeiten erweitert werden könnten.

Dazu ein Beispiel: Die kollektive Fassungslosigkeit und Anteilnahme nach dem Breivik-Attentat in Norwegen im Sommer 2011 fand ein Ventil in dem rege genutzten virtuellen Kondolenzbuch für die Opfer. Die Möglichkeit, auf weite Entfernung hin sein Entsetzen und Anteilnahme kundzutun, wird offenbar als entlastend, die dabei erlebte Solidarität und Verbundenheit als schmerzlindernd erlebt – neben dem sicher ebenso mitwirkenden Bedürfnis nach Selbstpräsentation und „Dabeisein".

Als weiteres Beispiel für die wichtige Wirkung von Selbsthilfe zitiert Döring verschiedene Selbsthilfe-Seiten von Studentenberatungen, in denen ausdrücklich psychologische Themen wie Beziehungsprobleme, Depressionen und Angst erwähnt und damit Hemmschwellen im Sinne einer Normalisierung und Ent-Pathologisierung gesenkt würden.

Selbsthilfegruppen vor Ort stellen per se einen wichtigen Bestandteil der psychosozialen Versorgung dar, sowohl als Begleitung wie auch erste therapeutische Interventionen, vor allem im Bereich von Prävention und Nachsorge. Die dabei erlebte Einbettung in eine soziale Gemeinschaft Gleichbetroffener, die das eigene Problem kennen, und wo miteinander Wege zur Bewältigung der damit verbundenen Einschränkungen gesucht werden, wird als tröstlich, hilfreich und ermutigend erlebt. Im Unterschied zum „Oben-Unten" einer professionellen Helfer-Situation begegnet man sich hier auf Augenhöhe und liegt der Schwerpunkt auf sozialer Unterstützung im Umgang mit dem Problem. Damit können viele individuelle Ressourcen z. B. durch Nachahmung und/oder durch Anerkennung von anderen entdeckt, aktiviert und gefördert werden. Dies entspricht einer Kernforderung von Beratung.

Im Forschungsbereich gibt es noch wenige Erfahrungen mit virtuellen Selbsthilfegruppen. Erfahrungsberichte belegen die beliebte Möglichkeit des Austausches unter Gleichbetroffenen. Was bei der virtuellen Variante über die örtlichen Selbsthilfegruppen hinausgeht: im Netz gibt es die Möglichkeit, als stiller, passiver Teilnehmer, sogenannter „lurker", einen Einblick in die Situation Betroffener, in deren Gesprächston und Umgang miteinander zu erhalten, d. h. die Möglichkeit des Hineinschnupperns, ohne sich selbst mit einem als peinlich oder angst-/schambesetzten Thema zu outen. Hier ist man zudem zeit- und orts-unabhängig, d. h. die Teilnahme kann flexibler und mit niedrigerer Zugangsschwelle sowie zeitlich abgestimmt auf die privaten Verpflichtungen erfolgen. Dies ist speziell in ländlichen Gebieten wichtig, wo Gleichbetroffene erst in weiter Entfernung zu finden wären. Damit kann ohne großen Aufwand der therapeutisch wichtige Effekt der Solidarisierung und die Teilhabe am kollektiven Wissen einer Gruppe ermöglicht werden. Unkompliziert sind hier hilfreiche Beispiele anderer zu finden, z. B. das Coming out von homosexuellen Jugendlichen in Dörfern, wo dieses Aufdecken einer abweichenden sexuellen Orientierung sehr schambesetzt und mit entsprechenden sozialen Sanktionen verknüpft sein könnte. Dabei bzw. davor von den Erfahrungen anderer lernen zu können, kann eine wichtige Stütze für den eigenen Weg sein.

Kritische Anmerkung: eine Kehrseite dieses Effektes stellt sicher die Möglichkeit dar, dass auch nicht-betroffene Jugendliche auf Foren stoßen, die erst Ideen bzw. Anleitungen liefern, wie sie beispielsweise selbstverletzendes Verhalten, wie Magersucht, Ritzen, etc., in die Tat umsetzen – durch Erfahrungsberichte und Anleitungen, wie sie sie im realen Umfeld in dieser Offenheit nie erhalten hätten. Andererseits haben Untersuchungen, wie z. B. von Christiane Eichenberg (2008) ergeben, dass – entgegen der pessimistischen Befürchtung, Teilnahme an Suizidforen könne zur Selbsttötung animieren – diese den Jugendlichen eher eine Anlaufstelle zum Austausch über die zugrundeliegenden Motive und Gedanken seien. Neben der damit verbundenen Entlastung könne gerade damit eben der gefährlichen Isolation entgegengewirkt werden. Suizidgedanken seien im Jugendalter ohnehin stark verbreitet, gleichzeitig aber extrem tabuisiert. Wenn das Thema über solche Foren offen zum Thema gemacht werde, könne dies die öffentliche Debatte und damit eine konstruktive Auseinandersetzung mit den sowieso vorhandenen, aber meist unter den Teppich gekehrten Themen voranbringen.

Während bei Selbsthilfegruppen mit regelmäßigen Treffen vor Ort in der Regel alle Mitglieder untereinander bekannt sind, dienen die Newsgroups (Mailing-Listen oder Foren im Netz) eher als Basis für eine Fülle einzelner sozialer Netzwerke und Beziehungen, was sowohl „öffentliche Kommunikation" – Postings, die von vielen gelesen werden können –, wie private Kommunikation in kleinem Rahmen umfassen kann. Es handelt sich hierbei eher um ein „Auffangnetz, das auch Fremden schnelle und freundliche Unterstützung bietet" (Döring, 2000, S. 519), das sowohl das Informationsspektrum erweitere wie die Selbstoffenbarung erleichtere – sozusagen als Probehandeln für eine spätere Selbstoffenbarung außerhalb des Netzes. Entscheidend ist hierbei: es geht nicht um einen schnellen, unverbindlichen Informationsservice, sondern um eine Plattform für soziale Begegnungen und Beziehungen, was – wie oben bei Bedingungen für virtuelle Gruppen bereits beschrieben – eigenes Engagement dafür verlangt. Döring (ebd.) betont ebenfalls – wie Heller –, dass die schriftliche Darstellung distanzschaffend sei, was sich v.a. bei emotional belastenden Erlebnissen positiv auswirke. Die von ihr zitierten Befunde verweisen darüber hinaus auf erhöhtes Kontrollerleben durch die Möglichkeit, diese belastenden Erfahrungen aus der eigenen Perspektive kohärent schildern und mit Bedeutung versehen zu können.

Gegenüber den Newsgroup- oder Mailinglisten-Angeboten mit ihren zeitversetzten Beiträgen und damit der Frage, ob die Antwort auf ein Posting beim Lesen noch aktuell ist und/oder was mit den Sendern von unbeantworteten Postings emotional passiert, ist in den quasi synchron ablaufenden Selbsthilfe-Chats eher ein aktuelles Gefühl von Verbundenheit herstellbar. Dieser direkte Kontakt gerade in Krisensituationen statt mehr oder weniger langes Warten auf Antwortmails ist ein als besonders wichtig erlebter Faktor. Trotzdem sind diese Gruppen keine „Insel der Seligen", sondern hier findet man ebenfalls konflikthafte Verläufe und gruppendynamische Prozesse, die durch die schriftbasierte erschwerte Kommunikation nicht immer leicht zu händeln sind. Dennoch scheinen die befriedigenden Aspekte zu überwiegen.[50]

Phillips (1996, zitiert nach Döring, 2000, S. 528) verglich Selbsthilfe-Aktivitäten für erwachsene Kinder von Alkoholikern in drei Varianten: a) Chat (IRC-Channel) b) Mailingliste c) Face-to Face-Treffen. Im Vergleich zu den persönlichen Treffen wurden die CvK-Gruppen als leichter zugänglich und mit größerer Kommunikationsfreiheit erlebt. Die Anonymität wird offenbar als enthemmend erfahren, man kann sich parallel zum Gruppengeschehen leichter privat mit einzelnen austauschen.

Döring zieht zusammenfassend daraus den Schluss, dass die Selbstpräsentation im Chat – im Rahmen einer virtuellen Selbsthilfe-Gruppe – sozusagen ein selbstexplorierendes Handeln darstellt. Hier finde man, wie bei den Selbsthilfe-Angeboten im Netz, Integration von Information und Kommunikation und die Möglichkeit eines symbolischen Handelns vor einer großen Öffentlichkeit.

Auf die Frage nach den wesentlichen Vorteilen der digital vermittelten Kommunikation, hier der Chatkommunikation, und dem „Mehrwert" gegenüber dem klassischen Brief ist festzuhalten: die Unmittelbarkeit der Übermittlung durch Aufhebung von Raum und Zeit, unkomplizierter Zugang bei hohem Freiheitsgrad des eigenen Einbringens und Möglichkeit der gesteuerten Selbstdarstellung, erweiterter Zugang zu Gleichbetroffenen ohne räumliche oder psychische Barrieren, z. B. bei schambesetzten Themen, sowie die Option einer breitgefächerten Kontaktbörse zum Kennenlernen neuer Personen und spielerischem Ausprobieren eigener ungelebter Identitätsaspekte. Jenseits der Dringlichkeit der im Chat thematisierten Lebensprobleme bezieht der Chat einen bleibenden Teil seiner Attraktivität aus dem Umstand, dass er einen hohen Unterhaltungswert offeriert,

50 Anekdotische Erfahrungen, die die Wirksamkeit des Zusammenschlusses belegen, gibt es mittlerweile in diversen Veröffentlichungen. Beispielhaft sei hier verwiesen auf die Zusammenstellung „Auf der virtuellen Couch" (1998), z. B. der Bericht über die Gründung einer Selbsthilfe-Gruppe bei psychischen Erkrankungen. Auch hier wird vor allem die hilfreiche emotionale Wärme hervorgehoben. Götzenbrucker/Hummel (2002, S. 219) beschreiben die von einer kleinen engen Gemeinschaft besprochenen Lebensthemen wie Matura und Friseurbesuch als Beleg für die Verbindlichkeit und erfahrene Nähe im virtuellen Setting.

basierend auf den drei Komponenten Selbstoffenbarung, Selbstwirksamkeit und Selbstdarstellung.

Wie würde wohl Georg Simmel diese Parameter in seinen Überlegungen zur schriftlichen Selbstmitteilung wiederfinden bzw. soziologisch deuten?

6 Simmels „Brief" und die Chatkommunikation – Versuch einer Zusammenschau zwischen einer alten und einer neuen Form öffentlicher Selbstmitteilung

Das „aller Geheimhaltung entgegengesetzte Wesen der Schriftlichkeit" (Simmel, 1908) wird hier sehr deutlich sichtbar. Teilnehmer der Chatgruppen auf der bke-Plattform treten bewusst an die Öffentlichkeit, suchen mit ihren Inhalten Aufmerksamkeit, ein Feedback und eventuell „Zeugen" für das eigene Leid, das damit wohl bestätigt wird und eine neue Authentizität – in der Wahrnehmung und Anerkennung durch andere – erhält. Die Schriftlichkeit wird demnach ebenso hier offenbar zur Bestätigung genutzt, für die eigene Vergewisserung, dass es wirklich so ist. Wie der Volksmund es ausdrückt: „denn was man schwarz auf weiß besitzt…". Die Selbstmitteilung erfolgt im Vertrauen auf einen begrenzten Kommunikationsraum und -rahmen, allerdings gleichzeitig mit dem Wissen um eine potentielle, von mir nicht beeinflussbare Öffentlichkeit. Schriftlichkeit bedeutet ein „Dazu-stehen", ein prinzipielles „das darf jeder von mir wissen" und stellt damit gerade bei den sehr privaten Inhalten durchaus einen Akt des Mutes bzw. des Vorschuss-Vertrauens dar.

Die Realisierung und damit Authentifizierung erfolgt zum einen durch die Anerkennung und Rückmeldung der anderen, Simmels „Zeugenschaft", aber bereits zuvor schon durch den Akt des Niederschreibens: Tagebuch-Funktion, Klärungsprozess beim Schreiben, möglicherweise im Sinne von „Ich schreibe, also bin bzw. bleibe ich". Man kann dies als einen Akt der Vergewisserung der eigenen Bedeutsamkeit durch die Niederlegung, „Objektivierbarkeit" in den Worten Simmels, deuten: ich schreibe es auf, stelle mich den Nachfragen – möglicherweise wird damit ebenso innerlich ein anderer Realisierungsgrad erreicht. Sprache schafft Realität, wie nicht erst seit Orwells düsterer Zukunftsvision 1984 bekannt ist. Ebenso bewahrt Sprache, macht Inhalte über die Zeiten hinweg greifbar (Simmel: „Prinzipielle Unbeschränktheit des Zugangs"). Teilnehmer der Chatkommunikation können jederzeit im dokumentierten Prozess wieder darauf zurückgreifen und sich vergewissern/nachvollziehen, wie sie sich damals beschrieben und gefühlt haben.

Die von Simmel beschriebene „prinzipielle Zeitlosigkeit des Daseins" wird hier dann wohl so erlebt, dass die niedergelegten Tatsachen damit über die Zeit hinweg eine Bedeutung er-halten – im doppelten Sinne. Der Streit mit den Eltern, die eigenen Stimmungen und Gefühle, die niedergeschrieben sind, können von mir und von anderen auch nach langer Zeit und vielen Stimmungsumschwüngen nachgelesen werden und dokumentieren, dass es damals so gewesen ist, von mir so erlebt wurde. Selbst wenn es im Rückblick anders wirkt, habe ich eine „objektive Gestalt" des damals Erlebten, d. h. der Ausdruck des flüchtigen Erlebnisses wird im Sinne Simmels festgehalten und „objektivierbar".

Der Preis dieser objektiven Existenz wird von Simmel als „Verzicht auf Garantie des Geheimbleibens" beschrieben. Dieser Schutz wird jedoch von den Klienten wohl durchaus sorgsam und differenziert abgewogen (s. Ausführungen zur Bedeutung des Flüsterns im empirischen Teil). So werden auf den im Vergleich zur Beratungsplattform wesentlich öffentlicher zugänglichen sozialen Netzwerken wie Facebook und Co individuell verschieden andere Inhalte veröffentlicht als in der Beratung preisgegeben. Die subjektive „Rahmung" im Sinne Goffmans spielt hierbei – wie im empirischen Teil noch weiter ausgeführt werden wird – eine große Rolle: die Teilnehmer wissen, dass es um Psychologische Beratung, um innerlich bedeutsam erlebte Prozesse geht, die durchaus mit Leid und Hilflosigkeit verbunden sein können. Bei den Chatteilnehmern ist eine bewusste Entscheidung für eben diesen Rahmen, für genau diese Wahl der Beratungsform – weniger öffentlich als das Forum, aber öffentlicher und unkontrollierbarer als Mailberatung – vorauszusetzen. Der Schritt in die Onlineberatung bedeutet eine Kombination aus „Schutz daheim" und „Schritt in die Öffentlichkeit", die Studienergebnissen zufolge schon mehr Offenheit ermöglicht.[51] Der Nick Name, die Pseudonymität kann offenbar ebenso als Teil dieser „Garantie der Geheimhaltung" betrachtet werden. Der Nick ermöglicht einerseits eine klare Identität und gleichzeitig Verheimlichen der dahinter stehenden Identität – ein Spiel aus „ich bin's, und bin's doch nicht" – so wie Kalif Storch im Märchen unerkannt durch die Gassen streifend, mitkriegend, was ihm wichtig ist und gleichzeitig sich geschützt wähnend vor einem Erkannt-werden mit möglichen Konsequenzen.

Simmel weist eindrücklich auf die „Wehrlosigkeit" durch die schriftliche Mitteilung und den dadurch nötigen Schutz hin. Die bereits erwähnte strafrechtliche Relevanz zum Schutz des Briefes und der Privatsphäre im Gegensatz zur Sorglosigkeit der Daten-Preisgabe im Internet… wie passt dies zusammen? Aus soziologischer Sicht ist hier sicher die in heutigen Zeiten häufige Tendenz zur Verwischung

51 u.a. Studie von Trepte (2009): Teilnahme an sozialen Netzwerken erhöht die Bereitschaft zu mehr Selbstoffenbarung. In die gleiche Richtung weisen die Ergebnisse von Hartl (2008).

der Grenzen zwischen Privatheit und Öffentlichkeit (Handy-Nutzung im Zug, Essen und Kaffeetrinken auf der Straße, Talkshows über private Inhalte) zu berücksichtigen. Dennoch sind ebenso hinsichtlich der Sensibilität für den Schutz eigener Daten nach einer offenbaren Zeit der Besorgtheit wieder deutliche Gegenbestrebungen zu registrieren, was nicht nur die mediale Aufregung um die NSA-Abhör-Affäre im Sommer 2013 zeigt, sondern ebenso die Daten der JIM-Studien 2010–2012: deutliche Weiterentwicklung der Einstellungen zum Schutz der Privatsphäre.

Simmels „logisch nicht ausdrückbare Stimmungen und Seinsqualitäten" erlebt man bei Jugendlichen oft sehr schnell wechselnd, das Erfassen jedoch genau dieser betrachtet Simmel als Voraussetzung für ein tieferes, echtes Verständnis selbst bei „ganz konkreten Äußerungen".

Die hier untersuchte Form von Chatkommunikation, in Form der eher mündlichen „Rede", als Mittel zur schriftlich begleiteten Lebenshilfe ist vom Trägermedium her neu, schriftlicher Austausch und Rat als Lebenshilfe jedoch schon durch viele Jahrhunderte bekannt, auch in der Spannung zwischen schriftgebundener „Einengung" und Vieldeutigkeit. Ein Unterschied zu den als Brieffreundschaften gepflegten erwähnten Zeugnissen: hier in der Chatkommunikation geschieht die Öffnung des eigenen „Geheimnisses" vor Publikum, was die Selbstoffenbarung in der Regel sehr wohl beeinflusst. Allerdings trifft dies auf die Briefe von Paulus an die jungen Christengemeinden ebenso zu. Im Unterschied zur Rede erfolgt hier die Reduktion auf einen Sinneskanal, womit eine charakteristische Kombination von Bestimmtheit („logischer Sinn") und Mehrdeutigkeit (wo es um „Nicht-Logisches", Sinnzusammenhänge geht), von Offenbaren und Verschweigen einhergeht. Fehlende Zusatzinformationen – Gestik, Mimik, Tonfall etc….- erhöhen die Selektivität bei Sender, gezieltere Auswahl, was er wie preisgeben will, und Empfänger, der sich nicht mit dem „logischen Sinn"/Informationsgehalt begnügt, sondern seine Deutungsmöglichkeiten nutzt.

„Der Brief ist deshalb deutlicher, wo es auf das Geheimnis des anderen (= logisch nicht ausdrückbare Stimmungen und Seinsqualitäten) nicht ankommt, undeutlicher und vieldeutiger aber, wo dies der Fall ist". „Man kann sagen, dass die Rede… sein Geheimnis offenbart, der Brief es aber verschweigt", so folgert Simmel. Es bleibt in der Auswertung der Chatprotokolle abzuwarten, wie diese Kombination sich in der schriftlich fixierten, qualitativ aber sehr der mündlichen Rede angenäherten Chatkommunikation auswirkt.

V Online-Beratung

„Aber geht das denn?“ ist eine der häufigsten Reaktionen, wenn von Onlineberatung gesprochen wird. Die Vorstellung, dass zu „psychologischer Beratung“ sozusagen unabdingbar die persönliche Begegnung gehöre, die ja – wie oben ausführlich dargestellt – einen wesentlichen Einfluss auf das Gefühl des Verstanden-Werden und des Angenommen-Seins und damit der eigenen Lösungsfindung habe, ist nach wie vor vorherrschend, vor allem in dem Sinne, das zu einer solchen „Begegnung“ das reale Zusammentreffen Aug in Auge gehöre, obwohl das eine jahrhundertealte Tradition der Lebensbegleitung in Form von schriftlichem Kontakt negiert.

Döring (2000, S. 529) spitzt dies in einer provokativen Frage zu: „Ein weiterer Irrweg der Technikfaszination? Merkt denn niemand, dass die vertrauensvolle, persönliche Beziehung zwischen Klient und Therapeut, die sich im Laufe der Zeit aufbaut, nicht durch schnellen, anonymen, computervermittelten Tele-Kontakt ersetzbar ist?“

„Psychotherapie und Beratung galten als geradezu prototypische Formen der Nah-Kommunikation, die gebunden war an die beiden Voraussetzungen der leiblichen Ko-Präsenz von Akteuren und der unmittelbar mündlichen Form des Austausches“ schreibt Jörg Bergmann (2005, S. 3) in der Einleitung zu einem Sonderheft mit dem Thema „Beratung und Therapie per Internet“. Möglicherweise ist diese Auffassung sehr stark geprägt vom analytischen Therapie-Modell, dass Übertragung im persönlichen Zusammentreffen den Weg zur Heilung darstelle. Die Tatsache, dass über schriftlich vermittelte Kommunikation ebenfalls Erfahrungen wie erlebte emotionale Nähe oder Verständnis und Mitgefühl möglich sind, scheint vielen noch sehr fremd. Bergmann (ebd., S. 4) weist hier zu Recht darauf hin, dass „es schon immer ein Motiv der Fern-Kommunikation (gewesen sei), die räumliche Distanz sozial zu verringern und emotionale Nähe dort zu erzeugen, wo Ko-Präsenz nicht möglich ist“, z. B. durch Postkarten, Telefon etc.. Angesichts des vielfältigen und boomenden Beratungs- und Therapieangebotes im Internet plädiert er mit Nachdruck dafür, „die genuinen Strukturmerkmale und Möglichkeiten der computervermittelten Kommunikation“ sowie „die Psychodynamik der therapeutischen Beziehung in der virtuellen Kommunikationswelt zu erforschen“, um deren Attraktivität für die Betroffenen verstehen und einschätzen zu können (ebd. S. 5). Dennoch scheint die Vorstellung einer computervermittelten Therapie-/Beratungsleistung für viele, selbst

Fachleute, noch sehr fremd und beschwört offenbar angstbesetzte Bilder von Ersatz menschlicher Beziehungserfahrungen durch Maschinen hervor.

1 Exkurs: kurzer historischer Abriss

Die klinische Psychologin und Professorin Sherry Turkle gibt in ihrem 1998 erschienenen Buch „Leben im Netz. Identität im Zeitalter des Internet“ einen interessanten Überblick über die Entwicklung der von ihr so genannten „Computerpsychotherapie“, nämlich der Dienstleistung einer psychotherapeutischen Begleitung mithilfe eines Computerprogramms und dessen Auswirkungen.[52] Sie stützt sich dabei auf ihre eigenen Beobachtungen und Befragungen von Menschen, die solche Programme in Anspruch nahmen, sowie auf Diskussionen mit ihren im Laufe der von ihr referierten Zeit zunehmend mehr technikaffinen und computererfahrenen StudentInnen.

Sie verweist auf die Entwicklungen und Veränderungen sowohl der Programme als auch der Einstellungen dazu, die seit dem ersten Erscheinen von ELIZA vonstattengegangen sind. Das Programm ELIZA, von dem Informatikprofessor Joseph Weizenbaum 1968 entwickelt und vorgestellt, war laut seiner Darstellung als „Prüfprogramm“, das die Grenzen der Dialogfähigkeit eines Computers erfassen sollte, konzipiert worden und konnte im Rahmen eines bestimmten psychotherapeutischen Verfahrens, bei dem die Antwort eines Patienten lediglich gespiegelt werden sollte, mit den Nutzern in Standardenglisch kommunizieren.[53] ELIZA war ein „unintelligentes“ Programm in dem Sinne, dass es Zeichenfolgen und Wörter erkannte und umformen, aber nicht „verstehen“ und wie heutige Systeme intelligent adäquat darauf reagieren konnte. Weizenbaum ging davon aus, dass diese leicht erkennbaren Beschränkungen die Nutzer davon abhalten würden, sich auf dieses Programm einzulassen, doch mit dieser Annahme lag er fehl. Die Nutzer betonten die einem Tagebuch oder einem Spiegel vergleichbare Funktion; sie nutzten das Programm nicht, um dessen Grenzen zu demonstrieren, sondern eher in dem Sinne, dass sie die eigene Illusion, ELIZA gehe auf sie ein, aufrechterhalten konnten. Turkle fasst die Antworten auf ihre Befragung so zusammen: „ELIZA ermöglichte eine befreiende Begegnung mit

52 Turkle, S. (1998). Vgl. hierzu v.a. das einleitende Kapitel wie auch Teil 2, Kapitel 4: „Simulation als bare Münze“ (S. 160–197).

53 Inwiefern der Name ELIZA auf das berühmte Blumenmädchen aus „My fair Lady“ anspielen soll, dem ja auch nur korrekte englische Aussprache antrainiert worden war ohne Berücksichtigung ihrer inneren Prozesse und ihres Wesens, ist unbekannt, stellt aber m.E. eine passende Assoziation dar.

einem „Fast-Anderen", der eine Erweiterung des eigenen Selbst zu sein scheint" (Turkle 1998, S. 171). Obwohl durchaus klar war, dass es sich hierbei „um eine Maschine handelt, die mit einem Haufen Tricks arbeitet" (ebd., S. 172), nutzten manche das Programm sehr intensiv. Dennoch erschien zur damaligen Zeit die Vorstellung, dass ein solches Programm einen Therapeuten ersetzen könne, den Befragten noch sehr abwegig.

Andererseits gab es durchaus schon Bestrebungen in diese Richtung. Ein Psychiater namens Colby, der an der Entwicklung von Weizenbaums Programm mitgearbeitet hatte, veröffentlichte ein Eliza-ähnliches System explizit als Beitrag zur Psychotherapie, statt wie Weizenbaum als Informatiker. Weizenbaums moralische Bedenken gegen das Vortäuschen eines Verständnisses, zu dem eine Maschine nicht fähig sei, sah Colby nicht als Hindernis, da hinter einem solchen Programm ja ein menschliches Selbst stehe – er selbst. Da für ihn als Psychiater das Streben nach stets größerer Genauigkeit eine wichtige Grundlage seines Arbeitsverständnisses war, betrachtete er Computer als mögliche Hilfsmittel, weil „der Computer eine andere, weniger effiziente informationsverarbeitende Maschine, den menschlichen Therapeuten, ablösen" werde (ebd., S. 167). Colby betonte die Ähnlichkeit zwischen einem Computer und dem menschlichen Therapeuten als einer „informationsverarbeitenden Maschine, die auf der Grundlage einiger eng mit kurz- und langfristigen Zielen verknüpfter Regeln Entscheidungen trifft" (ebd.).

In der in populärwissenschaftlichen Zeitschriften veröffentlichten Kontroverse zwischen Weizenbaum und Colby betonte Colby stets die Vorteile eines Computers, die in vielen Bereichen nützlich seien, so ebenfalls für die Therapie, wie etwa niedrige Kosten und Bequemlichkeit, dazu Verlässlichkeit und Konstanz: keine Terminabsagen wegen eines anderen, dringlicheren Falles, keine sexuellen Übergriffe oder Anzüglichkeiten, kein Abgelenkt sein durch eigene Probleme. Dazu zähle ebenso die Sicherheit, dass man als Hilfesuchender nicht bewertet würde. Wo ein analytisch geschulter Therapeut z. B. ein ungepflegtes Äußeres eines Patienten als vielsagenden Hinweis deuten würde, interessiere das den Computer in keiner Weise.[54] Weizenbaum dagegen betrachtete diese Argumentation als Beleg dafür, dass Colby viel zu sehr von den Begrenzungen des Computers her denke statt ein Programm auf die Bedürfnisse des Menschen hin zu entwickeln.

Während in den 70 und 80er Jahren Vorbehalte gegen eine Computerpsychotherapie vor allem in den Bedenken bestanden, dass eine Maschine menschliche

54 Interessanterweise sind dies genau die Vorteile, die auch 30 Jahre später für die Onlineberatung ins Feld geführt werden.

Regungen niemals verstehen und so keinen menschlichen Therapeuten ersetzen könne, schwanden mit dem Aufkommen von mehr kognitionsorientierten psychologischen und psychotherapeutischen Modellen, bei denen statt der Therapeuten-Patienten-Beziehung eher Modelle der Informationsverarbeitung im Mittelpunkt stehen, z. B. das „Umprogrammieren" dysfunktionaler Gedanken, solche Vorbehalte. Zudem wurden Computer immer mehr zum selbstverständlichen Bestandteil des Alltags.

Im Zuge der Missbrauchsdiskussion, die über mehrere Jahre hinweg nach dem Aufdecken von sexuellen Übergriffen seitens renommierter Psychiater auf ihre Patientinnen die Therapiediskussion dominierte, wurde die distanzwahrende und damit schützende Funktion eines Computerprogramms gegenüber solch realen Übergriffen positiv belegt, wo vorher die mangelnde menschliche Nähe beklagt worden war.

Mitte der 80er Jahre kamen dann in Amerika neue „Computerpsychotherapieprogramme" auf den Markt: Selbsthilfeprogramme zum Abnehmen, für Fitness oder Entspannung usw., die neben einer Wissensbasis vor allem die Botschaft vermittelten, dass bessere Gedanken zu besseren Gefühlen führten und dass dauerhafte Veränderungen durch das Einüben neuer, besserer Verhaltensweisen möglich seien. Computerbasierte Psychotherapie wurde nun als Markenzeichen der Selbsthilfe betrachtet und infolge dessen positiver bewertet. Die Diskussion darüber, ob eine Maschine einen Menschen „verstehen" oder ernsthaftes Interesse an ihm entwickeln könne, wurde nachrangig.

1990 wurde im renommierten American Journal of Psychiatry eine Vergleichsstudie publiziert: leicht depressive Patienten waren a) mit einer Computerpsychotherapie bzw. b) von einem Psychologen behandelt worden, jeweils mit Kognitions- und Verhaltenstherapie, c) eine dritte Gruppe erhielt keine Behandlung. Beide behandelten Gruppen von Patienten schnitten in unmittelbarer sowie längerfristiger Nachuntersuchung besser ab als die Kontrollgruppe, was als Beleg für die Wirksamkeit von computerbasierten Therapie gewertet und in allen Medien entsprechend positiv vermarktet wurde. Methodische Mängel, z. B. dass die Therapeuten Psychologiestudenten mit wenig klinischer Erfahrung waren bzw. dasselbe „Programm" durchzuführen hatten wie die Computer, wurden nicht diskutiert, ebenso wenig wie die Frage, ob die Patienten sich verstanden gefühlt hatten oder Wertefragen im Zusammenhang mit diesem Ansatz.

Turkle bestätigt diese Veränderung der Einstellung gegenüber den 70er und 80er Jahren, nämlich weniger kritisch und eher computerfreundliche Haltung, aufgrund ihrer eigenen Befragung von StudentInnen wie Angehörigen bunt zusammengewürfelter Berufsgruppen.

Ähnlich wie das im American Journal beschriebene Programm ist das 1992 eingeführte Programm DEPRESSION 2.0 von Kenneth und Paul Colby strukturiert, basierend auf einer kognitions- wie verhaltenspsychologischen Theorie der Depression, demzufolge die Depressionen einer zu hohen Erwartungshaltung an sich selbst und das eigene Leben und daraus folgender massiver Selbstkritik entspringen. Durch Umprogrammieren des Selbst auf realitätsangepasstere Erwartungen und Entschärfung der Selbstkritik könnten die Depressionen gemildert werden. Dies geschieht in dem Programm, indem die selbstschädigenden Einstellungen mit Hilfe von Tutorien bewusst gemacht werden, nachdem zuvor durch genaue Befragung die entsprechenden problematischen Bereiche ermittelt wurden, und mit Hilfe von Dialogen zwischen dem Nutzer und dem textgestützten Programm, das dann die Rolle des Therapeuten einnimmt.

Der pragmatische Nutzen solch Manual basierter Programme überwog für die meisten Teilnehmer, Turkles Ergebnissen zufolge, die früher vorherrschenden ethisch-philosophischen Diskussionen über die Mensch-Maschine-Problematik. Interessierte nutzten die Programme, soweit sie ihnen dienlich waren, ohne groß über grundsätzliche Fragen oder Konsequenzen nachzudenken. Das „Navigieren an der Oberfläche“ statt Eindringen in die Tiefe, der Vorrang der Simulation vor dem Realen, des Spiels vor dem Ernst ist laut Turkle (1998, S. 66, unter Anlehnung an Jameson, 1984) ein kennzeichnendes Merkmal der Postmoderne, was sie vor allem in Umgang mit dem Computer und dem Internet als beispielhaft verwirklicht sieht und als notwendigen Weg der Komplexitätsreduktion einstuft.

So beschreibt Turkle die Entwicklung in Amerika, wo das Verhältnis zu Computern wie die Einstellung zu Psychotherapie oder professioneller Beratung per se unbefangener ist.

Trotz überwiegend positiver Rückmeldungen der Nutzer wecken diese Experimente und Erfahrungen jedoch ebenso Ängste und Vorbehalte bezüglich des Mensch-Maschine-Modells. Wird unser Denken demnach von Programmen beeinflusst? Können wir „umprogrammiert“ werden? Sind wir so leicht zu manipulieren, dass intelligente Rechner, wie sie heute gang und gäbe sind, die Herrschaft über unser Leben (inklusiv unseres Beziehungslebens, siehe Film „her“) übernehmen?[55]

---

55 In dem Film „her“ aus dem Jahre 2013 wird nachvollziehbar eine stark emotional getönte Liebesgeschichte zwischen der männlichen Hauptfigur und einem von ihm programmierten weiblichen Computerwesen beschrieben, das aufgrund der intelligenten Programmierung und damit unmittelbarem Eingehen auf die Hauptfigur jedwede reale Konkurrenz weit überflügelt.

Daraus resultieren sicher ein gut Teil der Vorbehalte, die „Onlineberatung" entgegenbracht werden.

2 Die Bedeutung des Internet als interaktives Kommunikationsmedium

Eine revolutionäre Änderung ergab sich jedoch mit der Entwicklung und rasanten Verbreitung des Internet als interaktives „Mitmachmedium". War es früher das Los des Rezipienten vorher programmierte Abläufe zu konsumieren, die sich nur in minimalem Ausmaß, wenn überhaupt, auf ihn und seine Beiträge bezogen, wie eben ELIZA, so ist es mittlerweile aufgrund der neuen technischen Optionen möglich, eben nicht nur ein vorher gefertigtes Standard-Programm zu konsumieren, sondern dieses quasi aktiv mitzugestalten.

Wurde dies anfangs hauptsächlich in Form von interaktiven Spielen genutzt, so eroberte Kommunikation immer mehr das Geschehen, das über den Computer abgewickelt wurde. Ein Großteil der computerbasierten Aktionen dient heute nicht mehr irgendwelchen Rechenoperationen, sondern hauptsächlich der Kommunikation zwischen Menschen, der Überbrückung von Zeit und Raum in deren Austausch. Das Internet ist neben einer „Spielwiese" damit zu einer riesigen Kontakt- und Begegnungsbörse geworden.

Bei dem Geschehen, das hier unter Onlineberatung verstanden wird, kommuniziert eben nicht ein Mensch mit einem Maschinenprogramm, sondern zwei Menschen miteinander, die über ein textbasiertes Medium miteinander in Verbindung treten und Inhalte in Form von Texten austauschen, wobei sich einer der Beteiligten als Ratsuchender auf die Interaktion einlässt. Die Maschine übernimmt dabei die Rolle des Mittlers, nicht mehr und nicht weniger. Dass das Internet diesen Vorgang sehr effizient und komfortabel gestalten kann, per Mausklick bequem in die ganze Welt, kommt den Nutzern entgegen und erhöht die Inanspruchnahme aufgrund der Bequemlichkeit und effizienten Kosten-Nutzen-Bilanz, was den persönlichen Aufwand betrifft. „Virtuell" und für die meisten Nutzer technisch undurchschaubar ist dabei nur der Datenübermittlungsvorgang, nicht der Akt der Kommunikation an sich: Menschen tauschen sich mit Menschen aus, so wie sie es früher schon neben Gesprächen per Brief, Morsezeichen oder Telefon gemacht haben. Der Akt der Kommunikation ist nicht virtuell, sondern real; ein Telefonat zwischen zwei Menschen würde ja ebenfalls niemand als weniger realen Austausch bezeichnen, obwohl dort ebenfalls keine Face-to-Face-Begegnung stattfindet.

Voraussetzung für eine erfolgreiche Beratung ist „die Herstellung einer formellen Situation, in der sich eine Beziehung zwischen Ratsuchendem und professionellem Berater konstituiert und die Möglichkeit besteht, gemeinsam Problemsituationen und Lösungsmöglichkeiten zu explorieren" (Dietrich 1983, zit. nach Döring 2000, S. 529). Dies liegt hier vor. Nach heutigem Beratungsverständnis geht es nicht darum, fertige Lösungswege und Ratschläge auf den Weg zu geben, sondern selbstgesteuerte Veränderungsprozesse der Ratsuchenden konstruktiv zu begleiten. Döring vergleicht dies daher mit einer „problemorientierten kurzfristigen Minitherapie" (ebd., S. 530), was eben schriftgestützt genauso im Chat oder über mehrere Mails erfolgen könne.

3 Begriffsbestimmung

Der Diplomarbeit von Brummel (2008) zufolge ist eine einfache Definition denkbar: „Psychosoziale Online-Beratung ist als internetbasiertes Pendant zur konventionellen Face-to-Face-Beratung zu verstehen. Der Hauptunterschied [...] besteht darin, dass sich die InteraktionspartnerInnen bei der Face-to-Face-Beratung am selben Ort befinden, während die Gespräche bei der Online-Beratung technisch vermittelt werden." (ebd., S. 1).

In einem Grundsatzartikel von 2013 erörtern Emily Engelhardt, Geschäftsführerin des Instituts für E-Learning an der Hochschule Nürnberg, und eine Mitarbeiterin einige grundlegende Überlegungen zur Definition des Begriffes „Onlineberatung" und zur Abgrenzung von anderen verwandten Formen (Engelhardt, E./Storch, S. (2013).

Zum einen geht es in der Unterscheidung von der „Face-to-Face-Beratung" um das Merkmal, dass es um Beratung geht, die eine räumliche Distanz überbrückt und dazu technischer Hilfsmittel bedarf. „Online" ist ein Hinweis, dass diese internetbasiert sind.

In gängigen Definitionen, z. B. Handbuch Onlineberatung (2009), Kommission Fortbildung Onlineberatung der Schweizer Psychologinnen und Psychologen (2003), werden ausschließlich textbasierte Formen der Onlineberatung aufgezählt. Problematisch ist dabei Engelhardt zufolge, dass der eigentliche Akt des Verfassens und Lesens dieser Texte losgelöst von jeglicher Internetverbindung, d. h. „offline" stattfinden kann und dies tatsächlich oft tut. Lediglich zum Abrufen und Versenden bedarf es der Netzverbindung. Der entscheidende Punkt bei der „Online-Beratung", der aber ebenso offline durchgeführt werden kann, ist für sie daher der Akt des Selbstreflexion beim Schreiben, das an sich schon zur Klärung und Ordnung beiträgt und damit eine eigene Exploration vorantreibt. Die beiden Autorinnen schlagen vor, den Begriff der Onlineberatung um die synchronen und textungebundenen Formen, wie beispielsweise Videochat, Avatar oder Internettelefonie, zu erweitern, wobei jeweils andere Fähigkeiten und Voraussetzungen verlangt werden. Bei den asynchron stattfindenden Formen, z.B. Beratungsanfrage per Mail. wird erwartet, dass die Anfrage in einer verständlichen Form dargebracht wird, die die Problematik nachvollziehbar erscheinen lässt. Bei synchronen Formen, wie z.B. Chat, werden formal weniger hohe Ansprüche an den Text gestellt, weil ja jederzeit noch nachgefragt werden kann. Während sich hier eventuell in kürzester Zeit schon etwas bewegen lässt, ist andererseits bei den asynchronen Formen von Vorteil, dass Ratsuchende wie Berater mehr Zeit für die Formulierung ihrer Texte haben und nicht unmittelbar auf Fragen antworten oder Interventionen einleiten müssen.

Entscheidend für die Onlineberatung, wie sie heute in Deutschland verstanden wird, ist die Tatsache, dass zwei Menschen miteinander über technische Hilfsmittel, in diesem Fall internetbasierte Übertragung, mittels Texten kommunizieren, bei denen es um Beratung und Begleitung geht – ein existenzieller Unterscheid zu dem, was Sherry Turkle unter „Computerpsychotherapie" ausgeführt hat: die Begleitung eines Menschen durch eine entsprechend programmierte Maschine. Hier beziehen Engelhardt et al. eindeutig Stellung: es geht um Beratung eines Menschen durch einen anderen, wobei technische Hilfsmittel genutzt werden. Sie distanzieren sich hier im Unterschied zu Turkles Ausführungen über Computerpsychotherapie eindeutig von computerbasierten Manualen oder Infoboards, die eben *keine* Onlineberatung darstellen, selbst wenn dem Internet als Informations-/Abruf-Medium im Bereich gesundheits-/therapiebezogener Informationen eine hohe Bedeutung zukommt. Dementsprechend ist der Akt der Beratung selbst zu untersuchen, der in diesem Fall eben unter bestimmten medialen Bedingungen abläuft, wie sie im Kapitel über die Computervermittelte Kommunikation ausführlich beschrieben wurden.

4 Entwicklung der Onlineberatung in Deutschland

Hinterberger und Kühne (2009, S. 13–24) führen das Bedürfnis nach Onlineberatung in ihrem einleitenden Kapitel zu ihrem „Handbuch der Onlineberatung" zurück auf die oben beschriebene Durchdringung des Alltags mit den hauptsächlich durch das Internet geschaffenen neuen Möglichkeiten zu schneller Informationsbeschaffung und Kontaktpflege. Das Internet sei für nahezu alle Lebensbereiche mittlerweile zur Hauptreferenz geworden, was sich unter anderem in der Tatsache widerspiegele, dass es quasi keine Firma oder Partei mehr ohne eigene Internetseite oder keine Zeitung mehr ohne entsprechende Online-Ausgabe gebe.

Online-Beratung hat zwar in den letzten Jahren stark zugenommen, steckt aber sozusagen in Deutschland noch in den „Kinderschuhen". Im Privatleben werden die Annehmlichkeiten elektronischer Kommunikation im Privatleben stark genutzt, beispielsweise einkaufen und Urlaubsbuchung im Internet, Online-banking, schnelle Kommunikation per mail, Beschwerdeabwicklungen oder Serviceleistungen. Dies zeitigt Auswirkungen auf die herkömmlichen Kommunikations- wie Organisationsstrukturen, was man an zunehmende Zahl der Telearbeitsplätze, geschäftlichen Absprachen per mail oder BlackBerry, zeitlich und örtlich weitgehend unbegrenzter Verfügbarkeit auf der Datenautobahn per Smartphone ersehen kann. Demgegenüber hält dies im Unterschied zu kommerziellen Anbietern, die z. B. schon oft Chat-Möglichkeiten oder Leistungen wie. Telefonrechnung online oder Hotlines zu Servicezwecken bieten, in der Beratungsszene nur zögerlich Einzug. Andererseits erwarten die Menschen die in den oben aufgeführten Bereichen kennengelernte Bequemlichkeit und Flexibilität der elektronischen Kommunikation ebenfalls von den „Dienstleistern" in diesem Sektor.

Allmählich wird im Forschungsbereich darauf stärker reagiert. So existiert seit 2005 das e-beratungsjornal, das über aktuelle Entwicklungen, interessante Befunde, aber schwerpunktmäßig praktische Erfahrungen mit diesem neuen Beratungsmedium berichtet. Im Bereich der Psychotherapieforschung wird das Thema ebenfalls aufgegriffen.[56] So finden sich im Psychotherapeutenjournal vom 24.3.2011 zwei Artikel zu diesem Thema. Während die ersten Autoren (Hardt, J./ Ochs, M. (2011, S. 28–32) unter dem Titel „Chancen und Gefahren" mit eher skeptischem Tenor, was Indikation, Zuweisung, therapeutische Beziehung, „Sinneskanalreduktion" und „Unverbindlichkeit" betrifft, grundlegende Überlegungen zur Internettherapie referieren, verweisen die Autoren des zweiten Artikels (Wagner, B. /Maercker, A. (2011), S. 33–42) unter Hinblick auf evidenzbasierte Studien auf wirksame Einsatzbereiche und -Methoden und die Vergleichbarkeit der Ergebnisse mit „normalen" ambulanten Psychotherapien. Es wird darauf hingewiesen, dass die internetbasierte Psychotherapie in einigen europäischen Nachbarländern aufgrund der Wirksamkeitsstudien bereits in der krankenkassenfinanzierten Gesundheitsversorgung angekommen sei, dass aber vor allem im deutschsprachigen Raum nur sehr begrenzte Studien zu diesem Thema bisher durchgeführt wurden und eine Fülle von Fragen offen bleiben. Online-Therapien werden zur Prävention und Behandlung bestimmter Störungsbilder eingesetzt.

---

56 Wenn hier Befunde sowohl aus „Beratungs-" wie auch „Psychotherapieforschung" zitiert und stellenweise gleichgesetzt werden, so ist dies der – durch weitgehende inhaltliche Überschneidungen in der Arbeit mit „rat- und hilfesuchenden Personen" – auch in der Fachliteratur sonst oft mangelnden Differenzierung geschuldet. Zur Abgrenzung siehe ausführliche Darlegungen in Kapitel A, II.

Diese virtuellen Therapien müssen ebenso die Anforderungen an eine wissenschaftlich fundierte Psychotherapie erfüllen, was teilweise sehr kontrovers diskutiert wird. Man geht davon aus, dass ein Patient in diesem Rahmen ebenfalls die Möglichkeit zu neuen Beziehungserfahrungen, z. B. durch Feedback über sein eigenes Verhalten, machen und neue Kompetenzen wie Überprüfung seiner Annahmen und Realitätstestungen einüben kann. Die Therapie wird in der Regel mithilfe von E-Mails oder Chats durchgeführt, wobei der therapeutische Kontakt „regelmäßig, über einen längeren Zeitraum" anhalten und dabei „komplexere, psychopathologische Probleme" behandeln sollte (Knaevelsrud, Jager & Maercker, 2004, zit. nach Sasse, 2011, S. 40).

Spielberg (2005, „Online-Beratung bei Arbeitsstörungen") hebt bei seiner Auswertung die Scham-mindernde und niederschwellige Interventionsmöglichkeit hervor. Als mögliche unterstützende Schritte identifiziert er die Validierung der Gefühle des Patienten, wertschätzende Rückmeldungen sowie ein Modell der (Arbeits-)Störung mit auslösenden und aufrechterhaltenden Bedingungen und gezielten Nachfragen als Anregung zu genauerer Reflexion. Dass der Beratungsvorgang für beide Seiten permanent und komplett zur Verfügung stehe und spezifische Fertigkeiten (skills) vermittelbar seien, nennt er als klaren Vorteil. Als Nachteile diese Ansatzes gibt er neben diagnostischen Schwierigkeiten die stark begrenze Informationsmenge, Kanalreduktion und nur begrenzt gewährleistete Interaktivität zu bedenken. Er kommt daher zu dem Schluss, dass bei Arbeitsstörungen Online-Beratung allein nicht ausreichend sei.

5 Charakteristika und Basisprinzipien internetbasierter Beratungen[57]

Internetbasierte Beratungen bieten für alle Nutzer einen niederschwelligen Zugang zu Hilfsangeboten, ohne Wartezeiten, ohne Zugangsschwierigkeiten und ohne große Hemmschwelle.

Neu bei dieser Form der internetbasierten Beratung ist vor allem die Auflösung der klassischen „Komm-Struktur": Ratsuchende begeben sich nicht mehr in eine Beratungsstelle vor Ort, sondern können jetzt Beratung quasi „vom eigenen

57 Zusammenfassende Darstellung nach Präsentationsvortrag von H. Thiery, Leiter der virtuellen Beratungsstelle der Bundeskonferenz für Erziehungsberatung (bke), bei Forschungs-Kolloquium von Prof. Allert in Frankfurt am 30.11.2010. Vgl. hierzu auch Böhlke-Steder et al. (2013, 72–76) in ihrem Rückblick auf 10 Jahre Erfahrung mit Online-Beratung als Angebot der Ehe-Familien- und Lebensberatung im Bistum Münster.

Wohnzimmer aus" in Anspruch nehmen. Das bedeutet eben unabhängig von Öffnungszeiten der Beratungsstellen und damit „rund um die Uhr" (24 Stunden an 7 Tagen die Woche), zumindest die Einzelmail-Beratung, während Einzel- oder Gruppenchats zu festgelegten Zeiten, aber ebenso in den Abendstunden/ am Wochenende stattfinden. Jugendliche schätzen an diesem Angebot die Flexibilität – nicht vorher festlegen, auf Termin warten müssen – und vor allem die Möglichkeit der Soforthilfe in einer akuten Krisensituation: statt zu ritzen gehe ich ins Netz und verkünde, wie besch*** es mir geht....

Es ist keine personale Kopräsenz mehr für die Beratungsleistung nötig, da die zeitversetzte Struktur für beide, Berater wie Klient, mehr Flexibilität erlaubt. Dadurch ist allerdings eine höhere Ablenkbarkeit gegeben, z.B. andere Beschäftigungen nebenher, Freizeitcharakter. und es ist noch weitgehend unklar, welch positiven oder negativen Auswirkungen auf den Beratungsverlauf diese „Beratung in entspannter Atmosphäre" hat.

Das Fehlen des realen Gegenübers wie nonverbaler Elemente (Mimik, Gestik, ...) kann die Gefahr von Missverständnissen erhöhen sowie entweder eine höhere Distanz oder sogar eine übersteigerte emotionale Reaktion der Beteiligten hervorrufen. Das gilt insbesondere bei kritischen Situationen, wo im Unterschied zur Realberatung durch die zugesicherte Anonymität kein direktes Eingreifen möglich ist.[58]

Demgegenüber ist insbesondere in kritischen Situationen, z.B. vor selbstverletzendem Verhalten, eine de-eskalierende Wirkung durch folgende Faktoren zu erwarten: schnelle Hilfe durch leichte Zugänglichkeit, virtuelle Kommunikation wird oft viel schneller mit großer Offenheit geführt. Dies ermöglicht eine rasche Intervention, die durch mehrfache „Nachlese"-Möglichkeit im günstigen Falle außerhalb der eigentlichen Beratungssituation noch verhaltenssteuernd nachwirkt – die schriftliche Form impliziert höhere Nachhaltigkeit und Verbindlichkeit gegenüber dem gesprochenen Wort.

Als weitere Vorteile können gelten: Hilfe ist zu einem frühen Zeitpunkt möglich, über die Gruppenformen Chat und Forum kann ebenso (Primär-)Prävention stattfinden. Beratungsferne Gruppen, die aufgrund persönlicher Hemmschwellen nicht zu einer realen Beratungsstelle gehen würden, und neue Zielgruppen

---

58 Die zugesicherte Anonymität als wesentliches Strukturmerkmal der Online-Beratung wird als hohes Gut behandelt und impliziert andere Regelungen als im Beratungsalltag vor Ort. So gilt sie z.B. bei der bke- Beratungsplattform auch bei angekündigten Suizidhandlungen. Einzige Ausnahme sind „Straftaten gegen die öffentliche Ordnung" nach StGB §138, z.B. angekündigte Amokläufe, wo über technische Möglichkeiten der Sender identifiziert werden kann und soll.

(Jugendliche, Migranten) können dadurch schneller und ökonomisch vertretbar erreicht werden.

Beratung als psychosoziale Dienstleistung passt sich damit an die Kommunikationsbedürfnisse der Bevölkerung an, vor allem der in den örtlichen Beratungsstellen unterrepräsentierten Jugendlichen.

Neben der durch die Asynchronizität in vielen Formen ermöglichten größeren Orts- und Zeitunabhängigkeit spielt der höhere Freiheitsgrad des Ratsuchenden sicher ebenfalls eine wichtige Rolle. Die Ratsuchenden haben durch leichte Zugangs- und Ausstiegsmöglichkeiten im Gegensatz zur Vor-Ort-Beratung einen hohen Grad der Selbstbestimmung, nämlich jederzeit (neu) entscheiden zu können, was und wie viel sie von sich preisgeben. Diese psychologische Anonymität, das sichere Gefühl von subjektivem Geschütztsein erleichtert Forschungsbefunden zufolge die Selbstoffenbarung problematischer Befindlichkeiten und erhöht die Autonomie des Klienten, da er seine Hilfsbedürftigkeit, als Ausgangspunkt für Inanspruchnahme einer Beratung, nicht „Auge in Auge“ bekennen muss (Schulze, 2007, zit. nach Hartl, 2008)[59]. Ein Aspekt, der speziell für Jugendliche in Lebenssituation mit starker Spannung zwischen hohem Autonomiestreben und erlebter Autonomieeinschränkung sehr wichtig scheint.

Der Akt des Schreibens selbst in diesem textbasierten Medium, d. h. die eigene Situation darstellen und ein verständliches Anliegen formulieren, fördert bereits ohne Intervention eines Beraters die Selbstexploration, eventuell schon eigene Lösungsideen, und dies wird zusätzlich als autonomiestärkend erlebt. Außerdem spielt aufgrund der beim Schreiben fehlenden Zusatzinformationen über das Gegenüber wie physisches Bild, Geruch, Stimme, Gestik etc. die eigene kognitive Konstruktion eine erheblich größere Rolle in dem Sinne, dass gemäß den eigenen Erwartungen eine positive Eindrucksbildung des Anderen begünstigt wird, die sich wiederum günstig auf die Klientinnen-Berater-Beziehung auswirken kann.[60]

6 Onlineberatung bei der bke

Die Bundeskonferenz für Erziehungsberatung (bke) beschreibt ihr Angebot der Onlineberatung, der sogenannten virtuellen Beratungsstelle als Erziehungs-,

59 In die gleiche Richtung weisen auch die Ergebnisse von Trepte (2009, 2010) und die Ergebnisse der ASCoR-Studien (2006–2009).

60 Vgl. hierzu auch die Ausführungen über das „Imaginationsmodell“ in Döring (2003), S. 168ff; hier bereits beschrieben unter Kapitel A, V, Punkt 2.1.

Jugend- und Familienberatung im Internet (www.bke-jugendberatung und www.bke-elternberatung) selbst so:

„Jugendliche im Alter von 14 bis 21 Jahren sowie Eltern können sich Rat und Hilfe zu allen Fragen der Erziehung und der eigenen Entwicklung holen. Dabei haben sie die Wahl zwischen den Angebotsformen Mailberatung (webbasiert), Einzelchats, Gruppen- und Themenchats sowie verschiedenen Themenforen. Die Beratung erfolgt anonym und kostenfrei.

Immer mehr Jugendliche und Eltern suchen Rat im Internet. Bei der bke-Onlineberatung sind mehr als 55 000 Jugendliche und Eltern registriert, um sich aktiv über Erziehung und persönliche Entwicklung beraten zu lassen.[61] Das Angebot der bke im Internet ist für Menschen gedacht, die aus unterschiedlichen Gründen keine Beratungsstelle aufsuchen können oder wollen. Die gute Erreichbarkeit und die garantierte Anonymität sind ausschlaggebend für die hohe Inanspruchnahme der bke-Onlineberatung."[62]

Die dort tätigen Beratungsfachkräfte arbeiten in anerkannten Erziehungs- und Familienberatungsstellen im gesamtem Bundesgebiet, d.h. sie verfügen über ein abgeschlossenes psychosoziales Studium, eine therapeutische Zusatzqualifikation sowie mehrjährige Berufserfahrung in der Erziehungsberatung sowie eine vertiefte, bke-organisierte und praxisbezogene Weiterbildung in der Onlineberatung.

Diese Selbstdarstellung vermittelt einen ersten Eindruck vom Selbstverständnis der „Virtuellen Beratungsstelle" der bke. Die genaueren Voraussetzungen (Zugang, Registrieren) sowie der Ablauf einer gewünschten Beratung wird unter dem Stichpunkt „Untersuchungsdesign" im zweiten Teil der Arbeit noch genauer beschrieben.

Von den zur Wahl stehenden grundsätzlich möglichen Angebotsformen der Beratung geht es in dieser Arbeit um die Beratung per Gruppenchat, weswegen diese Form zunächst etwas genauer beleuchtet werden soll.

Sonderform Online-Beratung im Gruppenchat

Beim Chat handelt es sich um eine minimal zeitversetzte, demnach quasi-synchrone, wechselseitige Kommunikation mehrerer Personen mithilfe computervermittelter Kommunikation, weswegen er unter sprachwissenschaftlichen Gesichtspunkten der Kategorie „Diskurs" zugerechnet wird. Bei diesen „getippten

---

61 Anmerkung: im Februar 2016 aktuell über 77000 Nutzer.

62 Aktuelle Imagebroschüre der bke (Selbstdarstellung), abrufbar unter www.bke.de, Zugriff am 02.01.14.

Gesprächen“ mischen sich Elemente der mündlichen, direkten Kommunikation mit Bedingungen der Verschriftlichung, z.B. kein direktes nonverbales Feedback, keine Unterbrechungsmöglichkeit während des Entstehens einer Antwort. Dieses Spannungsfeld räumlicher Trennung bei gleichzeitig emotional oft intensiv erlebtem Kontakt und Möglichkeiten virtuellen Handelns macht für viele Jugendliche einen hohen Reiz des Chattens aus, ebenso wie der mündlich geprägte, eher lockere Plauderton. Es herrscht ein hohes Tempo, daher sind die Beiträge in der Regel sehr kurz und prägnant formuliert. Mit Hilfe von Emoticons (☺), Akronymen (aus Anfangsbuchstaben zusammengesetzte neue Kurzworte, wie z.B. * lol*) oder handlungskommentierenden Gesprächsschritten, z.B. * tonne mitgefühl schick *, werden Gefühlslagen, intrapsychische Vorgänge oder interaktive Handlungen paraphrasiert und damit fehlende direkte nonverbale Mitteilungen ausgeglichen.[63] Aufgrund des hohen Tempos kommt es öfter zu Überschneidungen geschriebener Texte, so dass manchmal aufeinander bezogene Gesprächssequenzen nicht immer gleich erkennbar sind, mehrere Gesprächsstränge sich überlappen und Fragmentierungen teilweise als negativ erlebt werden. Als wesentliche Kennzeichen verbindet der Chat Vorteile virtueller Kommunikation, z.B. Möglichkeit zur Anonymität, Ortsunabhängigkeit, durch Verschriftlichung mögliche Reproduzierbarkeit mit der Chance einer unmittelbaren, synchronen Kommunikation. Hohes Tempo und reduzierte Möglichkeiten der Informationsweitergabe auf schriftlichem Wege führen zu kreativen neuen Wegen des Ausdrucks. Dadurch sind die Inhalte oft von Witz und Leichtigkeit geprägt.

Beratung im Einzel- und Gruppenchat

Ein „Einzelberatungschat“ ist sozusagen ein getipptes Beratungsgespräch zwischen einem Ratsuchenden und einer beratenden Fachkraft, das zu einem vorher verabredeten Zeitpunkt in einem besonders eingerichteten und geschützten „Chatraum“ stattfindet. Im Gruppenchat treffen dagegen mehrere Teilnehmer aufeinander, mit entsprechender Dynamik, wie sie in Gruppen entsteht. Insofern wird der Gruppenchat bestimmt durch eine eigenlogische Prozessualität. Ungeachtet dessen lassen sich Kommunikationsenteile identifizieren, wie sie typisch für den Einzelchat sind, so dass es gerechtfertigt erscheint, die Beschreibung und Befunde dieser Form hier zu übernehmen. „Da die Interaktion im Gegensatz zur E-Mail-und Foren-Beratung mehr von Emotionalität und Spontanität geprägt ist, ist sie bei Jugendlichen und jungen Erwachsenen besonders beliebt. Anlässlich der im Vergleich zu E-Mails weniger ausführlichen und geringer

63 Zur genaueren Beschreibung siehe Abschnitt „Chatkommunikation“.

reflektierten Beschreibung des Problems in Chats und weil man sich hier ferner eher spontan und emotional austauschen kann, erweist sich die Chat-Beratung als ein wirksames Mittel der Kontaktaufnahme und Erstberatung [...] insbesondere bei jungen Menschen [...] die unter starken seelischen Belastungen leiden" (Böhnke et al., 2003, S. 3). Durch die Mischform aus gesprochener und geschriebener Sprache nimmt der Chat eine Sonderstellung ein. Laut Kratzenstein und van Eckert (2003, zit. nach Sasse, 2011) liegt die Eingangsschwelle für Ratsuchende beim Chat niedriger im Vergleich zum Telefon oder bei einer traditionellen Beratung, bedingt durch die Niederschwelligkeit und Anonymität des Angebots. Dadurch sei es für sie leichter, schwere Konfliktsituationen oder problembelastende Krisen direkt anzusprechen, so dass sie bei Chat-Beratungen schneller „auf den Punkt" kämen (Sasse, 2011, S. 88).

Hintenberger (2009a, S. 74ff) teilt den Beratungsverlauf – bezogen auf einen Einzelchat – in einen 4-phasigen „tetraedischen Prozess" ein:

- „Initialphase": Kontaktherstellung und Vertrauensaufbau durch gemeinsames Explorieren des Kontextes mit dem Ziel einer gemeinsamen Definition des Problems.
- „Aktionsphase": dialogische Auseinandersetzung mit dem Thema, dabei emotionale Verdichtung, d. h. Verunsicherung in der bisherigen Sichtweise.
- „Integrationsphase": Verstehen des Erlebten und Einordnung in den Lebenskontext
- „Neuorientierungsphase": gemeinsames Entwerfen von Veränderungs- und Lösungsmöglichkeiten.

Evangelou und Marquardt (2013, S. 16ff) unterteilen aufgrund ihrer praktischen Erfahrungen in der Offenen Sprechstunde auf der bke-Plattform als Einzelchatangebot für Jugendliche den Chatablauf in die „Kontaktphase", „Arbeitsphase" und „Abschluss". In einer gelungenen Kontaktphase werde idealerweise die emotionale Grundstimmung des Ratsuchenden erspürt und passende beraterisch-therapeutische Interventionen erwogen. In der Arbeitsphase dagegen sei zunächst eine angemessene Auftragsklärung nötig, vor allem die Konzentration auf ein Thema, um sicher zu stellen, dass in der begrenzten Zeit Lösungsoptionen gefunden werden könnten. Erfolglosen Lösungsversuchen („hab ich ja alles schon probiert, aber...") sollte hierbei nicht zu viel Raum eingeräumt werden, sondern es gehe eher um eine schnelle und punktuelle Aktivierung von Ressourcen.[64] Damit

64 Anmerkung: gemäß dem lösungsorientierten Ansatz: „Energy flows, where attention goes".

wird der für Veränderungen notwendige Perspektivenwechsel, die „Verflüssigung" (Paris, 2005, S. 362) eingeleitet und befördert. Evangelou und Marquardt betonen die Wichtigkeit, dass der Ratsuchende seine eigenen Anteile in der Aufrechterhaltung des Problems erkennt und diese Energie eher in Lösungen steckt, so dass „aus Problemtätern Lösungsopfer werden" (ebd., S. 18). Hierzu sei vor allem wichtig zu entschleunigen, um die oft lange geübte Problemtrance, das Verharren in dysfunktionalen Denk- und Lösungsmustern zu durchbrechen. Die Technik der Zwischenbilanz kann gezielt eingesetzt werden, damit der Ratsuchende selbst noch einmal den Chatverlauf in Bezug auf seinen Auftrag reflektiert und die weitere Zielrichtung für sich konkretisiert.

Zur Abschlussphase gehört neben einer angemessenen Verabschiedung aus einer manchmal emotional sehr dicht erlebten gemeinsamen Arbeit die abschließende Konkretisierung des Besprochenen sowie der gemeinsam erarbeiteten Schritte, als Anschluss an das Leben „off-line". Dazu dient eine Zusammenfassung ebenso wie pointiertes Ansprechen einzelner Handlungsoptionen und Haltungen, um die innere Haltung zu sich selbst aufzubrechen oder zu erweitern, wie z. B. Hinweis auf einen im Chat gelungenen Lösungsschritt „sich mit eigenen Problemen öffnen". Ebenso wichtig ist die explizit in Worte gefasste Wertschätzung und Annahme der Lösungsvorschläge durch den Ratsuchenden. Erfahrungen aus der Praxis der beiden Autorinnen belegen, wie oft diese Beratungsform in einem Nebeneinander zu einer Beratung vor Ort genutzt wird, wo z. B. stockende Auftragsklärung oder sonstige Hemmnisse exemplarisch geklärt werden können: „Gerade Jugendliche nutzen die Offene Sprechstunde zur Stärkung der Motivation, die vor Ort begonnene Hilfen nicht vorzeitig abzubrechen" (ebd., S. 18). „Die Bearbeitung des eigentlichen Themas findet im örtlichen Setting statt, Onlineberatung begleitet dagegen den Prozess und sorgt für eine verringerte Abbruchquote als Folge der hier beschriebenen Schwierigkeiten" (ebd., S. 20).

Gruppenchats sind ebenso wie Einzelchats zu einem festen Zeitpunkt auf einer bestimmten Plattform eingerichtet, bieten aber Zugang für eine vorher definierte Zahl von Teilnehmern. Beim Beratungsgruppenchat der bke-Plattform sind dies in der Regel maximal 10 Jugendliche gleichzeitig plus moderierende Fachkraft. Hier werden Themen von den Jugendlichen eingebracht, die sie beschäftigen und bei deren Lösung sie sich Unterstützung sowohl von den anderen teilnehmenden Jugendlichen wie auch von der Beratungsfachkraft erwarten. Wie bei anderen Gruppenprozessen sind genauso bestimmte Dynamiken in der Interaktion, z. B. Ausgrenzungsprozesse, und atmosphärische Schwingungen beobachtbar.

Anforderungen an die moderierende Fachkraft/BeraterIn im Gruppenchat sind wie bei allen anderen Beratungsformen Fachkompetenz sowohl in Form von

Wissen wie auch von Wertschätzung und Einfühlungsvermögen. Darüber hinaus sind die speziellen Anforderungen der textbasierten Kommunikation zu berücksichtigen: schnell lesen und schreiben können, mehrere Stränge verfolgen, zwischen den Zeilen lesen, prägnant formulieren. Im Beratungsverlauf selbst geht es um ein ausgewogenes Miteinander zwischen eigener Fachkompetenz einbringen und Lösungskompetenzen der Teilnehmer – Peers – einbinden. Aufgrund des hohen Tempos ist ein hohes Maß an Präsenz erforderlich, um Stimmungen, Themen, themen- und gruppenbezogene Dynamik, Flüstern, mehrere Stränge gleichzeitig im Blick zu behalten, sowie Steuerungskompetenz in den Gruppenprozessen und Beratungsanliegen, d.h. Atmosphäre schaffen, Lösungsvorschläge überprüfen, Beiträge lenken und Teilnehmer einbinden. (Vgl. hierzu die Ausführungen von Buckel, S. (2009) und Vey, M. (2011)).

Der souveräne Umgang mit Kritik, die vor allem von Jugendlichen oft sehr direkt formuliert wird, sowie das Aushalten-Können von Unsicherheiten und Unklarheiten, z.B. Abbruch mitten im Thema oder Rückmeldung „hat mir gar nichts gebracht", stellen ebenfalls wichtige neue Herausforderungen dar. Darüber hinaus erfordert der Umgang mit dem für den Chat typischen Nebeneinander von Inhalts- und Beziehungsaspekten bei vielen Teilnehmern eine gewisse Übung.

Beratungsprozess in der Gruppe gesteuert durch den Moderator

Im groben kann man drei Phasen unterscheiden, deren inhaltliche Standards in den fachlichen Vorgaben an die Chatmoderatoren wie folgt skizziert sind:

1. Einstieg/Begrüßung der „alten" bekannten wie der neuen Teilnehmer

Bei Neuen erfolgt in der Regel eine kurze Einführung durch die Gruppe und die ausdrückliche Erlaubnis, sich erst mal einzulesen. Jeder Hinzukommende wird, ebenso wie im realen Leben, extra begrüßt. Die moderierende Fachkraft leitet und gestaltet dabei die Gruppe, wozu Stimmungen aufgreifen, Inhaltsprozesse steuern und Konfliktmanagement gehört.

2. Themensammlung

Die Fachkraft sammelt, wer von den Jugendlichen bei diesem Chat ein eigenes Anliegen einbringen will. Die Gruppe wird dazu angehalten, sich untereinander über Reihenfolge und Dringlichkeit der Anliegen zu verständigen, womit die Fähigkeit sich einzubringen, zu positionieren bzw. sich zurückzunehmen gemeinsam trainiert wird. Das gelingt nicht immer reibungslos, aber sehr oft sind hier im Vorfeld schon wichtige Unterstützungsprozesse ("Mensch, xxx, trau dich doch endlich mal" oder „du warst gestern schon im Chat dran, xxx wartet schon länger") zu beobachten, die oft gut zum eigentlichen Thema passen.

3. Die Behandlung der einzelnen Anliegen

Die moderierende Fachkraft steuert die zeitliche und inhaltliche Strukturierung, wobei die Teilnehmer Ratsuchende und Experten zugleich sind.

Es wird daher versucht, die anderen Jugendlichen aktiv in die Diskussion einzubinden, beispielsweise mit Äußerungen wie: „Selbst wenn du das nicht kennst, können deine Nachfragen und Ideen wertvolle Impulse für den anderen sein...", und die Beteiligung an Themen der anderen zu fördern.

Wichtige Effekte, die die Jugendlichen hierbei erleben, sind:

- Entlastung: „anderen geht es ähnlich"
- Pool an verschiedenen Lösungsmöglichkeiten, inklusive damit bereits gemachter Erfahrungen
- Austausch über Gefühle/emotionale Entlastung, mal „auskotzen"/jammern dürfen

Die Sequenz bei der Beratung selbst könnte man etwa so gliedern:

- Auftragsklärung: um welches Anliegen geht es? Was müssen wir wissen, um helfen zu können? Dabei ist wichtig: Die Entscheidung über die Preisgabe liegt beim Ratsuchenden. Was wünschst du dir von der Gruppe? Was ist dein Ziel/Erwartung, wenn du das Thema in die Gruppe einbringst?
- Einbeziehen der Gruppe: kennt noch jemand dieses Thema? Was meint ihr dazu? Welche Erfahrungen habt ihr damit, mit möglichen Lösungsansätzen schon gemacht?
- Abschluss, Rückfragen an Ratsuchenden: Was nimmst du mit aus dem Chat? Welche Aspekte waren hilfreich und können umgesetzt werden?

Zum Abschluss des Chats ganz wichtig ist eine Abschiedsrunde, in der den Jugendlichen Raum für Verabschiedung, gute Wünsche und evtl. noch einmal Feedback über den heutigen Chat gegeben wird.

Das Thema der vorliegenden Dissertation beschäftigt sich mit der professionellen Hilfestellung im Rahmen der Online-Beratung, wobei der hier im Mittelpunkt stehende Gruppenchat die Merkmale einer Art „Selbsthilfegruppe" (die Ratsuchenden erleben sich zugleich als Experten für die Anliegen der anderen, können Entlastungs- und wichtige Unterstützungsfunktionen wahrnehmen) mit dem Plus einer fachkundigen Expertise ergänzt, sozusagen als hybrides Beratungsangebot.

7 Forschungsergebnisse zur Online-Beratung

Während es im Bereich der online-Beratung mehrere Arbeiten gibt, die sich mit der Einzel-mail-Beratung befassen (z. B. Eichenberg 2007, Engelstädter/Schierbaum 2008), gibt es zu Themen der „öffentlichen Beratung" in Foren oder Chats bisher nur sehr wenige Studien, die sich dann überwiegend mit Einzelchats[65], Auswertung von Videokonferenzen oder eher selbstorganisierten Formen öffentlicher Beratung, z. B. Selbsthilfe oder Gesundheitsthemen, nicht aber mit professioneller Begleitung befassen. Hier besteht eine Lücke, an der die vorliegende Dissertationsarbeit ansetzen möchte.

Unter dem Stichwort Chat-Beratung finden sich eher linguistisch geprägte Untersuchungsansätze (mehrere Artikel in Beißwenger et al., 2002), auf Erwachsene bezogene (z. B. Beer & Bruer 2005; Psychosoziale Beratung online am Beispiel von Eheberatung und Paartherapie) oder eine Dissertation der FU Berlin zur Konversationsanalytischen Untersuchung eines Kinder- und Jugendchat. Hier bezieht sich die Autorin (Orthmann 2004) jedoch ebenfalls auf einen Chat ohne professionelle Begleitung und wertet dort die Anfangs- und Begrüßungssequenzen aus, nicht einen themenbezogenen Verlauf.

Im deutschsprachigen Überblicksband „Online-Beratung" beschreibt Hintenberger (2009) den Chat als „neues Beratungsmedium" überwiegend an Beispielen eines Einzelchats, während der Gruppenchat als „mit teilweise schwer zu kontrollierender Dynamik" nur kurz abgehandelt wird und nicht auf beratungsspezifische Besonderheiten eingegangen wird. Die an anderen Stellen erfolgten Verweise auf Chat-Beispiele (Beißwenger 2005) beziehen sich auf andere Kontexte, wie beispielsweise e-learning, Fremdsprachenunterricht, Chats mit Politikern, Prävention im Gesundheitsbereich. Zum Einsatz von Gruppenchats im Beratungsgeschehen gibt es nur wenige Beiträge, so z. B. aus dem bke-Bereich S. Buckel (2003, 2009).

Die JiM-Studien 2013–2015 (Jugend in Medien) des Medienpädagogischen Forschungsverbundes Südwest zeigen dagegen ganz deutlich, wie selbstverständlich für Jugendliche mittlerweile die Nutzung des Internet geworden ist. Im Durchschnitt sind Zwölf- bis 19-Jährige in Deutschland 208 Minuten täglich online im Internet unterwegs, nach eigenen Angaben größtenteils im Bereich der Kommunikation, wobei vor allem die Nutzung von Online-Communities für viele eine zentrale Rolle spielt: 75 % nutzen dieses mindestens mehrmals pro Woche. Bereits 2010 hatten 92 % der jugendlichen Internetnutzer Chaterfahrung, über

65 Vgl. hierzu Überblicksband von Beißwenger et al. (2002), Dissertation von S. Sasse (2011).

50 % chatten täglich bzw. mehrmals wöchentlich. Drei Viertel dieser Chatnutzer sind nur auf einer Plattform aktiv, d. h. hier kann von einer hohen Bindungskraft ausgegangen werden.

85 % der untersuchten Jugendlichen beteiligen sich zumindest selten an Communities, 72% tun dies mehrmals wöchentlich bis täglich, d. h. diese Communities haben eine hohe Bindungskraft.

Kann man diese Bedeutung der Chats für Online-Beratung nutzen?

An einer Internetcommunity mit regionalem Charakter in Tirol wurden 691 Jugendliche nach ihren Wünschen zur Ausweitung einer Beratungsleistung befragt (Antinori 2008). Online-Beratung war sehr bekannt, 20 % der Jugendlichen könnten sich laut eigenen Angaben vorstellen, eine solche in Anspruch zu nehmen. Befragt nach den dabei bevorzugten Formen nannten 33,4 % die Einzel-Mailberatung, dicht gefolgt von Beratung im Chat mit 31 % und deutlich geringer die Foren-Beratung mit 21,5%. Jugendliche bevorzugen schnelle Formen, so war der Wunsch nach einer Antwort „sofort oder innerhalb von höchstens zwei Tagen" deutlich formuliert. Dies spricht ebenfalls für den Chat.

Eine ähnliche Schlussfolgerung zieht Klein (2008) aus den Rückmeldungen der befragten Foren-NutzerInnen.

Diese wichtige Bedeutung, die Jugendliche theoretisch und faktisch dem Chatten an sich und speziell als Beratungsangebot zumessen, kommt in der Forschung bislang nicht zum Tragen. Eine Diplomarbeit der Uni Berlin zur „psychosozialen Beratung im Internet und Probleminterventionen bei Jugendlichen" (Brummel 2008)) enthält genau zwei Seiten zur Chatberatung.

Alexandra Klein (2008) hat in ihrer Dissertation „Soziales Kapital Online. Soziale Unterstützung im Internet" die Beratung in einem professionell begleiteten Forum untersucht. Die im theoretischen Teil zitierten Untersuchungen, die sich überwiegend auf virtuelle Selbsthilfearrangements beziehen (Miyata 2002, Maloney-Krichmar & Preece 2005, Blair-Nonnecke et al. 2004, Barak & Dolev-Cohen 2006) belegen einen engen Zusammenhang zwischen aktivem Einbringen und dem wahrgenommen Nutzen, d. h. „nur lesende" Teilnehmerinnen profitieren nicht im selben Maße.[66]

Sie bezieht sich bei den Forschungsergebnissen auf einen Sammelband von Ott/Eichenberg (2003) zur Leistungsfähigkeit diverser professioneller Beratungsangebote. Nach Ausschluss von Literaturrecherchen etc. blieben nur

---

66 Dies könnte ein wichtiger zu berücksichtigender Aspekt sein, da im Chat eher als beim Forum aktives Mittun gefragt ist und vom Moderator auch thematisiert wird. Der Anteil der „nur lesenden" Teilnehmer dürfte hier wesentlich niedriger ausfallen.

noch 30 empirische Studien übrig, von denen zwar ein sehr großer Teil die Wirksamkeit internetbasierter Beratung bestätigt, von denen sich aber lediglich vier auf Jugendliche beziehen, und dies jeweils mit sehr kleinen Untersuchungsstichproben.

In der von Klein berücksichtigten Metaanalyse von Mallen (2005) finden sich 27 empirische Studien hinsichtlich der Wirksamkeit psychologischer Online-Beratung. Hier werden jedoch ebenfalls überwiegend Selbsthilfegruppen berücksichtigt, nur 7 beziehen sich auf Angebote mit professioneller Begleitung, davon drei auf der Basis von Videokonferenzen, nicht auf textbasierter online-Beratung. Oder es erfolgte eine kontrollierte Zuweisung in einen Chat, was aufgrund der fehlenden Wahlmöglichkeit die Ergebnisse verzerrt.

Da es sich überwiegend um kleine Stichproben sowie sehr spezielle Fragestellungen handelt, zeigen sich hier wenig tragfähige Befunde zur Wirksamkeit und Wirkweise professioneller Beratung im Internet.

Engelstädter/Schierbaumer (2008) kamen in der Einzelfallanalyse einer Mailberatung, die sich über einen Zeitraum von 1,5 Jahren erstreckt, zu dem Schluss, dass die Onlineberatung bei persönlichen Problemen sehr schnell an professionelle Grenzen stoße, da keine echte persönliche Beziehung entstehen könne und bei tiefgreifenden Fragestellungen die Onlineberatung ungeeignet sei. K. Menne (2008) weist in einer Replik zu dieser Studie allerdings erhebliche methodische Mängel nach, die die Schlussfolgerungen, speziell im Blick auf „echte persönliche Beziehung", stark in Frage stellen.

In ihrer Dissertation von 2011 mit der Fragestellung „Lebenshilfe im world wide web. Ist kompetente Hilfe heute wirklich nur ein paar Mausklicks entfernt?" befasst sich Stephanie Sasse mit der deskriptiven Analyse, d.h. einer Beschreibung der Arbeitsweise von Online-Beratung allgemein sowie der Auswertung von Befragungen der „Akteure", Ratsuchende wie Berater, von zwei Einrichtungen, die sich auf ihre Anfrage hin zur Mitarbeit bereit erklärt hatten. In der einführenden Beschreibung auf der Grundlage von Literaturrecherchen hebt sie die Besonderheiten der schriftgestützten Kommunikation als Chance hinsichtlich Reflexionsprozess, Distanzierung wie auch Risiko hinsichtlich Möglichkeiten von Missverständnissen, fehlende Zusatzinformationen, erschwerte Bedingungen der Beziehungsgestaltung hervor. Mehrfach wird „die zentrale Rolle der Beziehungsgestaltung zwischen Berater und Ratsuchendem" betont (ebd., S. 44, 45) sowie die neuen Möglichkeiten, die die Onlineberatung mit hohem Freiheitsgrad und Selbstbestimmungsmöglichkeiten sowie geschütztem Rahmen für Selbstoffenbarungen gerade für solche Benutzergruppen biete, die die herkömmliche Beratungsformen vor Ort eben nicht nutzen. Besonders den Chat bewertet sie unter Rückgriff auf Böhnke et al. (2003, S. 3) als „ein wirksames Mittel der Kontaktaufnahme und

Erstberatung [...] insbesondere bei jungen Menschen [...] die unter starken seelischen Belastungen leiden" (Sasse, 2011, S. 59f).

Insgesamt beschreibt sie als lobenswertes Fazit,

> *„dass die hier untersuchten Internet-Beratungen den Ratsuchenden einen Raum im world wide web zur Verfügung stellen, in dem sie ungezwungen über ihre Sorgen und Probleme schreiben können, aufgefangen werden und ihnen Verständnis entgegengebracht wird" ... „In Anbetracht dessen, dass es sich bei dieser Stichprobe um viele Ratsuchende handelt, die scheinbar schwerwiegende Probleme besitzen und sich in einer akuten Krise befinden, sprechen die Ergebnisse für ein insgesamt sehr lobenswertes Resultat." (ebd., S. 292).*

Diese Schlussfolgerungen zieht sie aus der von beiden Akteuren, Ratsuchenden wie Beratern, positiv bewerteten Wirksamkeit (bei Ratsuchenden „objektive" Verringerung z. B. der Sorgen, subjektiv hohe Zufriedenheit) sowie dem positiv eingeschätzten Beziehungserleben unter bzw. trotz der medialen Restriktionen. So kommt sie zu ihrem Fazit „Das neuartige Feld der Online-Beratungen stellt eine durchaus hilfreiche, gewinnbringende und erfolgsversprechende Art der Hilfe und Unterstützung für ratsuchende Menschen dar" (ebd., S. 293).

Aus Sicht der Autoren des 14. Kinder- und Jugendberichts (2013) hat „die Onlineberatung mittlerweile die Pionierphase überwunden und ist auch in den Angebotsstrukturen der Kinder- und Jugendhilfe zu einem festen Bestandteil geworden" (ebd., s. 305). Obwohl fundierte Analysen fehlten, könne man wohl von zunehmenden Nutzerzahlen, speziell bei den Jugendlichen ausgehen.[67] Hier fänden die Jugendlichen Unterstützung durch einen unkomplizierten Zugang zu den Perspektiven und Einschätzungen weiterer Jugendlicher und von Fachkräften, vor allem in Form von hybriden Onlineberatungsangeboten, in denen sowohl Fachkräfte als auch Peerberaterinnen und -berater und andere Jugendliche erreichbar seien. Dies sei speziell für Jugendliche mit formal niedrigerer Bildung wichtig, die von der stärker informellen Unterstützung durch andere Nutzerinnen und Nutzer nur eingeschränkt profitierten und von bisherigen Unterstützungsangeboten nur unzureichend erreicht würden, sowie für diejenigen Jugendlichen, deren Probleme und Erfahrungen nicht von einer Vielzahl anderer Nutzerinnen und Nutzer geteilt werden und die deshalb in besonderem Maße auf die Unterstützung der Fachkräfte angewiesen seien (vgl. ebd., S. 305).

---

67 Die Autoren verweisen darauf, dass „allein die beiden größten deutschsprachigen Onlineberatungsangebote, die sich dezidiert an Kinder- und Jugendliche richten – www.kids-hotline.de und www.bke-jugendberatung.de –, im September 2011 zusammen knapp 80 000 registrierte Nutzerinnen und Nutzer haben" (ebd., S. 304).

B Analyse

VI Untersuchungsdesign

1 Vorstellung der bke-Beratungsplattform

Diese virtuelle Beratungsstelle in der Trägerschaft der bke, Bundeskonferenz für Erziehungsberatung, entstand aus einem Pilotprojekt der Jahre 2000–2003 und existiert offiziell als Beratungsangebot für Eltern und Jugendliche auf der Grundlage des § 28 KJHG seit 2004. Sie wird bundesweit und länderübergreifend angeboten in dem Sinne, dass jedes Bundesland – aufgeschlüsselt nach Bevölkerungszahlen – eine bestimmte Zahl von Beraterstunden zur Verfügung stellt. Diese dafür von ihrer sonstigen Arbeit in den Erziehungsberatungsstellen freigestellte Fachkräfte bringen dann ein bestimmtes Wochenkontingent an „Beratungsleistung" online ein, entweder in der Individualberatung per mail, im Forum, in sogenannten „offenen Sprechstunden" (= Einzelchats) oder eben im Rahmen eines Chatgruppenangebotes.

Jugendliche wie Eltern können sich nach Anmeldung auf dieser Seite über einen Nicknamen, im Folgenden nur noch „Nick", einloggen und die angebotenen Beratungsleistungen kostenfrei und anonym bzw. „pseudonym" (s. Ausführungen zu Chatkommunikation) in Anspruch nehmen.

Die Beratungsfachkräfte, einschließlich der Chatmoderatoren, arbeiten ebenfalls unter einem selbstgewählten und dann konstanten, wiedererkennbaren Nick-Namen, d. h. sind nicht persönlich als Person im realen Leben identifizierbar, allerdings durchaus als Beratungsfachkräfte der bke durch das dem Nick vorangestellte bke-Kürzel (z. B. bke-Leona). Hier gilt die Regel, dass auf der Seite der Elternberatung mit Vor- und Nachnamen gearbeitet wird, z. B. bke-Viktor-Sinfeld, sowie in der Höflichkeitsform mit Ansprache in der Sie-Form, während die Fachkräfte auf der Jugendberatungsseite unter dem Vornamen arbeiten (bke-Viktor) und bei dem jugendlich-vertrauten und im Internet üblichen Duzen bleiben.

1.1 Zielgruppe der Untersuchung

Jugendliche und junge Heranwachsende im Alter zwischen 14 und 21 Jahren, in Einzelfällen darüber hinaus bis 27 Jahre, die das virtuelle Angebot der bke-Jugendberatung, hier: Beratung im Gruppenchat, in Anspruch nehmen.

1.2 Das Setting der bke-Jugendberatung

Wählt ein/e TeilnehmerIn im Internet die Web-Seite „bke-jugendberatung“ an, erscheint folgende Startseite:[68]

Abb. 1: Startseite „bke-jugendberatung“

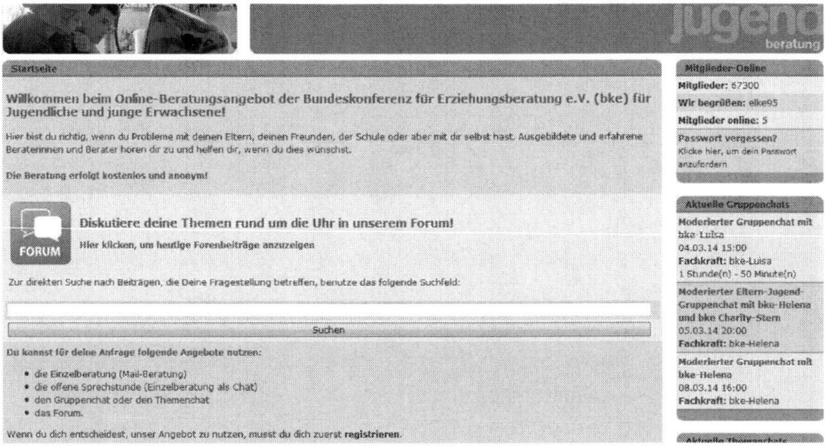

Die Bestandteile der **Startseite** sollen im Folgenden näher erläutert werden:

Zentral in der Mitte erscheint der Begrüßungstext, rechts und links sind Spalten, unter denen bestimmte Informationen abgerufen bzw. Angebote gewählt werden können.

Die **rechte Seite** ist sozusagen der „Übersicht“ gewidmet. Hier findet sich ein Infofeld über die Zahl der insgesamt angemeldeten Nutzer, Begrüßung der neu registrierten Teilnehmer und ein Dropdown-Feld zum Nachschauen, wer von den angemeldeten Nutzern aktuell gerade eingeloggt und online erreichbar ist.

Es folgt dann eine Auflistung der aktuellen Gruppenchats der folgenden drei Tage sowie der Themenchats.

Darunter findet man unter dem Stichpunkt „Neues“ allgemeine Neuigkeiten und ein Feld „Beratungsstellensuche“, wo der/die Teilnehmerin die eigene Postleitzahl eingeben kann und daraufhin 20 Beratungsstellen in näheren Umkreis angezeigt bekommt.

---

68 Hier wie auch folgende Ausschnitte: Zugriff unter www.bke-jugendberatung.de am 04.03.14.

Abb. 2: Beratungsstellenssuche

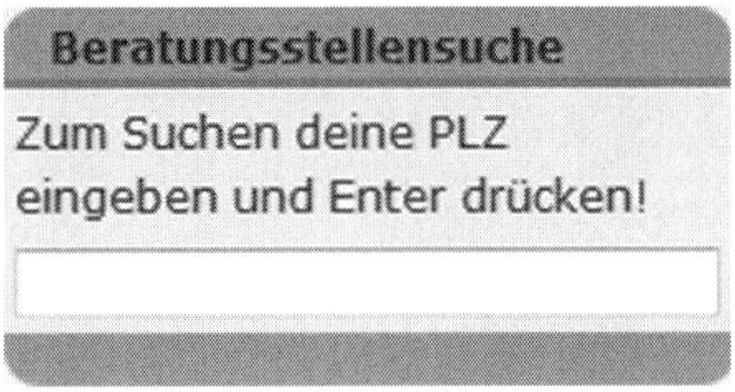

In der **linken Spalte** findet sich eine Übersicht der verschiedenen Beratungsangebote: Mailberatung, Forum, (Einzel-)Chat, Sprechstunde.

Abb. 3: Übersicht der verschiedenen Beratungsangebote

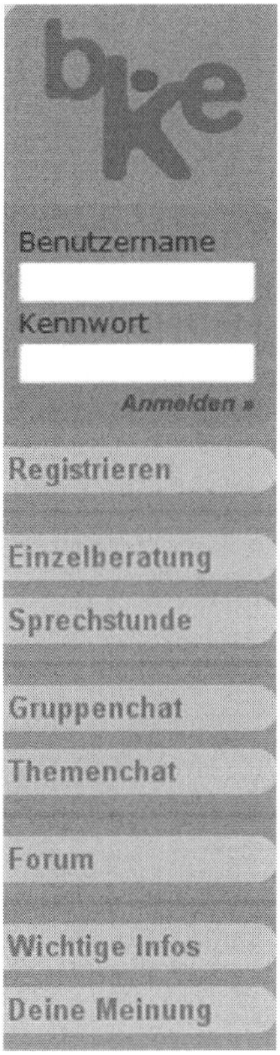

Das Lesen der Forumsbeiträge, d.h. Nutzung ohne selbst aktiv um Beratung nachzusuchen oder sich an dem Austausch zu beteiligen, ist ohne Registrierung möglich. Um das Beratungsangebot jedoch vollständig nutzen zu können als Mail, Forums- und Chatberatung, muss der/die Jugendliche sich anmelden und „registrieren“. Wenn er diese Option wählt, erscheinen folgende Nutzungsbedingungen[69] eingeblendet, denen er vor Registrierung per Button ausdrücklich zustimmt oder die Option „Abbrechen“ wählt und damit die Seite ohne Registrierung verlässt.

Abb. 4: Registrierung – Nutzungsbedingungen

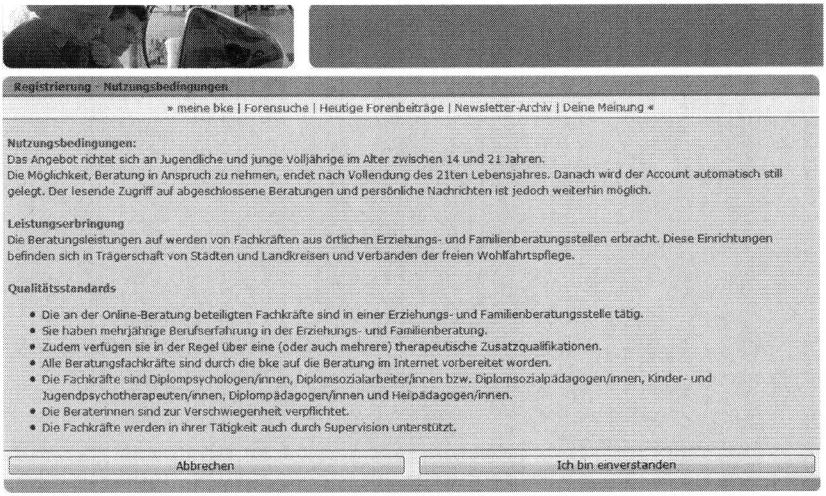

Hat der/die Jugendliche per Button die Zustimmung zu den Nutzungsbedingungen signalisiert, erscheint die nächste Seite der Registrierung:

Abb. 5: Registrierung – Schritt 1

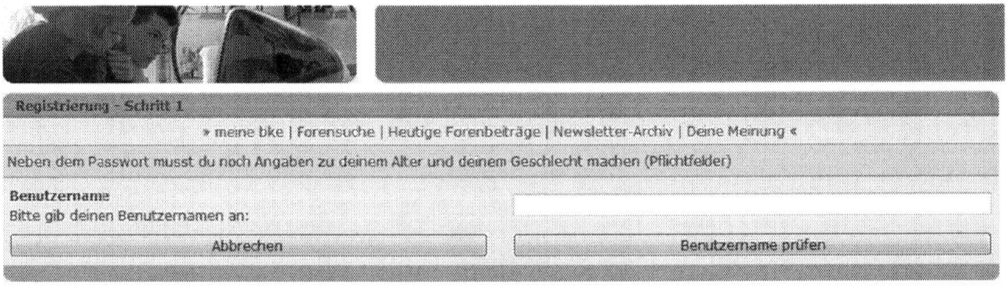

69 www.bke-Jugendberatung.de, Stand 21.11.2013.

Per Button kann dann gewählt werden „Abbrechen" oder „Benutzernamen prüfen". Da mittlerweile weit über 77000 User sich bei der bke-Onlineberatung per Nick registriert haben und es für die Identifizierbarkeit wichtig ist, dass der Nick eindeutig zugeordnet werden kann, wird jeder selbstgewählte Name zunächst überprüft, ob er bereits vorhanden ist, bevor die weiteren Schritte der Registrierung erfolgen.[70] Ist der Benutzername noch nicht vergeben, erfolgt automatisch die Weiterleitung auf die nächste Seite, wo weitere Angaben zur Person von dem Teilnehmer erfragt werden.

Abb. 6: Registrierung – Schritt 2

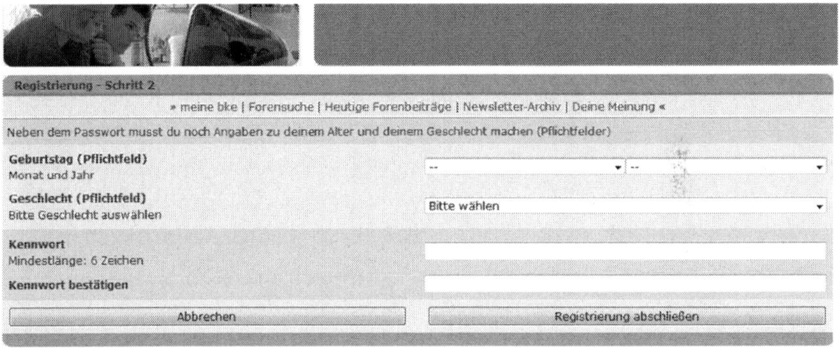

Die Angaben zum Alter sind eine zwingende Vorgabe, da das Angebot ja auf bestimmte, gesetzlich definierte Altersspannen gemäß der KJHG-Reichweite begrenzt ist. Allerdings sind diese Angaben nicht überprüfbar.

Nach dieser Seite kann wieder zwischen den Buttons „Abbrechen" oder „Registrierung abschließen" gewählt werden. Bei „Registrierung abschließen" erfolgt die Weiterleitung auf die nächste Seite:

70 Aktuelle Nutzerzahl vom März 2016. Zur Wahl des Nicks s. auch Kapitel A, V: Computervermittelte Kommunikation.

Abb. 7: Registrierung – Schritt 3

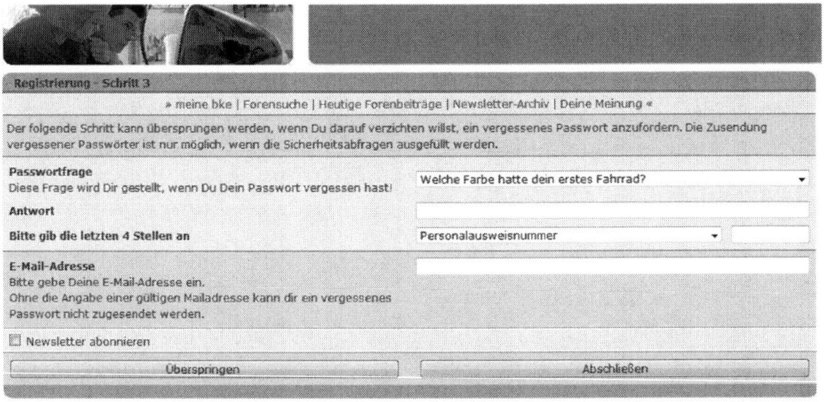

Bei Schritt 3 hat der/die TeilnehmerIn wieder die Wahl zwischen „Überspringen“ und „Abschließen“. Nach jedem Schritt wird demnach explizit eine Entscheidung zum Weitermachen gefordert, d.h. der/die Teilnehmerin investiert Zeit und Energie für diese Anmeldung, was die Gefahr von „Fakern“ = Scherzmeldungen, die einen Beratungsbedarf lediglich vorgaukeln, vermutlich eher reduziert, der der Aufwand – im Unterschied zu Fake-Anruf beispielsweise bei der Telefonseelsorge – recht hoch ist.

Unabhängig davon, ob der 3. Registrierungsschritt übersprungen oder nach Ausfüllen der verlangten Felder mit „Abschließen“ beendet wurde, erscheint als nächstes unter der Überschrift: „Mein bke – Profil“ folgende Seite

Abb. 8: Mein BKE – Profil

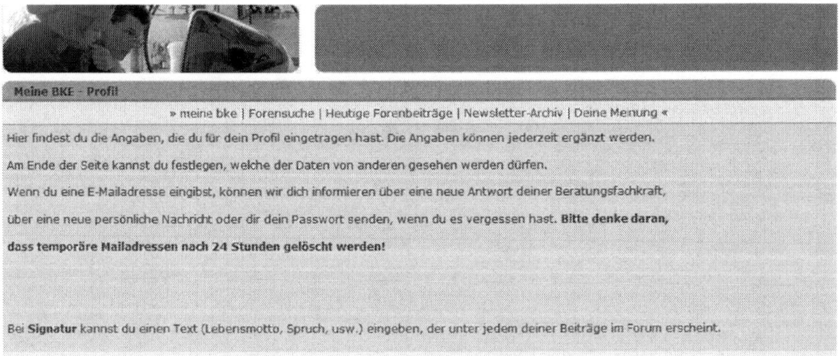

Auf dieser Seite werden Entscheidungen abgefragt, die die Einsehbarkeit der Informationen zur eigenen Person durch andere betreffen, demnach den Schutz der Privatsphäre berühren. Zudem besteht hier die Möglichkeit, eine individuelle Signatur zu kreieren, d.h. im Sinne einer persönlichen Identitätsrequisite einen persönlichen Text hinzuzufügen, der dann standardisiert unter jedem Forumsbeitrag erscheint, eine trotz Anonymität personalisierte Note hinzufügt und zusätzlich zum Nick einen höheren Wiedererkennungswert garantiert.

Es folgt eine *persönliche Begrüßung* mit weiteren Informationen:

Hallo (eingefügter Nick)______, vielen Dank für Deine Registrierung. Du kannst jetzt sofort die Beratungsformen nutzen, die links in der Menüzeile angezeigt werden

und der *Aufforderung*:

Bitte vervollständige noch Dein Profil. Die Angaben zum Aufenthaltsort, Land, Bundesland oder Postleitzahl werden nur zu statistischen Zwecken verwendet.

Abb. 9: Profileinstellungen

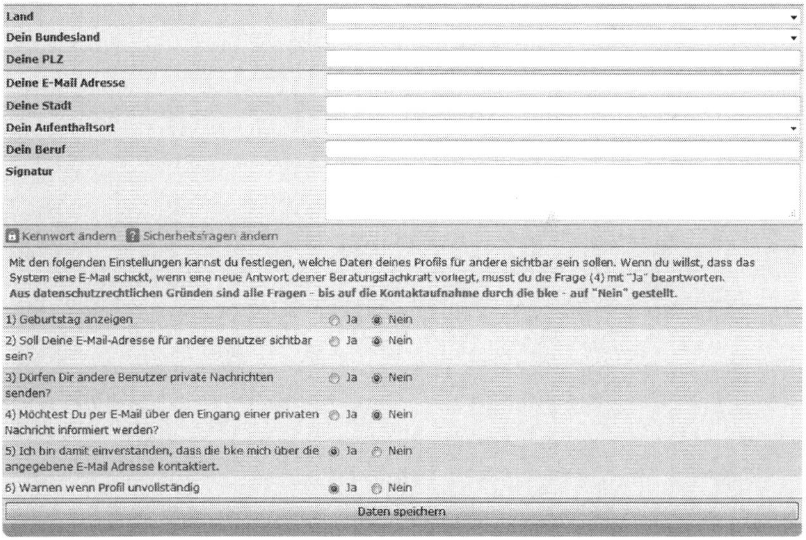

Land
Dein Bundesland
Deine PLZ
Deine E-Mail Adresse
Deine Stadt
Dein Aufenthaltsort
Dein Beruf
Signatur

Kennwort ändern Sicherheitsfragen ändern

Mit den folgenden Einstellungen kannst du festlegen, welche Daten deines Profils für andere sichtbar sein sollen. Wenn du willst, dass das System eine E-Mail schickt, wenn eine neue Antwort deiner Beratungsfachkraft vorliegt, musst du die Frage (4) mit "Ja" beantworten.
Aus datenschutzrechtlichen Gründen sind alle Fragen - bis auf die Kontaktaufnahme durch die bke - auf "Nein" gestellt.

1) Geburtstag anzeigen ○ Ja ● Nein
2) Soll Deine E-Mail-Adresse für andere Benutzer sichtbar sein? ○ Ja ● Nein
3) Dürfen Dir andere Benutzer private Nachrichten senden? ○ Ja ● Nein
4) Möchtest Du per E-Mail über den Eingang einer privaten Nachricht informiert werden? ○ Ja ● Nein
5) Ich bin damit einverstanden, dass die bke mich über die angegebene E-Mail Adresse kontaktiert. ● Ja ○ Nein
6) Warnen wenn Profil unvollständig ● Ja ○ Nein

Daten speichern

Diese Seite kann nach Ausfüllen mit dem Button „Daten speichern“ bestätigt werden. Eine Stunde nach Registrierung können dann alle Angebote genutzt werden.

Nachdem die Registrierung abgeschlossen ist, erscheint in einem rechts oben eingeblendeten Feld mit Überblick über die Gesamtzahl der angemeldeten Nutzer und einem Verzeichnis der User, die gerade online sind, eine ausdrückliche persönliche Begrüßung des neu angemeldeten Teilnehmers mit dessen Nick (im folgenden Beispiel lupsi).

Abb. 10: Onlinestatus

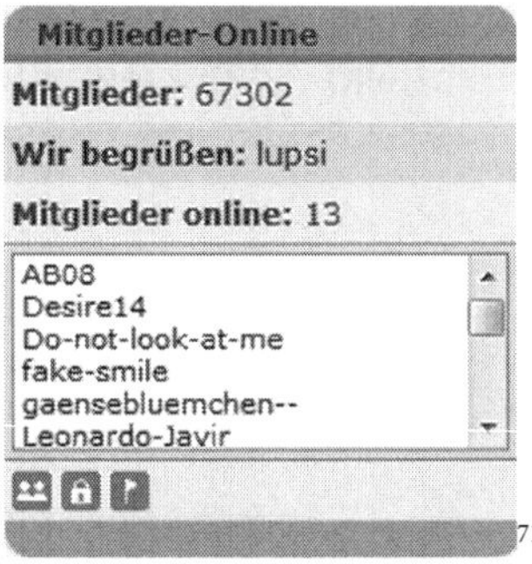

[71]

Die gerade eingeloggten, online anwesenden Teilnehmer sind über ein Dropdownfeld abzurufen, so dass jeder Teilnehmer sich einen Überblick verschaffen kann, wer gerade als Gesprächspartner z. B. im Chat oder für eine pm (= persönliche Nachricht) innerhalb des Systems unmittelbar erreichbar ist.

Nach der Registrierung erscheint im Menüfeld links auf der Startseite, wie bereits auf den Registrierungsseiten sichtbar, ein zusätzliches Feld „meine bke", unter dem sich folgende Seite öffnet:

Abb. 11: Meine BKE – Übersicht

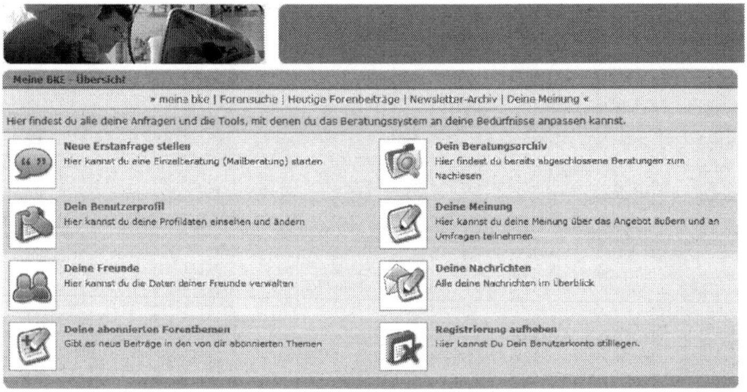

71 www.bke-jugendberatung.de, Zugriff am 04.03.14.

Diese Seite bietet einen kurzen raschen Überblick zum Navigieren im System der virtuellen Beratungsstelle und mit den zur Verfügung stehenden Optionen für den User. Der darauffolgende Button „Nachrichtencenter“ ermöglicht einen raschen Überblick und Zugriff auf alle persönlich gesendeten bzw. erhaltenen Botschaften („personal messages“ kurz „pms“), die über die bke-Plattform, d.h. von darauf registrierten Teilnehmern untereinander oder an Fachkräfte versendet wurden.

Die folgenden Buttons in der Menü-Übersicht auf der Startseite listen zunächst die verschiedenen Beratungsangebote auf: Einzelberatung, Sprechstunde, Gruppenchat, Themenchat, Forum.

Wird der Button „Einzelberatung“ gewählt, erscheint unter der Überschrift „Einzelberatung Erstanfrage“ folgende Seite:[72]

Abb. 12: Einzelberatung – Erstanfrage

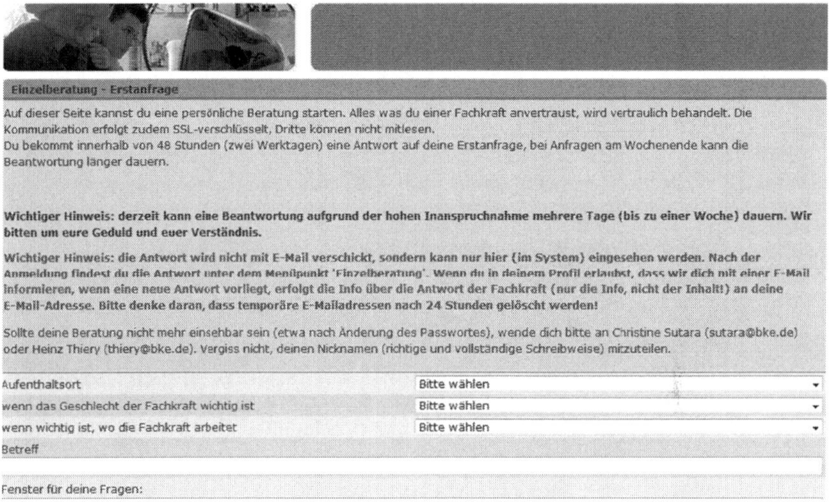

Unter „Fenster für deine Fragen“ kann der/die Teilnehmerin nun im freien Fließtext sein/ihr Anliegen formulieren, dieses mehrfach überarbeiten oder spontan absenden über den Button „Senden“. Die Anfrage wird nun unter Angabe des gewählten Betreffs und der Startseite („bke-Jugend- bzw. -Elternberatung“) ins System weitergeleitet an eine Fachkraft, die für den betreffenden Zeitpunkt eine Beratungskapazität für die Annahme einer neuen Anfrage signalisiert hat. Dies

72 www.bke-jugendberatung.de, Zugriff am 04.03.14.

kann standardmäßig, z. B. „jeden Montag eine neue Erstanfrage“, festgelegt sein oder kurzfristig erfolgen.

Ist die Anfrage abgesendet, erscheint folgende Information unter der Überschrift:

Einzelberatung – Beratungsbeginn

> *Deine Anfrage wurde an unser Team gesendet.*
>
> *Wir werden so schnell wie möglich antworten. Solltest du die Benachrichtigung per E-Mail aktiviert haben (Punkt 4 im Profil), erhältst du eine E-Mail, sobald wir geantwortet haben.*
>
> *Wenn du die Einstellung in deinem Profil aktivieren möchtest, gehe bitte auf ‚meine bke‘ und dort in ‚dein Benutzerprofil‘. Hier kannst du deine gültige Mailadresse eingeben und den Punkt 4 mit ‚j‘ beantworten.*
>
> *Solltest Du die Antwort deiner Fachkraft im Menüpunkt ‚Deine Beratung‘ nicht sehen können, wende dich bitte direkt per persönlicher Nachricht an Christine Sutara oder Heinz Thiery.*

Eine andere Option statt „Einzelberatung“ ist die Wahlmöglichkeit „Sprechstunde“. Wird dieser Menüpunkt auf der Übersichtsseite gewählt, tut sich folgendes Fenster auf:

Abb. 13: Offene Sprechstunde

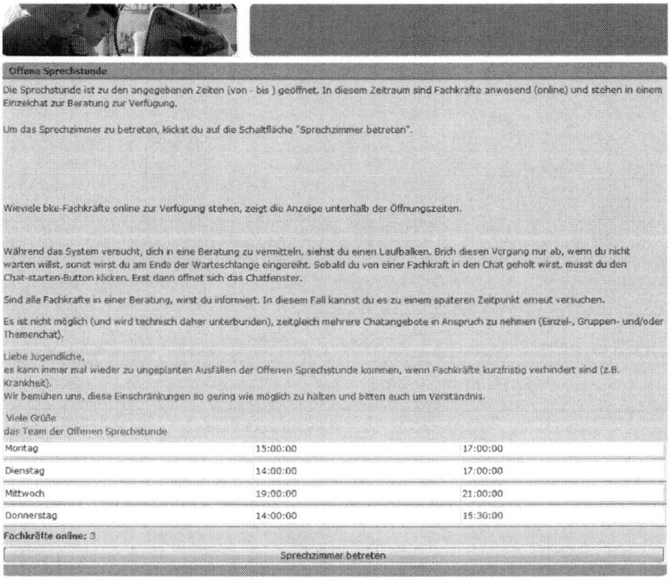

Klickt der Teilnehmer dagegen den Button „Gruppenchat“ an, erscheint als nächste Seite unter der Überschrift „Aktuelle Chats“ die sogenannte Chatiquette, eine Zusammenfassung der im Chat geltenden Regeln, sowie ein Überblick über die Chatangebote der nächsten Wochen – im Ausschnitt hier beispielhaft für den Zeitraum von acht Tagen – samt Angabe des durchführenden Moderators, der Dauer und der Zahl der zugelassenen Teilnehmer.

Abb. 14: Aktuelle Gruppenchats

Aktuelle Gruppenchats

» meine bke | Forensuche | Heutige Forenbeiträge | Newsletter-Archiv | Deine Meinung «

Im Gruppenchat werden Probleme innerhalb der Gruppe offen angesprochen, du kannst direkt auf die Aussagen reagieren. Damit ein vertrauliches und hilfreiches Diskussionsklima entsteht, ist es wichtig, dass du dich an folgende Regeln hältst:

- Mit deiner Teilnahme akzeptierst du, dass eine Fachkraft den Chat moderiert und diese die Gesprächsleitung und die Verantwortung für den Chatverlauf hat.
- Verhalte Dich im Chat jederzeit in einer Form, die du auch von anderen erwartest und die geeignet ist, das Chatgeschehen hilfreich zu gestalten.
- Im Chat sind rassistische, rechtsextreme, menschenfeindliche Äußerungen nicht erlaubt. Darüberhinaus erwarten wir, dass du auf (detailierte) Beschreibungen von Gewalterfahrungen, von selbstverletzendem Verhalten (SVV) und von Symptomen der Essstörungen verzichtest, da direktes Beschreiben zum Triggern (Anstacheln, Nachahmen) führen kann. Selbstverständlich kannst du jederzeit über Hintergründe und Impulse reden, die ein bestimmtes Handeln auslösen.
- Ebenfalls nicht erlaubt ist die Ankündigung eines geplanten Suizids. Wir unterstellen, dass du den Chat besuchst um Hilfe bei der Bewältigung deiner Probleme zu bekommen, nicht um andere zu erschrecken.
- Setze nicht voraus, dass der Moderator/die Moderatorin und andere Ratsuchende über dein Thema schon durch Beiträge von dir im Forum informiert sind. Gib anderen durch Informationen eine Chance, dein Thema nachzuvollziehen und sich daran zu beteiligen.
- Wird ein Thema bereits behandelt wenn du den Chat betrittst, dann warte bis das Thema beendet ist, bevor du fragst, ob für dein Thema noch Zeit ist.
- Im Chat kommen unterschiedliche Meinungen und Bedürfnisse zur Sprache. Jede/r hat das Recht, sein Thema einzubringen, sich am Gespräch zu beteiligen oder die Diskussion nur mitzulesen. Wir erwarten Respekt vor anderen Meinungen und Einstellungen.
- Der Chat ist ein offener Raum, der zu jedem Zeitpunkt verlassen werden kann. Wir bitten darum, das Verlassen des Raumes den Anwesenden mitzuteilen.
- Achte auf Deine Anonymität und setze diese nicht leichtfertig außer Kraft, in dem du persönliche (sensible) Daten weitergibst. Denke daran, dass das Internet ein langes Gedächtnis hat, wenn du Spuren hinterlässt.
- Konflikte, die im Chat entstehen, können ausschließlich im Chat geklärt werden (und gehören nicht ins Forum).

Wenn du gegen diese Regeln verstößt, kannst du aus dem Chat ausgeschlossen werden, kurzfristig oder für die Dauer des Chats.

Meldungen an die bke-Onlineberatung, die den Zweck haben, auf sogenannte Fakes aufmerksam zu machen, werden nicht bearbeitet und nicht beantwortet.

Neu registrierte Jugendliche können an den Chats nur dann teilnehmen, wenn die Registrierung mindestens eine Stunde vor Chatbeginn erfolgte!

Aktivierte **PopUp-Blocker** können die Chatteilnahme verhindern (das Chatfenster öffnet sich nicht). Wir bitten darum, den PopUp-Blocker vor der Chatteilnahme zu **deaktivieren,** oder den Browser entsprechend zu konfigurieren, dass PopUps für die Domain jugend.bke-beratung.de akzeptiert werden.

04.03.14 15:00	**Moderierter Gruppenchat mit bke-Luisa** kein Thema festgelegt 46 Minute(n)	**Fachkraft** bke-Luisa **Dauer** 90 Minute(n) **Teilnehmer** 10
05.03.14 20:00	**Moderierter Eltern-Jugend-Gruppenchat mit bke-Helena und bke Charity-Stern** kein Thema festgelegt 1 Tag(e) - 5 Stunde(n) - 46 Minute(n)	**Fachkraft** bke-Helena **Dauer** 120 Minute(n) **Teilnehmer** 6
08.03.14 16:00	**Moderierter Gruppenchat mit bke-Helena** kein Thema festgelegt 4 Tag(e) - 1 Stunde(n) - 46 Minute(n)	**Fachkraft** bke-Helena **Dauer** 120 Minute(n) **Teilnehmer** 10
12.03.14 16:00	**Moderierter Gruppenchat mit bke-Emma** kein Thema festgelegt 8 Tag(e) - 1 Stunde(n) - 46 Minute(n)	**Fachkraft** bke-Emma **Dauer** 120 Minute(n) **Teilnehmer** 10

Neben den Regeln für den Chat selbst erhält der/die Teilnehmerin zudem Informationen wie lange es noch bis zum gewünschten Chat dauert, z. B. „1 Tag, 5 Stunden, 46 Minuten", womit eine gewisse Erwartungshaltung sowohl suggeriert als auch bedient wird, sowie darüber, welche Fachkraft den Chat moderiert, d. h. dass ebenso nach diesem Kriterium eine Auswahl getroffen werden kann.

Wird „Themenchat" angeklickt, folgt dieselbe „Chatiquette" wie bei Gruppenchats und eine Auflistung der aktuellen Themenchats. Diese enthält neben Angaben zur moderierenden Fachkraft, Dauer und Teilnehmerzahl hier eine Kurzbeschreibung des Inhalts).[73]

Abb. 15: Themenchat

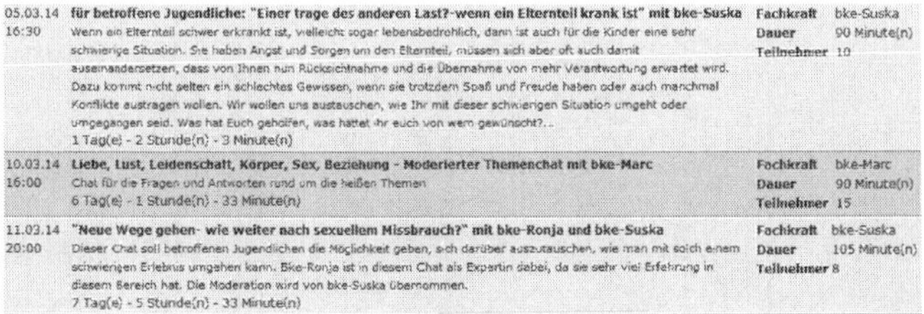

Fällt die Wahl auf den Menüpunkt „Forum", werden folgende Informationen eingeblendet:

Abb. 16: Forum

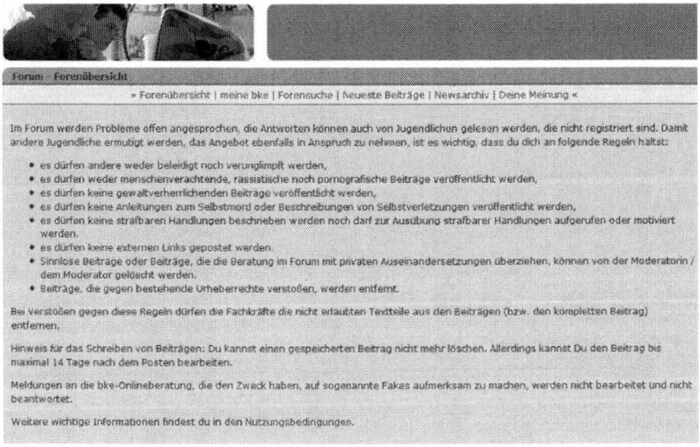

73 www.bke-jugendberatung.de, Zugriff am 04.03.14. Auswahl der Themenchats beispielhaft für die nächsten acht Tage.

Auf diese folgt eine thematisch gegliederte Übersicht der Foren mit Hinweis auf die Zahl der dort behandelten (Unter-)Themen sowie Überschrift und Verfasser des letzten Beitrags[74].

Abb. 17: Forenübersicht

Jugendforum

Foren	Themen	Letzter Beitrag
Selbsthilfe (04.03.2014, 14:18 Uhr) **Moderatoren:** bke-Micha, bke-Fiona, bke-Claudia, bke-Kira, bke-Phine, bke-Georg , bke-Achim, bke-Stephan, bke-Nina, bke-Andreas, bke-Gregor, bke-Jana	2587	Versteht mich Niemand ?!... Maria24
Stress mit mir selbst (04.03.2014, 10:18 Uhr) **Moderatoren:** bke-Achim, bke-Stephan, bke-Nina, bke-Andreas, bke-Gregor, bke-Jana, bke-Micha, bke-Fiona, bke-Claudia, bke-Kira, bke-Phine, bke-Georg	3485	Ritzen!brauche Hilfe bke-Fiona
Heute geht´s mir gut! (17.02.2014, 08:38 Uhr) **Moderatoren:** bke-Micha, bke-Fiona, bke-Claudia, bke-Kira, bke-Phine, bke-Georg , bke-Achim, bke-Stephan, bke-Nina, bke-Andreas, bke-Gregor, bke-Jana	665	meine Fortschritte Nevertheless
Freundschaft + Beziehung (04.03.2014, 07:54 Uhr) **Moderatoren:** bke-Nina, bke-Andreas, bke-Gregor, bke-Jana, bke-Micha, bke-Fiona, bke-Claudia, bke-Kira, bke-Phine, bke-Georg , bke-Achim, bke-Stephan	1425	warum liebe ? annatabea
Liebe + Sexualität (26.02.2014, 19:44 Uhr) **Moderatoren:** bke-Micha, bke-Fiona, bke-Claudia, bke-Kira, bke-Phine, bke-Georg , bke-Achim, bke-Stephan, bke-Nina, bke-Andreas, bke-Gregor, bke-Jana	1473	KONTROLLFREAK ahoi bke-Andreas
Eltern + Geschwister (03.03.2014, 12:53 Uhr) **Moderatoren:** bke-Phine, bke-Georg , bke-Achim, bke-Stephan, bke-Nina, bke-Andreas, bke-Gregor, bke-Jana, bke-Micha, bke-Fiona, bke-Claudia, bke-Kira	1435	scheißtrennung Caipirinha
Schule, Ausbildung + Beruf (03.03.2014, 17:48 Uhr) **Moderatoren:** bke-Achim, bke-Stephan, bke-Nina, bke-Andreas, bke-Gregor, bke-Jana, bke-Micha, bke-Fiona, bke-Claudia, bke-Kira, bke-Phine, bke-Georg	1131	Vorstellungsgespräch Leonieee

Neben der Auflistung der Foren, die wiederum zahlreiche Unterthemen beinhalten, erhält der User per *-Markierung zusätzliche Informationen darüber, in welchen Foren seit seinem letzten Login neue Beiträge veröffentlicht wurden, so dass er gezielt und zeitökonomisch entscheiden kann, welche Auswahl er trifft. Zusätzlich kann er sich darüber informieren, welche Fachkräfte (bke-x) das jeweilige Forum betreuen, d. h. dort Beiträge fachlich kommentieren.

Unter dem Menüpunkt „wichtige Infos" findet man eine Auflistung von Links mit jeweils weiterführenden Informationen zu den betreffenden Bereichen:

74 Auch hier nur beispielhafter Ausschnitt.

Abb. 18: Wichtige Informationen – Übersicht

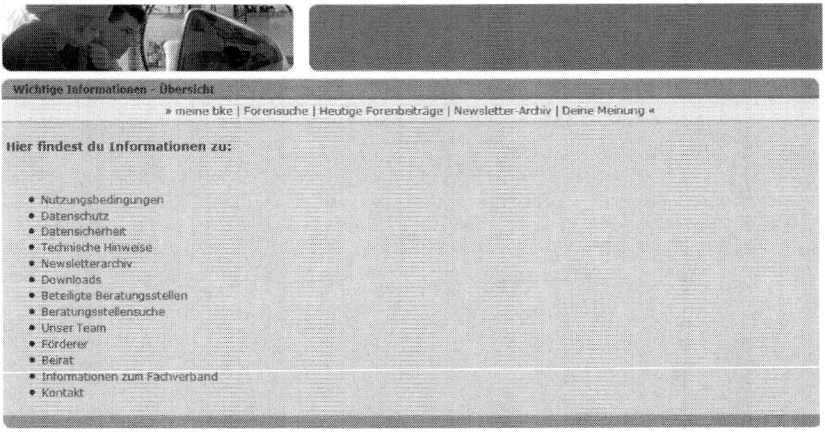

Beliebt ist der Link „Unser Team“, wo zu jeder einzelnen Fachkraft Informationen abgerufen werden können, die diese vorher selbst eingestellt hat. Es besteht demnach ein hohes Interesse an persönlichen Informationen.

Der letzte Punkt in der Menüauswahl der Startseite „Deine Meinung“ öffnet folgende Seite:

Abb. 19: Deine Meinung

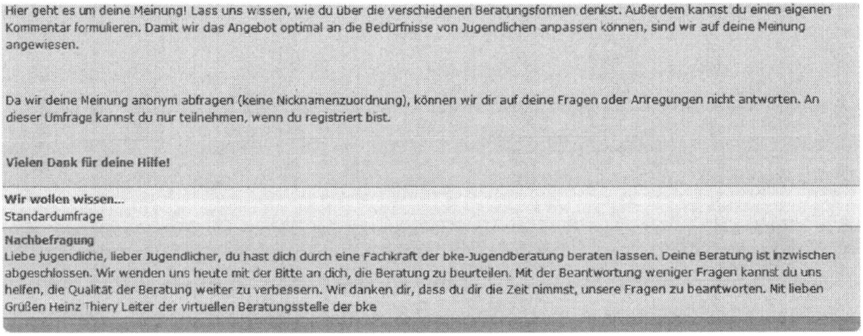

Hier gilt wiederum, dass sich durch Klicken auf die Überschriften „Wir wollen wissen“ bzw. „Nachbefragung“ Formulare öffnen, in denen die Jugendlichen ihre Bewertung, Kommentare etc. zu der hier erlebten Beratung kundtun können.

Fazit

Die jugendlichen TeilnehmerInnen, die sich auf der bke-Beratungsplattform einloggen und das Angebot nicht nur lesend, z. B. Forumsbeiträge, sondern aktiver, d. h. mit eigenen Anfragen und Beiträgen nutzen wollen, haben die Wahl zwischen verschiedenen Beratungsformen. Die Registrierung erfordert in mehreren Schritten einen gewissen Aufwand und mehrfache Entscheidungsprozesse, was ebenso für die Wahl der Beratungsform gilt.

Bei den Teilnehmern, die diesen Aufwand in Kauf nehmen und bestimmte Verpflichtungen eingehen (Nick wählen, Mail-Adresse angeben, sich registrieren), kann man wohl eine gewisse Grundmotivation voraussetzen. Sie suchen und finden hier einen Zugang zu anderen, der offenbar geprägt ist vom Wunsch nach Beratung/Austausch über Themen, die im eigenen Leben oder dem Gleichaltriger bewegen und/oder dem Wunsch nach Begegnung mit anderen, die sich mit diesen Themen beschäftigen und ebenso wie sie den Wunsch nach professioneller Begleitung in diesem Austausch hegen – denn sonst stünden unzählig viele andere, unkomplizierter zu nutzende Angebote für diesen Austausch bereit.

1.3 Überblick über die verschiedenen Beratungsformen

Geht man von dem Grundwunsch nach „fachkundiger psychologischer Beratung" aus, so werden unterschiedliche Formen offeriert, zwischen denen die Teilnehmer wählen können und die hier in ihrer Unterschiedlichkeit kurz dargestellt werden sollen.

- **Beratung per Einzelmail**: Die Texte werden im geschützten Rahmen verfasst, den jeder Ratsuchende frei wählen kann. Ort und Zeit sind nicht vorgegeben. Zeitdauer der Produktion und Zeitpunkt des Absendens können frei bestimmt werden, so dass die Texte vor Absenden z. B. mehrfach überarbeitet werden können. Dies gilt für die beratende Fachkraft wie für den Ratsuchenden. Eine solche Beratung kann einen einmaligen Austausch von Frage und Antwort umfassen oder einen längeren Mailkontakt im Wechsel. Die Mails können nur von diesen beiden eingesehen werden, d. h. der Ratsuchende erhält nur die Sicht eines Professionellen zu seiner Anfrage, es erfolgt kein Austausch mit Peers. Die Beratungsform ist zeitversetzt, zum Zeitpunkt der Antwort kann die ursprüngliche Befindlichkeit/Gemütszustand, die beim Schreiben der Anfrage-Mail bestimmend war, schon nicht mehr aktuell sein, so dass die Antwort möglicherweise nicht mehr ganz passt.
- **Beratung im Forum**: Der Ratsuchende postet einen kurzen Text mit seiner Anfrage zu einem von ihm gewählten Zeitpunkt und mit einer von ihm

benannten Überschrift ins Forum, womit er sozusagen zu einer Diskussion und Resonanz über seine dort aufgeführten Themen und Fragen einlädt. Es gibt hier ein breites Spektrum von Reaktionen, die er nicht steuern kann. Es wird Teilnehmer geben, die interessiert seine Anfrage wie die folgenden Beiträge/Meinungen dazu verfolgen, ohne sich selbst aktiv dazu zu äußern; sogenannte „Lurker", die sowohl auf der bke-Plattform registrierte Nutzer genauso wie interessierte, aber Registrierung scheuende „Hineinschnupperer" umfassen können. Diese hohe Wahlmöglichkeit in Bezug auf den Aktivitätsgrad der Beteiligung ist ein Kennzeichen des Forums. Hier findet sich ein großes potentielles Publikum, das der Ratsuchende weder in Umfang noch in seiner Vielfalt einschätzen kann, das z.B. durch die Themenbenennung aufmerksam/neugierig geworden ist und/oder durch den Nick, unter dem der Beitrag gepostet wurde. Viele Teilnehmer „kennen" sich untereinander (s. Ausführungen zu Nicks und Pseudonymität, d.h. Konstanz der Identität) und der Beitrag von „Bekannten" wird in der Regel herbeigesehnt, da man – neben dem Aspekt der eigenen Bedeutsamkeit, die gerne an der Zahl der eingegangenen Beiträge gemessen wird – diesen Bekannten, je nach Sympathiegrad, eine gewisse Kennerschaft der eigenen Situation und damit zielgenauere Ratschläge/ Empfehlungen zutraut. Gleichzeitig herrscht ein hoher Grad an Freiheit und Unverbindlichkeit, denn keiner kann nachvollziehen, ob ein Teilnehmer bestimmte Beiträge gelesen hat oder nicht, seit wann er die Diskussion „lesend" verfolgt. Sichtbar wird die eigene Beteiligung nur ab dem Absendezeitpunkt eines eigenen Beitrags. Durch diesen hohen Schutz und damit großes Maß an eigener Kontrolle dient das Forum gelegentlich als Steilvorlage für „Klatsch" oder es werden Informationen aus dem Forum in Chats hineingetragen – gerade „beziehungsrelevante" Informationen, z.B. zwischen welchen Teilnehmern es gerade Konflikte gibt, wer sich wie im Forum präsentiert, etc. In den Chats erfolgen sowohl indirekt wie explizit Hinweise an die moderierende Fachkraft und Nutzer, „mal im Forum nachzulesen". Das Forum ist damit sozusagen die öffentlichste Form der Beratung – mit unbekanntem Teilnehmerkreis – und wird oft mit einem „schwarzen Brett" verglichen, an dem die Meinungen gepostet werden. Da der Zugang ebenso für nicht registrierte Teilnehmer möglich ist, gilt es sozusagen als „Visitenkarte" der bke-Plattform, die einen ersten Eindruck von Themen und Gesprächsstil vermittelt. Neben den gewünschten Rückmeldungen der Peers ist im bke-Forum ein regelmäßiger Beitrag der im Wechsel eingeteilten Fachkräfte garantiert, die sowohl auf die Frage des Ratsuchenden eingehen wie auch die Meinungen der anderen einordnen und fachlich kommentieren.

- **Beratung im Einzelchat**: Hier handelt es sich um eine fast synchrone Form des Austausches. Zu einem festgelegten Zeitpunkt öffnet sich das Chatfenster für den Ratsuchenden, wo er dann im Zweierdialog mit der Fachkraft sein Anliegen schriftlich formulieren kann und nahezu unmittelbar eine Antwort der Fachkraft erhält. Dabei bekommt der Ratsuchende nur Rückmeldung von der professionellen Fachkraft, nicht von Peers. Im Einzelchat genießt der Ratsuchende sozusagen für eine bestimmte Zeit die ungeteilte Zuwendung der Fachkraft und muss im Chat kaum warten. Allerdings sind die Ressourcen für diese Beratungsform knapp, zwei Stunden Sprechzeit einer Fachkraft stehen oft acht bis zehn Anmeldungen gegenüber, so dass von Ratsuchenden häufig der begrenzte Zugang und lange Wartezeiten, wenn mehrere Interessenten sozusagen „in der Warteschlange stehen", beklagt wird. Die Schnelligkeit dieser fast synchronen Beratungsform erfordert ein gewisses Schreibtempo, die Beiträge sind im Gesprächsstil eher knapp und nicht so elaboriert, wie dies beispielsweise bei einer Mailberatung möglich ist, selbst wenn der Ratsuchende vorher seine Anliegen/Themen schon vorformulieren kann. Die Fachkraft weiß dagegen nicht, was auf sie zukommt, und muss dann sehr schnell reagieren. Ausführliche Informationsvermittlung ist in diesem Rahmen kaum möglich. Enttäuschend wird – gerade aufgrund der intensiven Einzelzuwendung – oft das Schließen des Einzelchats erlebt, wenn z. B. bei langer Warteschlange eine schnellere Begrenzung als sonst erfolgt.
- **Beratung im Gruppenchat**: Dies stellt ebenfalls eine nahezu synchrone Form des Austausches von wechselseitigen Beiträgen dar, im Unterschied zum Einzelchat hier allerdings unter der Beteiligung nicht nur einer Fachkraft, sondern ebenso von mehreren Peers. Dies bietet den Vorteil eines wesentlich breiteren Meinungsbildes und ist darin dem Forum vergleichbar, allerdings kann die Vielzahl von Reaktionen auf eine Anfrage oder die Diskrepanzen zwischen verschiedenen Meinungen/Empfehlungen manche Ratsuchende verwirren. Im Gruppenchat herrscht aufgrund der großen Teilnehmerzahl, in der Regel 10 Jugendliche, ein hohes Schreibtempo, so dass einzelne Ansätze in der Fülle der Rückmeldungen untergehen können, was den Druck vor allem auf schüchterne Teilnehmer erhöht. Es handelt sich hier um eine Kombination von Öffentlichkeit und unmittelbarem Eingreifen der Fachkraft, was im Forum zeitverzögert erfolgt. Damit wird eine soziale Wirklichkeit bzw. sozialer Rahmen konstituiert, in dem eine aktive Beteiligung mehr als im Forum von den Teilnehmern erwartet, aber nur selten eingefordert wird bzw. kaum mit sozialen Sanktionen verfolgt werden kann. „Schweiger", die sich nicht aktiv am Thema beteiligen, können per eingeblendeter Namensliste identifiziert

werden und werden schon mal angesprochen, in seltenen Fällen vielleicht sogar „rausgekickt", d.h. von der weiteren Teilnahme ausgeschlossen. Das Kennzeichen des themenoffenen Gruppenchats ist die unmittelbare Arbeit an Themen, die von den Jugendlichen eingebracht werden. Weder Fachkraft noch Teilnehmer wissen im Voraus, welche Themen zur Bearbeitung angemeldet werden, und diese können innerhalb eines Chats eine hohe Bandbreite abdecken: von Todesangst zu Liebeskummer, von Schul- oder Gesundheitsthemen zu Familienkonflikten mit Gewaltpotential. Wie in jedem Zusammentreffen mehrerer Menschen mit unterschiedlichen Befindlichkeiten, Bedürfnissen und Beteiligungsintensität ist die Situation im Gruppenchat ebenfalls geprägt von Gruppendynamik, wie Konkurrenz, Aushandeln, Performanz- und Profilierungsbestrebungen. Durch die eingeblendete Namensliste der Teilnehmer ist das „Publikum" im Unterschied zum Forum hier identifizierbar und den Ratsuchenden bewusst.
Die Zusammensetzung der Chatgruppe ist vorher nicht absehbar, da sich jeder Teilnehmer individuell einloggt und das System die Plätze rein nach Zeitpunkt der Anmeldung zuweist. Für eine angemessene Gruppen- und Arbeitsatmosphäre ist die Zahl der teilnehmenden Jugendlichen/jungen Erwachsenen auf 10 Plätze begrenzt, was so in den Teilnahmebedingungen beschrieben ist. In der Regel sind die 10 Plätze ziemlich schnell nach Beginn belegt, so dass viele Jugendliche nicht mehr reinkommen und auf einer Warteposition verharren, ob und wann einer der Teilnehmer entweder wegen technischer Schwierigkeiten „rausfliegt" oder sich wieder ausloggt, z.B. wegen anderweitiger Verpflichtungen oder Desinteresse am verhandelten Thema. Dadurch wird ein Platz frei wird, der dann vom technischen System für den nächsten Wartenden freigeschaltet wird, und so ergibt sich ein Wechsel der Beteiligten innerhalb der üblichen Zeitdauer von 120 Minuten, wodurch in einem Chat zwar zu jedem Zeitpunkt nur je 10 Teilnehmer anwesend sind, über den gesamten Zeitraum jedoch deutlich mehr zeitweise teilnehmen können.

- Die **Beratung im Themenchat** findet ebenfalls in der Gruppe statt. Viele der oben ausgeführten Charakteristika des Gruppenchats treffen ebenfalls auf den Themenchat zu, allerdings ist die Spannbreite der Themen durch eine vorherige Festlegung (z.B. Sexuelle Gewalt, Drogen, Scheidung der Eltern etc.) eingeschränkter und der Zugang wird auf von diesem Thema Betroffene zu begrenzen versucht. Dies erfolgt durch vorherige Abfrage des Moderators.

Die Beratungsformen unterscheiden sich demnach im Hinblick auf Synchronizität (Unmittelbarkeit der Fragen und Antworten) sowie im Hinblick auf die hergestellte Öffentlichkeit (Öffnung der Frage des Ratsuchenden über die Zweierbeziehung mit dem Berater hinaus auf einen weiteren, mehr oder weniger bekannten bzw. nachvollziehbaren Personenkreis) oder den Rahmen, z. B. höhere Zeitgebundenheit bei Chats als bei Mails oder Forum. Gemeinsam daran ist, dass sie stets von einer professionellen Fachkraft begleitet werden, so dass jeder Teilnehmer – in welcher der oben genannten Formen auch immer – die fachliche Kompetenz in Anspruch nehmen kann. Durchaus häufig finden sich Kombinationen verschiedener Formen, so dass beispielsweise Chatteilnehmer ebenso von Forums- oder Mailberatungserfahrungen berichten.

Fazit

Loggt sich ein/e TeilnehmerIn in einen der themenoffenen Gruppenchats ein, die den Untersuchungsgegenstand der Dissertation ausmachen, so kann davon ausgegangen werden, dass sich hier mehrfache Entscheidungsprozesse widerspiegeln, welche ein Engagement der TeilnehmerIn schon vor Einstieg in das Gruppenchatgeschehen verdeutlichen:

- Entscheidung für eine Plattform, die ausdrücklich eine fachkundige psychologische Beratung offeriert.
- Entscheidung explizit und aktiv, d. h. nicht nur lesend an den Diskussionen/ Beratungsthemen teilzunehmen.
- Dies nicht nur – wie in Einzelmails möglich – für Ratsuchenden und professionelle Fachkraft lesbar, sondern ebenso in einer „öffentlich sichtbaren Form" zugänglich zu machen, d. h. Bejahung zu einem potentiellen Publikum, das man nicht kennt und nicht steuern kann. Das unterscheidet diese Form von gängigen sozialen Netzwerken, wo man Öffentlichkeit durch Vorsteinstellungen teilweise beeinflussen kann.
- Beratung nicht „zeitversetzt" und „asynchron", sondern möglichst „live", in Echtzeit zu suchen, so dass spontane Reaktionen und Kommentare, die nicht gesteuert oder wegeditiert werden können, wie beispielsweise im Forum, unmittelbar erfahren werden.

Es handelt sich hierbei um die Entscheidung für eine Form, die den Anspruch auf Schnelligkeit und Live-Gefühle ermöglicht, aber ebenso eine hohe Gefahr/ Risiko durch die damit verbundene Unmittelbarkeit in den Reaktionen der anderen und den eigenen darstellt.

Eine gewisse Steuerungsmöglichkeit ergibt sich durch die eingeblendeten Namen der Chatteilnehmer, sobald der Chat gestartet wurde. Dadurch kann ein/e TeilnehmerIn zunächst einmal die Teilnehmerliste überprüfen und sich gegebenenfalls ausklinken, wenn ihr ein anderer Teilnehmer nicht passt, bzw.

sich mit den eigenen Beiträgen etwas vorsichtiger im Hintergrund halten. Das kann beispielsweise bedeuten kein eigenes Thema anzumelden, wenn ein bereits bekannter Teilnehmer xy mit chattet.

Bevor ein/e TeilnehmerIn als Chatgruppenmitglied im Chat selbst startet, sind demzufolge schon eine ganze Reihe von Voreinstellungen gelaufen, die als Schichtung in seinem Tun und Agieren mit berücksichtigt werden sollten.

2 Auswahl des Untersuchungsmaterials

2.1 Datenmaterial

Durch das technische System der Virtuellen Beratungsstelle bke-Jugendberatung liegt eine umfangreiche Sammlung von Chat Logs, d. h. wörtlich dokumentierten Aufzeichnungen der Chats über mehrere Jahre vor. Es bestehen zusammenfassende qualifizierte Protokolle der Moderatoren, anhand derer bestimmte Themen/ Verläufe identifiziert und somit gezielt auf bestimmte Chat Logs zurückgegriffen werden kann.

Es handelt sich bei diesen Chatlog-Aufzeichnungen um „natürliche", „nicht standardisierte Protokolle" im Sinne Oevermanns, die mit gesprächsanalytischen Methoden auf die formulierten Fragestellungen bezogen ausgewertet werden können.[75]

In den Jahren 2011 und 2012 wurden auf der bke-Plattform insgesamt 584 themenoffene Gruppenchats für diese Zielgruppe angeboten und durchgeführt mit

75 Zur Frage des Datenschutzes: die Beratungen im Internet unterliegen wie örtliche Beratungen dem Sozialdatenschutz. Eine Übermittlung der Daten zu Zwecken der Forschung ist nach § 75 Abs. 1 SGB X zulässig, wenn die Übermittlung für ein bestimmtes Vorhaben der wissenschaftlichen Forschung erforderlich ist und schutzwürdige Interessen des Betroffenen nicht beeinträchtigt werden. Von einer solchen Beeinträchtigung ist hier nicht auszugehen. In der Regel soll zur Übermittlung das Einverständnis des Betroffenen eingeholt werden. Dieses ist jedoch entbehrlich, wenn es sich um anonymisierte Daten handelt, was hier der Fall ist. Die Übermittlung der Daten durch die bke für die Dissertation ist daher rechtlich zulässig.
Allerdings bedarf auch die zulässige Übermittlung der vorherigen Genehmigung durch die oberste Bundes- oder Landesbehörde, in diesem Fall durch das Bayerische Staatsministerium für Arbeit und Soziales, Familie und Integration. Diese Genehmigung darf nur versagt werden, wenn die Voraussetzungen des Abs. 1 nicht vorliegen (was aber oben geklärt wurde). Die Genehmigung wurde auf Antrag des Geschäftsführers der Bundeskonferenz, Herr Klaus Menne, von der Landesbehörde im Jahr 2013 erteilt.

einer Gesamtteilnehmerzahl von 10046 Jugendlichen bzw. jungen Erwachsenen, d. h. Durchschnitt pro Chat 16–18 Teilnehmer.[76]

Bei der Auswahl der für die Studie verwendeten Chat Logs handelt es sich um eine Zufallsstichprobe aus dem oben beschriebenen Datenbestand, bei der folgende Kriterien zugrunde gelegt wurden:

- Es sollten sowohl männliche wie weibliche Beratungsfachkräfte als Chat-Moderatoren berücksichtigt werden.
- Um individuelle, persönlichkeitsspezifische Effekte, z. B. bei der Wahl der Interventionen, Moderations- und Gesprächsstil etc. möglichst zu minimieren, sollten mehrere Moderatoren vertreten sein.
- Chats, in denen die Verfasserin selbst als Moderatorin tätig war, wurden ausgeschlossen.
- Es sollte ein Zeitraum über mehrere Monate erfasst werden, um situationsspezifische Effekte, z. B. ein Konflikt, der über mehrere Chats hinweg Thema sein könnte, oder saisonale Schwankungen, weitgehend zu minimieren.

Anhand dieser Kriterien wurden nach dem Zufallsprinzip dann die Chat Logs von 17 Chats ausgewählt, davon 5 zur Auswertung der Anfangssequenzen, 12 zur kompletten Auswertung einschließlich Themenbearbeitung.[77] Dabei wurden als Fachkräfte der Virtuellen Beratungsstelle insgesamt 9 Chat-ModeratorInnen berücksichtigt, davon 3 männlich. Die ausgewählten Chats wurden nur nach den schriftlich vorliegenden Protokollen ausgewertet, die Verfasserin selbst war an keinem dieser Chats beteiligt. Die Zahl der Jugendlichen und jungen Erwachsenen, die an diesen 17 Chats zumindest zeitweise anwesend waren, beläuft sich auf 232 (manche davon in mehreren Chats), mit einer Spannbreite von 10 bis zu 17 Teilnehmern pro einzelnem Chat. Mit einer üblichen Länge von 120 Minuten Dauer werden hier 2040 Minuten Chatzeit durch die Protokolle abgedeckt. Das System dokumentiert alle Systemmeldungen sowie alle gesendeten Beiträge detailgetreu, so dass der gesamte Verlauf des Chats abgebildet wird; gegliedert nach Beiträgen der Teilnehmer in chronologischer Reihenfolge mit Einblendung der Uhrzeit, an der dieser Betrag gesendet wurde, fortlaufender Zeilen-Nummer und Einblendung des Nicknamens, so dass jeder Beitrag einem Sender zugeordnet werden kann. Je nach Beteiligungsintensität können in diesen 120 Minuten unterschiedlich viele Beiträge gesendet werden, was anhand der Zahl der

---

76 Zahlen aus dem Jahresbericht bke-beratung.de 2012.

77 Komplette Liste siehe Anhang. Nick-Namen der bke-Fachkräfte aus Datenschutzgründen verändert, s. auch Kapitel IX, Abschnitt 2.2.

„Zeilen" erfasst werden kann. Diese Zeilenanzahl variiert in den hier ausgewerteten Chats zwischen 537 Zeilen in einem 90 Minuten Chat und 1350 Zeilen in 123 Minuten, mit einem mittleren Wert von 800–900 Zeilen, d. h. Beiträgen der einzelnen Teilnehmer.

In den 17 hier aufgelisteten Chats wurden insgesamt 58 Themen behandelt, z. B. Umgang mit Ess-Störungen, Ambivalenz hinsichtlich Therapie, Beziehungsthemen usw. Eine ausführliche Liste der behandelten Themen findet sich im Anhang.

2.2 Methodologische Konzepte

Zur Auswertung der Chatprotokolle und Explikation der Gesprächspraktiken wurde auf zwei zentrale methodologische Konzepte zurückgegriffen: die Rahmenanalyse nach Goffman (1980) und die Gesprächsanalyse nach Deppermann (2008).

Das Konzept der Rahmenanalyse

Die Rahmenanalyse geht auf Ervin Goffmann (1980) zurück, der sie als „Versuch über die Organisation von Alltags-Erfahrungen" beschreibt. Seinem Ansatz zufolge stehen Menschen, die sich in einer Situation jedweder Art befinden, stets vor der explizit benannten oder nur stillschweigenden Frage „Was geht hier eigentlich vor?" (ebd., S. 16). Die Antwort auf diese Frage ergebe sich wiederum daraus, „wie die Menschen weiter in der Sache vorgehen" (ebd.). Als „Rahmen" versteht er die Definition einer Situation, wie sie gemäß gewissen Organisationsprinzipien für soziale Ereignisse und für die persönliche Anteilnahme an diesen von den Beteiligten selbst erstellt wird und vor deren Hintergrund erst die Handlungen verstanden werden könnten, die innerhalb dieses Rahmens getätigt werden. Es geht Goffman demnach um die Analyse von Interaktionsformen in sozialen Situationen und um die Rolle, die die Handelnden darin spielen, um das Zustandekommen des Interaktionsprozesses selbst. Wie wird er in unterschiedlichen Situationen und unter vielfältigen Bedingungen von den Teilnehmern organisiert? Wie gelingt es, soziale Interaktionen aufeinander abzustimmen und aufrechtzuerhalten? (vgl. hierzu und zur folgenden Darstellung Gebhardt, 2001, S. 2f).

Diese Rahmen sind nach Goffman in einem doppelten Sinne zu verstehen: zum einen als kognitive Orientierungsstrukturen der an der Situation Beteiligten, zum anderen als Darstellung realer Kommunikations- und Handlungssituationen. Die kognitiven Orientierungsstrukturen zur adäquaten Einordnung von Ereignissen und Interaktionen könne man innerhalb eines bestimmten Kulturkreises als gegeben und wirksam voraussetzen.

„Die Menschen haben eine Auffassung von dem, was vor sich geht, auf diese stimmen sie ihre Handlungen ab, und gewöhnlich finden sie sich durch den Gang der Dinge bestätigt. Diese Organisationsprämissen – die im Bewusstsein und im Handeln vorhanden sind – nenne ich den Rahmen des Handelns" (E. Goffman, 1980, S. 274).

Die real beobachtbaren Interaktionsrahmen dagegen sind stets regelgeleitet, und diese Regeln begründen bestimmte Erwartungen an die Teilnehmer einer bestimmten Situation. Dazu gehören z. B. das Einhalten von definierten Gruß- und Abschiedsritualen ebenso wie festgelegte Anredeformen („Sie-Du"), taktvolles Vermeiden bestimmter Gesprächsthemen, Erwartungen bezüglich der persönlichen Erscheinung (Kleidung, Mimik, Sprachstil) und Teilhabe am Interaktionsprozess selbst. Sehr oft geht es hierbei beispielsweise um die Frage „Wer spricht wann?" Für die Erwartungen an den einzelnen Teilnehmer in einer Situation macht es einen großen Unterschied, ob es sich um ein lockeres Zusammentreffen oder ein stark formell geprägtes Ereignis wie eine Gerichtsverhandlung handelt – diesen situationsangepassten Erwartungen zufolge muss das eigene Verhalten „rahmenadäquat" ausgerichtet werden, um die jeweils geltenden Regeln und Situationsdefinitionen nicht zu verletzen (vgl. Gebhardt, 2001, S. 3).

„Bei den Rahmen handelt es sich um situationsübergreifende Regeln und Erwartungen, die es den Akteuren erleichtern, sozial angemessen zu handeln. Rahmen strukturieren durch Rollen und Skripte soziales Handeln, sind selbst aber auch wandelbar (Prozess der Rahmung durch soziales und kommunikatives Handeln). Zwischen verschiedenen Rahmen kann gewechselt werden, es kann aber auch zur Verwechslung von Rahmen durch die Akteure kommen, die dann nicht mehr angemessen handeln (können). .... Rahmen bestimmen nicht die kommunikativen Handlungen, sie begrenzen aber die Handlungsmöglichkeiten." (Beck, 2010, S. 21).

Ein wichtiger Aspekt ist hierbei, dass soziale Rahmen, beispielsweise angemessenes Verhalten bei einer Hochzeit, einerseits zwar gesellschaftlich vorgegeben und damit relativ stabil sind, andererseits aber ebenso im Handeln selbst verändert bzw. neu konstruiert werden. So wird beispielweise Kindern heute in einer Erwachsenensituation sehr viel mehr Redezeit und -raum zugestanden als früher.

Dieser Prozess der sozialen Konstruktion von Rahmen – die Rahmung – ist bei der Interpretation der Interaktionsrituale zu berücksichtigen.

Was bedeuten diese Überlegungen nun für die Fragestellung unserer Untersuchung? Für das Verständnis der Interaktionsprozesse von Teilnehmern an einem „Onlineberatungs-Gruppenchat junger Menschen", womit gleich mehrere Situationsdefinitionen angesprochen sind? Nach folgenden Aspekten bin ich in der Auswertung vorgegangen:

- Welche Situation findet ein Teilnehmer vor, wenn er sich in einen „Beratung-Gruppenchat“ einloggt?
- Welche Bedeutungen haben (Inter-)Aktionen innerhalb dieses Rahmens?
- Welche Anforderungen werden in diesem Rahmen – Verschränkung von „Plauder“-Medium mit seriösem Beratungsanspruch – gestellt? Was gilt hier als „sozial angemessenes Handeln“?
- Welche „Rahmung“ wird von den Teilnehmern selbst konstituiert und wie wird diese Rahmung kommunikativ vermittelt?

Prinzipien der Gesprächsanalyse

Da die Chatkommunikation mit ihrem quasi-synchronen Charakter von der Textgattung her den Gesprächen zuzuordnen ist, erfordert die Analyse die Anwendung von entsprechenden Verfahren. Es gibt allgemeine Gesetzmäßigkeiten für Gespräche, wo und von wem auch immer sie geführt werden. Dazu zählen (nach Deppermann, 2008, S. 8f): *Konstitutivität* (aktive Herstellung der Gesprächsereignisse durch die Teilnehmer), *Prozessualität* (durch Abfolge von Aktivitäten), *Interaktivität* (wechselseitig aufeinander bezogene Beiträge), *Methodizität* (Verwendung erkennbarer und verständlicher Methoden) und *Pragmatiziät* (es werden gemeinsame und individuelle Zwecke verfolgt).

Die Gesprächsanalyse, die als methodische Ausrichtung für die vorliegende Untersuchung gewählt wurde, beschäftigt sich damit, *wie* Menschen Gespräche führen. Als Grundverständnis geht man davon aus, dass Menschen systematisch Gesprächspraktiken einsetzen, mit denen im Gespräch gemeinsam Sinn hergestellt und der Gesprächsverlauf organisiert wird. Die Gesprächsanalyse untersucht, mithilfe welcher sprachlicher und anderer kommunikativer Ressourcen dieser Gesprächsaustausch gestaltet und damit eine gemeinsam geteilte und geordnete Gesprächswirklichkeit hergestellt wird. Von Hauptinteresse ist bei der Auswertung von Gesprächspraktiken demzufolge die genaue Darstellung, *wie* die Gesprächspartner handeln und *wozu* das Handeln dient, d. h. die Frage nach der Funktion dieser Praktiken, mit denen Sinn und Ordnung im Gespräch hergestellt werden.[78]

---

78 Für eine ausführliche Darstellung der Gesprächsanalyse und ihrer Entwicklung aus der ethnomethodologischen Konversationananlyse sei verwiesen auf Deppermann (2008) und Bergmann (1994, S. 5f). Deppermann versteht seinen gesprächsanalytischen Ansatz als „form- und funktionsbestimmt“ (2008, S. 14), wobei unter „Formen“ eben die Methoden, Praktiken und Ressourcen gemeint seien, mittels derer Menschen Gespräche so führen, dass sie als sinnhaftes und geordnetes Geschehen verständlich sind. Die Funktionen dagegen beschreiben die Aufgaben und Probleme, die von den

Der in einer (Gesprächs-)Situation Handelnde wird als ein kontextsensitiver Akteur verstanden, der intuitiv den Kontext seines Handelns analysiert, mit Hilfe seines Alltagswissens interpretiert und die eigenen Äußerungen dementsprechend auf diesen Kontext abstimmt.

Unter Bezugnahme auf den Prozesscharakter – die Gesprächsereignisse laufen in einer zeitlichen Reihenfolge ab, die ihre Bedeutung beeinflusst – betont Deppermann die Bedeutung der sequentiellen Organisation, die für die Analyse rekonstruiert werden müsse.

Prämisse des Sequentialitätsprinzips ist die Annahme, dass jeder Gesprächsbeitrag abhängig ist von dem Moment, in dem er im Gesprächsprozess getätigt wird. Zwischen aufeinander folgenden Beiträgen gibt es einen Erwartungszusammenhang im Sinne normativer Regeln, d.h. spezieller Erwartungen, und damit einen Spielraum von Anschlusshandlungen und wie diese interpretiert werden. Jede neue Äußerung hat eine initiative Komponente, indem sie eine neue Gesprächstatsache erschafft, und eine reaktive: sie beinhaltet eine Interpretation des Vorangegangenen und eine eigene Stellungnahme dazu im eigenen Handeln.[79] Die Gesprächsanalyse ist damit wie die Konversationsanalyse eine „Verlaufs- und Interaktionsanalyse" (Orthmann, 2004, S. 100).

Die Gesprächsanalyse geht weiterhin davon aus, dass Gesprächsteilnehmer sich gegenseitig signalisieren, welchen Sinn sie wechselseitig ihren Äußerungen zuschreiben, sonst wäre kein sinnvolles Verstehen möglich, und untersucht nun, mit welchen wahrnehmbaren Aktivitäten die Teilnehmer diese Interpretationen kundtun und so Gespräche als geordnete Prozesse eines gemeinsamen Handelns ablaufen können.

Implizites Ziel ist für die Gesprächsteilnehmer die Herstellung von Kohärenz und Kohäsion, was auf Interpretationen beruht und Hintergrundwissen voraussetzt über typische und erwartbare Zusammenhänge zwischen Sachverhalten, Handlungen und Äußerungstypen (vgl. Deppermann, 2008, S. 64).[80]

Die Gesprächsanalyse behandelt demzufolge jedes Detail als sinnvoll motiviert, als Beitrag die Probleme und Anforderungen im Gespräch zu lösen. Wichtig ist daher die Leitfrage: Auf welche Situation/Anforderung könnte diese Gesprächshandlung eine sinnvolle Antwort sein? Nach welcher Systematik der

---

Teilnehmern in den Gesprächen selbst bearbeitet werden, und die (individuellen oder gemeinsamen) Ziele, die in den Handlungen intendiert seien.

79 'context-shaped' und 'context-renewing', Heritage 1984a, zit. nach Deppermann, 2008, S. 49. Vergl. dazu auch Bergmann mit der „Ordnungsprämisse", 1994, S. 10.

80 Das Hintergrundwissen kann ebenso durch übergordnete Kontexte vorgegeben sein, das sogenannte „Handlungs- und Weltwissen" (vgl. Goffman, 1980, S. 274).

Selektion wählt der Sprecher gerade diese Alternative aus dem Spielraum von Möglichkeiten, die in diesem Gesprächsmoment bestanden? Ebenfalls von hohem Interesse ist, welche Option *nicht* gewählt, was nicht problematisiert wird. So kann es z. B. eine wichtige Frage sein, welche Funktion es hat, eine Äußerung/ Frage anzukündigen, statt sie direkt zu stellen, oder eine Äußerung zu überhören.

Anwendung auf den Untersuchungsgegenstand

Es handelt sich bei dem vorliegenden Untersuchungsmaterial um „getippte Gespräche" (Storrer, 2002) im Rahmen einer Chatkommunikation, die in Form eines Gruppengespräches abläuft. Durch die digital vermittelte Kommunikation sehen quasi alle Teilnehmer gleichzeitig die per Display vermittelten Gesprächsinhalte, die vom System in strikter Sequentialität des Absendens, nicht des Verfassens, eines Beitrags abgebildet werden. Die zeitliche Abfolge, in der die Teilnehmer die Gesprächsinhalte wahrnehmen (können), ist in den vorliegenden Chatprotokollen einmal durch die lineare Abfolge sowie durch Einblendung von Zeit und Zeilennummer für alle Teilnehmer sichtbar, die *inhaltliche* Sequentialität stellt dagegen höhere Anforderungen an die Gesprächsorganisation durch die Teilnehmer. Aufgrund des unterschiedlichen Tempos der einzelnen Teilnehmer und da manchmal mehrere Gesprächsstränge gleichzeitig ablaufen, können dialogisch ausgerichtete Beiträge, die sich inhaltlich auf einen vorherigen Beitrag beziehen, absendebedingt zeitversetzt eingeblendet sein und/oder innerhalb eines Gesprächsabschnittes auftauchen, in dem andere Teilnehmer sich bereits einem anderen Gesprächsinhalt zugewandt haben.

Die von Deppermann geforderte sequentielle Organisation ist demnach – im Unterschied zu einem mündlich geführten Gespräch – *nicht nur zeitlich* zu handhaben.

Als Vorteil für die Untersuchung ist zu nennen, dass eine Fülle von bereits vorliegenden Gesprächskorpora existiert: Chatprotokolle liegen als schriftliche Dokumentation natürlicher (Chat-)Sprache unter detaillierter Wiedergabe der zeitlichen Dynamik vor.

Gemäß den Prämissen der Ethnomethodologischen Konversationsanalyse und der Gesprächsanalyse geht man auch hier davon aus, dass die soziale Wirklichkeit einerseits im Sinne der Rahmung, des Hintergrundwissens als vorgegeben erlebt, andererseits von den Akteuren selbst aber stets neu durch entsprechende Handlungen und Anwendung situationsangemessener Regeln und Verfahrensweisen aktiv hergestellt bzw. situiert wird.

Ziel meiner Untersuchung ist den Beratungsgruppenchat daraufhin zu analysieren, welche entsprechenden Ordnungsprinzipien hierfür herausgearbeitet werden können. Dabei ist wesentlich, dass sich eben am Datenmaterial selbst zeigen lässt, dass diese Prinzipien auch von den Interagierenden in ihren Äußerungen und Handlungen berücksichtigt werden.

Bei der vorliegenden Untersuchung steht die Frage nach der wechselseitigen Beeinflussung zwischen Chatkommunikation und Beratungsangebot im Vordergrund, nicht z. B. die nach Qualität der professionellen Interventionen. Es geht um die Rekonstruktion des Gesprächs*prozesses*, d. h. *wie* die Gesprächsteilnehmer sich aufeinander beziehen und gemeinsam ihr Ziel (Beratung/Unterhaltung) zu erreichen versuchen. Diese Explikationen beziehen sich auf die interaktionell geprägte Herstellung von Sinnzusammenhang, das wechselseitige Beziehen der Gesprächsteilnehmer untereinander auf ihre Beiträge und damit die Herstellung von Sinn und Kohärenz.

Daher war es für die Analyse wichtig, thematische bzw. handlungslogisch abgeschlossene Einheiten zu wählen, deren Grenzen von den Teilnehmern selbst durch einen deutlich erkennbaren Beginn oder Ende markiert werden. Mit diesen Bedingungen sind entscheidende Handlungsvoraussetzungen verbunden, nämlich die kontextgebundene Motivation der Handelnden.

Es geht um die detaillierte Auswertung von Einzelfällen. Hierfür wurden Passagen ausgewählt, die besonders zentrale und klare Fälle für einen Problemkomplex zu sein scheinen.

3 Aufbau der Analyse

Wenn es um die Frage nach den Wechselwirkungen zwischen professioneller psychologischer Beratung und den Bedingungen einer rein schriftbasierten Kommunikation unter den besonderen Ausprägungen einer Jugend-Chatgruppe geht, sind verschiedene Aspekte zu berücksichtigen. Neben den schon beschriebenen Rahmenbedingungen, z. B. wie kommen Jugendliche/junge Erwachsene zu diesem Angebot? Was ist an Vor-Einstellungen bzw. – Entscheidungen vorab zu berücksichtigen, spielen auch der zeitliche Verlauf und die Entwicklung des Beratungsteils in der inhaltlichen Gestaltung wie auch in der Struktur eine wichtige Rolle. Welche kommunikativen Figuren sind hierbei festzustellen? Wie bildet sich der Prozess des „psychologischen Beratens“ unter den besonderen Bedingungen der Chatkommunikation ab bzw. wie wird die Chatkommunikation mit Schwerpunkt auf Unterhaltung, Unverbindlichkeit und eher flapsig-lockerem Sprachstil von dem Beratungsauftrag beeinflusst?

Jeder Beratungschat weist spezifische zeitliche wie thematische Strukturen auf. Das Gliederungsprinzip der Analyse folgt einmal der zeitlichen, einmal der thematischen Dimension. So sind die ersten drei Abschnitte an der temporalen

Struktur orientiert (Beginn, Themensammlung, Bearbeitung des Anliegens), die Abschnitte vier und fünf behandeln thematische Aspekte des Chats.

- Zunächst wird die **Anfangsphase** beschrieben, d. h. das Zusammentreffen der Teilnehmer, die – bei der Anmeldung für einen bestimmten Chat – per Systemzuteilung miteinander in einem gemeinsamen Chatraum landen. Durch die strikt zeitlich bedingte Zuteilung der Plätze und die Limitierung der Gesamt-Teilnehmerzahl der gerade Anwesenden sind damit manchmal Überraschungen verbunden, da es z. B. anders als in offenen Chaträumen ohne Begrenzung, wo man sich für einen bestimmten Zeitpunkt verabredet, sein kann, dass nicht beide Partner einer Verabredung einen Platz erhalten. Die Gruppe ist demnach eher eine „Zufallsgruppe“ mit wechselnden Teilnehmern, wobei erfahrungsgemäß in der Regel neben 2–3 „Neuen“ überwiegend Teilnehmer vertreten sind, die an den bke-Beratungs-Chats öfter bis regelmäßig teilnehmen und mit den Regeln sowie inhaltlichen Abläufen schon ganz gut vertraut sind. Die Anfangsphase des Chats ist aus soziologischer Sicht bedeutsam, da sich hier zum einen die Gruppe konstituiert: Wird aus mehr oder weniger zufällig gleichzeitig anwesenden Individuen eine Gruppe? Wie passiert dies? Zum anderen werden die Rahmenbedingungen der Interaktionssituation ausgehandelt im Sinne Goffmans: „Was geht hier eigentlich vor“? (Goffman, E., 1980, S. 16ff), d. h. im besten Falle eine Verständigung untereinander, wozu und wie das gemeinsame Zusammensein genutzt werden kann und soll. Es geht hierbei um die Richtung der folgenden Kommunikation.
  Diese Anfangsphase umfasst neben Begrüßungen untereinander sowie durch die moderierende Fachkraft auch eine Smalltalk-Phase, in der die Teilnehmer sich untereinander sozusagen beschnuppern (Wer ist das? Wie ist die aktuelle Stimmung?) und miteinander einschwingen auf das folgende gemeinsame Tun. Verglichen mit einer Gruppensituation vor Ort, d. h. mit persönlichem Zusammentreffen in einem Gruppenraum, entspricht dies in etwa dem Begrüßungsaustausch und dem wechselseitigen Erzählen, wie man die Zeit seit dem letzten Zusammentreffen verbracht hat und wie das aktuelle Befinden ist, bevor man sich dem eigentlichen Thema des Zusammentreffens zuwendet. Man könnte es demnach mit einer „Salonphase“, dem Eintreffen der Gäste und dem „Miteinander-Warmwerden“ vergleichen.
- Nach dieser Smalltalk-Phase erfolgt in jedem Chat die Überleitung zu der Intention dieses Chatraums: das gemeinsame Besprechen von Anliegen, die die einzelnen Teilnehmer auf dem Herzen haben. Von Interesse für die Auswertung ist hier das **Sammeln der Themen** und die Art und Weise, wie einzelne Teilnehmer ihr Interesse an einer Bearbeitung ihres Anliegens einbringen und

sich damit einen Platz sichern, auch in der Reihenfolge der zu bearbeitenden Themen. Hier liegt der Schwerpunkt der Auswertung auf der Frage, **wie das eigene Thema präsentiert wird,** sozusagen die „Form des Auftritts“, d.h. mit welcher Dringlichkeit das eigene Anliegen verfochten und welcher Anspruch an eine Bearbeitung deutlich wird.

- Als dritte Phase wird die eigentliche **Bearbeitung eines Anliegens** in den Fokus genommen. Leitfragen hierfür sind beispielsweise die Frage, wie klar der eigentliche Auftrag des einbringenden Teilnehmers ist, wie dicht an diesem Auftrag gearbeitet wird und wie der Prozess der Aufmerksamkeit durch Professionalität/ fachliche Interventionen bzw. auch durch Einbindung der Gruppe gesteuert wird. Hierzu gehören auch Fragen nach der Rolle der den Chat moderierenden Fachkraft, sowohl in Selbst- wie auch Fremderwartungen, und nach dem Abschluss dieser Bearbeitung.
- Ein weiterer Abschnitt soll der **Bedeutung des Flüsterns** gewidmet werden. Dies ist eine spezielle technische Funktion im Chatgeschehen, die es ermöglicht, innerhalb der großen Gruppe vertrauliche Botschaften im Zweiermodus auszutauschen, ohne dass dies für die Gruppe sichtbar wird. Damit spiegelt es eine besondere Form der Verbindlichkeit und Beziehungsgestaltung im Chat wider, die – erkennbar an der Häufigkeit – offenbar eine hohe Bedeutung im Rahmen des Gesamtgeschehens einnimmt und deshalb näher betrachtet werden soll. Fragen hierzu, denen anhand ausgewählter Ausschnitte nachgegangen werden soll, sind: Welche Bedeutung hat diese spezielle Form der Kommunikation im Rahmen dieses Beratungschats? Inwiefern beeinflusst diese Sonderform das offene Gruppengeschehen? An welchen Stellen/unter welchen Rahmenbedingungen tritt es gehäuft auf und welche Schlussfolgerungen für die Analyse der Wechselwirkungen zwischen Chatkommunikation und Beratungsgeschehen lassen sich daraus ableiten?
- Auf der Suche nach übergreifenden Faktoren soll über mehrere Chats hinweg untersucht werden, ob es **bestimmte, immer wieder identifizierbare „Rollen“ der Teilnehmer** gibt, z.B. Konsistenz in der Darstellung eines Teilnehmers über verschiedene Chats hinweg, nur als Helfender, aber auch als Helfer und Ratsuchender, sowie auch Konsistenz innerhalb eines Chats über mehrere Themen hinweg.

4 Zum Verständnis der Textausschnitte

Auswahl der Ausschnitte

Da die oben dargestellte Fülle von insgesamt über 2000 Minuten Chatprotokolle mit einem Gesamtumfang von mehr als 14000 Beiträgen jeglichen Rahmen einer

Darstellung sprengen würde, müssen notwendigerweise Auswahlen getroffen werden, die exemplarisch erlauben, einen Eindruck des Gesamtgeschehens zu erhalten sowie auch den oben aufgeführten Fragen auf den Grund zu gehen.

Wie im Kapitel Computervermittelte Kommunikation zum Thema „Chatkommunikation" ausführlich beschrieben wurde, stellt die abgebildete Reihenfolge der Beiträge eine vom technischen System erfasste strikt chronologische Gliederung dar, beeinflusst vom Zeitpunkt des *Absendens* einer Nachricht, was nicht deckungsgleich mit dem *Verfassen* sein muss. Dadurch ergeben sich hohe Anforderungen an die inhaltliche Sequentialitäts-Erfassung. Um dem möglicherweise wenig Chat-geübten Leser das Verständnis zu erleichtern, sind die dargestellten Ausschnitte in Bezug auf die *inhaltliche* Sequentialität bereits gegliedert: Beiträge, die zeitlich nah erfolgen, aber nicht im inhaltlichen Bezug zu dem abgebildeten Gesprächsausschnitt stehen, sind entfernt worden, so dass der thematische Strang leichter zu verfolgen ist. Innerhalb dieses Stranges wurde selbstverständlich strikt auf die chronologische Abfolge geachtet, nachvollziehbar an den eingeblendeten Zeiten und Zeilennummern.

Orthografische Besonderheiten

Wie oben beschrieben sind Zusammenziehungen von Buchstaben, Abkürzungen ebenso wie Wortneuschöpfungen oder Rechtschreibfehler häufig ein Kennzeichen der Chatkommunikation wie auch jugendtypisch im Sinne eines zeitökonomischen Schreibstils. Um den authentischen Charakter der Ausschnitte zu wahren, der ja zudem eventuell diagnostische Rückschlüsse erlaubt, wurde die Schreibweise beibehalten und orthografische Besonderheiten unverändert übernommen.

Darstellung des „Flüsterns"

Dieser Sonderfall des Kommunizierens im Chat, sichtbar nur für den Flüsternden, den Angeflüsterten und die moderierende Fachkraft – damit diese den Gesamtüberblick behält-, aber nicht für die übrigen Teilnehmer, wird vom System in *kursiver Schreibweise* angezeigt, so dass diese Beiträge leicht vom übrigen Text zu unterscheiden ist, der den für alle sichtbaren Teil der Kommunikation abbildet. Überdies wird durch *-Markierung der beiden Namen deutlich, welcher Teilnehmer wen anflüstert. *Klientin 1*, *Klientin 13* bedeutet: Klientin 1 „flüstert" Klientin 13 etwas zu, was den beiden und der Fachkraft auf ihrem Display eingeblendet wird, aber nicht den übrigen Teilnehmern.

Emoticons

Die ikonisierte Darstellung von Gefühlen und Empfindungen, sogenannte Emoticons ist ein in der Chatkommunikation verbreitetes Stilmittel.[81] Eine Liste der im System hinterlegten Emoticons, die den Chat-Teilnehmern als Standard zur Verfügung gestellt werden, finden Sie im Anhang.

Teilnehmerinnen

Da die Jugendlichen, die im Chat teilnehmen, zu 80–90% weiblich sind, habe ich mich entschieden, in der Auswertung auch die weibliche Form zu verwenden. Wenn von Teilnehmerinnen und Klientinnen die Rede ist, sind damit selbstverständlich in einzelnen Fällen auch männliche Teilnehmer gemeint.

Namen der Teilnehmerinnen

Um die Anonymität zu gewährleisten, werden die Teilnehmerinnen in den meisten Chatausschnitten mit Klientin 1 – Klientin xx bezeichnet. In den Themen bzw. Beschreibung der Teilnehmer-Rollen wird für die im Mittelpunkt stehenden Teilnehmerinnen ein nochmals anonymisierter Nick Name verwendet, um den in vielen Beiträgen aufscheinenden

Bezug, z. B. eine persönliche, namentliche Ansprache nicht zu verlieren.[82]

Obwohl versucht wurde bei der erneuten Anonymisierung einen Nick zu kreieren, der sinngemäß möglichst nah am eigentlichen Namen liegt, um damit zumindest versuchsweise einen Teil des in der ursprünglichen Nick-Wahl signalisierten Bedeutungszusammenhanges einzufangen, wird dieser Nick nicht interpretiert, da er nicht die selbst getroffene Namenswahl widerspiegelt.

---

81 Für eine ausführliche Beschreibung sei hier auf das Kapitel „Chatkommunikation" verwiesen.

82 Diese „Umbenennungen" wurden mit Hilfe der Ideen einer Gruppe von Jugendlichen/ jungen Erwachsenen vorgenommen, um möglichst nah an der Zielgruppe und deren Denkmustern zu bleiben. Die Problematik, ob damit tatsächlich die ursprüngliche Idee erfasst werden kann, bleibt vorhanden, dennoch erscheint dies im Sinne eines möglichst nachvollziehbaren Bedeutungszusammenhanges sinnvoller als eine bloße Durchnummerierung der Klientinnen. Eine Liste mit einer Auswahl von Nicks der Jugendlichen, die auf der bke-Beratungs-Seite verwendet wurden, findet sich im Anhang. Hierbei wurde eine Kategorisierung reeller, im Forum verwendeter und damit öffentlich zugänglicher, nicht der Schweigepflicht unterligenden Nicks erstellt. Bei der Umbennenung der hier auftauchenden Namen wurde darauf geachtet, dass ein Nick gewählt wurde, der derselben Kategorie zuzuordnen ist.

Die Nicknamen der moderierenden Fachkräfte wurden nach einem einheitlichen Schema umgeformt.[83] Erkennbar sind die Fachkräfte im Chat selbst an einem dem Nick vorangestellten Kürzel bke-, z. B. bke-Manuel.

5 Auswertung

5.1 Auswertung der Anfangsphase

Was passiert, wenn Menschen aufeinandertreffen? Sie versuchen miteinander in Verbindung zu treten. Dies ist ein kulturelles Muster, das universell zu beobachten ist. Man befindet sich gemeinsam in einem Raum und mehr oder weniger offen scheint damit der Impuls verbunden, miteinander in Beziehung zu treten, was wiederum je nach individueller Art, schüchtern versus ausgeprägt extrovertiert, bzw. erlernter (z. B. ausgleichendes Geschwisterkind) oder auch explizit zugeteilter Rolle (z. B. Gruppenleiter) unterschiedlich ausgestaltet wird.

Kieserling (1999, S. 17) definiert in seinen Ausführungen über „Interaktion zwischen Anwesenden" das „sich füreinander wahrnehmbar machen" als Grundbedingung für das Zustandekommen einer Interaktion.

Was ist üblicherweise die erste Verbindung zwischen zwei Menschen?

In der Regel treten sie in Augenkontakt zueinander, tauschen einen „Blick" aus, den Georg Simmel in seiner Soziologie der Sinne als „die unmittelbarste und reinste Wechselbeziehung" zwischen zwei Menschen beschreibt (vgl. Simmel, 1907, S. 278) Darüber hinaus wird eine Kontaktaufnahme unter Anwesenden eventuell zusätzlich durch entsprechende Mimik (zulächeln), Handschlag oder andere körperliche Berührungen (Wangenkuss) begleitet, wobei gilt: je näher die Beziehung, desto wahrscheinlicher und intensiver ist eine Vielfalt an Begrüßungsmustern.

Diese Kontaktaufnahme entfällt im Chatgeschehen, das hier rein textbasiert abläuft. Es gibt keinen visuellen Eindruck des Teilnehmers[84], lediglich eine Information beim Betreten des Chatraumes durch die Anzeige des Systems, das die Namen der Teilnehmer einblendet. Anhand dieser Liste kann sich jeder orientieren, wer anwesend ist und ob man bestimmte Teilnehmer anhand ihres eindeutig identifizierbaren Nicks „wiedertrifft". Eine erste Kontaktaufnahme erfolgt hier

83 Auch hier wurde per Brainstorming mit einer Gruppe versucht, eine möglichst weite Bedeutungsvielfalt einzufangen. Kriterien hierfür waren neben Assoziationen zum ursprünglichen Namen eher Phänomene wie Klangfarbe, Länge etc.

84 Von Ausnahmen, bei denen eine persönliche Bekanntschaft vorliegt, ist abzusehen. In der Regel treffen in diesen Jugendgruppenchaträumen jedoch junge Menschen aufeinander, die sich nicht persönlich kennen, d. h. keinen eigenen Eindruck von der physischen Erscheinung des anderen haben und noch keinen Blick getauscht haben.

nicht durch einen persönlichen Blickwechsel oder andere sinnlich wahrnehmbare Dimensionen wie Berührung, Handschlag oder ähnliches. Wie lösen die Teilnehmerinnen unter diesen Bedingungen nun das Problem, sich „füreinander wahrnehmbar“ zu machen und Interaktion zu ermöglichen? Dies geschieht durch die schriftlichen Äußerungen, im Chatkontext üblicherweise eine Begrüßungsformel.

Tilman Allert (2005, S. 9ff) stellt den Gruß ebenso wie die Anrede in die Reihe kleiner Gesten, „die darüber Auskunft geben, wie die Menschen sich einander mitteilen, wie sie sich voneinander abgrenzen, was sie von sich preisgeben und wie sie das Geheimnis ihrer Person wahren. Wer grüßt, richtet seine Aufmerksamkeit auf einen anderen und macht sich für diesen in einer besonderen Weise zugänglich“ (Allert, 2005, S. 9). Als erstes symbolisches Geschenk an das Gegenüber ziehe der Gruß eine feste Verpflichtungsabfolge von Geben, Annehmen und Erwidern nach sich. Der Gruß schließe die Tür zum anderen auf und verteile Rollen, mehr noch: „In jedem Gruß – selbst im verweigerten – spiegeln sich die Selbstbilder der Beteiligten und die Art und Weise, wie sie ihre Beziehung untereinander wahrnehmen“ (ebd., S. 10).

Verbale Kontaktaufnahmen im ko-präsenten Setting der persönlichen Begegnung, Begrüßungen, sind begleitet durch Mimik und Gestik, evtl. noch andere sinnlich wahrnehmbare Dimensionen, womit Bedeutung unterstrichen und zudem deutlich zwischen verschiedenen Beteiligten differenziert werden kann. Ein beiläufig gemurmeltes “Hallo“ mit Blick in die Ferne oder auf den nächsten Anwesenden gerichtet wirkt anders als ein „Grüß dich, schön dich zu sehen“ mit intensivem Blickkontakt und innigem Händedruck.

Was bedeutet diese Anforderung – Kontaktaufnahme durch Begrüßen – nun im Chatsetting? Der impliziten Anforderung, den Gruß als solchen deutlich zu machen, Adressaten persönlich anzusprechen bzw. sich damit aus der Masse herauszuheben, stehen die medial geprägten Restriktionen entgegen.

Wie lösen Teilnehmer nun diese Anforderungen? Sich zu zeigen, die eigene Präsenz anzumelden und Kontakte zum anderen zu knüpfen, sei es als der, der die Initiative ergreift oder als der, der die Verpflichtung des „Annehmen und Erwidern“ annimmt?

5.1.1 Beispiele

Hierzu als erstes beispielhaft ein Chatausschnitt, in dem zunächst – zu Beginn der Chatzeit – vier jugendliche Teilnehmer den Chatraum betreten, was vom System jeweils mit den Nicks – hier anonymisiert als Klientin 4,5,8, und 15 – angezeigt wird:

Ausschnitt 1: bke-Nathan, 29.07.11

0) 15:29:09	System	*Klientin 8* ist dem Chat beigetreten.
1) 15:29:11	System	*Klientin 5* ist dem Chat beigetreten.
2) 15:29:15	System	*Klientin 4* ist dem Chat beigetreten.
3) 15:29:22	System	*Klientin 15* ist dem Chat beigetreten.
4) 15:30:00	System	bke-Nathan ist dem Chat beigetreten.
5) 15:30:05	*Klientin 5*	hallöle
6) 15:30:09	*Klientin 4*	hey
7) 15:30:16	*Klientin 15*	Hallo allerseits
8) 15:30:20	*Klientin 8*	Hi

Der Chatmitschnitt beginnt mit den Systemmeldungen, die anzeigen, wer den Chatraum betritt. Mit Betreten der moderierenden Fachkraft, hier bke-Nathan, ist der Chatroom sozusagen offiziell eröffnet, ab diesem Zeitpunkt kann geschrieben und gelesen werden. Jeder im Verlauf der Chatzeit neu hinzukommende Teilnehmer wird ebenfalls mit einer Systemmeldung namentlich eingeblendet.

Die vier zunächst anwesenden Teilnehmer in unserem Beispiel nutzen die Chance auf eine schnelle Selbstpräsentation und senden innerhalb von 15 Sekunden (ersichtlich an der Zeitleiste links) eine Begrüßung an die anderen. Auffällig ist hierbei, dass trotz des „Schnelligkeitsgebotes", das ein wesentliches Kennzeichen der Chatkommunikation darstellt, keine Grußformel doppelt auftaucht. Die Grußformeln bewegen sich im jugendtypischen Sprachgebrauch (hey, hi, Hallöle), lediglich die Formulierung von Klientin 15 mit dem Zusatz „hallo allerseits" sticht etwas heraus. Sie ist die einzige, die sich damit explizit auf die anderen bezieht, diese sozusagen mit ihrem Gruß adressiert, allerdings in sehr allgemeiner Form.

In einem zweiten Beispiel sind bereits 6 Teilnehmer versammelt, als mit dem Betreten des Moderators der Chatraum eröffnet wird.

Ausschnitt 2: bke-Manuel, 01.08.11

0)	14:59:05	System	*Klientin 6* ist dem Chat beigetreten.
1)	14:59:07	System	*Klientin 7* ist dem Chat beigetreten.
2)	14:59:11	System	*Klientin 9* ist dem Chat beigetreten.
3)	14:59:14	System	*Klientin 3* ist dem Chat beigetreten.
4)	14:59:17	System	*Klientin 4* ist dem Chat beigetreten.
5)	14:59:24	System	*Klientin 12* ist dem Chat beigetreten.
6)	15:00:16	System	bke-Manuel ist dem Chat beigetreten.
7)	15:00:21	*Klientin 12*	Hallo allerseits
8)	15:00:22	*Klientin 4*	aloha
9)	15:00:24	*Klientin 3*	na sowas ich bin drin montags um 3 uhr, ist ja was ganz neues
10)	15:00:27	*Klientin 9*	hallo
11)	15:00:33	bke-Manuel	Pünktlich um 15.00 Uhr seid willkommen
12)	15:00:36	*Klientin 3*	hallo alle zusamm
13)	15:00:39	*Klientin 6*	Hallo
14)	15:00:40	*Klientin 7*	Hallo
15)	15:00:44	bke-Manuel	hallo *Klientin 3* wie schön
16)	15:00:55	bke-Manuel	hi *Klientin 6*
17)	15:00:59	bke-Manuel	allo *Klientin 4*
18)	15:01:03	bke-Manuel	hi *Klientin 9*
19)	15:01:04	*Klientin 3*	die zeit lässd es normal bei mir nicht zu
20)	15:01:07	*Klientin 4*	hi manu
21)	15:01:09	bke-Manuel	hallo *Klientin 7*
22)	15:01:11	*Klientin 6*	Hallo Manuel
23)	15:01:13	bke-Manuel	hi *klientin 12*
24)	15:01:20	*Klientin 6*	Farbe
25)	15:01:27	*Klientin 6* *Klientin 7*	*Hallo...*
27)	15:01:42	*Klientin 7 *Klientin 6*	*Warte ich antworte grade noch*
29)	15:01:48	*Klientin 6* *Klientin 7*	*Ok*

Hier nimmt es 19 Sekunden in Anspruch, bis alle – einschließlich Fachkraft – ihre Begrüßungen losgeworden sind. Klientin 3 nutzt die Chance, vor ihrer eigentlichen Begrüßung zunächst noch einen Kommentar zu platzieren, der aufmerksamkeitsheischend die Besonderheit ihrer heutigen Teilnahme unterstreicht, was von der Fachkraft 20 Sekunden später entsprechend honoriert wird: Z. 15, „Klientin 3, wie schön". Hier ist die Begrüßungsformel fast durchgängig die gleiche („hallo"), lediglich Klientin 4 hebt sich mit ihrem „aloha" von den anderen ab. Die moderierende Fachkraft bke-Manuel geht nach einer eher formell anmutenden allgemeinen Begrüßung, die sich in Wortwahl und Elaboriertheit klar von denen der Teilnehmerinnen abhebt und womit er deutlich seine Sonderstellung markiert, noch einmal namentlich alle bisher anwesenden Teilnehmer durch, regelmäßig variierend zwischen „hi" und „hallo", was teilweise (Klientin 4 und Klientin 6) explizit erwidert wird. Auffällig ist hier zudem die geflüsterte Begrüßung, erkennbar an der kursiven Schreibweise, von Klientin 6 an Klientin 7, was diese aufnimmt und Bereitschaft zu einem (längeren?) Flüsteraustausch signalisiert: die von Klientin 6 gesetzten „…." nach dem Hallo sind ein chatübliches Signal dafür, dass noch etwas folgt. Das „Warte, ich antworte grad noch" (Z. 27) von Klientin 7 ebenso wie die diesbezügliche Erwiderung „ok" (Z. 29) verdeutlichen die unmittelbare, individuelle Bezugnahme untereinander, die durch das Anflüstern noch einmal hervorgehoben wird. Alternativ wäre ja eine namentliche Begrüßung im öffentlich sichtbaren Text möglich gewesen. Hier kann demnach mit hoher Wahrscheinlichkeit auf eine bereits bestehende Bekanntschaft geschlossen werden, die Klientin 6 abseits des großen öffentlichen Chat-Rahmens in intimerem Austausch pflegen möchte.

An diesem geflüsterten „Hallo….." (Z. 25) und der prompten Erwiderung wird sehr schön demonstriert, was Allert (2005, S. 28) mit folgenden Worten beschreibt: „Grüßen… lässt die für Menschen grundlegende Wechselseitigkeit als Grundlage und Medium der Begegnung überhaupt erst entstehen." Er charakterisiert weiterhin den Gruß als „eine ausdrückliche Artikulation des Anfangs, als ein Mittel der Bekräftigung einer sozialen Zugehörigkeit, als Selbstbindung sowie als Einladung an ein zukünftiges Tun" (ebd.) – das von Klientin 7 in ihrer Antwort in Aussicht gestellt wird: die Einladung zum Warten suggeriert stets etwas noch Folgendes, das des Wartens wert ist. „Der Gruß kann an eine unterbrochene Beziehung anschließen oder eine gemeinsame Beziehung begründen, man kann aus einer Vertrautheit heraus grüßen oder mit dem Grüßen eine Vertrautheit beginnen lassen" (ebd., S. 30) – ob in dem zitierten Flüsterbeispiel hier eine bereits bestehende Beziehung und Vertrautheit zutrifft, deren Kontinuität durch den Gruß sozusagen aktualisiert wird, lässt sich nach der prompten, nicht überrascht wirkenden Antwort mutmaßen. Dass mit dem Gruß jedoch eine „gemeinsame Beziehung begründet" werden soll und kann, liegt für den gesamten Chatrahmen und die darin vorgenommenen Begrüßungen auf der Hand. Ausnahmslos alle Teilnehmer unserer beiden Anfangsbeispiele senden eine zumindest kurze

Begrüßungsformel und bekunden damit ihre Anwesenheit und Aufmerksamkeit sowie ihre Beziehungsbereitschaft sich an der Gruppe zu beteiligen. Der nicht nur von Hesse beschriebene „Zauber des Anfangs" wird durch die unterschiedlichen, auch Spannung erweckenden Formen der Begrüßung, wie beispielsweise mit verheißungsvoller Andeutung („...") unterstrichen.

Deppermann (2008, S. 27) weist ebenfalls auf die Bedeutung von „Rändern", d. h. Beginn und Abschluss eines Abschnittes, als wesentliche Rahmungen eines Gesprächs hin. „Durch Begrüßungen werden Beziehungen signalisiert, Auffassungen von Gesprächssituation und – Zweck wird ausgehandelt oder Bewertungen der Gesprächsqualität zum Ausdruck gebracht. Inhaltliche Aspekte können nicht angemessen interpretiert werden, wenn wir nicht wissen, unter welchen Umständen das Gespräch zustande gekommen ist, wie das Gespräch eingeleitet wurde bzw. wie die Untersuchten selbst den Gesprächsanlass interpretieren."

An diesen beiden Beispielen von Eingangsszenen werden verschiedene (bke-)chattypische Eigenheiten sehr schnell deutlich, wie sie bereits in Kapitel A, V unter „Chatkommunikation" ausführlich beschrieben wurden:

- Eine sehr schnelle Aufeinanderfolge der einzelnen Beiträge: im zweiten Beispiel: Meldungen von 7 verschiedenen Teilnehmern innerhalb von 19 Sekunden
- Mehrere unterschiedliche Begrüßungsformeln, die sich deutlich voneinander abheben (hey, hallöle, hi) und damit zur ersten, Originalität intendierenden Selbstpräsentation dienen
- Variationen in der Ausformulierung („Hi" vs. „hallo allerseits" oder „Pünktlich um 15 Uhr seid willkommen"), die sowohl dem Bemühen um Individualisierung als auch den Anforderungen eines schnellen Schreibtempos geschuldet sind. Schnelles Reagieren/sich Präsentieren ist im Chatgeschehen ohne physische Präsenz und bei hohem Konkurrenzdruck besonders wichtig.
- Herausgehobene Rolle der moderierenden Fachkraft in eigenen Beiträgen und ebenso in den an sie gerichteten Botschaften
- Namentliche Begrüßung als Zeichen der Individualität/persönlichen Ansprache, entgegen der These der Entpersonalisierung. Die namentliche Ansprache kostet Zeit und (Schreib-)Mühe und wird vermutlich gerade in Kenntnis dessen als besonderes Signal wahr- und gerne entgegengenommen.

Je mehr Teilnehmer bereits in der Anfangsphase präsent sind, desto ausgedehnter und für Ungeübte unübersichtlicher wird die Begrüßungsszene, wie folgendes Beispiel demonstriert:

Ausschnitt 3: bke-Elena 13.08.11

0)	16:59:04	System	*Klientin 5* ist dem Chat beigetreten.
1)	16:59:05	System	*Klientin 7* ist dem Chat beigetreten.
2)	16:59:05	System	*Klientin 3* ist dem Chat beigetreten.
3)	16:59:09	System	*Klientin 8* ist dem Chat beigetreten.
4)	16:59:09	System	*Klientin 12* ist dem Chat beigetreten.
5)	16:59:11	System	*Klientin 1* ist dem Chat beigetreten.
6)	16:59:12	System	*Klientin 4* ist dem Chat beigetreten.
7)	16:59:18	System	*Klientin 14* ist dem Chat beigetreten.
8)	17:00:23	System	bke-Elena ist dem Chat beigetreten.
9)	17:00:27	*Klientin 5*	hallöle
10)	17:00:31	*Klientin 4*	hallo
11)	17:00:31	*Klientin 14*	Hey
12)	17:00:32	*Klientin 7*	Hallo
13)	17:00:36	*Klientin 1*	hallo ☺
14)	17:00:37	*Klientin 3*	Guten Tag
15)	17:00:45	*Klientin 3*	hallo liebe Mod
16)	17:00:47	*Klientin 4*	Mod mal frech angrinsen tu
17)	17:00:47	*Klientin 3*	Klientin 5
18)	17:00:50	*Klientin 3*	Klientin 7
19)	17:00:54	*Klientin 12*	hallo zusammen
20)	17:00:57	*Klientin 5*	Elli :-*
21)	17:00:57	*Klientin 4*	Elliiiiiiiiiiiiii
22)	17:00:58	*Klientin 3*	Klientin 5 :-*
23)	17:01:13	*Klientin 4*	Seeeev
24)	17:01:20	*Klientin 3*	Ich bin so müde hab heute zuviel Sport gemacht ^^
25)	17:01:21	*Klientin 5*	Klientin 4
26)	17:01:25	*Klientin 4*	Klientin 7?
27)	17:01:35	*Klientin 5*	müde wär ich auch gern
28)	17:01:40	*Klientin 7*	*Klientin 4*?
29)	17:01:51	*Klientin 4*	Klientin 8
30)	17:02:01	*Klientin 4*	Klientin 14
31)	17:02:11	*Klientin 4*	Klientin 7
32)	17:02:11	bke-Elena	Hi, ihr Lieben
33)	17:02:19	*Klientin 14* * *Klientin 5*	<u>*was geht n bei euch jetzt ab? :D*</u>
34)	17:02:21	*Klientin 4*	*Klientin 14*

35) 17:02:21	bke-Elena	schön, euch zu sehen!
36) 17:02:32	*Klientin 4*	Elena
37) 17:02:34	*Klientin 14*	*Klientin 4*
38) 17:02:36	*Klientin 14*	:D
39) 17:02:36	*Klientin 5* * *Klientin 14*	*wir müssen uns halt begrüßen*
40) 17:02:40	System	*Klientin 10* ist dem Chat beigetreten.
41) 17:02:41	*Klientin 1*	dich auch
42) 17:02:49	bke-Elena	Hallo, liebe Elli
43) 17:02:57	*Klientin 4*	hallo Klientin 5
44) 17:03:00	bke-Elena	*frech zurückgrins* @Klientin 4
45) 17:03:09	*Klientin 10*	hallo
46) 17:03:10	*Klientin 3*	Ich war diese Woche das erste Mal seit sechs Jahren wieder schwimmen Mod

Hier sind bei der Eröffnung des Chatraums 8 Teilnehmer bereits anwesend. Innerhalb der ersten 10 Sekunden nach dem ersten geschriebenen Beitrag melden sich davon sechs mit einer kurzen Begrüßung zu Wort („hey", „Hallo", „hallöle"), wobei Klientin 3 mit der eher steif anmutenden und jugendchat-untypischen Formulierung „guten Tag" herausfällt und damit ebenfalls wieder Aufmerksamkeit und Sonderstellung für sich beansprucht – wie bewusst auch immer.

Klientin 3 setzt dann fort mit der namentlichen Ansprache verschiedener anderer Teilnehmer ohne erneute Begrüßungsformel, die daran anschließend Klientin 4 ebenfalls übernimmt. Damit zieht sich die Begrüßungsszene, die in den vorherigen Beispielen nach 20 Zeilen abgeschlossen war, wesentlich länger. Die Fachkraft meldet sich erst nach zwei Minuten zu Wort und dies dann in einer sehr persönlich geprägten Weise (Z. 32 „Hi, ihr Lieben", Z. 35 „schön euch zu sehen!"), die Herzlichkeit signalisiert, aber ebenso einen gewissen Aufforderungscharakter in sich birgt, z.B. dass die Teilnehmerinnen sie nicht durch nicht-lieb-sein enttäuschen? Auf die schon schnell zu Beginn gesendeten Signale im Sinne eines exklusiven, persönlich-direkten Ansprechens der Moderatorin (Z. 16 „Mod mal frech angrinsen tu") geht die Fachkraft in diesem Beispiel erst viel später ein (Z. 44, „*frech zurückgrins* @Klientin 4"), zunächst bleibt sie bei der allgemeinen Begrüßung, ohne einzelne Teilnehmerinnen durch Ansprache besonders herauszuheben. Davon weicht sie erst im späteren Verlauf ab, als sie zwei Teilnehmerinnen namentlich begrüßt (Z. 42 und 43), einmal sogar mit dem Zusatz „Hallo, liebe Elli" (Z. 42). Dies lässt auf eine bereits bestehende Vertrautheit und Wiedersehen schließen, was durch die besondere Grußformel zum Ausdruck gebracht wird. Keiner der übrigen Teilnehmer reagiert irgendwie ersichtlich auf diese Heraushebung, der offenbar kein größerer Stellenwert zugemessen wird, d. h. eher üblich/gewohnt erscheint.

Was hier neben der persönlichen, teilweise überschwänglich anmutenden Begrüßung besonders ins Auge sticht – möglicherweise motiviert durch den vielen Teilnehmerinnen bekannten persönlichen Stil der Begrüßung der Moderatorin mit „Ihr Lieben", was die Atmosphäre für „liebevollere"/persönlichere Begrüßungen öffnet –, sind die zusätzlichen Stilmittel, die hier verwendet werden, um die Begrüßung bzw. einzelne Angesprochene besonders herauszuheben, z. B. Mehrfach-Verwendung von Buchstaben (Z. 21 „Elliiiiiii", Z. 23 „seeeev"), die sowohl Überraschung, als auch Wiedersehensfreude signalisieren könnten, auf jeden Fall aber ein besonderes Herausheben der so angesprochenen Teilnehmerinnen. Dies dient genauso wieder als Effekt der Aufmerksamkeitssteuerung im Chat, was ja prompt zu der (gewünschten?) Nachfrage führt (Z. 33, „*was geht n bei euch jetzt ab? :D*") und zur bewusst-lässigen Understatement-Antwort (Z. 39, „*wir müssen uns halt begrüßen*"), die eben nicht auf das Besondere der Begrüßungen abhebt und genau damit das noch einmal betont. Gleichzeitig verweist die verwendete Formulierung auf die Norm und den ritualisierten Zwangscharakter des Begrüßens („müssen"), der aber durch das „halt" fraglos akzeptiert wird.

Deutlich wird an diesem Beispiel ebenso die Verflechtung der Eingangsbegrüßungen mit der sich üblicherweise anschließenden Smalltalk-Szene: eingestreute Selbstmitteilungen als Botschaft an die anderen Teilnehmerinnen (Z. 24, 27) bzw. explizit an die Chatmoderatorin (Z. 46). Diese Selbstmitteilungen gehen über die Begrüßungsformel hinaus, spannen den Bogen zu weiteren Themen und dienen neben der Selbstpräsentation und der Aufmerksamkeitsgenerierung zusätzlich der Beziehungspflege speziell zur moderierenden Fachkraft.[85] Bereits hier zeichnen sich erste Tendenzen ab zur Profilierung und zu internem Wettbewerb (Z. 27 „müde wär ich auch gerne", was vermutlich gewollte Phantasien darüber auslöst, warum jemand nicht müde ist, sich dies aber wünscht). Im Sinne der internen Kohärenz stellt sich die Frage, inwieweit in diesen Befindlichkeitsaussagen schon erste Weichenstellungen und damit eine Rahmungsabsicht in Richtung Themen/Anliegen erfolgen. Initialpassagen sind wichtig zur Einführung eines Themas.

Dieser fließende Übergang zwischen Eingangsbegrüßung und Smalltalk wird in der Fortführung der Begrüßungsszene deutlich, die oben als erster Ausschnitt bereits mit den Anfangszeilen angeführt war.

---

85 Diese Selbstpräsentation wird von Benke (2007, „Inszenierung") und Dorta (2005, „Performanz") ausführlich als wesentlich und prägend für web-basierte Kommunikation beschrieben. Dorta betont darüber hinaus die hier als Beziehungspflege beschriebenen performanzorientierten sozialen Welten.

Ausschnitt 4: bke-Nathan 29.07.11

0)	15:29:09	System	*Klientin 8* ist dem Chat beigetreten.
1)	15:29:11	System	*Klientin 5* ist dem Chat beigetreten.
2)	15:29:15	System	*Klientin 4* ist dem Chat beigetreten.
3)	15:29:22	System	*Klientin 15* ist dem Chat beigetreten.
4)	15:30:00	System	bke-Nathan ist dem Chat beigetreten.
5)	15:30:05	*Klientin 5*	hallöle
6)	15:30:09	*Klientin 4*	hey
7)	15:30:16	*Klientin 15*	Hallo allerseits
8)	15:30:20	*Klientin 8*	Hi
9)	15:30:31	*Klientin 5*	nathan magst du mir mal eben sagen, dass ich krank bin
10)	15:30:45	bke-Nathan	du bist krank
11)	15:30:51	*Klientin 5*	Danke
12)	15:30:53	bke-Nathan	gute besserung
13)	15:30:59	*Klientin 5*	ne da hilft nichts mehr
14)	15:31:06	*Klientin 5*	ich bin absolut der sucht verfallen
15)	15:31:10	*Klientin 5*	das 77. paar schuhe
16)	15:31:10	bke-Nathan	ah, todkrank?
17)	15:31:29	*Klientin 8*	77?
18)	15:31:41	*Klientin 5*	japp
19)	15:31:45	*Klientin 8*	
20)	15:31:47	bke-Nathan	gut, dass du kein 1000füßler bist
21)	15:31:52	System	*Klientin 11* ist dem Chat beigetreten.
22)	15:32:06	*Klientin 11*	hallihallo
23)	15:32:07	*Klientin 5*	meine kollegin hat sich stiletto shoes geholt
24)	15:32:13	bke-Nathan	hiho
25)	15:32:17	*Klientin 8*	Hallo *Klientin 11*
26)	15:32:18	*Klientin 5*	kann nicht drauf laufen, ist genau meine größe und die höhe ist fantastischhi *klientin 11*
27)	15:32:34	bke-Nathan	da würd ich mir das genick brechen
28)	15:32:37	*Klientin 8*	was heißt hiho nathan?
29)	15:32:53	*Klientin 8*	Perfekt *Klientin 5*
30)	15:32:55	*Klientin 5*	16,5 cm
31)	15:32:58	bke-Nathan	hiho heißt hiho. was soll es sonst heißen?
32)	15:33:01	*Klientin 8*	

33) 15:33:03	*Klientin 5*	und ich kann drauf laufen
34) 15:33:15	System	*Klientin 10* ist dem Chat beigetreten.
35) 15:33:35	*Klientin 8*	ja, wenn ich so begrüßt werden würde, dann würde ich mich schon fragen, was das eigentlich heißt… nene hallo geht nicht??
36) 15:33:39	*Klientin 5*	und ich verlieb mich gerade wieder in ein paar schicke sandalette
37) 15:33:47	*Klientin 10*	Hallo
38) 15:33:57	bke-Nathan	hiho ist der international anerkannte gruß der gartenzwerge

Nach den schon erläuterten Begrüßungsformeln (Z. 5 bis Z. 8) schließt Klientin 5, die vorher schon als erste gegrüßt hat, übergangslos mit einer Bitte an, mit der sie explizit die Aufmerksamkeit der moderierenden Fachkraft auf sich zieht. Der Moderator kommt dem sofort entgegen, ohne selbst seinerseits zunächst die Anwesenden zu begrüßen, und es entspinnt sich ein kleines Geplänkel über die Zusatzinformation, die hinter dieser Bitte steckt. An diesem Geplänkel – kommentarloses Darauf-Eingehen und allmähliche Entfaltung des Hintergrundes – wird eine gewisse Vertrautheit und Leichtigkeit (= chattypischer Konversationsstil) deutlich.

Mit Hinzutreten einer weiteren Klientin (11), die sich unmittelbar mit einem Gruß einklinkt, holt bke-Nathan die Begrüßung nach, ebenfalls mit einer kreativen Grußformel, die Erstaunen weckt und Nachfragen nach sich zieht (Z. 28 „was heißt hiho?" und Z. 35 „… nene .. hallo geht nicht?"). Währenddessen erfolgt Annahme und Erwidern des Grußes von Klientin 11 namentlich durch Klientin 8 und Klientin 5. Die hinzukommende Klientin 10 klinkt sich ebenfalls mit einer Begrüßungsformel ein.

Deutlich wird hier die ambivalente Rolle des Moderators in seiner Rolle als Moderator und Teil der Gruppe. Durch das lockere „hiho" positioniert er sich sprachlich als Teil der Gruppe. Die lockere Begrüßungsformel ist sozusagen „überperformt", überangepasst, was eventuell zur kritischen Nachfrage eines Users führt. Die Bewusstmachung dieser Unangemessenheit und die Aufforderung zur Explikation führen zu einer Abwehrhaltung. Der Moderator verweigert die Explikation, was auf seine Gestaltungsmacht und Sonderposition verweist, relativ schroff.

Zusammenfassend kann man hier in den ersten 38 Zeilen mit 5 Systemmeldungen und 33 Textbeiträgen sehen, wie die Gruppe untereinander einerseits Kontakt durch Begrüßungen aufnimmt und damit sich als Gruppe mit Minimum an Verbindlichkeit und gegenseitiger Bezugnahme konstituiert, und andererseits mit leichtem Geplänkel diese Begrüßungsphase ausdehnt und untereinander Bezug nimmt (Z. 17: Klientin 8 fragt bei Klientin 5 nach, Z. 29: anerkennender Kommentar zu Klientin 5).

Der fließende Übergang von Begrüßung und Smalltalk/eigenen Befindlichkeitsrückmeldungen und Selbstaussagen ist im folgenden Textausschnitt ebenfalls gut zu erkennen.

Nach den Systemmeldungen (Z. 0 bis Z. 12: 10 Teilnehmerinnen plus Moderator namentlich angezeigt) startet eine kurze, relativ einheitliche Begrüßungsszene, die dann mit bke-Nathans Frage „gibt es was neues?" (Z. 27) übergeleitet wird in Selbstmitteilungen. Hier schälen sich zwei Themen heraus, die auf Interesse stoßen und von Moderator wie von den übrigen Teilnehmerinnen kommentiert bzw. konkreter erfragt werden: Mitteilung über ein neues Haustier (Z. 31) und über einen erfolgten Therapieabbruch (Z. 34).

Ausschnitt 5: bke-Nathan 10.02.12

13) 15:30:10	*Klientin 3*	*klientin 7* *Klientin 6*
14) 15:30:11	*Klientin 5*	hallo...
15) 15:30:15	*Klientin 3*	hallo
16) 15:30:17	*Klientin 10*	hallo ^^
17) 15:30:18	*Klientin 13*	hallo
18) 15:30:21	*Klientin 7*	Hallo allerseits
19) 15:30:27	*Klientin 9*	Hallo
20) 15:30:31	*Fachkraft *	hallo *winkt
21) 15:30:33	*Klientin 7*	Farbe
22) 15:30:49	*Klientin 14*	Hallo
23) 15:31:02	*Klientin 6*	hallo zusammen
24) 15:31:21	*Klientin 6*	*Klientin 7*
25) 15:31:41	*Klientin 7*	Hallo bke-Nathan
26) 15:31:46	*Fachkraft *	hi
27) 15:32:10	*Fachkraft *	gibt es was neues?
28) 15:32:22	*Klientin 7*	Ja und nein
29) 15:32:34	*Fachkraft *	das ist vielsagend^^
30) 15:32:35	System	*Klientin 14* hat den Chat verlassen.
31) 15:32:36	*Klientin 5*	ich hab jetzt nen haustier
32) 15:32:44	*Fachkraft *	oh, was denn?
33) 15:32:45	System	*Klientin 11* ist dem Chat beigetreten.
34) 15:32:46	*Klientin 9*	ich habe Therapie nach 3 tagen abgebrochen

35)	15:32:58	*Klientin 3*	shit warum mara?
36)	15:32:59	*Klientin 6*	wieso das, mara?
37)	15:33:00	*Klientin 5*	nen hund
38)	15:33:04	*Fachkraft *	hast aber lange durchgehalten
39)	15:33:11	*Klientin 10*	ich hatte heute nur 4 stunden schule, yay
40)	15:33:13	*Klientin 6*	echt, cool, *Klientin 5*!
41)	15:33:16	*Fachkraft *	also doch ein hund
42)	15:33:29	*Fachkraft *	und du fühlst dich der verantwortung gewachsen?
43)	15:33:37	*Klientin 5*	ja, klappt gut mit uns
44)	15:33:46	*Fachkraft *	was für einer ist es denn?
45)	15:34:01	*Klientin 5*	schäfermix
46)	15:34:04	System	*Klientin 14* hat den Chat verlassen.
47)	15:34:11	*Klientin 5*	was alles genau da drinne ist weis ich nicht
48)	15:34:26	*Fachkraft *	also keine hamstergröße, gut
49)	15:34:31	*Klientin 14*	Hi
50)	15:34:32	*Klientin 9*	Weil ich mich irgendwie total unwohl gefühlt habe & alle waren dünner als ich & ich meinte mal wieder ich würde einen Platz blockieren
51)	15:34:48	*Klientin 6*	ey, nix gegen kleine hunde, möpse sind cool, nathan!
52)	15:34:55	*Klientin 5*	würde auch zu meiner größe nicht passen nathan…
53)	15:35:06	*Klientin 11*	pudel sind auch süss
54)	15:35:18	*Fachkraft *	ein mops braucht immer mindestens noch einen mops
55)	15:35:18	*Klientin 7*	Bist du groß *Klientin 5*?
56)	15:35:21	*Klientin 3*	mich haben grad wieder ein paar hunde beim joggen genervt, das waren auch so kleine terrier
57)	15:35:31	*Klientin 5*	sonst würde ichs ja nicht sagen oder? -.-
58)	15:35:34	*Fachkraft *	die fühlen sich alleine ganz schnell einsam
59)	15:35:39	*Klientin 3*	oh man wie solls denn jetzt bei dir weitergehen mara?
60)	15:36:06	*Klientin 6*	was laberst du denn fürn käse, nathan?
61)	15:36:09	*Klientin 7*	Ja groß gibt es verschiedene Größe lol^^ *Klientin 5*
62)	15:36:14	*Fachkraft *	ist so *Klientin 6*

Während die Mitteilung über den Therapieabbruch unmittelbar Nachfragen und Kommentare hervorrufen (Z. 34–38, 3 Beiträge innerhalb von 18 Sekunden), bleibt die genauere Begründung (Z. 50) zunächst mal ohne Erwiderung, ruft dann erst nach über einer Minute eine rhetorische Nachfrage hervor (Z. 59). Das

Aufnehmen eines “ernsten“ und affektiv schweren Themas wird in dieser Small-Talk- und Schwatz-Phase des Chats offenkundig vermieden. Über fehlende Resonanz der anderen Teilnehmer und den eher flapsigen Kommentar des Moderators (Z. 38) erfolgt indirekt eine Rückmeldung darüber, dass dieses Thema jetzt nicht passt, sondern eher ein leichteres, unverfängliches Thema (Hunde) bevorzugt wird.[86] Mehrere Teilnehmerinnen der Gruppe haben sich mittlerweile auf das Thema „Haustier“/Hunde eingelassen und diskutieren darüber (Z. 31 ff), wobei auffällt, dass es zwar zwischen Moderator und der Klientin selbst um die eigentliche Botschaft „Haustier“ und damit verbundene Konsequenzen/Verantwortung geht, die anderen aber dies eher als Startschuss zum allgemeinen Austausch über „Hunde“ betrachten und jeder seine Ideen/spontanen Einfälle und Assoziationen einbringt (Z. 53, „Pudel sind auch süß“, Z. 56 „Mich haben gerade wieder ein paar Hunde beim joggen genervt…“) wie z. B. von Hund über dessen Größe auf die Größe des Besitzers. An diesem assoziativen Spiel beteiligen sich 6 der 11 anwesenden Teilnehmer, womit über ein unverbindliches Thema und dazugehörige Assoziationen die Möglichkeit besteht, sich in lockerem Rahmen, mit „Leichtigkeit“, unverbindlich ins Gespräch einzuklinken, sich zu präsentieren und gegenseitig Kontakt aufzunehmen, ohne schon allzu viel von sich preiszugeben. Das ist sowohl typisch für die Chatkommunikation allgemein als auch konstitutiv für das Zusammenfinden als Gruppe, bevor es mit den eigentlichen Gruppenaufgaben (Intention, für die sich eine Gruppe als solche findet, hier: gegenseitige Beratung) losgeht. Zudem entspricht das den in den Ausführungen zur Methodik der Gesprächsanalyse beschriebenen Voraussetzungen: Gemeinsames Herstellen von Kohärenz, Aufeinander beziehen, Kontextualisierung… hier in lockerer, assoziativer Form, aber unverkennbar in logischer Abfolge einer Sequenz (z. B. Haustier, Hund, Hunderassen) auf andere (Größe des Hundes, des Besitzers).

Zusammenfassend kann man diese ersten Szenen – Begrüßung und Smalltalk – folgendermaßen beschreiben: Die Begrüßungsphase entspricht im Vergleich zu einem Face-to-Face-Setting, einem ko-präsenten Zusammentreffen vor Ort etwa dem gemeinsamen Ankommen in einem Raum: die Gruppenmitglieder trudeln nach und nach ein, entdecken wer noch alles da ist und begrüßen sich gegenseitig. Spontan oder auf Nachfrage erzählt man sich dann, was gerade so los ist: die Joining-Phase, man kommt etwas stärker in Kontakt, was in der Realwelt vergleichbar wäre mit: alle setzen sich hin, man schwatzt noch ein bisschen durcheinander, kommt miteinander in Tuchfühlung als Vorbereitung für

86 Ob und inwiefern auf diese Thematik im späteren Chatverlauf anders eingegangen wird, wird im Auswertungsteil der „Themenphase“ noch einmal behandelt.

die spätere inhaltliche Arbeit. Der Schwerpunkt dieser Eröffnungsszenen liegt auf der Beziehungsanbahnung und -Gestaltung. Wie oben bereits beschrieben dient die Art des Begrüßens gleichzeitig sozusagen wie eine Visitenkarte, als Identitätsrequisite, wie der einzelne Teilnehmer sich in Szene setzt und seine Präsenz sowie Individualität signalisiert. „Menschen befolgen Regeln mehr oder weniger konform, und in diesem Umstand des mehr oder weniger bringen sie ihre Individualität zum Ausdruck“ (Allert, 2005, S. 34).

Gleichzeitig dient diese Phase neben der Vermittlung von chattypischer Leichtigkeit – im Nebeneinander von unverbindlichen Themen und Verbindlichkeitsherstellung/Vertrauensaufbau durch gemeinsames Sich-Einlassen auf ein unverfängliches Thema – der Einführung von neuen Teilnehmern in den Chat, wie am folgenden Beispiel gut sichtbar:

Ausschnitt 6: bke-Nathan, 27.01.12

14) 15:30:17	*Klientin 1*	hey
15) 15:30:22	*Klientin 2*	moin moin
16) 15:30:23	*Klientin 3*	ein müdes hallo zusammen
17) 15:30:25	*Klientin 4*	Hallo
18) 15:30:26	*Klientin 5*	hallo
19) 15:30:28	*Klientin 6*	hallo :)
20) 15:30:29	*Klientin 7*	Hallo
21) 15:30:36	*Klientin 2*	wieso denn müde? ich bin nach 2,5 Stunden schlaf immer noch hellwach
22) 15:30:37	*Klientin 8*	hi
23) 15:30:45	*Klientin 9*	hallo, willkommen zum freitagschat
24) 15:31:02	*Klientin 3*	ich hab die vorletzte nacht 4 und die letzte 3 stunden geschlafen, *Klientin 2* und das macht mein körper nicht mit
25) 15:31:22	*Klientin 8*	chill. es ist wochenende und ich hab nix besseres zu tun als at home zu sitzen und meine familie zu ertragen…
26) 15:31:24	*Klientin 2*	dank meinem chef schlaf ich nicht mehr ^^ aber was solls, nachts bin ich am kreativsten
27) 15:31:34	*bke-nathan*	du kannst ja jetzt hier 2 std. schlafen^^
28) 15:31:36	*Klientin 10*	huhu ^^
29) 15:31:41	*Klientin 1*	huhu
30) 15:31:58	*Klientin 3*	ich war vorhin grad am einschlafen, bin nur wegen des chats aufgestanden, nathan^^

31) 15:32:05	*Klientin 2*	wenn ich meinem chef das vorschlage knallt er mir eine
32) 15:32:35	*bke-nathan*	ich werde mich also nicht wundern, wenn ich dich schnarchen höhre
33) 15:32:44	*Klientin 3*	lol
34) 15:32:53	*Klientin 3*	HöHre xD
35) 15:32:58	*bke-nathan*	hehe
36) 15:33:06	*Klientin 2*	das h fühlte sich alleine halt einsam
37) 15:33:16	*Klientin 3*	^^
38) 15:33:39	*Klientin 9*	jemand neu im chat bei der bke?
39) 15:33:42	*Klientin 2*	kann ich voll und ganz verstehen
40) 15:33:50	*Klientin 2*	ich bin ganz neu
41) 15:34:03	*Klientin 11*	ja, ich
42) 15:34:39	*bke-nathan*	hallo *Klientin 11*, willkommen. schau dir das in aller ruhe an, bei fragen helfen die meisten user auch gerne weiter
43) 15:35:09	*Klientin 1*	oben rechts kannst dir schon mal farbe aussuchen wenn dir dein schwarz nicht gefällt
44) 15:35:26	*Klientin 2*	wohl eher wenn zu viele schwarz haben ^^
45) 15:35:34	*bke-nathan*	wir machen ein bisschen small talk, nachher frage ich nach aktuellen themen und wir schauen dann, was wir davon hier bearbeiten können
46) 15:35:59	*bke-nathan*	mir egal, bin farbenblind^^

Hier ist das übliche lockere Geplänkel, diesmal zum Thema Schlaf, zu finden, das vorrangig der möglichst „coolen" Selbstinszenierung dient (Z. 21, „bin nach 2,5 Stunden Schlaf immer noch hellwach"; Z. 24 „hab nur 3 ….bzw. 4 Stunden geschlafen…"). Dabei ist ebenso wie an den Kommentaren zu Rechtschreibfehlern („höhre", Z. 32–37) deutlich zu erkennen, wie die Teilnehmer untereinander darauf einsteigen und mehrfach ein gemeinsamer lockerer kurzer Gesprächsfaden entsteht. Neben diesem fragt der Moderator explizit nach, ob neue Teilnehmer im Chat dabei seien. Diese werden von ihm dann ausdrücklich begrüßt und sachlich in den Chatablauf eingewiesen. Unterstützt wird dies von Teilnehmern, die sich einklinken und ihrerseits Tipps geben (Z. 43, Z. 44). Beide nehmen damit den Faden des Moderators auf, treten in Beziehung zu den „Neuen" und dem Moderator und erleichtern damit den Zugang zur Gruppe. Durch die gegenseitige Bezugnahme und das Miteinander-Fokussieren auf einen unverbindlichen, neutralen, affektiv nicht belastenden Gesprächsinhalt wird ein Gruppengefühl suggeriert und erzeugt. Zudem betonen die einleitenden Bemerkungen der moderierenden

Fachkraft das gemeinsame Tun und damit die Gruppenkomponente (Z. 45, „wir machen ein bisschen small talk, nachher frage ich nach aktuellen themen und wir schauen dann, was wir davon hier bearbeiten können") sowie den offenen Charakter der Themenbearbeitung: „wir schauen mal..." im Sinne von: es ist offen, wie es sich entwickeln kann und wird. Damit werden die Weichen durch die Fachkraft sehr offen gestellt: von unverbindlichem Einbringen bis zu intensivem Bearbeiten ist sozusagen alles möglich.

5.1.2 Fazit

Wie in den Beispielen ersichtlich wurde, sind chattypische Kommunikationsmuster zu finden: schneller Schreibstil (erschließbar aus der Zeiteinblendung), lockerer Umgangston, Bemühen um Profilierung, hier z.B. anhand kreativer Grußformeln oder „cooler" Sprüche. Die erschwerten Anforderungen der Kontaktaufnahme im rein textbasierten Setting werden kreativ gelöst. Die zusammengewürfelte Gruppe tritt mithilfe von Begrüßungen wie Selbstmitteilungen in Beziehung untereinander, macht sich „wahrnehmbar" im Sinne Kieserlings (1998). Es wird auf einzelne Beiträge reagiert und diese als Ausgangspunkt für eigene Kommentare und Beiträge genutzt, wobei – wie aufgezeigt – „ernstere" Themen zu dem Zeitpunkt nicht vertieft werden. Die zugrundeliegende Rahmung ist eher als die eines lockeren Plauder-Austausches zu betrachten. Das Beziehungsgeflecht untereinander ist unterschiedlich stark ausgeprägt, anhand einzelner Begrüßungen kann auf eine gewisse Vertrautheit zumindest einzelner Teilnehmer untereinander sowie mit der moderierenden Fachkraft geschlossen werden.

Die wechselseitige Bezugnahme aufeinander ermöglicht eine lockere Form von Beziehungsaufbau, die neben der Beziehungspflege unter bereits Bekannten möglicherweise ebenso dem behutsamen Aufbau von Vertrauen und einem Minimum an Kooperationsbereitschaft dient, das später für den intendierten Zweck der Chats grundlegend ist: dem gemeinsamen Besprechen von Anliegen und Themen der Jugendlichen. Die Intention sich daran zu beteiligen wird – wie in der Einführung in das Untersuchungsmaterial beschrieben – aufgrund des doch hohen Zeit- und Energieaufwandes in der Registrierung für die Chats unterstellt.

5.1.3 Verbindlichkeit im Chatverlauf

Es kann sein, dass Teilnehmerinnen erst eine Weile nach Beginn des Chats hinzustoßen, sei es aus eigener Entscheidung oder weil zunächst alle Plätze belegt waren und erstmal abgewartet werden musste, bis durch Ausscheiden einer anderen

Teilnehmerin wieder ein Platz in dem auf zehn gleichzeitig anwesende Teilnehmerinnen beschränkten Chatraum frei wird.

Später hinzukommende Teilnehmerinnen grüßen genauso und werden in der Regel begrüßt, so dass in dieser als eher unverbindlich geltenden Form Chat auf eine grundlegende Kultur der Gruppenbildung und Minimalformen an gegenseitiger Verbindlichkeit geschlossen werden kann. Dies gilt nicht nur in der allgemeinen Begrüßungsphase, sondern ebenfalls während der Themenbearbeitung.

Ausschnitt 7: Beispiel „Alessandro", bke-Mirata, 25.01.12

173)	20:18:23	System	*Klientin 9* ist dem Chat beigetreten.
174)	20:18:32	*Klientin 8*	Hallo *Klientin 9*
175)	20:18:37	*Klientin 9*	hallo
176)	20:18:37	*Fachkraft 1*	guten abend *Klientin 9*
177)	20:18:50	*Alessandro*	was heißt besprochen, ich hab sie angebrüllt
178)	20:18:53	*Klientin 6*	hi *Klientin 9*
179)	20:19:08	*Alessandro*	wie kann sie denn bloß so bescheuert sein?
180)	20:19:25	*bke-Mirata*	@Klientin 9, ale beschreibt gerade, dass es ihn enttäuscht, dass seine stiefmutter wieder einen alkoholikerfreund hat
181)	20:19:26	*Klientin 8*	Hast du ihn schon kennengelernt?
182)	20:19:33	*Alessandro*	ja *klientin 8*
183)	20:19:42	*Klientin 9*	danke
184)	20:19:43	*Klientin 8*	und du findest nichts positives an ihm?
185)	20:19:46	*Alessandro*	nein
186)	20:19:46	*Klientin 10*	hi *Klientin 9*
187)	20:20:04	*Klientin 8*	er erinnert dich an vorher?
188)	20:20:17	*Klientin 8*	an den mann vorher

Hier kommt Teilnehmerin 9 knapp 20 Minuten nach Chatbeginn dazu (an Systemmeldung Z. 173 ersichtlich), während die Gruppe bereits ein Thema eines anderen Teilnehmers bespricht. Sie wird von zwei Teilnehmerinnen begrüßt (Z. 174, 178) und grüßt selbst (Z. 175), während das andere Thema weiterläuft (Z. 177, 179, 184f). Die Fachkraft begrüßt sie ebenfalls namentlich und gibt ihr eine kurze Einführung in das gerade behandelte Thema (Z. 180), was sie ebenfalls mit namentlicher Adressierung (@Klientin 9....) von den anderen Textbeiträgen abhebt. Klientin 9 bedankt sich für die Zusammenfassung (Z. 183), womit sie diese noch einmal würdigt. Mit diesen Interaktionen ist sozusagen innerhalb von etwas mehr als einer Minute ihr Einstieg in die Gruppe eingeleitet und beendet worden, während das eigentliche Thema (Besprechung des Anliegens von Klient 7, „Alessandro", genannt Ale) weiterläuft. In Z. 186 wird sie noch von einer weiteren Teilnehmerin explizit begrüßt, die möglicherweise durch die namentliche Nennung und die Ausführungen der Fachkraft noch einmal auf ihr Hinzustoßen aufmerksam gemacht wurde.

In dem nächsten Beispiel (Ausschnitt aus demselben Chat, etwa eine Stunde später) ist die Gruppe gerade mit der Bearbeitung eines weiteren Themas beschäftigt (Klientin 8), als Klientin 11 hinzukommt.

Ausschnitt 8: bke-Mirata 25.01.12

483)	21:19:11	System	*Klientin 6* hat den Chat verlassen.
484)	21:19:13	System	*Klientin 11* ist dem Chat beigetreten.
485)	21:19:13	System	*Klientin 11* ist dem Chat beigetreten.
486)	21:19:17	*Klientin 10*	hi *Klientin 11*
487)	21:19:18	*bke-Mirata*	dazu kann ich dir nur gratulieren!
488)	21:19:26	*bke-Mirata*	guten abend *Klientin 11*
489)	21:19:35	*Klientin 8*	Ich habe nur gesagt, dass es mir nicht gutgeht *Klientin 4*. Und das war schon verdammt schwer, mich selbst zu melden!
490)	21:19:38	*Klientin 8*	Hi *Klientin 11*
491)	21:19:40	*Klientin 11*	guten abend zusammen
492)	21:19:51	*Klientin 10*	wi ehaben die reagiert?
493)	21:19:58	*Klientin 4*	aber das ist doch toll, dass du das konntest und dich überwunden hast
494)	21:20:03	*Klientin 4*	wie war die reaktion?

Klientin 11 wird umgehend von einer anderen Teilnehmerin begrüßt (Z. 486, 4 Sekunden nach der Systemmeldung über ihren Beitritt), woran sich die Fachkraft (Z. 488) und die Teilnehmerin, die gerade ihr Thema bearbeitet, anschließen (Z. 490), was dann von Klientin 11 mit einem explizit an alle gerichteten Gruß erwidert wird (Z. 491, „guten Abend zusammen"). Parallel dazu und anschließend wird weiter über das Thema von Klientin 8 verhandelt, ohne dieses der neu hinzugekommenen Teilnehmerin noch einmal zu benennen, was zu einer eigenen Nachfrage von ihr führt.

Ausschnitt 9: bke-Mirata 25.01.12

514)	21:23:45	*Klientin 11*	was ist gerade thema?
515)	21:24:01	*bke-Mirata*	wer mag *Klientin 11* das thema erläutern?
516)	21:24:02	*Klientin 10*	*klientin 8*, das eknnst du wahrscheinlcih nicht von zuhause oder?
517)	21:24:19	*Klientin 8*	ähm schwer Mirata...
518)	21:24:19	*bke-Mirata*	@*Klientin 8* welcher gegenstand wäre dein gutes gewissen?
519)	21:24:29	*Klientin 8*	ich überlege gerade *fachkraft*
520)	21:24:37	*Klientin 4*	*Klientin 8* hat in der tk von selbst gesagt, dass es ihr schlecht geht und braucht dafür bestätigung, damit sie wieder kraft tanken kann
521)	21:24:41	*Klientin 4*	@*klientin 11*
522)	21:24:45	*Klientin 10*	ich geb auf:den kampf mit der tastatur gewinn ich heut nimmer. fragt bitte einfach nach, wenn ihr was nicht entziffern könnt. danke.
523)	21:24:48	*Klientin 8*	ne sonnenbrille^^
524)	21:24:55	*bke-Mirata*	@danke *Klientin 4*
525)	21:24:58	*Klientin 11*	okay, danke, *Klientin 4*

Die Fachkraft nimmt diese Frage und das Anliegen nach Erläuterung auf, delegiert diese Aufgabe jedoch an eine Teilnehmerin aus der Gruppe (Z. 515). Dabei wird durch die Formulierung („wer mag...?") eine Entscheidung freigestellt, womit ebenso der Charakter des Entgegenkommens, die Gefälligkeit gegenüber der neuen Teilnehmerin Klientin 11 betont wird. Ohne dass explizit besprochen wird, wer dies übernimmt, erfolgt dann die gewünschte Erläuterung durch eine Teilnehmerin parallel zu dem weiter besprochenen Thema (Z. 520), die nachträglich noch adressiert wird (Z. 521), um die Adressatin deutlich zu machen und damit Missverständnisse auszuschließen, ob es ein themenbezogener Beitrag für Klientin 8 bzw. alle war. Dieser Beitrag und der Einsatz von Klientin 4 wird durch das „Danke" von Fachkraft (Z. 524) wie Klientin 11 selbst (Z. 525) noch einmal gewürdigt.

Die Selbstverständlichkeit, mit der die Fachkraft von einer Gefälligkeit und damit gemeinsamer Verantwortung für das Gelingen der Gruppe ausgeht und ebenso, wie diese Rollenübernahme ohne Aushandeln erfolgt, unterstreicht ebenfalls die Anerkennung einer gewissen Verbindlichkeit untereinander und Höflichkeitsregeln sowie Verantwortungsübernahme in einer Gemeinschaft, die offenbar, entgegen der oft vertretenen Auffassung eines persönlich unverbindlichen Rahmens in der Chatkommunikation, als eine solche erlebt wird.

Die implizite Regel, dass die Aufmerksamkeit weiter auf das gerade bearbeitete Thema gerichtet bleibt, wird indirekt dadurch unterstrichen, dass eben nicht unterbrochen wird und dass die Fachkraft mit ihrer Energie und Aufmerksamkeit dabei bleibt und die Erläuterung delegiert.

Immer wieder kommt es vor, dass Teilnehmerinnen vor dem eigentlichen Chatende den Chatraum verlassen, teilweise wegen anderer Verpflichtungen, teils themenbezogen. In der Regel gilt hier ebenfalls eine Kultur des Verabschiedens, oft mit Begründung, so dass damit eine gewisse Verbindlichkeit und Akzeptanz von Höflichkeits- und Gruppenregeln, durchaus in ritualisierter Form, bestätigt wird. Virtuelle Präsenz kann demnach ebenfalls eine Gruppe konstituieren.

Ausschnitt 10: bke-Uschi 24.01.12

344) 17:44:47	*Klientin 10*	mein besuch ist da muss nun los
345) 17:44:48	*Klientin 10*	by
346) 17:44:49	*Klientin 10*	e
347) 17:44:55	*Klientin 10*	
349) 17:44:58	*Klientin 4*	tschüss
350) 17:45:02	*Klientin 9*	tschüss *Klientin 10*
352) 17:45:07	*Klientin 6*	bye *Klientin 10* viel spaß
353) 17:45:07	*Klientin 1*	machs gut, *Klientin 10*. war interessant
354) 17:45:09	*Klientin 10*	und dir viel erfolg *Klientin 4*
355) 17:45:10	*Klientin 2*	ciao *Klientin 10*
357) 17:45:14	*Klientin 4*	danke
358) 17:45:18	System	*Klientin 10* hat den Chat verlassen.

Ausschnitt 11: bke-Ulla 28.11.11

655) 21:41:29	*Klientin 16*	ich geh dann wieder bin heute nicht sehr hilfreich
659) 21:41:40	*Klientin 1*	Tschüss *Klientin 16* 
660) 21:41:44	*Klientin 16*	Viel Glück euch Allen!!!
662) 21:41:55	*Klientin 1*	Dir auch *Klientin 16*!

Die Existenz bzw. Wirksamkeit von Regeln ist unter anderem daraus zu erschließen, wenn eine Nicht-Einhaltung kommentiert wird. Ohne die Existenz einer Regel würde das Bemängeln eines regelwidrigen Verhaltens keinen Sinn ergeben, so dass aus den Bemerkungen und Kommentaren bei Zuwiderhandlungen ebenso auf die verbindliche Verpflichtung gewisser Höflichkeitsregeln (z. B. Begrüßung, Ankündigung von vorzeitigem Gehen, Verabschiedung) geschlossen werden kann.[87] Die Begrüßungs- und Verabschiedungsszenen scheinen stark ritualisiert und von normativem Charakter.

Ausschnitt 12: bke-Nathan 27.01.12

415) 16:45:45	System	*Klientin 6* hat den Chat verlassen.
416) 16:46:11	System	*Klientin 11* hat den Chat verlassen.
417) 16:46:32	*Klientin 9*	ich mag nicht wenn leute gehen ohne sich zu verabschieden

Durch den Kommentar wird das Außergewöhnliche des Verhaltens herausgestrichen. Wenn es eine übliche Praxis wäre, würde es nicht auffallen, geschweige denn kommentiert werden. Hier wird dagegen die Regel einer verbindlichen Abmeldung/Verabschiedung klar eingefordert.

Verbindlichkeit in der Mitwirkung am Thema

Eine weitere offenbar implizit stillschweigende Regel, die sich gerade an Rügen der Nicht-Einhaltung oder an antizipierenden, entschuldigenden Äußerungen der einzelnen Teilnehmerinnen kundtut, ist die Verpflichtung des Mittuns, d. h. konkret eben nicht nur schweigend dabei zu sein, sondern sich an den Überlegungen/Rückmeldung zum gerade bearbeiteten Thema zu beteiligen. Gelingt dies nicht, wird der darauf entstehende Rückzug angekündigt, oft mit einer Entschuldigung bzw. Ausdruck des Bedauerns verknüpft:

87 Dies entspricht Dortas (2005) Befunden über Höflichkeit als beziehungsförderndes, verbindlichkeitsschaffendes Element in der Chatkommunikation.

Ausschnitt 13: Bke-Leona 17.09.12

390)	16:55:53	*Klientin 4*	ich find mich nicht mehr zurecht, tut mir leid – adieu
391)	16:56:05	*Fachkraft 1*	*Klientin 4*
392)	16:56:06	*Klientin 1*	bleib doch*Klientin 4*
393)	16:56:16	*Klientin 1*	es is nur allgemein grad
394)	16:56:24	*Klientin 6*	vielleicht solltest du mit ihm darüber mal reden?
395)	16:56:30	*Fachkraft 1*	es geht um Männer und Frauen und Streitkultur
396)	16:56:34	*Klientin 6*	vielleicht weis er auch gar nicht, wie er in dem moment da wirkt?
397)	16:56:35	*Klientin 4*	ich wollte doch nicht stören oder sowas
398)	16:56:41	*Klientin 1*	joa manm kann ja so gut mit ihm über sowas reden
399)	16:56:48	*Klientin 1*	er lacht dann eig nur doof
400)	16:56:54	*Klientin 1*	du störst nicht

In diesem Beispiel führt die Ankündigung zu einem Bemühen der anderen Teilnehmerinnen: man versucht die Teilnehmerin zum Bleiben zu überreden (Z. 392), geht auf ihre Botschaft („nicht zurechtfinden") ein und versucht zu erläutern (Z. 393, 395). Die Teilnehmerin selbst betont noch mal ihr Unbehagen (Z. 397), was ebenfalls im Versuch des Überredens zu Widerspruch führt (Z. 400).

Aus dem Unbehagen zu „stören", wenn ich nicht mitkomme, bzw. das kundtue und die daraus sich ergebende gefühlte Verpflichtung zu gehen (Z. 390, „adieu") kann die implizite Regel des Mittuns abgeleitet werden. Der Appell (Z. 390: „ich find mich nicht mehr zurecht") könnte zwar genauso gut als Herausforderung/Buhlen um verstärkte Aufmerksamkeit verstanden werden, im Sinne von: erklärt es mir bitte, ich fühl mich außen vor, deshalb geh ich. Beide Lesarten jedoch belegen die implizite Norm des Mitkommens und Mittuns, d.h. die geltende Regel, dass hier eine gemeinsame und damit verbindlich-verpflichtende Aufgabe im Mittelpunkt des Zusammentreffens steht. Offenbar nicht nur für diese Teilnehmerin, denn sonst würde man sich nicht um sie bemühen und dies zu erreichen versuchen.

Im folgenden Beispiel wird anhand einer Entschuldigung genau diese Definition als stillschweigende Erwartung bestätigt – sonst wäre keine Entschuldigung nötig:

Ausschnitt 14: bke-Mia 29.08.12

451) 17:17:35	* Klientin 5*	Ich muss los, sorry das ich heute nicht so produktiv war...
452) 17:17:39	*Klientin 5*	bye
456) 17:17:43	*Klientin 9*	bb^^
459) 17:17:57 *	*Klientin 3*	ciao *Klientin 5*

Darüber hinaus herrscht ganz offenbar die Verpflichtung eines ausgewogenen Gebens und Nehmens: wer ein Thema einbringt, soll nicht nur von dem Mitdenken der anderen partizipieren, sondern ebenso seinen eigenen Einsatz bringen. Teilnehmerinnen, die nur bei ihrem Thema anwesend sind und damit keinen Beitrag für die Allgemeinheit der anderen leisten, d.h. die Reziprozitätsnorm einer Balance zwischen sich einbringen (geben) und etwas bekommen (nehmen) verletzen, werden oft ignoriert und/oder unsanft bis sehr schroff zurückgewiesen, überwiegend von den Peers. Dasselbe gilt für „Drängler", die an unpassender Stelle und ohne Rücksicht auf den allgemeinen Kommunikationsverlauf mit einer eigenen Frage hineinplatzen, oft sehr dramatisch.

Ausschnitt 15: bke-Leona, 17.09.12

62) 16:08:36	*Klientin 1*	ich hab bis dieses jahr nicht zu kopfweh geneigt, aber immer wenns so schwül-warm wird oder wenn das wetter schnel umschlägt hab cih dieses jahr kopfweh... das nervt
63) 16:08:39	*Klientin 6* * bke-Leona	<u>*ich fürchte ja*</u>
64) 16:08:59	*Klientin 1*	das wetter ist durchwachsen
65) 16:09:05	*Klientin 1*	und blöde warm
66) 16:09:11	*bke-Leona*	vielleicht liegt es auch an der Schule?
67) 16:09:18	*Klientin 1*	schule?
68) 16:09:25	*Klientin 10*	wie würdet ihr reagieren wenn eurer freund/in 1 jahr nach new york geht ????
69) 16:09:27	*Klientin 1*	aus dem alter bin cih raus
70) 16:09:31	*bke-Leona*	warm ist nie blöde
71) 16:09:40	*Klientin 1*	doch ich glaub ich mag den winter lieber
72) 16:09:46	*Klientin 6*	wie würdest du reagieren, wenn nen user einfach so dazwischen platzt?
73) 16:09:51	*bke-Leona*	sorry *Klientin 1*, an den Beslatungen meinte ich

74) 16:09:55	*Klientin 6* * *Klientin 1*	*kann mal wer diesen doofen fake beiseite räumen?*
75) 16:10:06	*Klientin 1* * *Klientin 6*	*ich find den nick komisch*
76) 16:10:16	*Klientin 1*	ja ok belastung könnte schon sein, ja
77) 16:10:25	*Klientin 6* * *Klientin 1*	*davon gabs doch schon mal einen*
78) 16:10:35	*Klientin 1*	zwar net schule aber es gibt genug andere dinge die einen belasten können
79) 16:10:41	*Klientin 7*	*Klientin 10* machs nachher zum THema
80) 16:10:47	*Klientin 1* * *Klientin 6*	*echt?*
81) 16:10:50	System	*Klientin 10* hat den Chat verlassen.
82) 16:10:59	*Klientin 1*	heut is aber ein kleiner chat
83) 16:11:00	*Klientin 6* * *Klientin 1*	*ja und zwar ohne die eins dran*
84) 16:11:04	*bke-Leona*	oh schon weg?

Während der Anfangs-Smalltalk-Phase, in der gerade über die Kopfschmerzen von Klientin 1 und mögliche Ursachen dafür diskutiert wird, platzt Klientin 10 mit einer eigenen Frage hinein, die einen völlig anderen Themenfokus eröffnet (Z. 68 „wie würdet ihr reagieren wenn eurer freund/ in 1 jahr nach new york geht????"). Die Anhäufung der vier Fragezeichen am Schluss ihrer Frage gilt als massive Verstärkung und ähnlich wie Großbuchstaben in der chattypischen Kommunikation als „Schreien". Es erfolgt daraufhin von einer anderen Teilnehmerin umgehend eine Zurückweisung in Form einer rhetorischen Frage (Z. 72), die das Reinplatzen negativ konnotiert: „wie würdest du reagieren, wenn nen user einfach so dazwischen platzt?". Die Gruppe selbst geht inhaltlich gar nicht auf das neue Thema ein, womit ebenfalls indirekt die Botschaft transportiert wird: es passt nicht, du bist gar nicht dran, bzw.: Wir sind noch nicht bei den Themen. Dies wird von einer anderen Teilnehmerin ebenfalls noch einmal explizit als Empfehlung aufgegriffen (Z. 79, „*Klientin 10* machs nachher zum Thema"). Klientin 6 begnügt sich nicht mit der tadelnden rhetorischen Frage, sondern fügt darüber hinaus noch einen Flüsterkommentar an Klientin 1 hinzu, lesbar nur für diese Teilnehmerin und die Fachkraft, in dem er die Teilnehmerin – wohl aufgrund dieses unpassenden Verhaltens – drastisch als „doofen Fake" bezeichnet und „beiseite räumen" fordert (Z. 74). Beides dient vermutlich als indirekte Botschaft an die Fachkraft, die als einzige über die technische Möglichkeit des

„Beiseite Räumens“ durch Hinauswurf aus dem Chat verfügt, mit dem klaren Appell an die Fachkraft: geh ja nicht auf die Frage ein!

Gleichzeitig fungiert diese geflüsterte Botschaft genauso als „Klatschangebot“ an Klientin 1, die darauf einsteigt und das Thema weiter schürt (Z. 75, „ich find den nick komisch“), was zu weiterem Austausch zwischen ihnen führt und Intrigenpotential eröffnet (s. hierzu den Abschnitt „Flüstern“).

Fazit

Die schon in den Begrüßungsszenen aufgezeigte Verbindlichkeit durch wechselseitige Bezugnahme und aktives Herstellen eines kohärenten Gesprächszusammenhanges im Ablauf wechselseitiger Interaktionen und verschiedener Themenstränge ist ebenso über den weiteren Chatverlauf wie beispielsweise bei Hinzukommen/Verabschiedung von Teilnehmerinnen nachzuweisen. Das Konstituieren eines gemeinsamen Tuns erfolgt über bestimmte, offenbar als normativ erlebte Rituale und implizite Regeln, z. B. Mitwirkung am Thema oder Abwarten einer vorgegebenen Reihenfolge.

5.2 Anmeldung und Sammeln von Themen

Das gemeinsame Besprechen von Anliegen der Teilnehmer stellt per Intention als „Gruppenchat auf der Beratungsplattform“ einen Kernpunkt des Chatgeschehens dar. Hierfür ist die Auswahl der zu besprechenden Themen wichtig.

Diese erfolgt jeweils im Laufe des Chatgeschehens, anschließend an die Begrüßungs- und Smalltalk-Phase. In der Regel leitet die moderierende Fachkraft dies mit einer offenen Frage nach anstehenden Themen ein, manchmal im Zusammenhang mit einer vorher schon deutlichen Aussage eines Teilnehmers („Willst du das zum Thema machen?“ „Ist das ein Thema für heute?“), meist aber in einer offeneren Form, z. B.

- „Wer von euch hat ein Thema?“ (bke-Uschi 1, Z. 67)
- „Lasst uns mal schauen, wer ein Thema hat“ (bke-Mia, Z. 115)
- „ok lasst uns Themen sammeln, also Klientin 1 und 3 vielleicht, gibt es sonst noch Wünsche?“ (bke-Manuel 1, Z. 165)
- „Wer hätte denn noch ein Thema für heute?“ (bke-Leona, Z. 248)
- „dann können wir ja die Themen für heute sammeln. Wer hat was?“ (bke-Ulla, Z. 87/88)
- „Ich starte jetzt mal die Themensammlung: wer hat was, wer hat eine Frage, ein Anliegen, ein Thema heute?“ (bke-Mario, Z. 147)

Mit der Terminologie „Themen“ ist ein affektneutraler Begriff etabliert, der über alle Moderatoren und Teilnehmerinnen hinweg einheitlich verwendet wird. Alternativ dazu – um die Einladung zur Besprechung eines persönlich bedeutsamen Anliegens, wie es in der Regel als Voraussetzung für das Ersuchen um „psychologische Beratung“ gilt, deutlich zu machen – würden sich theoretisch ebenso Begriffe wie „Anliegen“, „Problem“, „Krise“, „Beratungsbedarf“ oder ähnliches anbieten. Diese sind jedoch affektiv eindeutig negativer besetzt, wirken problembehaftet und damit möglicherweise abschreckend für die Zielgruppe des Chats, die ja vermutlich nicht nur auf der Suche nach Beratung (Tiefgang), sondern ebenso nach Unterhaltung und „geselligem Austausch“ ist (Leichtigkeit). Da bietet der Begriff „Thema“ ein weites Projektionsfeld und eine weniger eindeutig festgelegte Einengung an, so dass auch Jugendliche, die mal eben vorbeischauen, nicht abgeschreckt werden durch die Wucht der damit geweckten Phantasien. Zum anderen ist der sogenannte „lösungsorientierte Ansatz“ in der Beratung, wie in Kapitel A, II ausführlich beschrieben, sehr bedacht darauf, die Energien und gedankliche Ausrichtung weniger in Richtung „Problem“ als vielmehr „Lösung“/Ressourcen und Auswege zu lenken. Dies gelingt mit dem affektneutralen Begriff „Thema“ leichter als mit einem problemlastigen Terminus.

Auf der anderen Seite jedoch impliziert und bedient eine Aussage wie „wir sammeln die themen für heute, wer hat was?“ eher die Erwartungshaltung von ‘anything goes’; von Unterhaltung, die der Gruppe dargeboten wird. Inwiefern gelingt es nach einer solch betont affektneutralisierten Frage die Jugendlichen zu der – im Beratungskontext notwendigen – Selbstreflexion und zum affektiven Einstieg ebenso wie zur Vertiefung in ihr Anliegen einzuladen? Und wie gelingt es dabei ebenfalls die anderen Teilnehmerinnen „mitzunehmen“, d. h. für die gesamte Gruppe einen minimalen Strom der Aufmerksamkeit für das eingebrachte und im Sinne einer psychologischen Beratung zu behandelnde Thema zu erzeugen (Tiefgang) und aufrechtzuerhalten, ohne dabei den Wunsch nach chattypischer Unterhaltung (Leichtigkeit) zu frustrieren? Das ist eine der wichtigsten An- und Herausforderungen für das professionelle Verhalten der moderierenden Fachkraft, das in der weiteren Auswertung genauer untersucht werden soll.

Braucht es jugendtypisch eine Verflachung der Einladung, da ja sowieso dramatisiert wird bzw. um nicht durch Dramatik/Zumutung die Aufmerksamkeit überzustrapazieren bzw. abzuschrecken? Oder ist dies eher dem chattypischen Slang der Unverbindlichkeit geschuldet: hier wird über alles geplaudert, wieso dann zur Abwechslung nicht auch mal über Themen, die tiefer gehen (könnten)?

Diagnostisch aufschlussreich ist durchaus, wie die Teilnehmerinnen auf eine solche Frage reagieren, d.h. wie deutlich und klar sie ein „Thema" als solches anmelden und damit sowohl eine gewisse affektive Betroffenheit signalisieren (das Thema ist ihnen ein wichtiges Anliegen) als auch einen mehr oder weniger klaren Beratungsauftrag formulieren… oder eben nicht. Zum Beratungsauftrag gehört sowohl eine gewisse „Krisendefinition", d.h. eigene Einsicht wie die Bereitschaft, einerseits Rat und Hilfe von außen anzunehmen, aber ebenfalls eigene Entschiedenheit, Energie und Kräfte für sein Anliegen zu mobilisieren und Eigenverantwortung für eine Lösung und Veränderung zu übernehmen.

Es wird daher im Textzusammenhang spannend zu verfolgen sein, inwiefern der Schritt vom affektneutralen „Thema" hin zu einer persönlichen Betroffenheit und dem Annehmen einer Selbstreflexions-Zumutung gelingt: sowohl bei der Teilnehmerin selbst, die das „Thema" einbringt als auch bei den anwesenden etwa Gleichaltrigen und der Fachkraft, deren Hilfe und Unterstützung beim Vorankommen mit diesem Anliegen erwünscht wird.

Eine Leitfrage beim Auswerten der Beratungsverläufe wird demnach sein, inwiefern das geschilderte Anliegen eben in eine persönliche Krise „übersetzt" werden kann. Kann persönliche Betroffenheit, die bei einem Beratungsauftrag vorausgesetzt wird, nachvollziehbar dargestellt und ebenso von den anderen Teilnehmerinnen verstanden werden? Und/oder bleibt es bei einer affektneutralisierten Variante, so dass der Leidensdruck nicht sichtbar wird oder zumindest nicht handlungs-vorantreibend ausgenutzt werden kann? Und falls ja: kann schon das gewinnbringend für den oder die Jugendliche sein?

Und inwiefern gibt es bereits bei der „Themenanmeldung" erste Hinweise darauf, wie ernsthaft die Bereitschaft vorhanden ist, an solchen Themen zu arbeiten, d.h. mit anderen Worten: ist hier bereits zu erkennen, ob authentisch und mit einer gewissen Seriosität und Eigenverantwortung an das Anliegen herangegangen wird?

Bevor nachfolgend versucht wird, im Textzusammenhang einzelne Anmeldungen und der sich daran anschließende Verlauf der Beratung genauer unter die Lupe zu nehmen, soll hier zunächst ein Überblick über die verschiedenen Kategorien dieser Anmeldungen gegeben werden.

Da – wie oben bereits ausführlich beschrieben – der eigene Textbeitrag in diesem textbasierten Kommunikationszusammenhang DIE Form der Selbstrepräsentation schlechthin ist und zudem im Gruppenchat für Jugendliche und junge Erwachsene die für die Zielgruppe Jugend dargestellten Anforderungen der Coolness, Individualität ("anders als andere") und Selbstvergewisserung gelten, kann man hier durchaus die Metapher eines „Auftritts" verwenden. Wie bereits beschrieben trifft die soziologische Grundmetapher des Bühnenauftritts im Rahmen dieses textbasierten Kommunikationsverfahrens besonders zu, wobei der Repräsentationsraum die Bühne darstellt, die eigenen Beiträge als Identitätsrequisite ziemlich sicher auf der „Hinterbühne" der heimischen Umgebung sorgfältig vorbereitet werden und ausgewählt wird, was auf der „Vorderbühne" veröffentlicht werden soll. Dies ist ablesbar unter anderem an der in manchen Fällen extrem kurzen Zeitspanne zwischen Frage nach Themen und eigener Anmeldung – der Text war wohl vorher schon getippt, demnach vorbereitet, ist dann nur noch gesendet worden.

5.2.1 Beispiele

Es folgt nun ein erster Überblick über die verschiedenen Formen des „Auftritts", d.h. der Frage, wie ein eigenes zu bearbeitendes Thema als solches angekündigt wird; hier noch nicht inhaltlich definiert, sondern nur der geäußerte Wunsch nach Berücksichtigung bei der Zeitverteilung für die Themenplätze. Die Formulierungen unterscheiden sich nach Dringlichkeit und Entschiedenheit, mit der der eigene Beratungswunsch deutlich gemacht wird. Demzufolge wurden fünf Kategorien gebildet[88]:

Verschiedene Formen des „Auftritts"/Kommunizieren des Leids

I: Anmeldung bei Themensammlung

1. Vage, vorsichtige Anmeldung
   Konjunktiv: „ich hätte was", kombiniert mit „evtl/vielleicht" (bke-Manuel, Z. 249, ergänzt mit ???? Z. 256)
   „ich hätte noch was … :P" (bke-Manuel, Klientin 16, Z. 534)
   „ich hätte vielleicht etwas, aber bin noch nicht sicher, Nathan" (bke-Nathan, Kl. 3, Z. 108)

88 Zitate allesamt aus dem oben beschriebenen Textkorpus der zugrundegelegten Chatprotokolle. Zugunsten eines Überblicks über diese verschiedenen Formen auf die grundlegende Frage nach Themenanmeldungen („wer hat für heute ein Thema?" oder ähnlich) wurde hier auf die einzelne Darstellung des gesamten Textzusammenhangs (Frage und Einzelantwort) verzichtet, was bei der exemplarischen Darstellung der einzelnen Beratungsthemen (und den Beratungsprozessen) nachgeholt wird.

„ich binmaleben weg hätte aber fürs ende wenn noch zeit ist ein Thema" (bke-Nathan, Kl 4, Z. 111)
„ich vllt." (bke-Ulla, Kl. Z. 91)
(Frage wer beginnt) „ick würde gern wenn niemand was dagegen hätte... wäre das ok?" (bke-Nathan1, Kl., Z. 135/138)
„Kann ich nachhher vlt." wenn es passt kurz ein thema mitreinbrungen? sry wegen der untrebrechung *Klientin4* (bke-Ulla, Klientin 12, Z. 184)

2. Klare deutlich Anmeldung
„ich hab `n thema für heut" (bke-Ulla, Klientin 1, Z. 89)
„ja ich *meld*" (bke-Ulla, Kostbares Kind, Z. 90)
(Aushandeln der Reihenfolge) „drei – zwei – eins – meins-" (bke-Manuel, elli; Z. 525)

3. Präsenz anmelden; nicht bearbeiten, sondern „darstellen"
„ich hätte was, auch wenn es sinnlos ist" (bke-Manuel, Klientin 3, Z. 247/248)
(Kokettieren/Spannung steigern?/sich in Szene setzen?)
„Mein Thema ist sinnlos... so wie ich" (bke-Manuel, Kl. 3, Z. 252)
„ich hab ev eine frage" (bke-Ulla, Klientin 2, Z. 95)

4. Mysteriöse Andeutungen
„..... ich will nich mehr...." (bke-Manuel, Kl. 3, Z. 344) „-.-" (bke-Manuel, Kl. 3, Z. 356);

5. Dramatische Ankündigung/reinplatzen
„Heii ich bin neu hier..." wollt mal fragen ob ihr mir tipps geben könnt ich bin letzten sommer umgezogen und seitdem hab ich meine Lebenslust verloren musste meine 18 jährige schwester zurücklassen und stecke in einer fernbeziheung die relativ gut läuf (bke-Nathan, Kl. 16, Z. 508)
„ich habe schon angst vor dem moment, an dem du den chat schließt!" (bke-Ulla, Kl. 13, Z. 750)
„mach die ganze nacht chat – ich flehe dich an!!!!  *" (ebd., Z. 757)*

Die Anmeldungen unterscheiden sich nicht nur nach der Wortwahl, sondern vor allem nach der Entschiedenheit und Dringlichkeit, mit der die Anmeldung/Ankündigung eines zu bearbeiteten Anliegens („Themas") vertreten wird. Manche Wortmeldungen erfolgen extrem schnell, z.B. 2 Sekunden nach Frage der Fachkraft, so dass man von bereits vorbereiteter Anmeldung ausgehen kann, manche erst im Verlauf der Diskussion. Wie ernsthaft wird in der Meldung und der anschließenden Bearbeitung das Thema als solches präsentiert? Sind aus diesen

Anmeldungen bereits Rückschlüsse auf die eigene Reflexions- und Veränderungsbereitschaft zu ziehen?

Wie oben beschrieben basiert ein Beratungsauftrag stets auf der Erkenntnis einer eigenen Krise, eines Leidensdrucks, eines Anliegens, in dem ich allein nicht weiterzukommen glaube und mir die Unterstützung von anderen, denen ich in diesem Bereich eine gewisse Kompetenz zuschreibe, sichere. Wie deutlich bzw. wie authentisch wird dies hier ersichtlich? Passt dies denn zu dem Selbstverständnis der Jugendlichen mit starkem Autonomiebestreben? Ist es demgemäß jugend-angemessen, dies nicht allzu sehr als „Krise" (= Versagen), sondern eher als ein Thema unter vielen darzustellen, das ebenso der Unterhaltung wie dem Weiterkommen dient?[89] Die Suche nach Themen oder „wer hat was für heute?" als affektiv neutralisierte Formulierung kommt vermutlich dem Wunsch der Jugendlichen entgegen, ihr Selbstbild zu wahren, d. h. sich nicht als Versager zu outen, keine übertriebenen Gefühlsausdrücke zu fördern, was der Coolness entgegenlaufen würde, und ist ebenso ein deutliches Signal für die willkommene Vielfalt der möglichen Anliegen. Dazu können neben persönlichen Krisen ebenso Fragen nach Tipps oder Orientierung in allgemeinen Fragestellungen, z. B. Lernmotivation, Umgang in Beziehungen, etc. gehören.

Üblicherweise schließt sich – je nachdem wie ausgeprägt die Begrüßungs- und Smalltalk-Phase im jeweiligen Chat ist – nach einer gewissen Zeitspanne die Phase des Themensammelns und –Einteilens an, in der Regel eingeleitet von der moderierenden Fachkraft als Verantwortliche für Struktur und Leitung.

Immer wieder kann es jedoch vorkommen, dass die jugendlichen Teilnehmerinnen selbst auf die Themen drängen, d. h. schon vor der offiziellen Frage der Fachkraft ein Thema anmelden bzw. auf die knappe Zeit hinweisen.

89 Hier sei auch noch einmal auf die bereits zitierten Erkenntnisse von Trepte et al. (2010) hingewiesen: Selbstoffenbarung als wichtiger Faktor von Unterhaltungserleben.

Ausschnitt 16: bke-Elena 13.08.11

118) 17:09:51	*Klientin 3*	und dann sind wir ausversehen ins Freibad, hatten schon bezahlt und dann sind wir fröstelnderweise im Freibad schwimmen gewesen, Wasser von oben und unten
119) 17:10:04	*Klientin 5* * *Klientin 14*	<u>*ach sicher ist eh nix mehr ^^*</u>
120) 17:10:14	*Klientin 7*	Brrrrr
121) 17:10:15	bke-Elena	Ist ok, *Klientin 14*, wenn dir danach ist, kannst du was schreiben, wenn nicht, dann nicht
122) 17:10:22	*Klientin 14* * *Klientin 5*	<u>*Richtig*</u>
123) 17:10:23	*Klientin 4*	zitter zitter *Klientin 7*
124) 17:10:41	*Klientin 9*	ich hätte übrigens ein Thema für heute!
125) 17:10:45	*Klientin 14*	hm ne möchte ich nicht, Mod. ich flüster nur mit *Klientin 5*, um ablenkung zu bekommen
126) 17:10:47	bke-Elena	das geht uns allen so, *Klientin 5*, dass das Wochenende morgen Abend zu ende ist
127) 17:10:56	System	*Klientin 7* ist dem Chat beigetreten.
128) 17:10:59	*Klientin 3*	Mir nicht, Elena
129) 17:11:01	*Klientin 1*	nein bei uns ist feiertag am montag
130) 17:11:05	*Klientin 3*	Ich hab noch drei Wochen Ferien
131) 17:11:05	*Klientin 7*	Nö, ich hab Ferien
132) 17:11:15	*Klientin 3*	Maria Himmelfahrt ist am Montag, oder?
133) 17:11:17	*Klientin 1*	ich hab noch 4 wochen

Klientin 9 versucht während der üblichen themenreichen und sprunghaft-assoziativ geprägten Smalltalk-Phase schon einmal den Hinweis auf ein von ihr gewünschtes Thema unterzubringen (Z. 124, „Ich hätte übrigens ein thema für heute!“), was mit stilistischen Mitteln wie dem Ausrufezeichen und „übrigens“ (beides Anzeichen für eine gewisse Ungeduld und Drängen) noch verstärkt wird. Der assoziative Austausch plätschert jedoch weiter, weder Fachkraft noch Teilnehmer reagieren irgendwie ersichtlich auf ihren Wunsch und Anmeldung, weswegen später der Appell noch einmal als Frage nachgeschoben wird.

Ausschnitt 17: bke-Elena 13.08.11

154)	17:13:36	*Klientin 9*	wann fangen wir heute mit den Themen an? sorry wenn ich nerv, aber ich weiß nich wie lang ich da sein kann..
155)	17:13:37	*Klientin 5*	so muss das sein ^^
156)	17:13:48	bke-Elena	gut, ich sammle mal noch Themen für heute
157)	17:14:01	bke-Elena	*Klientin 9* ist die erste!
158)	17:14:24	*Klientin 14* * *Klientin 5*	<u>*ja, lass uns dann am besten noch mal so schreiben, dann machen wir das*</u>
159)	17:14:25	*Klientin 9*	Ich wollte jetzt aber nicht nerven oder drängeln!!
160)	17:14:26	bke-Elena	eine Platz halte ich für *Klientin 17* frei, sie wollte kommen und ein thema einbringen
161)	17:14:38	*Klientin 12*	ich hätte vllt was…
162)	17:14:45	*Klientin 5*	*Klientin 17*? wo ist *Klientin 17*?
163)	17:14:48	bke-Elena	ist klar, *Klientin 9*, ich wollte sowieso eben gerade fragen

Auf diesen klaren Appell geht die Fachkraft ein, kommt dem Wunsch nach und versichert, dass das jetzt sowieso gerade dran gewesen wäre, vermutlich um der „Entschuldigung" von Klientin 9, Z. 159, entgegenzukommen. Die indirekte Kritik von Klientin 9 („Wann fangen wir denn (endlich) mit Themen an…?") und der Hinweis auf die knappe Zeitressourcen unterstreichen die Wichtigkeit, die einzelne Teilnehmerinnen der Besprechung der Themen zumessen sowie die eigene Anspruchshaltung: ich bringe nicht so viel Zeit ein, aber die soll dann von euch eben gut gefüllt werden. Gleichzeitig wird ein offener Konflikt oder Diskussion darüber von beiden Seiten vermieden: die Fachkraft kommt dem Wunsch von Klientin 9 und ihrer Pflicht des Themensammelns dann umgehend nach und besänftigt Klientin 9 mit dem ersten Platz der Bearbeitung (Z. 157), Klientin 9 entschuldigt sich „nicht nerven oder drängeln" zu wollen und negiert damit gerade dies (berechtigt?) getan zu haben. Gleichzeitig hebt sie stilistisch dadurch genau das noch einmal hervor: durch die explizite Verneinung ebenso wie durch die doppelten Ausrufezeichen wird die Aufmerksamkeit auf ihr tatsächlich vorgenommenes „Drängeln" gelenkt, für das sie aber offenbar nicht einstehen will. Die Fachkraft kommt ihr in diesem Wunsch entgegen, indem sie das „nichtwollen" bestätigt und es noch einmal als ihr eigenes Vorhaben betont (Z. 163, „ist klar *Klientin 9*, ich wollte sowieso eben gerade fragen").

Diese Doppelbödigkeit: etwas wollen und doch nicht, was einfordern ohne für diese Forderung einzustehen, ist eine Haltung, die bei einigen Teilnehmerinnen immer wieder anzutreffen ist und die Skepsis bezüglich der sowieso unterstellten Unverbindlichkeit der Chatkommunikation bei Außenstehenden erhöht. Möglicherweise ist dies strukturell bedingt durch die Eigenschaft des Chats als Hilfsangebot, für das charakteristisch ist: Hilfe muss nicht angenommen werden.

Im nächsten Ausschnitt bringt eine Teilnehmerin ebenfalls vor der Aufforderung durch die Fachkraft den Wunsch nach Beginn der Themenbearbeitung ein.

Ausschnitt 18: bke-Manuel 21.11.11

232) 15:25:51	*Klientin 7*	nee, 13:30 hab ich den termin, erst danach hab ich bis abends zeit
233) 15:26:01	*Klientin 1*	um 18 uhr hat sie feierabend ^^
234) 15:26:11	*Klientin 7*	das ist zu spät^^
235) 15:26:18	*Klientin 7*	ich such einfach oder frag mich durch
236) 15:26:18	*Klientin 1*	wo bist genau?
237) 15:26:18	*bke-Manuel*	bei uns ist auch Weihnachtsmarkt und Mittelalter, warum kommt niemand zu uns 
238) 15:26:20	*Klientin 1*	bremen ost?
239) 15:26:21	*Klientin 4*	also ich gebe die hoffnung auf, dass wir bevor ich nachhilfe gehe noch mit einem thema beginnen 
240) 15:26:29	*Klientin 1*	weil ichs vor der haustür hab manu ^^
241) 15:26:33	*Klientin 7*	äh im klinikum bremen ost
242) 15:26:35	*Klientin 7*	ja
243) 15:26:38	*Klientin 1*	da war ich auch ^^
244) 15:26:50	*Klientin 4*	oh manu, bei euch ist mittelalter, warum muss ich jetzt an ablass denken??
245) 15:27:01	*bke-Manuel*	ok das war das Stichwort, bitte um Themenwünsche, damit wir loslegen können

In dieser zeitlich sehr ausdehnten Smalltalk-Phase (26 Minuten, über 240 Beiträge) bringt Klientin 4 (Z. 239) den Hinweis auf die eigentlich vorrangige Themenbearbeitung ein, verbunden zwar mit einem entschärfenden Smiley und locker formuliert („also ich geb die hoffnung auf....“), aber doch mit einem deutlichen Appell, der von der moderierenden Fachkraft dann auch als solcher aufgegriffen und umgesetzt wird (Z. 245), woraufhin dann einige Anmeldungen folgen.

Die Tatsache, dass Konkurrenz herrscht, und Hinweise auf die knappen Zeitressourcen, sowohl einzeln wie im Chat insgesamt, die sorgsam eingeplant werden müssen, kommen ebenfalls häufig zum Ausdruck.

80) 15:07:25	*Klientin 4*	also ich meld mich dann mal für ein thema, muss aber fix zum chef ^^

Die Teilnehmerin ist kurz abwesend, weiß aber aus ihren Erfahrungen, dass in dieser Zeitspanne die Themenplätze verteilt bzw. ausgehandelt werden könnten und wirft sozusagen schon mal prophylaktisch ihren Hut in den Ring, d.h. meldet sich verbindlich für einen Themenplatz vor, damit sie in ihrer Abwesenheit nicht die Chance verpasst bzw. übersehen und übergangen wird. Mit dieser pragmatischen Vorgehensweise zieht sie zusätzliche Aufmerksamkeit – als erste, die ein Thema meldet und dazu noch auf einem besonderen Weg – auf sich und ihr Thema. Damit wird zudem die Themenbearbeitung als zentraler Punkt noch einmal hervorgehoben, wobei gilt: es laufen mehrere Parallelaktivitäten, was offenbar nicht als problematisch betrachtet wird.

Etwas Ähnliches spiegelt sich ebenso in der Umgehensweise mit den „Dränglern", d.h. Teilnehmerinnen, die zu Beginn oder während eines laufenden Themas unpassend "hineinplatzen" und ihre Frage einbringen, obwohl sie (noch) nicht dran sind. Es wird auf Gerechtigkeit geachtet, eine nachvollziehbare Reihenfolge des „Dranseins" als Gewinn wird angemahnt.

Das Aushandeln/Festlegen der Reihenfolge wird teilweise den Teilnehmerinnen selbst überlassen, teilweise von den Fachkräften selbst übernommen. Eine Fachkraft setzt dabei beispielsweise auf das Bild des „Würfelns" als Synonym für Zufallsentscheidung, während sie eine Reihenfolge festlegt und vorgibt, was von manchen Teilnehmerinnen schon gelegentlich zitiert wird („Was sagt denn der Würfel?"). In der Regel sollen sich die Teilnehmerinnen selbst einigen, gezielt auch als Übung für Durchsetzungsfähigkeit, Positionierung ihres Anliegens, Indiz für Dringlichkeit des Bearbeitungswunsches, Eigenverantwortung im Eintreten für ihre Anliegen. Oft wird aber bereits die zeitliche Reihenfolge der Anmeldungen als Kriterium genommen, sei es dass die Fachkraft dies so festlegt oder die Teilnehmerinnen untereinander selbst diese Regel vorschlagen bzw. implizit davon ausgehen. Von daher ist die Schnelligkeit bei der Anmeldung oft ein wichtiges Kriterium und indirekt ebenso ein Signal für das Ausmaß des Bearbeitungswunsches.

5.2.2 *Fazit*

Die Anmeldung mit einem eigenen einzubringenden Thema, das in der Gruppe besprochen werden soll, erfolgt durch die Teilnehmerinnen in sehr unterschiedlicher Weise: in einem Spektrum von klarer, eindeutiger und knapper Anmeldung („ja, ich") über „vielleicht" bis hin zu ambivalenten „eigentlich schon, bin aber erst mal weg" oder dramatischem In-Szene-Setzen („ist eh sinnlos... so wie ich") sind sozusagen alle Schattierungen vertreten. Dies spiegelt wohl die Vielfalt von Beratungsauftrag wie Selbstprofilierung als Inhalte des Chats ebenso wider wie die unterschiedliche Ausprägung von Leidensdruck und Ernsthaftigkeit des Bearbeitungswunsches. Gleichzeitig ist das Ritual des Themensammelns offenbar als wichtiges strukturierendes Element des Chats gut etabliert und wird von den Teilnehmerinnen auch eingefordert. Die Konkurrenz um die Themenplätze spiegelt sich in der Schnelligkeit der Anmeldung, im „Platz vor-reservieren" wie in der Betonung der Wichtigkeit der Themenbearbeitung, sei es durch Einforderung des Starts und/oder ebenso in Hinweisen, dass den Themen gegenüber andere Dinge als weniger wichtig zurückstehen sollten, z. B. Smalltalk oder Konflikte. Die Reihenfolge scheint angesichts knapper Zeitressourcen wichtig, der Platz für das eigene Thema von hoher Bedeutung.

5.3 Themenbearbeitung und Beratung

Nachdem die Anmeldung der Themen und die vorläufige Auswahl der Reihenfolge, in der die Anliegen bearbeitet werden sollen, abgeschlossen ist, startet der Kernpunkt des Chatgeschehens: Das gemeinsame Besprechen eines solchen Themas, das eine Teilnehmerin als bedeutsam für sich einstuft und zu dem sie sich Beiträge von anderen, sowohl der Fachkraft wie der anderen Teilnehmerinnen, im folgenden „Peers" genannt, wünscht. Diese können sehr variieren: Meinungen, Tipps, Kommentare, fachliche Einschätzung und Rat usw. In der Regel wird versucht, die Erwartungshaltung der einbringenden Teilnehmerin konkret zu erfragen im Sinne einer Auftragsklärung, um passgenau reagieren zu können, was jedoch nicht immer so möglich ist.

In den folgenden Beispielen werden wir einzelne Chatausschnitte der Themenbearbeitung genauer unter die Lupe nehmen, die in verschiedener Form den mit dem Einbringen des Themas verbundenen Auftrag an die Gruppe und die Fachkraft widerspiegeln sowie die Art und Weise, wie die Gruppe und die Fachkraft auf diesen mehr oder weniger offenen Auftrag reagieren. An den einzelnen Beispielen sollen charakteristische Auftrags- wie Bearbeitungsstrukturen anhand der oben kurz angerissenen Parameter Authentizität, erkennbarer Leidensdruck, Reflexions- und Veränderungsbereitschaft herausgearbeitet werden sowie ihre Wechselwirkung mit dem Prozess- und Interaktionsverlauf, d.h. die Verflechtung von individuellen sowie chattypischen Merkmalen mit dem „Beratungsauftrag", per definitionem Krisenbearbeitung.

Da der Eindruck von einem eingebrachten Thema bereits mit der Anmeldung beginnt, die zeitlich oft deutlich vor der Bearbeitung liegt, z.B. wenn dieses Thema erst als drittes in dem betreffenden Chat behandelt wird, wird die Anmeldesequenz, das bedeutet die Frage nach Themen und Antwort der einzelnen Teilnehmerin, ebenso in den Chatausschnitt miteinbezogen. Der Anfang prägt die Struktur (vgl. Deppermann, 2008, S. 27: „Bedeutung der Initialpassagen") und ist deshalb als wesentlich zu berücksichtigen.

Wie oben bereits erläutert, wird im Folgenden der Chatausschnitt, der die Bearbeitung der einzelnen Themen verdeutlichen soll, überwiegend auf die themenbezogenen Beiträge beschränkt, d.h. nicht themenrelevante Beiträge herausgelöscht, um dem Leser eine Hilfestellung in der Sequentialitätsproblematik an die Hand zu geben. Die das Thema einbringende und damit im Mittelpunkt stehende Teilnehmerin wird hier mit einem Nick namentlich kenntlich gemacht.

5.3.1 Beispiel Elli: Vermeiden von Ambivalenz und Selbstreflexionszumutungen

Ausschnitt 19: Beispiel „Elli" in bke-Ulla, 28.11.11[90]

86) 20:22:21	* bke-Ulla *	okay – alle an bord....
87) 20:22:28	* bke-Ulla *	dann können wir ja die themen für heute sammeln
88) 20:22:32	* bke-Ulla *	wer hat was?
89) 20:22:35	*elli*	ich hab n thema für heute
90) 20:22:36	*Klientin 4*	ja ich *meld*
91) 20:22:38	*Klientin 1*	ich vllt
93) 20:23:00	* bke-Ulla*	*elli *, *Klientin 4* und *Klientin 1* *notiert*

Die Fachkraft rundet die Einstiegs- und Smalltalk-Phase mit dem abschließenden Satz „okay-alle an bord..." (Z. 86) ab, bevor sie die Frage nach den zu bearbeitenden Themen stellt (Z. 87, 88). Mit dieser Formulierung gibt sie eine Suggestiv-Botschaft vor, die das Bild einer Gemeinschaft mit klarem Auftrag (alle

90 Um die persönliche Komponente, die sich u.a. auch in namentlicher Ansprache widerspiegelt, abbilden zu können, wurde der ursprüngliche Nickname nach den oben unter „Lesehilfen" beschriebenen Kriterien verändert. Die folgenden Textausschnitte beziehen sich auf das Thema der Klientin, die nun „Elli" genannt wird.

an Bord, jetzt soll das gemeinsame Ziel von der Schiffs-Crew angesteuert und erreicht werden) als Vorstellung entstehen lässt – möglicherweise eine Zusammenfassung ihres Erlebens aus der Smalltalk-Phase, aber wohl ebenso Ausdruck ihres Wunschdenkens bzw. der Intention für diesen Chat. Diese Metapher stellt eine geschickte (hypno-)therapeutische Intervention im Sinne eben dieser suggestiven Einladung dar: Kommt, wir sind gemeinsam unterwegs, tragt alle euren Teil jetzt dazu bei.... Innerhalb von 6 Sekunden nach ihrer Frage erfolgen daraufhin drei Anmeldungen (Z. 89–91), so dass man ziemlich sicher sein kann, dass diese schon vorher überlegt waren, eventuell schon vor dem Chat oder in der Anfangsphase, und die Möglichkeit einer Anmeldung nicht erst nach Lesen der Fachkraft-Frage erwogen wurde.

Die drei Anmeldungen unterscheiden sich in Stil und Umfang. Die erste, nach drei Sekunden, entspricht am ehesten einem vollständigen Satz, selbst wenn grammatikalisch Unzulänglichkeiten auffallen („n thema"), was in der konzeptionell mündlich geprägten und Lautsprache nachahmenden Onlinekommunikation ein häufig auftretendes Phänomen ist. Die zweite Teilnehmerin, die sich meldet (Z. 90), antwortet sozusagen verkürzt auf die Frage „wer hat was" mit „ja, ich", unterstreicht diese Anmeldung noch mit einem Aktionswort, „meld", das Dringlichkeit und Interesse noch mal betont: *-*Markierung beschreibt eine Aktion, hier sozusagen eine Geste, die im räumlich ko-präsenten Setting einem „sich melden"/Finger heben entsprechen würde. Die dritte Teilnehmerin sendet eine ambivalente Botschaft: mit „ich vllt" (Z. 91) meldet sie schnell, 6 Sekunden nach Frage, und rechtzeitig Präsenz und Interesse an, um in der oben beschriebenen knappen Zeitressource berücksichtigt werden zu können, hält sich aber mit ihrem vllt (= chattypische Abkürzung für vielleicht) noch die Möglichkeit eines Rückzugs offen. Es bleibt daher unklar: will sie nun ihr Thema einbringen oder nicht? Mit dieser doppeldeutigen Botschaft meldet sie Präsenz an, will sich aber offenbar noch nicht endgültig festlegen. Diese Unverbindlichkeit wird oft als chattypisch unterstellt. In diesem Ausschnitt wird ihre ambivalente Botschaft nicht weiter kommentiert oder hinterfragt, sondern einfach so hingenommen, was den Eindruck von „nicht ungewöhnlich" unterstreicht.

Interpretiert man diese ersten Meldungen in Bezug auf die Parameter Ernsthaftigkeit des Bearbeitungswunsches oder Leidensdruck, so ist dies sozusagen in abnehmender Intensität über die drei Meldungen hinweg zu mutmaßen: das „Vielleicht", dessen Entscheidungsparameter hinsichtlich der möglichen Entwicklung zu einer deutlichen Entscheidung unklar bleiben, widerspricht sowohl dem Leidensdruck als auch einer ernsthaften Reflexionsabsicht bzw. lässt an dieser zweifeln.[91]

Die drei Themen-Anmeldungen werden von der Fachkraft aufgenommen und noch einmal rückgespiegelt (Z. 93, namentliche Erwähnung, „notiert"), die dabei jedoch geflissentlich über das „Vielleicht" hinweggeht, aus unbekannten Gründen. Dem wird von der betreffenden Teilnehmerin nicht widersprochen.

Während der Anmeldungen läuft der Austausch über Smalltalk, hier gerade zum Bereich Schule und Klausuren, noch etwas weiter. Die Fachkraft versucht die Überleitung zu dem zu bearbeitenden Thema (Z. 101) der Teilnehmerin „Elli", die sich als erste gemeldet hatte, und knüpft dabei an den gerade im Fokus stehenden Themenbereich Schule an (Z. 104):

Ausschnitt 20: Beispiel Elli, bke-Ulla, 28.11.11

101) 20:24:12	*bke-Ulla*	dann lasst uns mal starten
102) 20:24:13	*Klientin 8*	okay also 15 seiten hab ich noch nciht hinbekommen
103) 20:24:26	*elli*	ich schreibe immer so im Dreh, wenn ich drei Stunden hab
104) 20:24:38	* bke-Ulla *	*elli*, hat dein thema auch was mit den klausuren zu tun? oder was anderes?
105) 20:24:52	*elli*	nein nein
106) 20:24:58	*elli*	Schule ist mir eig. meistens egal
107) 20:25:03	*elli*	ich komm eh klar ;)
108) 20:25:14	* bke-Ulla *	dann zu den nicht egalen dingen 

Mit ihrer überleitenden Bemerkung (Z. 108) greift sie die Formulierung der Teilnehmerin auf und nutzt dies als elegante Überleitung zu dem Thema, das wirklich bewegt. Sie unterstellt im Vergleich zu den Schuldingen, die der Teilnehmerin „eig. meistens egal" (Z. 106) sind, dass bei dem zu bearbeitenden Anliegen, das angemeldet wurde, eine höhere affektive Betroffenheit vorliegt; vermutlich mit der Implikation: Sonst gäbe es keinen Beratungsbedarf. Mit dem Aufgreifen der eigenen Formulierung der Teilnehmerin (egal – nicht egale Dinge) baut sie eine Brücke, in der sie die Suggestion, es geht jetzt um höhere affektive Betroffenheit. geschickt

91 Ob dabei das jugendtypische andere Zeiterleben: man kann/mag sich jetzt noch nicht festlegen, wie es einem in einer halben Stunde gehen könnte, ebenfalls eine Rolle spielt, sei dahingestellt.

einbaut. Mit einem „umgekehrt“-Smiley fügt sie dem noch eine Leichtigkeits-Komponente zu, wobei der Smiley hier möglicherweise ebenso zur Entschärfung der sprachlichen Autoritätshandlung und damit Verdeckung der Hierarchieverhältnisse dient.

Diese Suggestion einer höheren affektiven Betroffenheit wird von der Teilnehmerin widerspruchslos hingenommen, wie im weiteren Verlauf zu sehen ist.

Ausschnitt 21: Beispiel Elli, bke-Ulla 28.11.11

109) 20:25:32	*elli*	ja…
110) 20:26:06	*elli*	naja… ich hab letzte Woche Sonntag ja n Schlussstrich unter meine Beziehung gezogen und jetzt seit einer Woche sehr guten Kontakt mit einem neuen Jungen… ich frag mich, wie verwerflich das ist…
111) 20:26:14	*elli*	Und ob das n riesen Fehler ist, was ich da gerade tue.
113) 20:26:30	*elli*	Also ich will nicht unmittelbar ne Beziehung oder sowas, aber ist das erlaubt?
114) 20:26:43	*elli*	Dass man direkt von einer in die nächste Sache stolpert?

Sie reagiert auf die Einladung mit einem verzögerten „Ja…“ (Z. 109, 17 Sekunden nach der Aufforderung) und steigt dann in eine ausführlichere Schilderung ein, was die Pause von gut 30 Sekunden zwischen Zeile 109 und 110 teilweise erklärt. Die jeweils angehängten „…“ nach „ja“ und „naja“ verdeutlichen, das noch etwas folgt, aber ebenso ein gewisses Zögern, sozusagen Anlaufschwierigkeiten, was – wie die 17 Sekunden für das Wort „ja“ und die Wortwahl „naja“ – stilistisch ebenfalls auf die unterstellte affektive Betroffenheit und Unsicherheit rückschließen lässt.

Die Teilnehmerin schildert ihre Situation (Beziehungsende, neue Bekanntschaft) mit Hinweis auf die sie belastende moralische Komponente (Z. 110…“frag mich wie verwerflich das ist“), die sie dann noch mehrfach umformuliert (Z. 11–114: „riesen Fehler“, „ist das erlaubt“?). Aus allen Formulierungen wird die vorher unterstellte affektive Betroffenheit deutlich: sie ist sich unsicher, fühlt sich in einem Dilemma zwischen Wunsch und Moral gefangen. Die Formulierungen sind jugendtypisch unverbindlich-vage (Z. 110 „seit ner Woche sehr guten Kontakt“, „Z. 111 „ne Beziehung oder so was“, Z. 114 „dass man direkt von einer in die nächste Sache stolpert“), ihre Unsicherheit wird dennoch deutlich, z. B. darin dass sie mehrfach ihr Anliegen umformuliert.

Die Frage nach moralischen Bedenken und Regeln tritt im Beratungskontext häufig auf. Gerade im jugendlichen Alter werden Moralvorstellungen, z. B.

seine/n Partner/in nicht betrügen; Treuegebot, als sehr rigide Vorschriften gehandelt. Serielle Monogamie ist erlaubt, aber keine Parallelbeziehungen. Menschen, die diese praktizieren, werden oft rigoros abgelehnt bzw. von den Peers als „Schlampe" herabgesetzt. Das Dilemma ist bekannt: hier geht es um die Frage, in welchem zeitlichen Abstand die Moral sozusagen noch zu wahren ist. Elli hat offenbar Angst vor einer solchen Verurteilung und möchte sich rückvergewissern. Das Zeiterleben der Jugendlichen ist anders, ebenso die Elastizität des Erlebens, beispielsweise wann ist der Schritt einer Trennung abgeschlossen?

Spannend ist nunmehr die Frage, wie die Peers, als etwa Gleichaltrige mit mutmaßlich ähnlichen Moralvorstellungen und Beziehungserleben, auf dieses moralische Dilemma reagieren werden.

Ausschnitt 22: Beispiel Elli, bke-Ulla 28.11.11

115) 20:26:52	* bke-Ulla *	also frage: ist das okay nach trennung gleich wieder *die fühler auszustrecken*?
116) 20:26:56	*Klientin 2*	elli wen deine gefühle so sind dann find cih das total oke!
117) 20:27:03	*Klientin 8*	hört sich ganz so an als würdest du bei dem neuen jungen „trost" suchen
118) 20:27:22	* Klientin 3*	wer oder was sollte das verbieten? und warum?
119) 20:27:23	*Klientin 4*	hör auf dein herz, wenn es sich richtig anfühlt – warum nicht?
120) 20:28:00	*Klientin 8*	du bist deinem exfreund ja nciht schuldig ewig allein zu bleiben

Die Fachkraft fasst zusammen bzw. „übersetzt" die verschiedenen Fragen der Teilnehmerin zunächst noch einmal für alle. Das ist ihre Aufgabe als Beratungsfachkraft wie als Moderation: Unterstützung bei der Problemdefinition. In ihrer Interpretation entschärft sie jedoch den moralischen Aspekt (statt „riesen Fehler"/„verwerflich" jetzt: „ist es okay" Z. 115), womit erste Weichen der Beratung gestellt sind, und verallgemeinert das Tun der Klientin ebenfalls im Sinne einer moralischen Entschärfung „Fühler wieder ausstrecken".

Während die Teilnehmerin selbst 1 Minute 11 Sek brauchte, um ihre Fragen/Bedenken darzulegen, ohne dazwischen auf Rückmeldungen zu warten, reagieren die anderen Teilnehmerinnen unmittelbar: 4 Beiträge von vier verschiedenen Teilnehmerinnen innerhalb von 30 Sekunden.

Als gemeinsamer Tenor schält sich schnell heraus: Abwehr dieser moralischen Bedenken, ermutigender Zuspruch, Rechtfertigung des – von Elli selbst angezweifelten – Tuns. Das angedeutete moralische Dilemma, das „Leid", das die eigene innere Unsicherheit und Zweifel verursacht („riesen Fehler"), wird damit verleugnet bzw. gar nicht erst zugelassen – vermeintlich zu ihrer Entlastung und Unterstützung. Fühlt sie sich dann in ihrem moralischen Dilemma verstanden/ernstgenommen? Und/oder ging es ihr möglicherweise um eine schnelle Bestätigung im Sinne einer Absolution, so dass sie selbst ebenfalls – wie die anderen – die moralischen Bedenken über Bord werfen darf und kann?

Hier bildet sich quasi als Reaktion auf das geschilderte Dilemma/Anliegen ein „Chor" der Abwehr heraus – ein Hinwegreden der Bedenken, ein ermutigendes Zureden und Bestärkung in ihrem Tun. Geleitet von Ellis Fragestellung selbst und der Rechtfertigung („ich will ja nicht gleich ne Beziehung oder sowas")? Oder im Trend des chatüblichen „locker-leicht durchs Leben gehen"? Und welche Rolle spielt dabei die Fachkraft mit ihren entschärfenden Formulierungen?

Unterteilt man diesen „Chor" in einzelne Stimmlagen und schaut sich die Rückmeldungen im Einzelnen noch mal an, so werden deutliche Unterschiede sichtbar: Während die Klientinnen 2 und 4 auf die Richtigkeit der Gefühle setzen und damit die populärwissenschaftliche These vertreten: „der Bauch (bzw. Herz) kann nicht irren", wird die Herkunft der Bedenken Ellis von Klientin 3 und Klientin 8 zumindest hinterfragt (Z. 118: „Wer oder was sollte das verbieten? Und warum?"; Z. 117: „hört sich so an, als würdest du bei dem neuen Jungen Trost suchen"). Die ‚Gefühlsfraktion', Klientinnen 2 und 4, greift damit sozusagen die Frage der Fachkraft („ist es okay…?") auf und liefert eine schnelle Lösung, unter Verleugnung der moralischen Dimension. Klientin 3 und Klientin 8 dagegen suchen offenbar noch nach Verständnis für die Frage, die bei Elli dahintersteckt, und laden mit ihren Fragen bzw. Mutmaßung/Unterstellung (Z. 117: „hört sich so an als ob…") zu einer näheren Erläuterung und damit Hinterfragung sowie Reflexion ein. Elli hat nun die Möglichkeit, entweder auf diese Einladung einzugehen oder sich mit der beruhigenden Rückmeldung, „is doch oke…" zu begnügen.

Nachdem Klientin 8 diese Mutmaßung („Trost suchen") angestellt hat und wohl die beruhigend-verleugnenden Rückmeldungen der anderen gelesen hat, schiebt sie ebenfalls noch eine entlastende Botschaft hinterher (Z. 120), die zwar die moralische Dimension Loyalität und Verpflichtung selbst nach Beziehungsende noch andeutet, aber entschärft („Du bist deinem Exfreund ja nicht schuldig, dass du ewig allein bleibst"). Für den erwachsenen Leser klingt die Assoziation „ewig" für den behandelten Zeitraum einer Woche zwar wenig nachvollziehbar, allerdings wird offenbar hier wieder das andere Zeit-Erleben junger Leute spürbar. Interessant ist hier im Sinne einer Verlaufsanalyse jedoch vor allem der Wechsel von

Klientin 8: nachdem sie mit dem „Trost suchen" eine durchaus fragwürdige und selbstkritische Seite aufgegriffen hat, schließt sie sich mit der neuen Rückmeldung dann eher dem das Gespräch dominierenden Chor der „Leid-Verleugner" und Beruhiger an. Es entsteht damit eine relativ einheitliche Richtung.

Wie geht Elli nun auf diese Rückmeldungen ein? Welchen Strang greift sie auf, welchen nicht?

Ausschnitt 23: Beispiel Elli, bke-Ulla 28.11.11

121)	20:28:18	*elli*	ich hab ihm auch von vorne rein gesagt bzw. vorhin, dass ich ihn nicht als Lückenfüller sehe und auch nicht will, dass er denkt, er wäre ein Trostobjekt
122)	20:28:35	*elli*	Ich suche bei ihm keinen Trost.
123)	20:28:40	*elli*	Dafür mag ich ihn zu sehr.
124)	20:28:45	*elli*	Ich habe keinen Trost verdient.
125)	20:28:48	*Klientin 4*	wo ist denn dann das problem? glaubst du, du bist noch nicht wieder für eine beziehung bereit?
126)	20:29:17	*Klientin 8*	elli das hab ich auch gesagt und im endeffekt dann gewerkt, dass es doch so war
127)	20:29:44	*elli*	wenn es so ist, sollte ich mich erschießen. Er ist schon ein sehr cooler Typ und ich will ihn ganz sicher nicht ausnutzen.
128)	20:30:12	*Klientin 10*	muss gehen, bis bald :)
129)	20:30:22	*Klientin 7*	tschüss
130)	20:30:23	*elli*	Beziehung eh nicht… aber *Klientin 4* ich denke, dass es moralisch gar nicht geht. Letzte, vorletzte und davor die Woche war ich noch total unglücklich…
131)	20:30:26	*Klientin 8*	ich finde trost suchen hat nichts mit ausnutzen zu tun
132)	20:30:31	*elli*	und jetzt gehts mir wieder gut, weil er da ist.
133)	20:30:33	*Klientin 2*	dann fühlt es für dich sicher richtig an!
134)	20:30:40	* bke-Ulla	du magst ihn sehr. das ist ein guter grund. und nix verwerfliches
135)	20:30:46	* bke-Ulla *	@*Klientin 10* tschüschen
136)	20:30:48	*Klientin 4*	also fühlst du dich wohl mit ihm
137)	20:30:55	*Klientin 4*	das sit doch sehr schön
138)	20:31:10	*elli*	ja

139)	20:31:11	System	*Klientin 10* hat den Chat verlassen.
140)	20:31:15	System	*Klientin 11* ist dem Chat beigetreten.
141)	20:31:26	*Klientin 4*	Hallo *Klientin 11*
142)	20:31:27	*Klientin 1*	hallo *Klientin 11*
143)	20:31:38	*elli*	ich habe mit ihm jetzt schon mehr geredet als in der ganzen Beziehung mit meinem Exfreund ^^
144)	20:31:39	*Klientin 11*	hallo
145)	20:31:44	* bke-Ulla *	was macht die sorge aus …. mit dem reinstolpern und nicht erlaubt sein…?
146)	20:31:48	* bke-Ulla *	hallo *Klientin 11*!
147)	20:31:49	*Klientin 8*	das ist doch schön
148)	20:31:53	*Klientin 11*	worum gehts?
149)	20:32:21	*Klientin 11*	Hi*ulla*
150)	20:32:31	* bke-Ulla *	@*Klientin 11* elli fragt, ob es wohl okay ist kurz nach einer trennung gleich einen neuen kontakt einzugehen

Während Elli zunächst die Unterstellung „Trost suchen" vehement zurückweist (Z. 121–124), mit Rechtfertigung („Habs ihm schon gesagt…") und Ausweichen auf ein neues Thema (Z. 124, „Ich hab keinen Trost verdient"), wird dies unter Verweis auf eigene Erfahrungen (Klientin 8, Z. 126) angezweifelt. Für Elli scheint dies eine neue Bedrohung darzustellen, gegen die sie sich entschieden wehrt (Z. 127, „wenn das so ist sollte ich mich erschießen"). Der dramatische Selbstappell („ich habe keinen Trost verdient") geht demgegenüber völlig unter, wird von den anderen ignoriert.

Diese versuchen unterdessen das eigentliche Problem zu verstehen, z. B. durch Nachfragen (Z. 125, „Wo ist denn dann das Problem?"), teilweise mit Suggestion („Glaubst du du bist noch nicht bereit für neue Beziehung?"). Die „Gefühlsfraktion" (Klientin 2, 4 und teilweise Klientin 8) betont Ellis schönes Erleben, das „richtig anfühlen" und impliziert damit indirekt die Erlaubnis wie auch die Leugnung des Problems (Z. 133, „Dann fühlt es sich für dich richtig an!", Z. 136/137, „du fühlst dich wohl mit ihm, das ist doch sehr schön"), trotz Ellis erneuter Schilderung ihrer Unsicherheit aufgrund der Diskrepanz ihrer Gefühle (Z. 130, „letzte Woche unglücklich…. jetzt gut.. das geht doch nicht!"). Die Fachkraft greift ihr Gefühlserleben teilweise beruhigend auf (Z. 134, „du magst ihn, das ist nicht verwerflich"), versucht jedoch erneut noch dem eigentlichen Dilemma auf den Grund zu gehen (Z. 145, „was macht die Sorge aus…. mit dem reinstolpern und nicht erlaubt sein…"), indem sie mit ihren Fragen auf das subjektive Erleben hinlenkt und zur vertieften Reflexion einlädt. Die in dieser Intervention vorgenommene Wortwahl ("Sorge", „nicht erlaubt") nimmt die moralische und affektiv bewegende Dimension der ursprünglichen Fragestellung durch Elli auf und verdeutlicht ebenso auf dieser Ebene Verständnis und die Einladung zu einer vertieften Auseinandersetzung mit sich selbst.

Möglicherweise ermutigt und angestachelt von dem Bestreben das Schöne zu erläutern, verweist Elli auf die positiven Erfahrungen mit dem neuen Jungen (Z. 143, „jetzt schon mehr geredet als in der ganzen Beziehung mit dem Exfreund"), ohne bei ihren Bedenken zu bleiben. Auf die Nachfrage der Fachkraft geht sie nicht ein, sondern schildert ihren Einsatz für die Beziehung (es geht um „reden", um wertvolle Dinge), was ebenfalls entlastend gegen die Bedenken und gefürchtete moralische Verurteilung ist, jedoch nicht die Einladung zur tieferen Selbstreflexion aufgreift, sondern ein neues Themenfeld aufspannt.

Als eine neue Teilnehmerin den Chat betritt, fasst die Fachkraft auf deren Nachfrage das Thema wiederum in entschärfter Form zusammen, wobei sie in dieser Formulierung wohl ebenso auf das offensichtliche Ausweichen von Elli reagiert.

Ausschnitt 24: Beispiel Elli, bke-Ulla 28.11.11

148)	20:31:53	*Klientin 11*	worum gehts?
149)	20:32:21	*Klientin 11*	hi ulla
150)	20:32:31	* bke-Ulla *	@*Klientin 11*elli fragt, ob es wohl okay ist kurz nach einer trennung gleich einen neuen kontakt einzugehen
151)	20:32:52	*Klientin 11*	ja is ok
153)	20:33:06	*Klientin 11*	wenn man dabei mit sich selbst im einklang ist schon
154)	20:33:13	*Klientin 8*	warum sollte es denn nicht okay sein?
155)	20:33:22	*Klientin 4*	ich stimme *Klientin 11* zu^^
157)	20:33:51	*elli 5*	mh gut
158)	20:33:52	*elli*	danke
159)	20:33:59	*elli*	ich denk nochmal drüber nach
160)	20:34:06	*Klientin 8*	du scheinst nciht überzeugt zu sein
162)	20:34:24	* bke-Ulla *	*Elli* willst du nachspüren, was in dir dagegen spricht?
163)	20:34:34	* bke-Ulla *	oder lieber so stehenlassen und positiv mitnehmen
165)	20:34:51	System	*Klientin 4* hat den Chat verlassen.
167)	20:35:08	System	*Klientin 12* ist dem Chat beigetreten.

168)	20:35:13	*elli*	ist genug zeit um
169)	20:35:17	*elli 5*	ich danke euch
170)	20:35:18	*elli*	Hallo
171)	20:35:20	* bke-Ulla *	hallo *Klientin 12*!
172)	20:35:36	* bke-Ulla *	okay dann wünsche ich dir alles gute dafür
173)	20:35:44	* bke-Ulla *	sei achtsam und trau dich
174)	20:35:51	*Klientin 1*	Alles Gute elli!
175)	20:36:03	*bke-Ulla*	@*Klientin 12* wir machen gleich themenwechsel
176)	20:36:12	*Klientin 12*	ok
177)	20:36:53	* bke-Ulla *	nächste ist dann *Klientin 4*

Ohne nähere Hintergründe zu kennen bzw. zu erfragen reagiert Klientin 11 spontan mit „ja is ok" (Z. 151), was sie in Z. 153 noch etwas ausführt („wenn man dabei mit sich selbst im reinen ist"), woraufhin Klientin 4 und 8 (‚Gefühlsfraktion') noch einmal beipflichten und ausdrücklich Zweifel leugnen (Z. 154, „warum sollte es denn nicht ok sein?").

Diese Antworten sind wohl als Reaktion auf die eher geschlossene Frage der Fachkraft (Z. 150, „Elli fragt, ob es wohl okay ist…") zu betrachten. In dieser Frageformulierung, die möglicherweise die ausweichende Reaktion Ellis auf die Selbstreflexions-Einladung widerspiegelt, wird das moralische Dilemma indirekt auf eine Ja-Nein-Frage reduziert, was dem jugendtypischen Wunsch nach einer schnellen, einfachen Lösung mit möglichst wenig Ambivalenz entgegenkommt. Damit wird das Leid negiert und das für Elli möglicherweise innerlich bedeutsame Anliegen: hohe Ambivalenz zwischen Wunsch nach neuem, befriedigendem Kontakt und moralischen Bedenken, affektiv neutralisiert.

Elli reagiert auf diese Absolution eher zögernd-verhalten („Mhh gut ich denk noch mal drüber nach", Z. 157–159), was von Klientin 8 aufgegriffen (Z. 160 „du scheinst nicht überzeugt zu sein") und von der Fachkraft ebenfalls noch einmal hinterfragt wird (Z. 162, 163 „willst du nachspüren…?"); mit der Alternative zwischen Zumutung des Weiterdenkens, In-sich-Reinspürens oder „so positiv stehenlassen" (Z. 163). Mit dieser zweiten Option würdigt sie den vielen ermutigenden Zuspruch der Teilnehmerinnen noch einmal und reagiert auf bzw. benennt indirekt ebenso das zögernde Eingehen Ellis auf weiterführende Fragen nach dem eigenen Erleben/in-sich-Reinspüren. Die Alternative „oder so positiv stehenlassen" suggeriert realistisch, dass ein tieferes Nachspüren eben nicht nur oder nicht gleich „positiv" erlebt wird, sondern eher erst einmal belastend sein kann; in der Auseinandersetzung mit Krise, leidvollen Erfahrungen, belastender

Ambivalenz, Angst, Selbstzweifeln….. Mit dieser Wahlfrage wird Elli eine Entscheidung zugemutet bzw. noch einmal explizit erfragt, ob sie einen Beratungsauftrag, in Selbstreflexion begleitet werden, hat oder nicht.

Elli nimmt den erneuten Anstoß zu dieser vertieften Selbstreflexion wieder nicht an, sondern beendet mit Hinweis auf die Zeit. Dies wird von der Fachkraft so akzeptiert, mit guten Wünschen das Thema abgeschlossen und zum nächsten weitergegangen.

In den Wunsch verpackt die Fachkraft dennoch einen therapeutischen Wink (Z. 173, „sei achtsam und trau dich “), womit sie noch einmal beide von Elli angedeuteten Seiten, Angst und Bewusstheit/Hinterfragen dessen, was sie da gerade tut, kurz streift, gleichzeitig aber mit einem „Umgekehrt“-Smiley eher wieder mit einer Art Augenzwinkern versieht und damit entschärft.

Fazit Beispiel Elli

Insgesamt ist dies ein Beispiel, wo durchaus ein die Teilnehmerin bewegendes Anliegen – zumindest zwischen den Zeilen – spürbar ist, der Schritt vom vagen Unwohlfühlen hin zu dem (sich) Eingestehen einer inneren Not und Einlassen auf einen tiefergehenden Suchprozess in der Auseinandersetzung mit sich jedoch nicht vollzogen wurde. Trotz mehrerer Anstöße und Einladung zu einer tiefergehenden Selbstreflexion begnügt sich die Teilnehmerin Elli mit den beruhigend-verleugnenden Rückmeldungen der übrigen Teilnehmerinnen, die mit ihrer „anything goes“-Haltung eine tiefere Sorge/Beunruhigung bzw. drohende Ambivalenz ablehnen und damit das mögliche Leid verleugnen. Dadurch kommen sie wohl einer Seite in Elli selbst sehr entgegen, die eben genau diese Bestätigung (im Sinne von: Gell, das ist schon okay so, ihr verurteilt mich nicht?) und Ausweichen vor den leidvollen Selbstzweifeln sucht. Möglicherweise wurde diese Haltung ermöglicht bzw. unterstützt von den Interventionen der Fachkraft, die zwar einerseits ab der Anmeldung eine affektive Betroffenheit suggerierte, gleichzeitig in ihren Formulierungen den moralisch belastenden Aspekt jedoch immer wieder affektiv neutralisierte.

5.3.2 Beispiel Mara: Eigenverantwortung

Im folgenden Beispiel hat die Teilnehmerin ihr Thema nicht erst in der Themensammlung, sondern bereits vorher in der Einstiegsphase kundgetan. Es liegt ihr demnach wohl sehr am Herzen. Dies ist ebenfalls eine Möglichkeit Dringlichkeit kundzutun bzw. Aufmerksamkeit auf das eigene, später zu behandelnde Thema zu lenken.[92]

Ausschnitt 25: Beispiel Mara, bke-Nathan 10.02.12[93]

27) 15:32:10	* bke-Nathan *	gibt es was neues?
28) 15:32:22	*Klientin 7*	Ja und nein
29) 15:32:34	* bke-Nathan *	das ist vielsagend^^
30) 15:32:35	System	*Klientin 14* hat den Chat verlassen.
31) 15:32:36	*Klientin 5*	ich hab jetzt nen haustier
32) 15:32:44	* bke-Nathan *	oh, was denn?
33) 15:32:45	System	*Klientin 11* ist dem Chat beigetreten.
34) 15:32:46	*Mara*	ich habe Therapie nach 3 tagen abgebrochen
35) 15:32:58	*Klientin 3*	shit warum mara?
36) 15:32:59	*Klientin 6*	wieso das, mara?
37) 15:33:00	*Klientin 5*	nen hund
38) 15:33:04	* bke-Nathan *	hast aber lange durchgehalten
39) 15:33:11	*Klientin 10*	ich hatte heute nur 4 stunden schule, yay
40) 15:33:13	*Klientin 6*	echt, cool, *Klientin 5*!
41) 15:33:16	* bke-Nathan *	also doch ein hund
42) 15:33:29	* bke-Nathan *	und du fühlst dich der verantwortung gewachsen?
43) 15:33:37	*Klientin 5*	ja, klappt gut mit uns
44) 15:33:46	* bke-Nathan *	was für einer ist es denn?
45) 15:34:01	*Klientin 5*	schäfermix
46) 15:34:04	System	*Klientin 14* hat den Chat verlassen.
47) 15:34:11	*Klientin 5*	was alles genau da drinne ist weis ich nicht
48) 15:34:26	* bke-Nathan *	also keine hamstergröße, gut
49) 15:34:31	*Klientin 14*	Hi
50) 15:34:32	*Mara*	Weil ich mich irgendwie total unwohl gefühlt habe & alle waren dünner als ich & ich meinte mal wieder ich würde einen Platz blockieren

92 Anmerkung: die Anfangsphase wurde oben schon als Beispiel zitiert (s. Ausschnitt 5), hier geht es im folgenden Abschnitt um die Bearbeitung des Themas.

93 Nick wie oben beschrieben verändert.

Nach der Begrüßungsphase und zu Beginn der Smalltalk-Phase stellt die Fachkraft die Frage, ob „es was neues gibt". Klientin Mara gibt kund, dass sie die Therapie nach drei Tagen abgebrochen habe (Z. 34), was zwar zu Nachfragen führt, aber zunächst mal gleichrangig bzw. untergeordnet mit der anderen „Neuigkeit" von Klientin 5 (Z. 31, „ich hab jetzt nen haustier") behandelt wird: es erfolgen deutlich mehr Nachfragen/Kommentare zu Haustier als zu Therapieabbruch. Als verkündenswerte Neuigkeit zählt offenbar ebenso Klientin 10 (Z. 39) ihre Kundgabe, dass sie heute nur 4 Stunden Schule gehabt habe. Man könnte daher den Schluss ziehen: bei der Frage nach „Neuigkeiten" hat alles Platz, was eine Teilnehmerin für Mitteilens wert hält.

Während zwei Teilnehmerinnen auf die Mitteilung des Therapieabbruchs mit emotionalem Kommentar (Z. 35, „shit") und Fragen nach Ursachen unmittelbar reagieren (Z. 35 und 36, „warum"/"wieso?"), kommentiert dies die Fachkraft mit einer trocken-ironischen Bemerkung (Z. 38, „hast aber lange durchgehalten"), die zwar den Inhalt aufgreift, aber nicht den wohl beabsichtigten Appell der besorgten Nachfrage. Auffällig ist in der Sequenz zudem, dass keiner nach der Therapie selbst nachfragt; diese war entweder bereits bekannt und/oder ist weniger von Interesse als der Abbruch. Hier zeigt sich die selektive Macht der Teilnehmerin selbst: Sie entscheidet, was sie von sich präsentiert, was Thema werden soll: nicht Ursachen oder Hintergründe für Therapie*beginn*, sondern der Abbruch.

Mara geht nicht auf den ironischen Kommentar der Fachkraft ein, beantwortet aber die Frage nach den Ursachen für den Abbruch (Z. 50), für Chat-Maßstäbe sogar recht ausführlich („Weil ich mich irgendwie total unwohl gefühlt habe & alle waren dünner als ich & ich meinte mal wieder ich würde einen Platz blockieren"). Sie gibt hier diverse Hinweise auf ihr eigenes Erleben, woraus für die chat- und therapie-erfahrenen Experten deutliche Rückschlüsse auf die dem Therapieentschluss wohl zugrundeliegende Störung gezogen werden könnten. Diese Selbstbeschreibung bietet unter Beratungsgesichtspunkten diverse Anschlussmöglichkeiten zur Weiterverfolgung, was aber – in dieser Anfangsphase des Chats, die traditionell dem Zusammenfinden in eher lockerer Atmosphäre dient – noch nicht aufgegriffen wird:

Ausschnitt 26: Beispiel Mara, bke-Nathan 10.02.12

51) 15:34:48	*Klientin 6*	ey, nix gegen kleine hunde, möpse sind cool, nathan!
52) 15:34:55	*Klientin 5*	würde auch zu meiner größe nicht passen nathan…
53) 15:35:06	*Klientin 11*	pudel sind auch süss
54) 15:35:18	* bke-Nathan *	ein mops braucht immer mindestens noch einen mops
55) 15:35:18	*Klientin 7*	Bist du groß *Klientin 5*?
56) 15:35:21	*Klientin 3*	mich haben grad wieder ein paar hunde beim joggen genervt, das waren auch so kleine terrier
57) 15:35:31	*Klientin 5*	sonst würde ichs ja nicht sagen oder? -.-
58) 15:35:34	* bke-Nathan *	die fühlen sich alleine ganz schnell einsam
59) 15:35:39	*Klientin 3*	oh man wie solls denn jetzt bei dir weitergehen mara?
60) 15:36:06	*Klientin 6*	was laberst du denn fürn käse, nathan?
61) 15:36:09	*Klientin 7*	Ja groß gibt es verschiedene Größe lol^^ *Klientin 5*
62) 15:36:14	* bke-Nathan *	ist so *Klientin 6*
63) 15:36:14	*Mara*	Keine Ahnung
64) 15:36:24	*Klientin 5*	immerhin kann man beim wachsen zu schauen…mit seinen 11 wochen…ach ne *Klientin 3*, nerv mich nicht
65) 15:36:37	*Klientin 6*	wir hatten einen mops bis november und der war sehr glücklich bei uns :)

Nahezu ungeachtet der Aussage über den Therapieabbruch läuft das Gespräch über Hunde und sich daran anschließende Themen assoziativ weiter (insgesamt bis Z. 116), lediglich Klientin 3 – die schon auf die erste Andeutung reagiert hatte (Z. 35 „shit mara, warum") bringt in ihrer Reaktion Anteilnahme und Sorge zum Ausdruck (Z. 59, „oh man wie solls denn jetzt bei dir weitergehen mara?"), ohne jedoch auf die geschilderten Ursachen für den Abbruch – die sie ursprünglich erfragt hatte – weiter einzugehen. Dies wird offenbar so hingenommen, Thema ist jetzt eher die Frage, wie es weitergehen könnte, was im Sinne der vorher ausführlich zitierten Befunde von Sherry Turkle (1998) als typisches Kennzeichen der computerbasierten Kommunikation gedeutet werden: Schnelligkeit/Effizienz statt Tiefe[94]. Die ausführliche Antwort von Mara, die die Frage nach den Ursachen offenbar als Aufforderung zu mehr Beschreibung ernstgenommen hatte, bleibt ohne Resonanz, ihr Selbsterleben bleibt unkommentiert im Raume stehen, wird als Fakt so hingenommen und stößt – zumindest in dieser Phase – auf kein großes Interesse. Mara scheint dies zu realisieren, ihre Antwort auf die neue

94 In den Worten Turkles (1998): „Navigieren an der Oberfläche".

Frage (Wie soll es weitergehen?) ist demzufolge wesentlich kürzer und ohne Selbstbezug/Selbstreflexion (Z. 63, „Keine Ahnung"), womit sie auf die fehlende Resonanz reagiert und gleichzeitig die implizite Reziprozitätsnorm – auf eine Frage sollte geantwortet werden – befolgt, ohne zu viel Energie hineinzustecken. Zudem wird daran deutlich, dass sie selbst ohne explizites Ansprechen durch den indirekten Hinweis in Form fehlender Resonanz auf die implizite Regel hingewiesen wurde: Jetzt sind die Themen noch nicht dran. Dieser Regel folgt sie, indem sie ihr Thema nicht weiter ausbreitet.

Das Gespräch plätschert assoziativ weiter, bis dann durch Reindrängeln einer Teilnehmerin, die mit ihrer Frage reinplatzt, die Themenauswahl-Sequenz eingeleitet wird. Hier meldet sich Mara klar mit einem Thema an.

Ausschnitt 27: Beispiel Mara, bke-Nathan 10.02.14

117) 15:45:22	* bke-Nathan *	du hast also ein thema *Klientin 11*, ich schreib dich auf die liste
118) 15:45:30	* bke-Nathan *	ich frag sowieso gleich
123) 15:46:21	* bke-Nathan *	wer hat denn noch ein thema außer *Klientin 11*?
124) 15:46:24	*Klientin 7*	Ich hab ein Thema, kann aber heute nur bis 17 Uhr Online sein, weil ich Besuch bekomme.
125) 15:46:26	*Klientin 6*	ich hätte auch ein thema…
126) 15:46:27	*Mara*	ich
127) 15:46:28	*Klientin 13*	ich hätte eins
128) 15:46:34	*Klientin 5*	ich hab nichts
129) 15:46:35	*Klientin 10*	ich vielleicht
130) 15:46:41	*Klientin 4*	ich auch
131) 15:46:50	*Klientin 6*	7 themen Oo

Auf die Frage nach Themenanmeldungen meldet Mara sich sehr schnell (als zweite, sechs Sekunden nach Frage der Fachkraft), mit lediglich kurzem Beitrag (Z. 126, „ich"). Es ist zu vermuten, dass sie im Rennen um die knappen Zeit-Ressourcen, die den geübten Teilnehmerinnen bekannt sind und z.B. in Z. 131 thematisiert werden („7 Themen Oo"[95]), schnell Präsenz zeigen will, um auf jeden Fall berücksichtigt zu werden. Die Themenmeldungen erfolgen sehr schnell (6 zusätzliche Meldungen innerhalb von 20 Sekunden), das Rennen um die Themenplätze ist somit eröffnet.

95 Anmerkung; „Oo" (gelesen als Oh- Oh), chattypisches Kürzel für einen Ausdruck der Überraschung und Spannung im Sinne von: „Oh je, wie soll das gelingen?".

Die Fachkraft übernimmt zunächst die Regelung der Reihenfolge, es erfolgen zwei Themenbearbeitungen, bevor Maras Anmeldung erneut berücksichtigt wird.

Ausschnitt 28: Beispiel Mara, bke-Nathan 10.02.12

559)	16:49:23	*bke-Nathan *	ok
560)	16:49:36	*bke-Nathan *	also *Klientin 10*, *Klientin 6* od. Mara
561)	16:49:58	*bke-Nathan *	könnt ihr das regeln?
562)	16:50:06	*Klientin 10*	ich warte von mir aus~
563)	16:50:11	*Klientin 6*	hm
564)	16:50:27	*Mara*	ich würde gern
565)	16:50:30	*Klientin 6*	ich würde schon gerne dran kommen, aber kann auch gerne als letzte und wenn nicht, werd ich's auch überleben^^
566)	16:50:30	*Klientin 8*	klingt für mich einfach nur nach einem etwas alteruistischen: „Ich würde gerne erzählen" oder meinst du das wirklich so, *Klientin 10*?
567)	16:50:45	*bke-Nathan *	das ist ein wort
568)	16:50:56	*bke-Nathan *	ok *Klientin 6* wenn mara weiter macht?
569)	16:51:20	*Klientin 6*	dann erzähl mal, mara, nehem an, du willst drüber reden, dass du die therapie abgebrochen hat
570)	16:51:25	*Klientin 6*	ja, klar nathan

Die Fachkraft nennt die noch wartenden Teilnehmerinnen namentlich (Anmerkung: hier mit Zahlen anonymisiert) und überträgt ihnen die Aufgabe, sich selbst auf eine Reihenfolge zu einigen. Mara positioniert sich als einzige sehr klar (Z. 564, „ich würde gern"), womit sie – wenn auch im Konjunktiv – ihren Anspruch noch einmal klar unterstreicht. Die Fachkraft vergewissert sich explizit bei der unentschlossenen Teilnehmerin Klientin 6, die sich ambivalent äußert und auf Nachfrage auf das in der Anfangsphase eingebrachte Thema von Mara anspielt (Z. 569). Damit gibt sie implizit zu erkennen, dass sie die Dringlichkeit dieses Anliegen in der Anfangsphase – wo sie schon einmal mit einer kurzen Frage nach den Ursachen des Abbruchs reagiert hat – durchaus wahrgenommen hat. Zugunsten dieses Anliegens stellt sie nun ihren eigenen Wunsch zurück, was sie der Fachkraft auf deren Frage hin noch einmal explizit als Entscheidung bejaht (Z. 570).

Rücksicht auf andere, „Fürsorge" untereinander sowie eine friedliche einvernehmliche Lösung scheinen demnach weitere Verhaltensnormen zu sein, auf die ebenso Klientin 8 mit ihrer Rückfrage bei Klientin 10 achtet.

Zum Start des Themas von Mara werden zunächst noch einmal die Ursache für die Therapie und die Umstände des Abbruchs erörtert.

Ausschnitt 29: Beispiel Mara, bke-Nathan 10.02.12

575)	16:51:51	*bke-Nathan *	war es eine ambulante thera?
576)	16:51:54	*bke-Nathan *	frag sie
577)	16:52:08	*Mara*	Ne ich musste schon da bleiben
578)	16:52:12	*Klientin 11*	wie alt bist du mara
579)	16:52:23	*Mara*	ich bin 13 werde im April 14
580)	16:52:27	*bke-Nathan *	also stationär
581)	16:52:36	*bke-Nathan *	und warum wenn man fragen darf?
582)	16:52:43	*bke-Nathan *	also warum warst du dort?
583)	16:53:05	*Mara*	Ich musste wegen Magersucht dahin
584)	16:53:12	*bke-Nathan *	ok
585)	16:53:26	*bke-Nathan *	und wie hast du es geschafft so schnell wieder rauszukommen?
586)	16:53:35	*bke-Nathan *	ist ja schon ne leistung
587)	16:54:10	*Mara*	Ich habe gesagt ich bin noch nicht so gefährdet wie die anderen die da sind und ich besetzt nur einen Platz
588)	16:54:17	*bke-Nathan *	ich vermute außerdem du warst nicht freiwillig dort
589)	16:54:32	*bke-Nathan *	oi, so einfach ging das?
590)	16:54:38	*Klientin 5*	deswegen lassen die einen aber doch nicht gehen ...?
591)	16:54:40	*Mara*	Ja
592)	16:54:56	*Mara*	Ich war noch nicht mal ne Woche da
593)	16:55:02	*Klientin 4*	Oo
594)	16:55:08	*bke-Nathan *	und bist du glücklich darüber dein ziel erreicht zu haben?
595)	16:55:16	*Klientin 4*	möchtest du hilfe?
596)	16:55:16	*Klientin 11*	respekt mich lassen die immer lange dort nich raus
597)	16:55:19	*Klientin 5*	und nur sagen „ach ne, bin doch nicht so gefährdet" reicht doch nicht um da wieder rauszukommen
598)	16:55:28	*Klientin 5*	sonst wär ich da am selben tag schon wieder gegangen

In den Kommentaren zum Abbruch werden von den anderen Teilnehmerinnen deutlich Zweifel und Unverständnis artikuliert (Z. 589, 590, 596–598), die Fachkraft deutet es eher um in eine „Leistung" (Z. 586) und gezielte Haltung (Z. 594, „und bist du glücklich darüber dein Ziel erreicht zu haben?"). Damit wird – wie schon in Kommentaren zu Maras vorherigen Beiträgen, s. obige Ausschnitte – suggeriert, dass sie eben keine Hilfe annehmen will und gezielt auf Verweigerung hinarbeitet, was als typisch für Magersucht gilt. Der Abbruch wird daher nicht als schuldlos erlebte Katastrophe, sondern eher als Ziel/Ergebnis einer bewussten Aktion betrachtet. Auf diese von der Fachkraft angedeutete Haltung steigt dann ebenfalls Klientin 4 ein mit der Nachfrage „möchtest du hilfe?" (Z. 595) – es wird demnach von mehreren Seiten die Grundhaltung hinterfragt, die in der Regel bei einer Therapie vorauszusetzen ist (jemand möchte sich helfen lassen), die aber durch die Umstände hier eher fragwürdig erscheint. Die Authentizität des Beratungswunsches wird offenbar überprüft. Nach einigem Hin und Her bezüglich Umständen des Abbruchs, Zustimmung der Eltern etc. wird diese Fährte – in Frage stellen der eigenen Veränderungsbereitschaft bei Mara, die ja beim Einbringen und Behandeln des Themas hier im Chat eine Rolle spielt – dann weiter verfolgt.

Ausschnitt 30: Beispiel Mara, bke-Nathan 10.02.12

623) 17:01:31	*Klientin 6*	bereust du deine entscheidung denn oder ist es für dich gut so wie es ist?
624) 17:01:46	*Klientin 5*	ja, aber nicht dann, wenn sie unbedingt da rein wollen, auch schon magersüchtig sind und dann wieder meinen „och nö, geht ja doch ganz gut"
625) 17:01:54	*Klientin 5*	da rät dir auch jeder arzt von ab
626) 17:02:11	*Mara*	Ich bereue es weil ich merke ja das es nicht besser wird
627) 17:02:32	*bke-Nathan *	und was wirst du jetzt tun?
628) 17:02:34	*Klientin 11*	kannst du dort wieder hin
629) 17:03:21	System	*Klientin 8* hat den Chat verlassen.
630) 17:03:24	*Mara*	Ich weiß es nicht ne mein Platz ist ab nächster Woche wieder weg
631) 17:04:18	*Klientin 11*	hast du ne idee
632) 17:04:36	*Klientin 5*	wie wärs mit sachen packen und da heute wieder hin?
633) 17:05:17	*bke-Nathan *	warum sollte sie *Klientin 5*, man hat ihr doch viel bequemere wege geöffnet
634) 17:05:19	*Klientin 11*	ich glaub so einfach gehts nicht
635) 17:05:29	*Klientin 5*	anrufen und nachfragen kostet nix
636) 17:05:31	*Klientin 8*	wenn du die chance bekommen würdest, wieder hinzugehen, würdest du dann bleiben?
637) 17:05:36	*Klientin 5*	den weg bequem zu haus aufm sofa?
638) 17:05:42	*bke-Nathan *	jop
639) 17:05:59	*Mara*	Ja würde ich

Klientin 6 hinterfragt die jetzige Einstellung zu der Entscheidung, d.h. indirekt mit welcher Haltung Mara dieses Anliegen denn heute einbringt (Z. 623: „bereust du deine entscheidung denn oder ist es für dich gut so wie es ist"). Mara bejaht „bereuen" und deutet Einsicht an (Z. 626), woraufhin unterschiedliche Reaktionen erfolgen: manche Teilnehmerinnen schlagen naive Lösungswege vor (Z. 628, 632, „wieder hingehen"), die Fachkraft dagegen betont die – vorher ironisch schon aufs Korn genommene – Eigenverantwortung (Z. 627 „und was wirst du jetzt tun"), die aus dem „Bereuen" entspringen sollte, und verweist in Kommentaren zu dem Lösungsvorschlag ‚wieder hingehen' noch einmal auf die „bequeme Lösung" die in der Verweigerung/Abbruch liegt und die ihr ermöglicht wurde (Z. 633, 637/638). Damit hebt er erneut den eigenen Anteil, die eigene Verantwortung – ein wesentliches Kennzeichen im Beratungsprozess – hervor, als Anstoß zur Selbstreflexion? Indirekt rückt er gleichzeitig wieder ihre mangelnde Veränderungsbereitschaft in den Fokus, was von Klientin 8 aufgriffen und noch einmal direkt hinterfragt wird (Z. 636, „wenn du die chance bekommen würdest, wieder hinzugehen, würdest du dann bleiben?"). Dies wird von Mara bejaht, d.h. sie bekundet explizit eine veränderte Haltung, die stilistisch symbolisiert wird durch eine klare sachliche, undramatische Aussage, ohne Rechtfertigungs- oder Bagatellisierungstendenzen und in knapper Form ("ja würde ich").

Es geht im Folgenden dann um die Erfahrungen verschiedener Teilnehmerinnen in den Kliniken (Diskussion, ob es dort nun „chillig" ist oder eigene Arbeit an sich verlangt wird, ausgelöst wohl durch die Unterstellung des „bequemen Weges"), die Fachkraft lenkt das Gespräch nach Maras Auskunft dann jedoch in eine neue Richtung.

Ausschnitt 31: Beispiel Mara, bke-Nathan 10.02.12

654)	17:08:27	*bke-Nathan *	würdest du mir bitte eine frage beantworten mara?
656)	17:08:40	*Mara*	Ja
658)	17:09:10	*bke-Nathan *	was müsstest du eigentlich noch alles tun, damit deine eltern dich in eine klinik bringen und dich auch ernst nehmen?
659)	17:09:11	*Klientin 10*	na, wenn du es mit dem leben draußen vergleichst, ist eine zeit in einem abgeschotteten raum wie einer klinik sehr viel entspannter als draußen wo alle möglichen anforderungen auf einen einprasseln
660)	17:09:41	*Klientin 5*	bei mir hat man sich auch drum gekümmert das ich noch was lerne, dass ich auch die aufgaben für die schule mitabgebe

661) 17:09:50	*bke-Nathan *	wir sind bei mara
662) 17:10:20	*bke-Nathan *	also mara…
663) 17:10:28	*Mara*	Ich müsste es richtig ernst meinen & mich zusammen reißen
664) 17:10:40	*bke-Nathan *	nein, ich rede von deinen eltern
665) 17:11:07	*bke-Nathan *	od. haben sie dich gehen lassen weil du es nicht ernst meinst?
666) 17:11:11	*bke-Nathan *	wohl kaum
667) 17:11:49	*Mara*	Meine Eltern denn ist es relativ. Ich sollte erst 100 km weit weg aber naja meinen Eltern war es zu weit weg
668) 17:11:58	*bke-Nathan *	wenn sie dich einfach wieder nach hause ließen nehmen sie es ja wohl auch nicht so ernst
669) 17:12:17	*Klientin 4*	Nat, ha da recht geb
670) 17:12:23	*Klientin 4*	nathan
671) 17:12:43	*bke-Nathan *	wenn du mich fragst solltest du sogar etwas weiter als 100 km weg
672) 17:13:00	*Klientin 3*	das stimmt nathan
673) 17:13:09	*Klientin 3*	ist meistens die beste idee
674) 17:13:10	*bke-Nathan *	ich finde das sehr bedenklich, du bist noch keine vierzehn und anscheinend auf dich alleine gestellet
675) 17:13:26	*Klientin 4*	um dich auf dich konzentrieren zu können und abstand von allem zu haben
676) 17:13:27	*bke-Nathan *	da krieg ich echt die wallungen
677) 17:13:51	*bke-Nathan *	und kann *Klientin 5 * und sein unverständnis darüber gut nachvollziehen
678) 17:14:05	*Klientin 5*	na immerhin einer
679) 17:14:09	*Mara*	Ich wollte es ja. Ich hätte auch in der Pflegefamilie bleiben können.
680) 17:14:20	*Mara*	Ich habe es mir zugetraut
690) 17:15:40	*bke-Nathan *	du brauchst unbedingt unterstützung!
691) 17:15:59	*Mara*	Ich kann sagen es wird zu viel dann bin ich wieder weg & meine Eltern kriegen mich so schnell nicht wieder
692) 17:16:18	*Klientin 4*	und wo bist du dann?
693) 17:16:22	*bke-Nathan *	und wie lange dauert es noch bis es dir zu viel wird?

In dieser Phase geht bke-Nathan weg von der zuvor geäußerten Kritik an Maras fehlender Veränderungsbereitschaft und lenkt den Blick auf die Verantwortung der Eltern, die diese wohl offensichtlich nicht in ausreichendem Maße wahrnehmen – eine neue therapeutische Richtung, bei der die Teilnehmerinnen aber wohl ganz gut mitdenken können, wie aus Zustimmung von Klientin 3 und 4 ersichtlich. An diesem Deutungswechsel des Moderators zeigt sich beispielhaft, wie die Rahmendefinition („Was ist hier los?") im zeitlichen Verlauf interaktiv zwischen Moderator und Klienten „ausgehandelt" wird. Nachdem zunächst Maras Schilderungen eher ironisch kommentiert wurden, betont bke-Nathan nun seine Sorge um Mara und die fehlende Unterstützung durch Eltern, d. h. eine Gegenrichtung bzw. Umlenkung zu der vorher angemahnten Eigenverantwortung. Damit scheint klar, dass er ihr das „Bereuen" und die Bereitschaft zur Suche nach anderen Lösungswegen und -Möglichkeiten wohl glaubt, gleichzeitig jedoch fachlich einordnen kann, dass dies offenbar nicht ausreicht, und sich dementsprechend klar positioniert. Bei beiden Richtungen schließen sich Teilnehmerinnen in ihren Fragen und Kommentaren inhaltlich an, womit der gemeinsame Beratungsprozess als geordnete Interaktionen unter der Deutungshoheit und Definitionsmacht der Fachkraft sichtbar wird.

Interessanter Nebenaspekt: im Unterschied zu den bisherigen Verläufen, wo wild durcheinander assoziiert wurde, lenkt bke-Nathan hier die Aufmerksamkeit der anderen – die noch mit eigenen Klinikerfahrungen beschäftigt sind – explizit auf Mara (Z. 661/662). Damit stellt er einerseits ihr Thema klar in den Fokus und erhöht gleichzeitig die Aufmerksamkeit sowohl der Gruppe als auch von Mara selbst für die neue Intervention, nämlich Blick in Richtung fehlender elterlicher Verantwortung. Damit („Wir sind bei Mara") sowie mit dem dann folgenden Frage-Antwort-Dialog mit Mara setzt der Moderator seine Moderationshoheit durch, die fraglos akzeptiert wird.

Ausschnitt 32: Beispiel Mara, bke-Nathan 10.02.12

709)	17:19:06	*Klientin 4*	aber ich finde es grade wichtig wenn man sich früh hilfe holt
710)	17:19:11	*Klientin 4*	esto früher desto besser
711)	17:19:25	*bke-Nathan *	ruf mal in der klinik an, ob sich nochmal jemand mit dir unterhalten wird
712)	17:19:33	*bke-Nathan *	ist ja nicht weit weg
713)	17:19:39	*bke-Nathan *	und dann mach reinen tisch
714)	17:19:50	*Klientin 5* * bke-Nathan	*tut mir leid, aber ich glaub diesen firlefanz nicht… ruf mich wenns vorbei ist*
715)	17:20:11	*Mara*	Ja werde ich machen ich glaube ich fahr morgen mal hin weil ich sollte morgen eh nochmal hin
716)	17:20:21	*Fachkraft 1* * *Klientin 5*	<u>*man kann nie wissen *Klientin 5**</u>
717)	17:20:30	*Klientin 6*	guute idee
718)	17:20:45	*Klientin 6*	und dann sprich mit ihnen, sag, weswegen du gegangen bist
719)	17:20:46	*bke-Nathan *	ok, aber dann komm nicht wieder mit: ich nehm nur den platz weg
720)	17:20:56	*Klientin 5* * *bke-Nathan*	<u>*das mag sein, aber 1. ist mir das alles zu viel humbuk und sie war auch die letzten drei tage definitiv online und 2. kann ich nicht glauben, dass die klinik sie selbst mit einverständnis der eltern gehen lässt*</u>
721)	17:20:59	*Klientin 4*	trau dich zu reden und wenn du dich nicht alleine traust nimm jemanden mit
722)	17:21:26	*Mara*	Ja werde ich machen
723)	17:21:40	*bke-Nathan *	gut
724)	17:21:47	*Klientin 6*	viel mut und erfolg wünsche ich dir, mara :)
725)	17:21:57	*Mara*	danke
726)	17:22:10	*bke-Nathan *	dito
727)	17:22:14	*Klientin 11*	ich hoff auf ein happy end
728)	17:22:43	*bke-Nathan *	ja, aber vorher ein bisschen action bitte
729)	17:23:15	*bke-Nathan *	vor dem happy end mein ich

Nach diesem Schwenk in Richtung Elternverantwortung schließen sich die Teilnehmerinnen ebenfalls dieser Zielrichtung an und empfehlen sich Hilfe zu holen, offen zu reden, was die Fachkraft ebenso befürwortet („reinen tisch machen“,

Z. 711–713), wobei sie die konkreten Schritte im Sinne einer Handlungsanweisung genau benennt. Im Sinne des theoretisch beschriebenen Beratungsprozesse bedeutet das: nach Problemdefinition und Ressourcensuche jetzt Übergang in konkrete Handlungsschritte als Verbindung zum Alltag. Mara bejaht dies als verbindlich klingenden Entschluss (Z. 715, „ja werd ich machen") und wird durch ermutigende Rückmeldungen und gute Wünsche anderer Teilnehmerinnen (Z. 717, 721, 724, 727) bestärkt. Die Fachkraft nimmt den Entschluss zur Kenntnis, unterstützt aber noch einmal durch vorwurfsvolle Ermahnung (Z. 719, „ok, aber dann komm nicht wieder mit: ich nehm nur den Platz weg") – worin sich die schon von Beginn an sichtbare Skepsis an Maras Ernsthaftigkeit und Durchhaltevermögen erneut widerspiegelt – und flapsigen Hinweis auf die Eigenverantwortung (Z. 728, 729: „bisschen action bitte vor dem happy end").

Damit ist das Thema beendet, es schließt sich ein lockerer Austausch über „happy end" im Allgemeinen an. Man oszilliert sozusagen wieder von „Tiefgang" und Sorge (Erkrankung, Klinik. elterliche Verantwortung, „reden müssen") zur chatüblichen „Leichtigkeit" („bisschen action vor dem happy end") – auch, obwohl oder weil die Thematik an sich nicht nach möglichem happy end klingt?

Interessant zu beobachten: die Teilnehmerinnen schließen sich in verschiedenen Richtungen der Fachkraft an, d. h. die gelenkte Aufmerksamkeit ist sozusagen uniform, was als Beleg für die moderierende und regulierende Position der Fachkraft gedeutet werden kann. Vorbehalte (Klientin 5, Z. 714 „ich glaub den firlefanz nicht") werden nur flüsternd in den Raum gestellt und entschuldigend gerahmt („tut mir leid") – weil man die Authentizität offiziell nicht in Frage stellen darf? Die Fachkraft nimmt die Bedenken ernst, reagiert darauf durch unmittelbare Flüsterantwort und namentliche Ansprache, stellt aber gleichzeitig die berechtigte und institutionell vorgeschriebene *Annahme* von Authentizität in den Raum (Z. 716, „Man kann nie wissen"). Damit gelingt ihr das Kunststück, die Klientin ernst zu nehmen, sie mit einzubinden, ohne mit ihr in Diskussion über „glaubhaft oder nicht?" einzusteigen. Hier wird gleichzeitig noch einmal eine wichtige Regel indirekt bestätigt: Anliegen der Klientinnen, so unglaubwürdig sie manchmal erscheinen mögen, werden grundsätzlich erst einmal ernst genommen und Authentizität unterstellt. Wie die Gruppe und die Fachkraft dann wiederum darauf reagieren, wie viel Energie sie in die Beratung eines wenig authentischen Themas zu stecken entscheiden, ist dem einzelnen Chatverlauf/Fachkraft überlassen.[96]

96 Siehe dazu unten weiteres Beispiel: Pumba. Zu den unterschiedlichen Deutungsmustern von Fachkräften und Teilnehmerinnen hinsichtlich „Authentizität" vgl. entsprechenden Abschnitt in Kapitel C, X.

Fazit zu Beispiel Mara

Das Thema war von Anfang an präsent, da es bereits in der Eingangsphase als Selbstmitteilung eingebracht worden war. In dieser ersten Phase wurde das möglicherweise zugrundeliegende Aufmerksamkeitsstreben mithilfe dramatischer Schilderung und ungewöhnlicher Platzierung zunächst durch fehlende Resonanz frustriert und unterbunden, d.h. die Interaktion bestätigt die Regel: schwere Themen noch nicht in der Anfangsphase. Im Beratungsabschnitt wurde das Anliegen noch einmal deutlich als Bearbeitungswunsch präsentiert, der Stil ging dann weg vom Kokettieren hin zu Einsicht/„Bereuen" und der Suche nach neuen Möglichkeiten, diesen Schritt noch einmal anders zu gestalten. Mit dem dann regelgetreuen und angepassten Verhalten Maras konnten sowohl die Fachkraft wie die übrigen Teilnehmerinnen offenbar größtenteils von der Seriosität des Änderungswunsches überzeugt werden, so dass Mara danach weniger skeptisch gegenüber getreten wurde und ein gemeinsamer Prozess der Lösungssuche eingeleitet wurde. Selbstreflexionszumutungen klingen an, z. B. Hinterfragen der Änderungsbereitschaft, danach erfolgen Tipps zu konkreten Lösungen unter Thematisierung ihres üblichen Musters “allein" hin zu mehr Verantwortungsübernahme durch andere und ihrem eigenen Unterstützungsbedarf. Die Erkenntnis und Akzeptanz dieses Unterstützungsbedarfs dient als Vorbereitung und wichtiger innerer Schritt, danach erst erfolgt der Schritt nach außen im Sinne eines möglichen ersten Lösungsschrittes, der konkret empfohlen wird. Die Teilnehmerinnen beteiligen sich an dieser Lösungssuche und greifen Akzente der Fachkraft auf, z. B. Hinterfragen des „bequemen Weges" oder der Änderungsbereitschaft; später Zustimmung/zusprechen, wenn es um „reden müssen" oder Verantwortung der Eltern geht.

Die Fachkraft steuert diesen Prozess im Sinne einer Entschleunigung: es geht eben nicht um vorschnell „lösen", sondern es gilt – im Sinne einer qualitativen Beratungsleistung, wie in den allgemeinen Definitionen vorgegeben – zunächst die innere Bereitschaft zu prüfen (Problemdefinition), zur Selbstreflexion anzuregen (Einsicht und Ressourcen), Lösungsschritte vorzubereiten und Durchführbarkeit zu prüfen, dann erst konkrete Schritte umzusetzen.

Zwischenfazit zur Rolle der Fachkraft in diesem Beratungsbeispiel:

1. Sie interpretiert unter Zeitdruck und ändert gegebenenfalls ihren ersten Eindruck.
2. Sie diszipliniert.
3. Sie mediatisiert/vermittelt zwischen den Klienten, bringt sie ins Gespräch, setzt Relevanzen.

4. Sie muss ständig ihre Rolle als Teil der Gruppe und Moderator der Gruppe ausbalancieren: Autorität vermitteln, Prozess leiten, ohne dies allzu sehr als Autorität einzubringen, gegen die die Jugendlichen in ihrem Autonomiebestreben dann rebellieren könnten.

5.3.3 *Beispiel Profi: Selbstdarstellung und Provokation*

Schon in der Begrüßungs-Smalltalk-Phase finden wir hier wieder ohne Bezug zum vorherigen Thema einen Hinweis auf ihr „Betrunkensein".

Ausschnitt 33: Beispiel „Profi" in bke-Mirata, 11.04.12

108)	20:08:17	*Profi*	Ich bin angesoffen, also entschuldig bitte, wenn ich Buchstaben vergesse
111)	20:08:27	*Klientin 5*	oh schick mir was rüber profi
112)	20:08:38	*Klientin 6*	bah nie wieder alkohol
114)	20:08:48	*Profi*	Das sagen sie alle, *Klientin 6*^^

Ihr aufmerksamkeitsheischender Beitrag wird von zwei Teilnehmerinnen aufgegriffen, d.h. erfährt die wohl beabsichtigte Beachtung, einmal zustimmend (Z. 111), einmal abwertend (Z. 112), was sie augenzwinkernd (^^) als nicht ganz ernst gemeint kommentiert (Z. 114). Der Beitrag von Klientin 6 wird von einer anderen Teilnehmerin aufgriffen und hinterfragt, mit Profi wird diese Interaktion aber nicht fortgeführt und es ist kein eigenes Bemühen mehr von ihr in diese Richtung zu erkennen. Der Zweck ihres Beitrags ist wohl vorerst erfüllt. Die Aufmerksamkeit liegt eher bei Klientin 6, deren Bemerkung „nie wieder Alkohol" von einigen hinterfragt bzw. ihre Motivation dazu zu erraten versucht wird. Sie selbst begründet dies mit Empfehlung des Arztes, ohne dies genauer ausführen zu wollen. Das wiederum nutzt Profi, um auf das Thema erneut einzusteigen und ihre eigene Haltung dazu zu verdeutlichen:

Ausschnitt 34: Beispiel Profi, bke-Mirata 11.04.12

138)	20:11:16	*Profi*	Hm, würde meine Psychiatern auch sagen^^
139)	20:11:20	*Profi*	Ist mir aber latte

Nachdem sie so ihre Position als Coole, Überlegene, die sich von keiner Autorität etwas sagen lässt, noch einmal kundgetan hat, widerspricht ihr Klientin 6 (Z. 141), die sich hier zwar angepasst darstellt, was aber eben als eigene Entscheidung markiert wird. Die Fachkraft leitet mittlerweile zur Themensammlung über, nachdem sie zuvor noch einmal das Recht jedes einzelnen auf Abgrenzung und eigene Entscheidung über Ausmaß der Selbstoffenbarung betont (Z. 140) und damit ein charakteristisches Kennzeichen dieser Beratungsform hervorgehoben hat. Danach geht es mit der üblichen Themenanmeldung weiter:

Ausschnitt 35: Beispiel Profi, bke-Mirata 11.04.12

140)	20:11:32	* bke-Mirata *	okay wenn *Klientin 6* nicht genauer darüber reden will, müßt ihr das akzeptieren…
141)	20:11:47	*Klientin 6*	ausnahmsweise hör ich da mal drauf auch wenns nicht immer den anschein macht, aber ich mag mein leben ^^
143)	20:12:11	* bke-Mirata *	wer möchte denn über was genauer reden? elegant eüberleitung zu de rfrage nach themen
144)	20:12:21	*Klientin 6*	hab ich dir gut gebaut was Mirata?
145)	20:12:26	*Klientin 15*	ich wohl
146)	20:12:28	*Profi*	Ich würde gerne
147)	20:12:28	*Klientin 9*	Ich würde
148)	20:12:32	*Klientin 15*	aber nicht als erste
150)	20:12:32	*Klientin 2*	hab auch was
151)	20:12:34	* bke-Mirata *	@leo ja
153)	20:13:20	* bke-Mirata *	ja dann haben wir schon 3 meldungen
154)	20:13:36	*Klientin 2*	ichseh 4

Die Fachkraft nimmt die Themenmeldung von Profi als erste an und es beginnt der Einstieg in das Thema:

Ausschnitt 36: Beispiel Profi, bke-Mirata, 11.04.12

158)	20:14:23	* bke-Mirata *	profi magst du 1.sein?
159)	20:14:36	*Profi*	Joah, ist oka
160)	20:14:38	*Profi*	y
161)	20:15:25	* bke-Mirata *	dann fang mal an, was hast du auf dem herzen@profi?
162)	20:15:38	*Profi*	Ich habe mich vorhin betrunken+
163)	20:15:52	* bke-Mirata *	nicht gut@profi
164)	20:16:01	*Profi*	Und frage mich, o das jetzt wieder zur Gewohnheit wirfd
165)	20:16:15	*Klientin 2*	wares mal gewohnheit?
166)	20:16:22	*Profi*	Habe sehr lange nichts mehr getrunken, weil ich keinen Alkhohl mochte
167)	20:16:32	*Klientin 9*	Aus einem bestimmten Grund?
168)	20:16:49	*Profi*	Und jetzt hab ich ein Getränk gefunden, dass mir schmeckt
169)	20:16:55	*Profi*	Ja, war es, *Klientin 2*
170)	20:16:59	*Profi*	Nein, *Klientin 9*
171)	20:17:03	*Klientin 2*	hattest du mal ein alkoholproblem?
172)	20:17:33	*Profi*	Nein, nicht wirklich
173)	20:17:48	*Profi*	Habe hauptsächlich an den WE getrunken
174)	20:17:55	* bke-Mirata *	@profi warum solltest du dann jetzt eins bekommen?
175)	20:17:58	*Klientin 2*	ok und wieso?
176)	20:18:22	*Profi*	Weil ich jetzt „extremer" geworden bin
177)	20:18:37	*Profi*	Und in Verbindung mit der Tatsache, dass mit der Likör schmeckt…
178)	20:19:15	*Klientin 2*	hmm trinkst du nur weils dir schmeckt?
179)	20:19:22	*Klientin 15*	warum lässt du es nicht einfach?
180)	20:19:36	*Profi*	Nein, *Klientin 2*, um betrunken zu sein
181)	20:19:47	*Profi*	Weil ich destruktiv sein will, *Klientin 15*
182)	20:19:50	*Klientin 2*	ok und was willst du mit dem alkohol betäuben?
183)	20:20:01	*Klientin 2*	was heißt destruktiv?
184)	20:20:32	*Profi*	Gar nichts, ich will mich „besser" verletzen können, „promiskuitiver" sein, etc.
185)	20:20:37	* bke-Mirata *	@profi was möchtest du denn von uns hören?
186)	20:20:52	*Profi*	Keine Ahnung, vielleicht einfach nur auskotzen
187)	20:21:13	* bke-Mirata *	okay

Nachdem Profi mit „ich würde gerne" (Z. 146) schnell und bereits als zweite ihr Thema angemeldet hat, ist die Zustimmung als erste zu beginnen eher lapidar-nachlässig (Z. 159/160, „Yoah, ist oka y", z.B. das nachgeschobene y in der zweiten Zeile). Eine besondere Dringlichkeit, mit der sie ihr Anliegen kundtut, oder gar Freude über die Möglichkeit des zugewiesenen Platzes zur Themenbearbeitung ist nicht ersichtlich, womit sie – wie bereits zu Beginn – wohl erneut ein gewisses Image pflegt. Entgegen dem geäußerten Wunsch nach Themenbearbeitung, was einen gewissen Leidensdruck erwarten ließe, profiliert sie sich hier ebenfalls eher als cool und überlegen/unberührt, im deutlichen Gegensatz zu Klientin 6.

Sie schildert zunächst den aktuellen Anlass und kommt umgehend auf ihre Bedenken zu sprechen (Z. 164, „frag mich ob das wieder zur Gewohnheit wird"). Den moralischen Einwand der Fachkraft (Kommentar zum Betrinken, Z. 163, „nicht gut"), mit der diese eine vorwurfsvolle „Elternhaltung" einnimmt, lässt sie unkommentiert, die Fragen der anderen Teilnehmerinnen beantwortet sie jeweils unmittelbar, ohne jedoch wirklich darauf einzugehen (z. B. Frage nach Gewohnheit: „Ja, war es… Nicht wirklich Alkoholproblem"). Sie schildert – möglicherweise in Reaktion auf die Vorhaltungen der Fachkraft und in Fortsetzung ihres „coolen" Images – eher die Vorteile des Trinkens, so wie sie es nun praktiziert, so dass die Frage zunächst unklar bleibt, was sie beunruhigt. Auf entsprechende Fragen (z.B. Fachkraft Z. 174 „warum solltest du dann jetzt eins bekommen?") wird wiederum mit sehr plakativer, oberflächlicher Beschreibung geantwortet (Z. 176/177, „extremer geworden", „Alkohol gefunden, der mir schmeckt") bzw. widersprüchliche Botschaften gesendet („Gewohnheit ja, Problem nicht, weil nur an den Wochenenden").

Die Reaktion der Teilnehmerinnen auf diese ausführliche Selbstdarstellung besteht hauptsächlich aus Verständnisfragen nach Gewohnheit, Alkoholproblem, Frage nach den Hintergründen….., die eine ausgiebige Selbstdarstellung eher noch fördern. Bemerkenswert dabei sind naiv anmutende Denkmuster und dementsprechend schnelle Lösungsansätze („Hattest du mal ein Alkoholproblem?"; Wunsch nach betrunken sein = „Was willst du betäuben?"). Profi breitet ihre Trinkgewohnheiten, die Motive und das Positive daran deutlich aus. Die Fachkraft versucht einzugreifen und den Beratungsauftrag etwas genauer zu klären, nachdem Profi mit ihren Informationen sozusagen nur kurz über etwas hinweghuscht (Z. 185 „@profi was möchtest du denn von uns hören?") Interessant ist neben der namentlichen Ansprache – die die Verbindlichkeit erhöht – dabei die Wortwahl: „was möchtest du hören?". Nicht: „Was sollen wir mit dir beraten?" oder „Inwiefern können wir dir helfen?" etc., was eigentlich dem Beratungs-Selbstverständnis eher entsprechen würde. Die Fachkraft reagiert damit quasi, wie bewusst auch immer, auf das aus den Interaktionen deutlich ablesbare Bedürfnis von Profi sich kundzutun und Reaktionen der anderen hervorzurufen, ohne ernsthaftes Interesse an ihrem Thema zu arbeiten, mehr im Sinne eines unverbindlichen „ich hör es mir mal an, was ihr drüber denkt…".

Folgerichtig erwidert Profi die Frage der Fachkraft dann mit „Keine Ahnung vielleicht einfach nur auskotzen" (Z. 186). Ohne das naheliegende Wortspiel von Saufen und auskotzen zu berücksichtigen signalisiert Profi an dieser Stelle erneut sehr deutlich den fehlenden Beratungsauftrag. „Keine Ahnung" impliziert, dass sie eben nicht im Vorfeld mit einer deutlichen Frage/Auftrag, in dem sie sich Unterstützung erhofft, ihr Thema angemeldet hat. Zudem steht „keine Ahnung" im Jugendjargon oft für eine unverbindliche Einleitung, im Sinne von „ich weiß nicht und bin sowieso nicht dafür zuständig". Diese Lesart würde ebenfalls der bisher gezeigten Haltung entsprechen. Stattdessen wird improvisiert, ein „Auftrag" sozusagen erfunden…. „vielleicht einfach nur auskotzen" ist eine Reaktion, wie wenn sie (sich) jetzt nachträglich das benennen muss, was sie ohnehin schon tut. Ihr Ausgangspunkt scheint ein vages Unwohlsein/Bewusstheit, dass das vielleicht nicht so toll/richtig ist, was sie da tut, aber ohne ersichtliche Bereitschaft: Ich will dem genauer auf den Grund gehen, es ändern.

Wie wird nun auf die Selbstinszenierung einerseits und Leugnen oder zumindest Vermeiden eines Beratungsauftrags reagiert? Die Fachkraft antwortet mit einem unmittelbaren knappen „okay" (Z. 187), was einerseits „ja, das habe ich gehört" oder aber Akzeptanz des Auftrags „Auskotzen" signalisieren könnte. Die Deutungshoheit/Gestaltung des Themas bleibt damit erst mal bei Profi.

In der Fortsetzung dieses Dialogs wird – ausgelöst durch die Frage einer Teilnehmerin nach „destruktiv" und „promiskuitiv" – weiter die Seite ausgebreitet, was Profi sozusagen an Vorteilen durch das Trinken hat. Die Teilnehmerinnen heizen sich bei diesem spannenden und voyeuristisch anmutenden Gesprächsabschnitt gegenseitig mit Fragen und Kommentaren an.

Ausschnitt 37: Beispiel Profi, bke-Mirata, 11.04.12

188)	20:21:42	*Klientin 2*	promiskuitiv?
189)	20:21:46	*Klientin 2*	sorry kenn cih auch net
190)	20:21:56	*Profi*	Rumhuren^^
191)	20:22:04	*Klientin 6*	sorry
192)	20:22:07	* bke-Mirata 1*	@*Klientin 2* 
193)	20:22:45	* bke-Mirata *	@profi ich kann deine ziele natürlich nicht gut finden...
194)	20:22:56	*Klientin 6*	gut finden nicht, aber ich verstehen^^
195)	20:23:05	*Klientin 2*	also sorry wenn ich jetzt nochmal so doof nachfrage – du trinkst um svv zu begehen und rumzuhuren?
196)	20:23:06	*Profi*	Das ist gut, *Klientin 6*^^
197)	20:23:15	*Profi*	Ja, so in etwa, *klientin 2*...
198)	20:23:27	*Klientin 6*	ohne ist das einfach nicht machbar hm?
199)	20:23:40	*Klientin 2*	ok also gut find ichs jetzt auch net
200)	20:23:45	*Klientin 2*	warum machst du das?
201)	20:23:48	*Profi*	Nicht so, wie ich es gerne hätte, *Klientin 6*
202)	20:24:01	*Klientin 6*	brauchst dus denn unbedingt?
203)	20:24:08	*Profi*	Ja, irgendwie schon...
204)	20:24:11	*Klientin 2*	sorry du machst gerne svv und hurst gerne rum? auch ohne alkohol?
205)	20:24:26	*Klientin 6*	und uneigentlich?
206)	20:24:30	*Profi*	Weil ich eine Seite in mir habe, die das gut findet, *Klientin 2*
207)	20:24:48	*Klientin 6*	rumhuren kann ich mich auch ohne alkohol
208)	20:24:49	*Profi *	Ich habe nicht „eigentlich" gesagt
209)	20:25:00	*Klientin 6*	aber irgendwie

Bedenken oder missbilligende Kommentare (Fachkraft Z. 193, „ich kann deine Ziele natürlich nicht gut finden", Klientin 2: Z. 199, „ok also gut find ichs jetzt auch net") werden stillschweigend übergangen bzw. relativiert (Z. 194, Klientin 6: „gut finden nicht, aber verstehen"). Profi genießt es offenbar das Thema auszubreiten bzw. mutmaßlich eher die damit verbundene Aufmerksamkeit der anderen und vielleicht ebenso das vermeintliche Image, das dadurch entsteht. Kritisches Hinterfragen durch andere Teilnehmerinnen (Klientin 2 und Klientin 6, Z. 200

„warum machst du das?“, Z. 202 „brauchst dus denn unbedingt?“) werden lapidar abgehandelt (Z. 203, „irgendwie schon“, „Z. 208 „ich hab nicht eigentlich gesagt“) bzw. mit populärwissenschaftlichen Erkenntnissen (Z. 206, „eine Seite in mir, die das gut findet“) abgetan, ohne sich näher damit auseinanderzusetzen. Die verschiedentlich gestarteten Selbstreflexionsanstöße zerschellen sozusagen an den Klippen im Ozean der Selbstdarstellung.

Dies steht möglicherweise im Zusammenhang mit dem anfangs sichtbaren werdenden Ansatz der Fachkraft, die zunächst missbilligend/tadelnd auf Profis provokative Mitteilungen reagiert und damit quasi eine „Eltern-Rolle“ übernimmt, was wiederum die provokative Selbstdarstellung mutmaßlich noch anheizt, aufgrund der Abgrenzungsbestrebungen Jugendlicher ebenso wie der Lust am spielerischen Austesten von Grenzen. Dies bezieht sich sowohl auf Profi und auf die übrigen Teilnehmerinnen, deren Beteiligung recht rege ist (4 Teilnehmerinnen mit 21 Beiträgen innerhalb von 2 Minuten).

Hier versucht die Fachkraft, geschult im Umgang mit bagatellisierenden Äußerungen bzw. Zwischen-den-Zeilen-Lesen und mit der Intention einen Selbstreflexionsprozess und notwendige Veränderungen anzustoßen, nun einen neuen Akzent zu setzen.

Ausschnitt 38: Beispiel Profi, bke-Mirata, 11.04.12

210)	20:25:02	* bke-Mirata *	mich interessiert die seite die es nicht gut findet@ profi
211)	20:25:11	*Klientin 15*	was ist huren?
212)	20:25:17	*Profi*	Was die sagt, Mirata?
213)	20:25:21	*Klientin 2*	so – mich interessiert die seite die es gut findet – was findet sie gut dran?
214)	20:25:36	*Profi*	sich wild in der Gegend rumvögeln, *Klientin 15*
215)	20:25:41	* bke-Mirata *	@ja profi

Die Fachkraft versucht hier die Selbstreflexion – und nähere Erforschung des vagen Unwohlseins, mit dem Profi das Thema ja eingeleitet hat, („Bedenken“) – anzustoßen, indem sie Profis Bild („eine Seite, die es gut findet“) aufgreift und weiterspinnt. Dazu setzt sie voraus, dass es eine andere Seite gibt, die es nicht so gut findet, geschlussfolgert offensichtlich aus den erwähnten Bedenken Profis und der Tatsache, dass sie hier über dieses Thema reden will.

Während Profi auf diese Suggestion/Einladung hin zunächst Zeit schindet (Z. 212, „was die sagt *Mirata*“) und stattdessen auf die Nachfrage von Klientin 15 zu den ‚interessanteren‘ Themen ihre Energie einsetzt, hält Klientin 2 mit ihrem Beitrag der Fachkraft entgegen und verfolgt den von Profi vorgegebenen Stil weiter: „so – mich interessiert die seite die es gut findet – was findet sie gut daran?“ (Z. 213). Das wird wiederum von Profi und anderen aufgegriffen und es erfolgt noch etwas Austausch über die positiv erlebte enthemmende Wirkung von Alkohol bezüglich sexuellen Verhaltens. Die Teilnehmerinnen koalieren sozusagen miteinander in dem Versuch der Rebellion gegen die Autorität der Fachkraft, die Grenzen setzen und auf ein „sinnvolles“ Thema umlenken will, was wohl als typische Elternhaltung erlebt wird.

Dennoch versucht die Fachkraft ihren Reflexionsanstoß erneut unterzubringen.

Ausschnitt 39: Beispiel Profi, bke-Mirata, 11.04.12

225)	20:26:40	* bke-Mirata *	also mich interessiert was die seite sagt, die das selbstverletzen und rumhuren nicht will
226)	20:26:50	*Klientin 2*	geht es dir gut wenn du „rumvögelst“?
227)	20:26:51	*Klientin 6*	okay bei mir warens viele, aber trifft den kern
228)	20:26:54	Profi	Die ist gerade nicht aktiv, Mirata^^
229)	20:27:07	*Klientin 15*	danke... 
230)	20:27:13	*Klientin 15*	@*Klientin 2*
231)	20:27:23	*Profi*	Einerseits ja, andererseits fühlöe ich mich danach dreckig, schlampig
232)	20:27:54	*Klientin 2*	hmm ok versteh ich
233)	20:27:57	* bke-Mirata *	@profi dann ist die andere seite doch aktiv, wenn du dich dreckig fühlst
234)	20:28:09	*Klientin 6*	auch das denken kenn ich
235)	20:28:17	*Klientin 6*	das denken kommt aber erst nachher Mirata
236)	20:28:44	* bke-Mirata *	@*Klientin 6* das sit schon beeinflußbar
237)	20:28:56	*Profi*	Ist es?
238)	20:28:57	*Klientin 2*	aber wenn du es danach so empfindest, also schlampig, hilft das nicht fürs nächste mal`? dass du es dann anders machst
239)	20:29:08	*Klientin 6*	finde ich nicht
240)	20:29:16	* bke-Mirata *	okay profi, jetzt hast du dich ausgekotzt und verständnis bekommen
241)	20:29:43	*Profi*	Ja, ist okay
242)	20:29:52	*Profi*	Können weiter machen mit dem nächsten Thema
243)	20:30:10	*Fachkraft 1*	gut dann wär jetzt *Klientin 9* dran

Während dieser zweite Anlauf wieder zurückgewiesen wird (Z. 228, „gerade nicht aktiv“, mit der Ikonisierung ^^ versehen, im Sinne von kokettierender Mimik: so ernst nehm ich das nicht), geht Profi auf die Frage von Klientin 2 (Z. 226, „geht es dir gut wenn du so rumvögelst“) durchaus mit einer deutlich differenzierteren Aussage ein, die mit „einerseits – andererseits“ im Prinzip die von der Fachkraft suggerierten, von Profi jedoch verleugneten zwei Seiten widerspiegelt (Z. 231, „einerseits ja, andererseits fühle ich mich danach dreckig, schlampig“). Die Fachkraft greift dies auf und hebt es noch mal deutlich hervor (Z. 233, „@profi dann ist die andere seite doch aktiv, wenn du dich dreckig fühlst“), wird aber durch Einwand von Klientin 6 wiederum zurückgewiesen (Z. 235, „das denken kommt aber erst nachher“). Als die Fachkraft dagegen hält und diesem Argument widerspricht (Z. 236), stellt Profi mit ihrer Frage (Z. 237, „Ist es?“) erneut diesen Ansatz in Frage. Damit wird wiederholt von ihr signalisiert, dass sie trotz ambivalenter Signale und angedeuteter Besorgnis nicht ernsthaft bereit ist, sich mit diesem Thema selbstkritisch auseinanderzusetzen im Sinne einer „Beratung“, die von einem eigenem, klar zugestandenen Leidensdruck und ernsthafter Veränderungsbereitschaft getragen ist. Und es wird deutlich, dass von mehreren Teilnehmerinnen gemeinsam die Reflexionsanstöße und Autorität der Fachkraft zu boykottieren versucht wird. Das provokative Verhalten Profis wird aufgegriffen und weitergeführt, in altersgemäßer Lust am Austesten und Rebellieren.

An dieser Szene wird der Auftrag der Fachkraft plastisch illustriert: die „Beratungsbedürftigkeit“ bzw. –Motivation der Teilnehmerinnen bei ihrem eingebrachten Thema zu prüfen, die Ernsthaftigkeit in der eigenen selbstkritischen Auseinandersetzung. Bei Profi ist dies auch nach verschiedenen Einladungen und Anstößen nicht festzustellen.

Folgerichtig beendet die Fachkraft an dieser Stelle dann den Austausch, indem sie noch einmal auf den von Profi selbst erteilten „Auftrag“ verweist, „Auskotzen“, und den als erledigt betrachtet, wobei sie indirekt damit die Nachfragen und teilweise engagierte Teilnahme der anderen Teilnehmerinnen zusammenfasst und würdigt (Z. 239, „hast verständnis bekommen“). Profi sieht das offenbar ebenso und stimmt zu (Z. 241). Damit ist ein komplementäres Verständnis des „Beratungsprozesses“, wie er von Profi intendiert war (nicht unbedingt von der Fachkraft, die mit ihren Reflexionsanstößen nicht ankommen konnte) zu erschließen, so dass das Ende quasi von beiden Seiten genehmigt wird. Das Beratungsanliegen, das von der Klientin mit dem Hinweis auf „Bedenken“ eingeleitet wurde, blieb hier eher unklar bzw. mit der deutlichen Doppelbotschaft versehen: „Wasch mich, aber mach mich nicht nass“. Da dies nicht geht, setzt die Fachkraft hier ohne weitere Umstände einen Schlusspunkt.

Dies ist offenbar nicht allen nachvollziehbar und ruft Fragen hervor, die der Fachkraft als Anstoß dienen, das Grundprinzip noch einmal zu verdeutlichen:

Ausschnitt 40: Beispiel Profi, bke-Mirata, 11.04.12

244)	20:30:34	*Klientin 2*	hmm irgendwie find ch diesen abbruch jetzt mehr als unbefriedigend
245)	20:30:49	*Profi*	Passt schon, *Klientin 2*
251)	20:31:28	*Klientin 2*	naja profi – hat dir das jetzt was gebracht?
253)	20:31:40	* bke-Mirata *	@*Klientin 2* profi will keine tipps zur veränderung, dann ist es auch okay
256)	20:31:57	*Klientin 9*	Ok…also soll ich dann?
257)	20:31:59	*Klientin 6*	ich bin heute zu nett
258)	20:32:09	* bke-Mirata *	ja *Klientin 9*
259)	20:32:15	*Klientin 2*	hm ok

Klientin 2 signalisiert mit ihrer Selbstmitteilung Kritik an der Beendigung des Themas (Z. 244), dessen Abbruch sie als „mehr als unbefriedigend" erlebt (Z. 244), und damit am Vorgehen der Fachkraft. Deren Entscheidungs- oder Leitungsfunktion wird damit nicht widerspruchslos und selbstverständlich hingenommen, sondern im Sinne eines demokratischen Verständnisses bzw. der Gruppenfunktion, etwa: Erleben aller Mitglieder ist wichtig, hinterfragt. Dies geschieht zwar in dezenter Form (Z. 244, „hm irgendwie find ich….") als Selbstmitteilung, aber doch mit deutlicher Appellfunktion. Darauf wird umgehend reagiert: Profi signalisiert ihr Einverständnis mit der Entscheidung der Fachkraft (Z. 245, „passt schon"), aber Klientin 2 bleibt hartnäckig und fragt nach, ob ihr das denn etwas gebracht habe. Mit dieser Frage verdeutlicht sie ebenfalls indirekt den Auftrag des Beratungsgeschehens: es soll „etwas bringen", voranbringen, Ergebnisse zeitigen…. Die Fachkraft erläutert noch einmal Profis fehlenden Auftrag und Bereitschaft für „Beratung"/Hilfe zur Veränderung und betont damit indirekt, indem sie in sachlicher Form noch einmal den Grund für die Beendigung benennt, ohne ihn zur Diskussion zu stellen, ihre Autorität und Leitungsfunktion. Offenbar erfolgreich, denn auf die Botschaft wird umgehend von zwei Teilnehmerinnen reagiert: die nächste Klientin nimmt es als Signal, dass sie nun beginnen kann (Z. 256) und Klientin 2 gibt sich einigermaßen mit der Antwort zufrieden (Z. 259, „hm ok") – wobei ihr „okay" möglicherweise nicht der inhaltlichen Einschätzung, aber der Führungsautorität der Fachkraft gilt.

In dieser Interaktion wird auf zwei unterschiedlichen Wegen ein wesentlicher Grundzug sehr klar signalisiert: Klientin 2 plädiert mit ihrem Einsatz dafür, dass ein Thema „befriedigend“/nutzbringend abgeschlossen werden soll; erkennbar an der verwendeten Formulierungen: „Abbruch“, „hat es was gebracht“. Demnach scheint für sie ein ergebnisorientiertes Vorgehen wichtig: Bearbeiten und dann „hat man was davon“. Die Fachkraft plädiert im Grunde für dasselbe Ordnungsprinzip, nämlich ein zielgerichtetes und selbstkritisches Herangehen an ein Thema, damit es etwas bringen kann, durch Anstöße zur Selbstreflexion, zum Nachspüren der Bedenken. Sie erkennt jedoch die Grenzen an Profis Haltung und reagiert folgerichtig mit Beendigung dieses mangels fehlender Reflexionsbereitschaft nicht fruchtbar zu bearbeitenden Themas, das nicht zum eigenen Anliegen weiterentwickelt wurde. Für beide Seiten steht demzufolge die selbstkritische Auseinandersetzung – mit „Ergebnis“ – im Vordergrund, die Wege dazu werden jedoch unterschiedlich gedeutet.

Fazit Beispiel Profi

Am Beispiel dieser Teilnehmerin ist deutlich zu ersehen: zwar steht der „Beratungsauftrag“, d. h. das Anliegen der Teilnehmerin und das allgemeine Bemühen, ihr dabei zu helfen, wie bei den anderen Beispielen im Vordergrund, allerdings ist das Chatgeschehen in seiner Struktur tangential angelegt. Obwohl eine Teilnehmerin klar im Fokus steht, wird doch ganz unterschiedlich auf die Beiträge eingegangen; mal an dem Thema, um das es geht, oft erfolgen aber auch assoziative Nachfragen zu bestimmten Stichwörtern, die – aus Sicht der Fachkraft und des Beratungsverständnisses – eher als tangential zu betrachten sind. Dennoch können diese, z. B. das Stichwort „promiskuitives Verhalten“, eine Sogkraft entwickeln und viel Aufmerksamkeit binden – wie hier mutmaßlich von Profi intendiert. Der provokative Einstieg von Profi wurde von der Fachkraft nicht durch eine Einladung zu näherer Exploration aufgefangen, wie es im Beratungskontext geboten wäre, sondern die Fachkraft stieg zunächst auf die von Profi provozierte und mehrfach angebotene „Elternrolle“ (pubertäres Rebellieren: „ich mach, was ich will, mir doch alles egal“ – Eltern-Anschluss: „nein, nicht gut..“.) ein, womit Profi genau diesen Ablauf lustvoll re-inszenieren konnte. Die Teilnehmerinnen koalieren mit ihr in diesem Grenzen-Austesten und sabotieren ebenfalls die Bemühungen der Fachkraft zum vermuteten eigentlichen Anliegen vorzustoßen. Infolgedessen kann – wie mehrfach ersichtlich – kein Beratungsauftrag eruiert werden und die Fachkraft beendet die Interaktion mit der impliziten Botschaft: wer hier nicht an sich arbeiten will, bekommt den Raum nicht geboten. In diesem Ablauf wird ebenso wie in den Kommentaren dazu das Bestreben um und der Anspruch auf eine selbstkritische, lösungsorientierte und fruchtbringende Themenbearbeitung eindrucksvoll unterstrichen – obwohl es hier nicht gelingt.

Deutlich wird an diesem Beispiel ebenfalls die den Jugendlichen eigene Lust am Rebellieren und Provokation sowie die Bedeutung der Selbstinszenierung.

5.3.4 Beispiel Pumba: Selbstinszenierung um jeden Preis

Manche Teilnehmerinnen, bei denen offenbar weniger ein Beratungsanliegen als vielmehr „Das Spiel mit dem Ich“ (Benke, 2007) im Vordergrund steht, haben dies schon meisterlich ausgebaut.

Im folgenden Beispiel versucht eine Teilnehmerin (Nick geändert in „Pumba“), die von einer anderen nach vorhergehendem privaten Mail-Austausch mehrfach zum Einbringen eines Themas gedrängt wird, sich wiederholt zu platzieren. Dies gelingt mal mit mehr, mal mit weniger Erfolg, nimmt man hierfür die Reaktionen anderer Teilnehmerinnen als Maßstab für die wohl beabsichtigte aufmerksamkeitsgenerierende Wirkung. Die Teilnehmerin „Pumba“ ist über den kompletten Chat, 120 Minuten, anwesend, streut mehrfach Anmerkungen ein, die ihre Belastungen widerspiegeln und ihr zutiefst „Missverstanden-Fühlen“, da es aus ihrer Sicht um unhaltbare falsche Verdächtigungen ihr gegenüber geht. Sie lässt sich jedoch weder darauf ein, ein eigenes Thema einzubringen, trotz wiederholter Einladung sowohl durch die Fachkraft wie durch andere Teilnehmerinnen, noch beteiligt sie sich ernsthaft an den Themen der anderen.

Nach vorherigem Flüsteraustausch mit einer anderen Teilnehmerin (Klientin 4), meldet Pumba sich während der Smalltalk-Phase statt flüsternd dann mit offenem Beitrag:

Ausschnitt 41: Beispiel „Pumba“, bke-Manuel 21.11.11

73) 15:07:45	*Klientin 4* *Pumba*	*okay. wünsch dir, dass du heute drin bleibst im chat und deine technik nicht streikt bevor du dein thema angesprochen hast. melde dich doch gleich als erstes, dann bin ich auch noch da, weil ich gehe in ner halben stunde*
87) 15:08:44	*Pumba*	ne, egal.. mein thema ist sinnlos.. brauch ich nich ansprechen.. ich halt mich einfach zurüc, wenn ich das ansprech, was im forum passiert dann sind alle gegenmich
90) 15:09:00	*Pumba*	-.-
92) 15:09:05	*Pumba*	blöde technik
93) 15:09:12	*Klientin 1*	ach Pumba sei doch einfach ruhig

Sinngemäß passt der Beitrag als Antwort auf die ihr zuvor von Klientin 4 zugeflüsterte Botschaft, so dass wohl von einem Versehen auszugehen ist: statt beabsichtigtem Flüstern an Klientin 4 Beitrag offen für alle, was Pumba dann mit weiteren Beiträgen erläutert (Z. 90, Emoticon -.- mit Bedeutung „betrübt", Z. 92, „blöde technik"). Dennoch ist ebenso eine klar an alle gerichtete Botschaft/Vorwurf enthalten, auf die umgehend reagiert wird. Und zwar nicht mit Nachfragen, was sie denn meine, sondern mit einer klaren Rüge/ ungehaltenen Botschaft (Z. 93), so dass man von einer bereits bestehenden Bekanntschaft und einem gemeinsam geteilten Bedeutungshintergrund (Z. 87, „das was im forum passiert“[97]) ausgehen kann, ohne die eine solche Reaktion nicht verständlich wäre. Auf diese Rüge wird umgehend reagiert.

Ausschnitt 42: Beispiel Pumba, bke-Manuel 21.11.11

99)	15:10:15	*Pumba*	*Klientin 1* ich bi kein kleine s püppchen, das auf dich hört …
100)	15:10:27	*Klientin 1*	das interessiert mich herzlich wenig was du bist
101)	15:10:29	*bke-Manuel*	ach schmarren Pumba und dank *Klientin 4* bist du auf Platz 1 meiner Liste
102)	15:10:43	*Pumba*	ja klar.. denkst du mich interssiert es was du bist?
103)	15:10:52	*Klientin 2*	leute frieden
104)	15:10:56	*Klientin 4*	*Klientin 1* dir ist bestimmt noch nie das flüstern daneben gegangen, gell? 
105)	15:11:01	*Klientin 2*	dieses gezicke hatte ich heut schon den ganzen tag
106)	15:11:19	*Klientin 1*	was hats mit flüstern daneben gehen zu tun *Klientin 4*
107)	15:11:29	*Pumba*	ich will aber nicht auf platz 1 bin ja angeblich ein fake
108)	15:11:37	*Klientin 7* *Klientin 1*	*was isn damit?*
109)	15:11:51	*Klientin 7* *Klientin 1*	*welcher überhaupt?*
110)	15:11:56	*Klientin 1* *Klientin 7*	*ich such ja gerade*

97 „Forum“ = anderes offenes Beratungsangebot auf derselben Plattform. Viele jugendliche Chat-Teilnehmerinnen nutzen beide Formen.

111)	15:12:10	* bke-Manuel *	hab ich was verpasst, gibt es eeinen Konflikt zwischen *Klientin 1* und Pumba von dem ich bisher nichts weiß?
112)	15:12:15	*Klientin 4*	ich freue mich für dich *Klientin 1* dass dein chef gemerkt hat, dass er deine grenzen überschritten hatte. wie läuft euer verhältnis jetzt ale?
113)	15:12:16	*Klientin 7* *Klientin 1*	*achso, habs schon*
115)	15:12:29	*Klientin 1*	lies doch einfach manu ^^
116)	15:12:34	*Klientin 1*	bestens
117)	15:12:34	*Klientin 2*	manu schau einfach mal ins forum dann biste bestens informiert
118)	15:12:42	*Klientin 1* *Klientin 7*	*Ok*
119)	15:13:22	*Klientin 4*	es gibt einen konflikt zwischen Pumba und vielen anderen hier aus der bke, die denken, dass sie schon öfters da war unter anderen nicks.
120)	15:13:26	System	*Klientin 8* ist dem Chat beigetreten.
121)	15:13:28	* bke-Manuel *	das freut mich auch *Klientin 1* super gratuliere
122)	15:13:32	*Klientin 4*	ich glaube das nicht
123)	15:13:42	*Pumba*	…

Pumba wehrt sich gegen die Zurechtweisung und es entsteht eine kleine konfliktträchtige Diskussion, die die Fachkraft zu entschärfen versucht („ach schmarren Pumba"), unter anderem indem sie Pumba explizit – und entgegen deren inhaltlichen Aussage, nämlich nicht thematisieren – einen Themenplatz und zwar den bevorzugten ersten Platz auf der Liste verspricht (Z. 101). Hier wird demzufolge eher auf den Beziehungsappell als auf den Inhalt reagiert.

Andere Teilnehmerinnen mischen sich ebenfalls ein, teils konfliktvermeidend (Klientin 2, Z. 103, 105), teils verteidigend (Z 104, Klientin 4). Pumba nimmt das Angebot der Fachkraft nicht an, sondern bringt den Vorwurf gegen sie („Fake") jetzt noch einmal offen ein, womit sie eigentlich schon im Thema drin ist, was sie vorher ablehnt. Damit trägt sie den angesprochenen Konflikt in die jetzige Gruppe rein.

Mit diesem Schachzug liegt die Aufmerksamkeit nun voll auf Pumba und diesem Vorwurf, was im Anschluss sowohl das Flüstern (z. B. Klientin 7 und Klientin 1) wie die offene Diskussion beherrscht (Fachkraft fragt nach, Klientin 4 erläutert). Klientin 4, die vorher schon Pumba mit einer rhetorischen Frage gegenüber Klientin 1 verteidigte (Z. 104), erläutert den Konflikt und positioniert sich persönlich (Z. 122, „ich glaube das nicht“). Zwischendurch versucht sie mit Themenwechsel abzulenken (Z. 112) und damit den Konflikt rauszunehmen bzw. Pumba zu schützen.

Nach dieser Erläuterung wendet sich das allgemeine Chatgespräch wieder ins Lockere-Unverbindliche, wie es für diese Chatphase üblich ist, wobei ebenso über Fakes gewitzelt wird, d. h. Teilnehmerinnen mit gezielten Falschaussagen, im Allgemeinen, ohne dass jetzt die offenen Fragen/Vorwürfe wie Themen-Anmeldung oder nicht? Versehentlich veröffentlichter Beitrag oder gezielt? geklärt wären. Pumbas letzter Beitrag (Z. 123, „…“), der chatüblich Fortsetzung ankündigt, wird nicht weiter beachtet und von ihr selbst erfolgt kein weiterer Beitrag, so dass das Thema vorerst vom Tisch scheint. Die Fachkraft schließt sich offenbar ebenfalls diesem „Strom“, dass Pumba ignoriert wird, an, ohne dies offen zu thematisieren. Sie lässt damit von ihrem Versuch der Aufklärung (Z. 111) ab, nachdem zwei Teilnehmerinnen sie aufs Forum verwiesen und damit „hier bitte nicht!“ signalisiert haben. Zudem hat Klientin 4 Informationen beigesteuert. Die Aufmerksamkeit, die im obigen Ausschnitt auf Pumba gerichtet war, wendet sich anderen Themen zu, wie von den „ignorierenden“ Teilnehmerinnen gewünscht.

Bei der Themensammlung meldet Pumba sich wieder zu Wort.

Ausschnitt 43: Beispiel Pumba, Manu 21.11.11

245)	15:27:01	*bke-Manuel *	ok das war das Stichwort, bitte um Themenwünsche, damit wir loslegen können
246)	15:27:02	*Klientin 6*	mir ist kalt und ich bin traurig.
247)	15:27:16	*Klientin 7*	ich hätte was
248)	15:27:20	*Klientin 7*	auch wenn es sinnlos ist
249)	15:27:22	*Klientin 1*	nur vllt.
250)	15:27:38	*Klientin 4*	upps, wollte euch nicht den spaß verderben
251)	15:27:50	*bke-Manuel*	ah gut *Klientin 4* gesehen und *Klientin 1* mit?
252)	15:27:55	*Pumba*	mein thema ist sinnlos.. so wie ich..

Sie platziert sich aber nicht – wie von Klientin 4 vorgeschlagen und von der Fachkraft ermutigt – mit dem Wunsch nach Bearbeitung eines Anliegens, sondern bringt sich sozusagen nur in Erinnerung, meldet Präsenz an, ohne dass sie das Thema angehen will. Obwohl sie sich bewusst ist, damit Widerspruch zu ernten, ist es ihr offenbar wichtig, dieses Selbstbild erneut zu betonen (Z. 252

„mein thema ist sinnlos ..so wie ich"), wobei sie sich mit der Wortwahl an Klientin 7 hängt und diese quasi noch einmal toppt. Die Botschaft besteht demnach hier in einer Selbstkundgabe, offenkundig mit dem Ziel der Aufmerksamkeitserregung –selbst um den Preis, dafür erneut angegriffen zu werden.

Auf ihre Botschaft geht jedoch zunächst keiner ein, der erneute Appell verhallt wieder. Ungeachtet ihrer inhaltlich geäußerten Ablehnung, aber wohl in Reaktion auf das nicht zu übersehende Aufmerksamkeitsstreben bietet ihr die Fachkraft dann explizit bei der Wahl der Reihenfolge der zu bearbeitenden Themen eine neue Chance:

Ausschnitt 44: Beispiel Pumba, bke-Manuel 21.11.11

273) 15:30:46	*bke-Manuel*	also dann mal los, Pumba ja oder nein?
274) 15:30:47	*Klientin 7* * *Klientin 1*	*ich ja erst recht nciht^^*
275) 15:31:00	*Pumba*	niemals!
276) 15:31:14	*bke-Manuel*	ach so schade dann *Klientin 7*
277) 15:31:17	*Pumba*	ich werd hier ehe nich ernstgenommen.. da lohnt es sich nicht…
278) 15:31:32	*Klientin 1* * *Klientin 7*	*ich gehör mehr in den bereich süd*
279) 15:31:36	*bke-Manuel*	das weiß man erst im Nachhinein
288) 15:32:56	*Pumba*	nein, ich werd nich ernstgenommen manu… macht ihr weiter.. ich schreib was zu den anderen themen…

Pumba lehnt dieses neue Angebot ab (Z. 275, „niemals!"), wobei sowohl die Wortwahl wie das Ausrufezeichen am Schluss die Vehemenz dieser Absage unterstreichen. Damit wird erneut der Konflikt, ihr Unverstanden-Fühlen betont, denn vom Angebot an sich ist die Heftigkeit der Ablehnung so nicht nachzuvollziehen Die Fachkraft negiert diese Heftigkeit und quittiert die Absage lediglich mit einem quasi achselzuckenden „ach so schade" und weiterer Auswahl, so dass die wohl intendierte Botschaft verpufft. Pumba schiebt dann noch eine Erläuterung hinterher, in der sie den altbekannten Vorwurf wiederholt (Z. 277), was wiederum nicht die offenbar gewünschte Resonanz bei der Fachkraft findet. In deren Hinweis (Z. 279, „das weiß man erst im Nachhinein") wird wieder die konfliktvermeidende Strategie und damit Negierung von Pumbas Anspruch, als Opfer anerkannt zu werden, sichtbar. Das fällt Pumba wohl schwer so stehenzulassen, daher wiederholt sie nochmals ihre Absage mit Begründung, nämlich Vorwurf gegen die anderen, bietet aber gleichzeitig ihre Bereitschaft zur Mitwirkung bei den anderen Themen an (Z. 288) – vielleicht um deutlich zu machen: „selbst wenn ihr so gemein seid, ich bin anders“? Gleichzeitig unterstreicht sie in dieser Haltung ja erneut ihr Selbsterleben: ich werde nicht beachtet, die anderen werden bevorzugt.

Ihr Versprechen „ich schreib was zu den anderen themen“ wird ebenfalls in diesem Sinne erfüllt. Sie nutzt die anderen Themen bzw. einzelne Teile davon als Steilvorlage, wiederholt Selbstaussagen unterzubringen, die aufzeigen, wie schlecht es ihr geht. Ein konstruktiver Beitrag, wie sie an den anderen Themen mitwirkt, ist nicht zu erkennen. Dies ist im Prinzip stillschweigende Vereinbarung des Chats, wie in der Chatiquette festgelegt: bei der Bearbeitung der anderen Themen mitzuwirken (s. dazu Beispiele in den Begrüßungs- bzw. Verabschiedungsszenen und entsprechende Schlussfolgerungen, Abschnitt 3.1.4.). Genau genommen hat sie diese Mitwirkung aber nicht zugesagt. Ihre Ankündigung „ich schreib was zu den andren themen“ erfüllt sie. Dass es dabei stets nur um sie selbst geht statt altruistisch um die anderen, deren Thema bearbeitet wird war vom Grundprinzip des Gruppen-Chats nicht zu erwarten, eine andere Zusage steckt jedoch in ihrer Aussage nicht drin. Sie lässt sich nicht auf die Gruppe ein, was nicht thematisiert wird.

Trotz expliziter Aufforderung durch die Fachkraft zur inhaltlichen Beteiligung bleibt Pumba bei ihrer Verweigerung und Selbstbezogenheit.

Ausschnitt 45: Beispiel Pumba, bke-Manuel 21.11.11

450)	16:01:47	*Klientin 7*	ich hätte es auch gemacht
451)	16:01:50	*Klientin 10*	das wäre doof
452)	16:01:52	*Klientin 7*	hi *Klientin 12*
453)	16:01:55	*Pumba*	hmm
454)	16:01:56	* bke-Manuel *	*Klientin 7*, *Klientin 9*, Pumba ihr seid gefragt
455)	16:02:00	*Pumba*	hmm,..
456)	16:02:06	* bke-Manuel *	hi *Klientin 12*
457)	16:02:24	* bke-Manuel *	ah *Klientin 7* klares statement
458)	16:02:29	* bke-Manuel *	daanke
459)	16:02:42	* bke-Manuel *	*Klientin 9*?
460)	16:02:48	System	*Klientin 12* hat den Chat verlassen.
461)	16:02:56	* bke-Manuel *	Pumba scheint ambivaalent zu sein
462)	16:03:01	*Klientin 8*	ich weiß nich
463)	16:03:07	System	*Klientin 12* ist dem Chat beigetreten.
464)	16:03:15	* bke-Manuel *	was spricht ffür dich daafür, was dagegene?
465)	16:03:20	*Pumba*	kein plan.. ich schweige

Selbst nach mehrfacher expliziter, namentlicher Ansprache (Z. 454) und wiederholter Nachfrage (Z. 461, 464), als besonderes Bemühen und Entgegenkommen der Fachkraft ihr gegenüber, dient die Aussage nicht der inhaltlichen Beteiligung, sondern eher der Selbstinszenierung. Die Aussage „Ich schweige" ist zwar in diesem Medium – ohne Mimik und Gestik – eine wichtige Rückmeldung, wirkt aber hier deplatziert, da sie ja tatsächlich während des gesamten Chats – außer bei inhaltlichen themenbezogenen Beiträgen – *nicht* schweigt, *obwohl* oder *weil* ihr das von anderen nahegelegt wird?

Zwischenzeitlich geht Pumba auf das Angebot von Klientin 13 ein, die sie anflüstert und mehr Informationen über den zugrundeliegenden Konflikt erfahren will. Hier ist es ihr demnach offensichtlich gelungen, mit ihren Andeutungen Nachfragen und Aufmerksamkeit zu erzeugen. Es kommt zu einem kurzen Flüsteraustausch zwischen den beiden, in dem Pumba die negativ-abwertende Haltung „aller" gegen sie beklagt, ohne wirklich inhaltlich Auskunft zu geben. So bringt sie Klientin 13 dazu, die sich für die Inhalte und Hintergründe interessiert, im „Forum" als anderem Beratungsangebot auf der bke-Plattform, wo der mehrfach erwähnte Konflikt entstanden ist, selbst nachzulesen, was diese tut und Pumba dann mit Kommentaren und Aufmunterung versorgt. Mit Fragen versucht sie ihrerseits Pumba ins Gespräch zu ziehen.

Interessant ist dabei vor allem ein Aspekt: ohne dass Bereitschaft von Pumba erkennbar wäre sich für ihr Thema einzusetzen, Klientin 13 mit Informationen zu versorgen, bringt sie andere dazu, sich für sie zu engagieren. Innerhalb des Chats gelang es ihr nicht, im Einzel-Flüsterkontakt mit Klientin 13, der sie offenbar leid tut und/oder deren Neugier durch die mysteriösen Andeutungen geweckt wurde, dagegen schon. Aber hier nutzt sie das Angebot wieder, um zu jammern und zu dramatisieren (Z. 676, Z. 680) – ein echter Austausch auf die Fragen und Hilfsangebote von Klientin 13 hin kommt in diesem Abschnitt ebenfalls nicht zustande.

Ausschnitt 46: Beispiel Pumba, bke-Manuel 21.11.11

672) 16:27:47	*Klientin 13* *Pumba*	*ok, ich hab' die 4 Seiten mal überflogen. Ich denke, viele glauben gar nicht, dass du „ein Fake“ bist, sondern merken nur, dass sie dich damit ein bisschen aufziehen können. so sind manche Menschen leider. Ich denke, sie könne dir auch nicht weiterhelfen,*
675) 16:28:17	*Klientin 13* *Pumba*	*aber es ist immer schön, zu wissen, dass andere sich ein bisschen dafür interessieren und vielleicht einfach nur zuhören, oder?*
676) 16:28:25	*Pumba* *Klientin 13*	*kann ich nicht einfach endlich sterben! ich hab einfach keine lust mehr…*
677) 16:28:53	* bke-Manuel * *Klientin 13*	*lass dich nicht zu weit drauf ein, das gehört offen thematisert ok*
678) 16:28:57	*Klientin 13* *Pumba*	*Ich denke es gibt genug Leute, die dich ernsthaft vermissen würden.*
679) 16:29:09	*Klientin 13* * bke-Manuel *	*oh, ok, tut mir leid*
680) 16:29:24	*Pumba* *Klientin 13*	*glaub ich nicht…*
681) 16:29:33	* bke-Manuel * *Klientin 13*	*nein n ein sag ich nur zu deinem Schutz nicht als Drohung mach nur soweit es für dich ok ist*

Die Fachkraft – die das Flüstern mitliest- schaltet sich ein und weist Klientin 13 darauf hin, dass ihre vermeintliche Hilfsbereitschaft nicht das ist, was Pumba braucht, sondern dass es um ein offenes Ansprechen und Bearbeiten/Auseinandersetzen gehe statt jammern auf Kosten anderer. Damit wird wieder der Anspruch an den Beratungschat unterstrichen, dass es nicht um Beklagen, sondern um eine ernsthafte Veränderungsbereitschaft geht, sowie um Mitwirkung in der Gruppe. Mit ihrer Intervention, Anflüstern von Klientin 13, bringt die Fachkraft dieses Prinzip noch einmal in Erinnerung und warnt sozusagen Klientin 13 vor allzu viel vergeblichem Engagement (Z. 677, „lass dich nicht zu weit drauf ein…“). Ohne dass bke-Manuel dies mit Pumba offen thematisiert, untergräbt er damit ihre Ausweichstrategie, die mehrfache Ablehnung das Thema offen einzubringen. Teilnehmerinnen wie Pumba können jedoch dieses Angebot und die angesprochene Verpflichtung (Z. 677, „…das gehört offen thematisiert“) unterlaufen, indem sie ihre Strategie (Opfer sein, „mir gehts so schlecht“) weiter durchziehen, neue Wege finden, z. B. Flüstern, wenn offen niemand darauf eingeht, und Auseinandersetzungen damit vermeiden, so wie sie es hier im Austausch mit Klientin 13 praktiziert. Angeflüstert von der Fachkraft reagiert Klientin 13 durchaus auf die Kritik und Appell in der an sie gerichteten Botschaft (Z. 679, „oh, ok, tut mir leid“) und bestätigt sowohl mit ihrem „ok“, das die Fachkraft ebenfalls verwendet hat (Z. 677), wie mit ihrem Bedauern ein gewisses Einverständnis/Zustimmung zu der Grundregel, an die die Fachkraft erinnert. Interessanterweise rudert diese daraufhin jedoch zurück („nein nein…“), verdeutlicht ihren Appell mit Hinweis auf die Schutzfunktion und gibt sozusagen noch einmal offiziell die Erlaubnis, dass Klientin 13 das selbst entscheiden dürfe (Z. 681, „mach nur soweit es für dich ok ist“) – so als habe die Entschuldigung von Klientin 13 einen Widerspruch hervorgerufen, als habe sie Klientin 13 mit ihrer Anweisung zu weit eingeschränkt. Der Hinweis sowohl auf den berechtigten Schutz als auch auf die Grundregel „offen thematisieren“ entspricht dem Auftrag der Fachkraft – wieso nimmt sie das hier wieder ein Stück weit zurück? Darf es nicht zu viel Kritik geben? Wie autoritär darf die Fachkraft sein bzw. wie offen darf hier Widerspruch thematisiert werden?

An dieser Stelle zeigt sich erneut die Regel, dass die Fachkraft der wohl impliziten Norm folgt, ihre Autoritätsposition zu verdecken. Klientin 13 wird von der Fachkraft diszipliniert und interpretiert es genauso. Als die Fachkraft dies realisiert, steuert sie gegen und deutet ihre Disziplinierung als Schutzhandlung um. Der ambivalente Umgang bzw. die mögliche Verdeckung der tatsächlich existierenden Macht- und Autoritätsverhältnisse wurden ja bereits am Beispiel “Mara“ diskutiert.

Die Fachkraft weist nach steigender Dramatisierung dann flüsternd ebenso Pumba selbst explizit auf ihr unangemessenes Verhalten hin, was wieder zu heftiger Abwehr führt.

Ausschnitt 47: Beispiel Pumba, bke-Manuel 21.11.11

685) 16:30:21	*Pumba* * *Klientin 13*	*ich bin doch gar nichts wert.. ich krieg mein leben nich in den griff und das einzige was mir gelungen ist, ist den schlüssel aus der hand zu legen*
688) 16:30:57	* bke-Manuel * *Pumba*	*lass sie oder thematiser es offen*
689) 16:31:04	*Pumba* * *bke-Manuel*	*es ist alles sinnlos.. ich hab die nase voll von dem ganzen scheiß hier*

Damit ist die Flüster-Interaktion zwischen Fachkraft und Pumba wieder beendet, d.h. trotz des dramatischen Appells und der wütenden Reaktion Pumbas geht die Fachkraft nicht weiter auf sie ein. In ihrer Äußerung steht eher wieder die Sorge um Klientin 13 im Vordergrund (Z. 688, „lass sie…“), während Pumba nicht die erwünschte Sorge/Aufmerksamkeit, sondern eher eine nüchterne knappe Verhaltensanweisung mit deutlicher Kritik am bisherigen Tun erhält, was vermutlich Pumbas Ärger zusätzlich befeuert („ich hab die nase voll von dem ganzen scheiß hier“).

Klientin 13 bemüht sich trotz der Warnung weiter um Pumba, folgt damit eher der nachträglichen Erlaubnis und gibt ihr Tipps zur Verbesserung der Situation, die Pumba mit „ja, aber….es geht nicht“-Strategien abwehrt und bei weitergehenden Nachfragen wieder auf Aussagen wie „ich will sterben“ (Z. 748) und „es wird nie besser, es wird immer schlimmer“ (Z. 752) zurückgreift. Klientin 13 reagiert mit konstanten „Beratungsbemühungen“ auf Pumba, ohne dass ein Eingehen von Pumba in irgendeiner Form zu erkennen wäre. Wo im Beispiel „Profi“ die Fachkraft aufgrund eines fehlenden Beratungsauftrags und Änderungsbereitschaft abbricht, erfüllt Klientin 13 damit wohl Pumbas verdeckten Auftrag („Kümmer dich um mich, nimm mich wichtig“) und engagiert sich für den Chatzweck: anderen helfen. Daran wird deutlich, dass sie implizit von Pumbas Veränderungsbereitschaft ausgeht und deren deutliche anderweitigen Signale ausblendet.

Fazit Beispiel Pumba

Pumba könnte damit einen Prototyp verkörpern, der sich von der Beratungsstellen-Plattform angezogen fühlt, weil sie sich hier ein aufmerksames und mitfühlendes Publikum verspricht für ihre Selbstinszenierung als Opfer (ohne Veränderungsbereitschaft und ohne Einsicht in eigenen Anteile an der als mies erlebten Situation). Sie verkörpert damit quasi den Typ des „Abenteurers“, der mal vorbeischaut und sich in diesem Medium ausprobieren will, ohne eine ernsthafte Partizipationsabsicht, eher als Unterhaltung durch Selbstinszenierung auf der Bühne mit einem sich gruselnden Publikum, dessen Verständnis aber offenbar für das eigene Erleben nicht so wichtig ist. Pumba reagiert bzw. inszeniert anfangs auf den Konflikt mit anderen Teilnehmerinnen, im Verlaufe des Chats jedoch gar nicht auf die ausbleibende Resonanz der anderen, die sie eher ignorieren, was sie ja befürchtet hatte. Das anfangs mehrfach angedeutete Thema “Fake oder nicht?“/„glauben sie mir?“ wird nicht wirklich thematisiert, sondern nur beklagt. Dies lässt ebenfalls vermuten, dass die Selbstinszenierung an sich den verlockenden Reiz und Kick darstellt.

Das Wesen des Gruppenchats liegt neben dem „Beratungsauftrag“, der eine selbstkritische Problemdefinition sowie Reflexions- und Veränderungsbereitschaft voraussetzt, in der Reziprozitätsnorm, die mit dem Musketier-Motto „alle für einen, einer für alle“ übersetzt werden könnte: die Teilnehmerin, der es schlecht geht und die etwas an ihrer Situation ändern will, bekommt die Aufmerksamkeit und Unterstützung der Gruppe, die aber ihrerseits ebenso ein Entgegenkommen und Partizipationsbereitschaft erwartet. Wenn es nicht zu dieser komplementären Beziehungsdefinition kommt – und dies wurde durch den Verdacht, „eh nur ein

Fake" zu sein, bei Pumba von Anfang an klar in Frage gestellt – wird ein Bearbeiten als Gruppengeschehen nicht gelingen. Das zeigt sich deutlich in dem Abschnitt, als Pumba mit einer Frage kommt, die zunächst keinen Eigenbezug aufweist: es gibt kaum Reaktionen, wenn, dann beschränkt auf eher kritische Informations-Nachfragen; ein Einstieg in die Problematik, ein mitfühlendes Verständnis – wie bei anderen Themen – ist nicht ersichtlich. Damit entspricht die Reaktion spiegelbildlich dem von Pumba bei den Themen der anderen an den Tag gelegtes Verhalten: Desinteresse, kein emotionales Einlassen auf die anderen Teilnehmerinnen. Eben das erntet ebenso sie bei ihrer Frage. Insofern ist durchaus von einer gewissen Reziprozität im Sinne eines ausbalancierten Gleichgewichts auszugehen.

Beratung im Gruppenchat – ein seriöses Beratungsangebot?

Bisher waren dies einige Beispiele, wo die Selbstreflexionszumutung nur wenig bis gar nicht angenommen wurde. Stellt man sich die Spanne zwischen seriöser Bearbeitung eines Themas/Anliegens und einem eher flüchtigen, unverbindlichen, unterhaltungsorientiertem Einbringen im Sinne von Treptes (2010) „Selbstoffenbarung als Unterhaltung" als zwei Pole eines Kontinuums vor, so besteht die Herausforderung für die professionelle Fachkraft eben darin, die ratsuchende Teilnehmerin in Richtung „Seriosität"/ernsthaftes Bearbeiten einzuladen. Dazu gehört ein Hinlenken der Ratsuchenden in Richtung „eigenes Anliegen herausarbeiten", sowie die Einladung an die Gruppe, bei diesem Thema/Anliegen ein Mindestmaß an Aufmerksamkeit aufzubringen, so dass die eigentliche Frage und die dazugehörige selbstkritische Auseinandersetzung mit eigenen Anteilen und vor allem eigenen Lösungsschritten Raum erhalten kann. Die Fachkraft muss sozusagen den Spagat aufbringen, die Gruppe mit ihrem „Unterhaltungsanspruch" bei Laune zu halten, während sie gleichzeitig auf die einzelne Teilnehmerin eingeht und diese behutsam zu mehr Annäherung an Ernsthaftigkeit und Tiefgang in der Auseinandersetzung mit sich selbst hinführen soll. Gelingt dies? Welche Möglichkeiten hat die Fachkraft zur Verfügung, diesen Spagat zu meistern und professionelle Kompetenz wie auch Arbeits-Zumutungen unterzubringen? Ohne dabei die Geduld und Aufmerksamkeit der Teilnehmerin selbst ebenso wie die der übrigen Gruppe zu verlieren?

Im folgenden Beispiel sehen wir die Entwicklung eines solchen Auftrags, teils mit Unterstützung der Gruppe, teils gegen sie.

5.3.5 Beispiel Rike: von außen nach innen

Die Teilnehmerin „Rike" (Nick wie oben beschrieben geändert) hat auf die Frage der Fachkraft, wer ein Thema habe, ihr vorzeitiges Gehen vor Ende des Chats angekündigt, was von der Fachkraft als Themenmeldung interpretiert wurde, so dass Rike auf der Liste der angemeldeten Themen landet. Darauf reagiert sie mit der Bemerkung: „ich hab kein wirkliches thema und neu bin ich auch nicht.wollt nur mal am rande jammern" (bke-Uschi, 24.1.12, Z. 86), was die Fachkraft dann mit Verweis auf spätere Nachfrage kommentiert: „ok, Rike, ich frag dich dann nachher nochmal" (bke-Uschi, 24.1.12, Z. 89). Es folgt die Bearbeitung von zwei anderen angemeldeten Themen, bevor sich Rike in der Schlussphase des zweiten Themas dann noch einmal einbringt – diesmal mit einer klaren Anmeldung.

Ausschnitt 48: Beispiel Rike, bke-Uschi 24.01.12

373)	17:46:36	*Rike*	ich würd doch noch ein thema anmelden
374)	17:46:40	*Klientin 7* * *Klientin 2*	*wie wars bei dir?*
375)	17:46:41	* bke-Uschi*	jep, *Klientin 12* was glaubst du?
376)	17:46:44	*Rike*	*mut in dosen zu *Klientin 4* schieb*
377)	17:46:54	*Klientin 4*	haha danke *Rike*
378)	17:46:55	*Rike*	42 jahre
379)	17:47:05	* bke-Uschi*	ja *Rike* ich hab dich auch als nächste notiert
380)	17:47:05	*Rike*	für jeden schritt eine dose,*Klientin 4*
381)	17:47:17	* bke-Uschi*	danke *Rike*
382)	17:47:18	*Klientin 2* * *Klientin 7*	*3 akutstationen/geschlosene und bei der dbt bin ich um die warteliste drum rum gekommen*
383)	17:47:20	*Klientin 4*	danke
384)	17:47:37	*Rike*	ich muss nur meinen freund erreichen und ihm sagen, dass ich später komm
404)	17:50:08	* bke-Uschi*	*Rike* leg los, was beschäftigt dich jetzt?
411)	17:50:39	*Rike*	bin gleich da, tele noch ganz kurz
412)	17:50:41	*Klientin 2* * *Klientin 7*	*23*
413)	17:51:00	System	*Klientin 5* ist dem Chat beigetreten.
414)	17:51:08	*Klientin 5*	sorry
415)	17:51:30	*Rike*	so bin da.musst nur schnell meinen freund errecihen
416)	17:51:30	*Klientin 7* *Klientin 2*	*also zwei Jahre älter als ich ;)*
417)	17:51:32	* bke-Uschi * *Klientin 2*	**etwas trost fürdichschick* und eine große portion an guten erlebnissen*
418)	17:51:34	*Rike*	sonst vermisst der mich
421)	17:52:00	*Rike*	mich beschäftigt folgendes:

Nach der Anmeldung und Rikes guten Wünschen für Klientin 4, deren Thema gerade beendet wurde (Z. 376, „*mut in dosen zu *Klientin 4* schieb*"), signalisiert die Fachkraft die Akzeptanz ihrer Anmeldung mit dem Hinweis, dass Rike dann als nächste dran sei. Daraufhin weist diese noch auf nötige Zwischenschritte hin (Termin verschieben, Freund Bescheid sagen), die sich etwa anderthalb Minuten hinziehen, in denen Rike ihr Tun erläutert (Z. 411, 415, 418) und die anderen Teilnehmerinnen warten, bevor Rike dann (ab Z. 421) mit der Erläuterung ihres eigentlichen Themas beginnt.

Diese Zwischenmeldungen sind einerseits nötig, um Präsenz zu zeigen, andererseits ist es eine Zumutung für die anderen, eben nicht mit dem Thema zu starten, sondern Erläuterungen loszuwerden, bei denen eher zweifelhaft ist, wie wichtig sie den anderen erscheinen. Für Rike ist diese Absicherung jedoch offenbar sehr wichtig, nachdem sie gleich zu Beginn des Chats ihr vorzeitiges Gehen angekündigt hatte. Dass sie diesen Termin nun verschiebt zugunsten der Besprechung ihres Themas könnte als Hinweis darauf gedeutet werden, welch Gewicht sie dieser Bearbeitung zuweist und dass sich dafür die Terminverschiebung lohnt. Ob dies mit eigenen inneren Prozessen und/oder mit der gerade miterlebten Bearbeitung der beiden anderen Themen zu tun hat, sei dahingestellt. Einerseits ist eine hohe Wertigkeit zu erkennen, andererseits zögert sie den Beginn durch Zusatzinformationen hinaus – beides durchaus spannungssteigernd und von daher wohl Teil der Selbstinszenierung, wie bewusst auch immer eingesetzt, die durchaus Effekte hervorruft (mehrfache Kommentare, z. B. Z. 423, 425).

Als dieser Part abgeschlossen ist, schildert sie zunächst ihr Thema mit einer eingehenden, sich über mehrere Beiträge erstreckenden Darstellung:

Ausschnitt 49: Beispiel Rike, bke-Uschi, 24.01.12

421)	17:52:00	*Rike*	also mich beschäftigt folgendes:
422)	17:52:01	*Klientin 14*	Thema*
423)	17:52:05	* bke-Uschi *	wir warten
424)	17:52:14	*Rike*	ich hab übermorgen vierten termin bei meiner psychologin.
425)	17:52:36	* bke-Uschi *	*Klientin 14*, wir warten, dasss *Rike* ihre frage stellt
426)	17:52:38	*Rike*	wollt vorletzte woche alles hinschmeißen, hab letzte woche beschlossen doch weiter hinzugehen.
427)	17:52:46	*Rike*	und mich darauf einzulassen.
428)	17:53:09	*Klientin 14*	Ok ich lese einfach mal mit,
429)	17:53:11	*Rike*	ich hab angst davor mich ihr zu öffnen, weiß aber das ich das muss
430)	17:53:16	*Klientin 12*	ohh, glaub bin hier total fasch..
431)	17:53:17	*Rike*	deshalb will ich das auch.
432)	17:53:20	*Klientin 2* *Klientin 7*	*jup, verdammt alt. oh man ich jammer schon so viel, dass Uschi mir schreibt tut mir leid*
433)	17:53:32	*Klientin 2* bke-Uschi	*danke*
434)	17:53:39	* bke-Uschi *	wieso *Klientin 12*?
435)	17:53:53	*Rike*	mein prob ist nur, dass ich ne maske bei ihr aufsetz und mich schwer tu zu reden. vor allem über meine gefühle
436)	17:54:01	*Klientin 7* *Klientin 2*	haha ;) Naja ist ja auch berechtigt... ich weiß noch wie ich vor einer Woche gejammert habe...
437)	17:54:16	*Klientin 7*	*Rike* lass dir Zeit es wird immer besser
438)	17:54:18	*Rike*	wie kann ich es verhindern ihr was vorzuspielen und mich drauf einlassen?
439)	17:54:26	*Klientin 7*	ich kenne das Problem
440)	17:54:50	*Klientin 7*	du ziehst die Fassade als Schutz auf und keiner durschaut dich mehr...
441)	17:55:20	*Klientin 7*	ich habe mit meiner ersten Therapeutin das gleiche Problem gehabt und ihr dann Tagebuscheinträge geschickt
442)	17:55:25	*Rike*	genau. das gedicht letzte woche hat sie total erstaunt, weil sie wohl überhaupt nicht damit gerechnet hätte, dass mir so schlecht geht.

Rike schildert ihr Dilemma, das sie bei ihrer Psychologin erlebt, ihren Zwiespalt zwischen „sich öffnen“ und „Angst davor haben“. Sie gibt einige Zusatzinformationen und endet zunächst mit einer klaren Frage an die anderen (Z. 438, „wie kann ich es verhindern ihr was vorzuspielen und mich drauf einlassen?“), die Selbstreflexion und Interesse an Weiterkommen/Suche nach neuen Lösungsideen widerspiegelt. Klientin 7 reagiert während der Schilderung mit einer ermutigenden Suggestion (Z. 437, „lass dir zeit es wird immer besser“), was sie mit der folgenden Darlegung ihres eigenen Erlebens nochmals verdeutlicht, wobei diese Reaktion sowohl Anteilnahme an Rikes Problem, d. h. Ermutigung für weiteres Öffnen, als auch eine Form von ‚kommunikativem Weiterblättern‘ im Sinne von „…und bei mir ist es…“ – und damit Entmutigung/fehlendes Interesse an Rikes spezieller Thematik – bedeuten könnte. Rike stellt eine klare Frage nach Verhaltenstipps, Klientin 7 geht darauf mit Verständnis für die Situation und „Solidarität“ (Z. 439, „ich kenne das Problem“) ein, bevor sie einen konkreten Tipp gibt (Z. 441, „Tagebucheinträge geschickt“). Sie signalisiert damit Reaktion auf zwei Ebenen, die Rike aufgeworfen hat: Verständnis/Mitgefühl für die Angst und konkrete Handlungsanweisung. Offenbar fühlt Rike sich durch sie sehr verstanden, sie stimmt mit „Genau“ zu und erläutert dann ihr eigenes – den Tagebucheinträgen ähnliches – Vorgehen (Z. 442), was sie dazu nutzt erneut auf ihren wirklich schlechten Zustand hinzuweisen – als Signal: so schnell akzeptiere ich keine Lösung? Mein Problem ist wirklich hartnäckig?

Im Unterschied zu den vorherigen Beispielen werden hier sehr deutlich nicht nur Informationen im Sinne von Selbstdarstellung, sondern eine klare Frage artikuliert, in der Rike Bezug nimmt auf ihre eigenen Möglichkeiten und Aktionen, d. h. damit indirekt Veränderungsbereitschaft und ebenso Einsicht in die Wichtigkeit des eigenen Tuns kund gibt. Daneben ist zudem die Richtung der gewünschten Verhaltensänderung klar angegeben (Z. 427/431; „mich einlassen…“ „deshalb will ich das auch“) – Kriterien, die einem Beratungsanliegen entsprechen und eigene Änderungsbereitschaft/Offenheit für neue Anstöße und Hinweise signalisieren.

Ausschnitt 50: Beispiel Rike, bke-Uschi 24.01.12

445)	17:55:42	*Klientin 9*	*Rike* denke daran das sie dir nur helfen kan wenn du ihr dein „wahres" gesicht zeigst
446)	17:55:49	*Rike*	aber die fragt dann ja nach.
447)	17:55:0	* bke-Uschi *	du könntest ihr einfach mal sagen, ich kann meine maske nicht ablegen sie ist genau dafür da, dir dabei vorsichtig zu helfen
448)	17:56:02	*Klientin 7*	es hat sie so geschockt, dass sie mich mit Verdacht auf Borderline+Depressionen zum Psychiater geschickt hat zwecks medikation
449)	17:56:08	*Rike*	ich glaub, Uschi, ich könnte ihr nicht mal das sagen
450)	17:56:28	*Rike*	*Klientin 9*: das weiß ich, aber ich kanns nicht.
451)	17:56:55	* bke-Uschi t*	hast du angst?
453)	17:57:00	*Rike*	und wie
454)	17:57:07	*Rike*	krass@*Klientin 7*
455)	17:57:18	*Klientin 9*	wovor genau? wenn ich fragen darf
456)	17:57:18	* bke-Uschi *	könntest du das sagen?
461)	17:57:47	*Klientin 7*	*Rike* ich kann dir nur den Tipp geben, setzt dich hin überleg dir, was dir im Moment am meisten Schwierigkeiten macht
462)	17:57:50	*Klientin 5*	cu
463)	17:57:54	*Rike*	dass mich wer kennt und ablehnt deshalb, *Klientin 9*
464)	17:58:15	*Rike*	wenn sie mich drauf anspricht könnte ichs zugeben, *Fachkraft*
465)	17:58:18	*Klientin 7*	welche Ursachen das möglicherweise haben könnte und was sie dazu an Hintergrund infos brauchen könnte
466)	17:58:30	*Klientin 7*	schreib das alles auf und schick es ihr

Auf Rikes Eingangsfrage („wie kann ich …") folgen sowohl von den Teilnehmerinnen wie von der Fachkraft zunächst Ratschläge/ Empfehlungen für bestimmte Verhaltensweisen (schnelle Lösungen, „mach doch einfach…"), was sich nach ihrem mehrfachen Hinweis auf „nicht können", womit sie ja eingangs schon ihr Dilemma beschrieben hatte: Kluft zwischen Anspruch und erlebter Wirklichkeit, weiter entwickelt zu einem Hinterfragen dessen, was sie so hemmt (Fachkraft. Z. 451, „hast du angst?"). Dem schließt sich dann Klientin 9 ebenfalls an (Z. 455, „wovor genau?"), wobei hier noch der Lösungsansatz/Empfehlung einer Handlung bestehen bleibt bzw. sich mit der Erforschung/Hinterfragen der Hemmung mischt (Z. 456, „könntest du das sagen?“). Ihr „Nicht-Können“ wird offenbar zunehmend als authentisch erlebt und als Einladung, hier genauer dranzubleiben. Dementsprechend ändern sich die Reaktionen der Fachkraft und ebenso der sich beteiligenden Teilnehmerinnen: Statt Handlungstipps erfolgen nun Reflexionsanstöße, genauer über sich nachzudenken, eine Erforschung des Problems, eine Einladung zum Explorieren und Hineindenken in die hemmenden Faktoren. Rike scheint sich damit schon genauer befasst zu haben, kann durchaus Auskunft über die Inhalte ihrer Angst (Z. 463, „dass mich wer ablehnt“) geben oder begünstigende Faktoren für mehr Öffnung (Z 464, „wenn sie mich drauf anspricht…“) benennen. Die Selbstreflexion scheint ihr nicht fremd, das Anliegen bzw. Herausforderung, der sie sich nicht gewachsen fühlt, gut durchdacht.

Trotzdem bleibt der Austausch zunächst weiterhin eher auf der Ebene konkreter Verhaltenstipps (was aufschreiben, mail schicken, Bilder malen und zeigen), die die Hemmung überwinden helfen sollen. Rike zeigt sich dafür teilweise offen, aber thematisiert erneut wieder die Angst vor dem darauf folgenden Schritt: dann darüber etwas sagen zu müssen, d. h. sie variiert ihr Grundthema (Angst vor sich öffnen), beharrt aber sehr stark darauf, was als Hinweis auf fehlende Anerkennung des Ausmaßes durch die anderen verstanden werden könnte. Im Aufgreifen eben dieser Angst versucht die Fachkraft einen neuen Ansatz zur Selbsterforschung und Vertiefung einzubringen:

Ausschnitt 51: Beispiel Rike, bke-Uschi 24.01.12

503)	18:03:35	* bke-Uschi *	was sagt deine angst, was passiert wenn *Rike 1* redet?
506)	18:04:20	*Rike*	dass ich dann i-einen mist erzähle, was ich nachher anders sehe. oder dass ich blöd rüberkomm. ich bin verletzlich unter meiner maske
507)	18:04:41	*Klientin 7*	das glaube ich nicht…
508)	18:04:48	*Rike*	ich würd der frau gerne vertrauen, also mein verstand will das. der rest sträubt sich gegen alles. ich weiß nicht, was ich dagegen tun soll.
510)	18:05:07	*Klientin 7*	bei mir liefs dann meistens so, dass ich irgendwann angefangen habe zu heulen und ich wusste nichtmal genau warum
512)	18:05:18	*Klientin 7*	dir Zeit lassen *Rike*
513)	18:05:24	*Klientin 7*	was anderes geht nicht
515)	18:05:52	*Rike*	tja, das mit dem heulen wird mir wahrscheinlich nächstes mal passieren, *Klientin 7*. ich red es mir zur zeit schön.
516)	18:05:59	*Klientin 7*	ich hatte das Problem, als ich meinen ersten männlichen Therapeuten hatte
517)	18:06:02	* bke-Uschi *	*Rike *, du beweist uns hier gerade das du dich klar und verständlich ausdrücken kannst und verwirrung ist ganz typsich in einem therapieprozess
518)	18:06:08	*Klientin 7*	grausam….
519)	18:06:21	*Klientin 7*	und was wäre so schlimm daran?
520)	18:06:29	*Klientin 7*	tränen können sehr befreiend sein
523)	18:07:03	*Rike*	dass ich nicht weiß, wie sie reagiert. ich habe jahrelang nicht geweint. erst recht nicht vor anderen. das geht nur vor meinem freund.
524)	18:07:14	*Klientin 14*	Tränen können aber auch weh tun…. 
525)	18:07:35	*Klientin 7*	sie wird damit umgehen können, du wirst ja nicht die erste sein, die vor ihr weint
526)	18:07:42	* bke-Uschi *	weinen ist sehr wichtig es löst blockaden
527)	18:07:43	System	*Klientin 13* hat den Chat verlassen.
528)	18:07:48	*Rike*	*Uschi*: ich kann dank bke endlich gefühle schriftlich ausdrücken, aber mündlich geht das nicht so wirklich, wenn ich denn weiß, wies mir geht
530)	18:08:33	*Rike*	aber dann muss ich sie an mich ran lassen, wenn ich wein. ich weiß, dass das für ne therapie gut und wichtig ist, jmd an sich ran lassen. aber…

Rike nimmt die Einladung der Fachkraft zu weiterer Erforschung und Beschreibung ihrer Gefühle und Ängste an, erläutert ihre Bedenken (Z. 506), allerdings in sehr allgemeiner Form („dass ich blöd rüberkomm..", „dass ich mist erzähl"). Deutlich wird ihre Angst vor Ablehnung und ihre Bedürftigkeit sowie hohe Ansprüche an sich selbst nach mehr Klarheit und eindeutigerer Kommunikation, worauf die Fachkraft mit Anerkennung und einem Beispiel für eben diese Fähigkeiten reagiert (Z. 517, „du beweist uns gerade,.."), sowie mit einem Versuch der Ent-Dramatisierung („Verwirrung ist normal…") – beides als Gegensteuern gegen die von Rike beschriebenen hohen Ansprüche an sich, denen sie nicht zu genügen glaubt, was ihre Not ausmacht. Beides kann Rike offenbar nicht gut annehmen (Z. 528, „ja…., aber…"). Die Fachkraft bleibt mit ihrem Vorgehen sehr eng an der von Rike hartnäckig wiederholt eingebrachten Grundthematik und verdeutlicht damit die Wichtigkeit einer genauen Exploration als Grundlage einer Problemdefinition sowie – im Sinne des lösungsorientierten Ansatzes – der Suche nach „Ausnahmen", wo das gewünschte Verhalten schon gelingt. Dabei beharrt Rike jedoch mittels Differenzierung weiterhin auf ihrer Not und signalisiert, dass sie noch nicht im „Lösungs-Modus" angekommen ist (Z. 528).

Die anderen Teilnehmerinnen sind unterdessen schon „weitergeflossen", nicht mehr mit der Erforschung der Not, sondern mit Rikes Angst vor Tränen beschäftigt – ein Aspekt, den Klientin 7 als eigene Erfahrung eingebracht hat und der offenbar Rikes Nerv trifft. Hier gelingt die versuchte Ent-Dramatisierung (Z. 520, „tränen können befreiend sein", Z. 526, „weinen ist sehr wichtig, es löst Blockaden") aber nicht wie gewünscht, sondern ruft eher Rikes Widerstand hervor (Z. 530, „weiß es ist wichtig,.. aber…"). Dieser Ansatz reicht offenbar nicht aus, um ihr ein Gefühl von Lösungsmöglichkeiten/Hoffnung und Zuversicht, Überwinden ihrer Ängste zu vermitteln. Sie bleibt bei ihrem Unvermögen bzw. wechselt zurück von eigenem Hinterfragen und ernsthaftem Arbeiten an sich zur Suche nach einer „schnellen Lösung", einem Weg, wie sie sich selbst überlisten könne.

Ausschnitt 52: Beispiel Rike, bke-Uschi 24.01.12

537) 18:09:41	*Rike*	gibts nicht ieinen trick, wie ich mich selber überlisten kann? ein teil in mir will, aber der andere will fliehen
540) 18:09:51	*Klientin 7*	nein
541) 18:10:04	* bke-Uschi *	du darfst ihr auch sagen, wenn du weinst möchtest du lieber erstmal für dich bleiben
542) 18:10:06	*Klientin 14*	Ich kann aber nicht immer weinen, wenn ich probleme habe und weinen will. Dann geht es manchmal nicht. Und es tut so weh, überall, Im Körper und in der seele.
543) 18:10:09	*Rike*	schöner wärs aber das gespräch planen zu können, *Klientin 7*
544) 18:10:09	*Klientin 7*	bzw. wenn du ihn findest, dann teil ihn mir doch bitte mit ;)
546) 18:10:30	* bke-Uschi *	doch es gibt eine trick *Rike
549) 18:10:37	*Rike*	welchen?
550) 18:10:46	*Klientin 7*	wenn du alle Parameter des Gesprächs kennst
551) 18:10:49	*Rike*	du hast ja recht, *Klientin 7*
552) 18:10:55	*Klientin 16*	um was gehr es???
553) 18:10:57	* bke-Uschi *	der teil der hingehen will ist dein weiser reifer kluger anteil wie eine gute mutter
554) 18:11:23	*Rike*	ich nenn ihn rüdiger
555) 18:11:27	* bke-Uschi *	der anteil der weg will ist ein kleines kind
556) 18:11:57	* bke-Uschi *	die gute mutter nimmt das klein ängstliche kind liebevoll an die hand und nimmt es einfach mit
557) 18:11:57	*Rike*	der rest meiner 14 imaginären persönlcihkeiten
558) 18:12:16	*Klientin 16*	hä
559) 18:12:36	*Klientin 16*	??
560) 18:12:41	*Fachkraft*	dafür brauchst du nur die beiden *Rike*

Dieser „schnelle Lösungsweg"/Hoffnung auf Vermeidung des Dilemmas bzw. der Bewältigungsanstrengung wird umgehend frustriert (Klientin 7 mit klarer, kurzer Auskunft: Z. 540, „nein"). Die Fachkraft übernimmt hier nun klar die Führung, indem sie über das wörtliche Aufgreifen des „Tricks" eine therapeutische Herangehensweise vorschlägt. Sie macht sich hierbei die von Rike vorher ins

Spiel gebrachte Metapher (Z. 537, „ein teil in mir will, aber der andere will fliehen“) zunutze und verkörpert die beiden Teile mit Figuren/Personen. Damit mutet sie Rike eine deutlich über ihre Suche nach einem „Trick“ hinausgehende Anstrengung zu. Rike geht darauf nach 30 Sekunden ein, entschärft die Zumutung durch einen Schwenk ins „Leichte“, nicht ganz Ernstgemeinte (Z. 554, „ich nenn ihn Rüdiger“; Z. 557), was sie jeweils mit dreifach hinzugefügten Emoticons unterstreicht (; Bedeutung „scheinheilig“). Mit diesem stilistischen Zug verbindet sie gekonnt wieder beide Seiten /Möglichkeiten des Chats: Leichtigkeit und Tiefgang: Sie lässt sich auf die Idee ein, bewahrt jedoch mit der Reaktion des Ironisierenden/Leichten/Scherzhaften die Option, sich damit doch nicht so ganz ernsthaft auseinandersetzen zu müssen und die Möglichkeit der eigenen Selbstbestimmung, inwieweit sie sich auf diesen Weg der Fachkraft einlassen will – ein wichtiger Freiheitsgrad in der (Chat-)Beratung: Ich bestimme. Offenbar kann sie aber mit der Vorstellung der beiden Teile als Figuren etwas anfangen – im Unterschied zu Klientin 16, die ihr Unverständnis über diese Intervention deutlich zum Ausdruck bringt (Z. 558/559, „hä??“), sowohl verbal als auch stilistisch gekonnt mit doppelten Fragezeichen und Aufteilung in zwei Zeilen, was mehr Aufmerksamkeit auf sich zieht.

Im Folgenden erläutert die Fachkraft der später hinzugekommenen Klientin 16 kurz Rikes Anliegen, verfolgt aber – mit Aufgreifen von Rikes Kommentar und Ikonisierung (Z. 560), womit sie Anschlussfähigkeit und Nähe signalisiert – unbeirrt den Weg der beiden Teile. Rike kann sich darauf gut einlassen und es entspinnt sich ein Disput, wie die beiden Teile dann in einer realen Therapiestunde – vor der Rike Angst hat – miteinander in Interaktion treten würden. Dieser Teil endet mit einem von der Fachkraft vorgegebenen Bild.

Ausschnitt 53: Beispiel Rike, bke-Uschi 24.01.12

570)	18:14:24	* bke-Uschi *	und eine gute mutter nimmt das kleine kind auf den schoß und sagt, komm dann flüster mir ins ohr was dir so angst macht
571)	18:14:58	*Rike*	ich glaub, wenn ich mir das vorstell heul ich
572)	18:15:07	*Rike*	na toll^^ ziel erreicht.

Von diesem Bild fühlt sich Rike wohl offenbar angerührt, was sie flapsig mit „na toll^^ ziel erreicht“ (= die vorher thematisierte Hemmung vor anderen zu weinen) kommentiert. Der Dialog wird zwischen Rike und der Fachkraft noch kurz weitergeführt, indem Rike konkrete Details nachfragt, die belegen, wie sie sich auf das Bild einlassen kann (z. B. „was würde die Mutter sagen… was würde das

Kind tun…“), bevor er mit einer konkreten Empfehlung von Seiten der Fachkraft abgeschlossen wird.

Ausschnitt 54: Beispiel Rike, bke-Uschi 24.01.12

612)	18:23:04	* bke-Uschi *	*Rike*, geh hin und sei einfach da, plane nicht alles, nimm ein bild mit oder sonst was dir gut tut mitzunehmen
614)	18:23:28	*Rike*	ok.ich glaub, ich denk mal drüber nach.
616)	18:23:43	*Rike*	danke für die zeit und die guten tips.

Rike nimmt die Abschlussempfehlung, mit der die Fachkraft das Thema sozusagen beendet und wie anfangs gewünscht auf eine konkrete, aber ebenso suggestive Verhaltensempfehlung übergeht, Z. 612, „geh hin und sei einfach da…“, an und bedankt sich für die Themenbearbeitung mit einer eher unverbindlichen Formulierung, die offen lässt, inwieweit sie wirklich eine Änderung vornehmen will und wird. Sie dankt für Zeit und Tipps der anderen Chat-Teilnehmerinnen, womit sie deren Engagement würdigt und damit die Verbindlichkeit der Gruppe anerkennt und ausdrücklich die „guten tipps“ benennt. Die anderen Teilnehmerinnen, die sich aus der Interaktion zwischen Fachkraft und Rike in Bezug auf die Mutter-Kind-Metapher rausgehalten haben, beenden ihrerseits mit guten Wünschen und Ermutigung, d.h. eine gewisse Aufmerksamkeit für Rike und ihr Anliegen ist da bzw. wird wieder aktiviert, trotz oder nach zwischenzeitlicher Pause bzw. Ausstieg aus der aktiven Beteiligung. Dies belegt wiederum die gegenseitige Verbindlichkeit und gewisse Höflichkeitsregeln, die eingehalten werden.

Der Abschnitt, der überwiegend aus dem Dialog zwischen bke-Uschi und Rike besteht, entspricht dem, was Reitemeier (1994, S. 237f) in seinen Untersuchungen von Beratungsgesprächen als „Kontrollkompetenz“ der Fachkraft herausgearbeitet hat, die sich eben in solch Frage-Antwort-Sequenzen zeige und eine klare Führung signalisiere. Dies wird offenbar von den anderen Teilnehmerinnen ebenso wahrgenommen und entsprechend interpretiert, was sich in Zurückhaltung während dieser Sequenz zeigt und damit auf ein wichtiges Ordnungsprinzip im Chat verweist: therapeutische Interventionen sind Terrain der Fachkraft, Mitwirkung an der Problemdefinition, z.B. durch Nachfragen, Sammeln von Lösungsideen und gute Wünsche dagegen entstehen im Zusammenwirken von Fachkraft und Teilnehmerinnen (siehe dazu ebenfalls Beispiel Mara).

Ausschnitt 55: Beispiel Rike, bke-Uschi 24.01.12

621)	18:23:56	*Klientin 9*	das wird schon *Rike* 
622)	18:24:03	*Rike* * *Klientin 7*	*danke. hast mir iwie sehr geholfen.*
623)	18:24:12	*Klientin 16*	
624)	18:24:18	*Klientin 9*	wünsche dir ganz viel mut :)
626)	18:24:31	*Rike*	danke *Klientin 9*
627)	18:24:31	*Klientin 7* * *Rike*	*bitte ;) Erinnert mich nur an mich vor 1,5 Jahren....*
628)	18:24:32	*Klientin 16*	ales gute wünsch ich dir

Rike wendet sich flüsternd noch einmal explizit an Klientin 7, die am aktivsten bei der Diskussion des Themas beteiligt war, und dankt ihr ausdrücklich und mit Hinweis auf die Tatsache, wie sehr sie deren Beiträge als hilfreich erlebt habe. Klientin 7 geht ebenfalls flüsternd darauf ein, es entspinnt sich in der noch verbleibenden Chatzeit noch ein kurzer Flüsterdialog zwischen den beiden, in dem sie sich über gemeinsame (Therapie-)Erfahrungen austauschen und Rike noch einmal ausdrücklich ihr Gefühl des Verstanden Seins und der Unterstützung thematisiert.

Ausschnitt 56: Beispiel Rike, bke-Uschi 24.01.12

659)	18:27:43	*Klientin 1* * *Klientin 7*	*und dann hast du dir gesagt“jetzt ist auch egal“ und hast ihr tagebuch gezeigt?*
669)	18:28:29	*Klientin 7* * *Klientin 1*	*ich dachte, wei könnte sie mich durchschauen, da vioel mir nur mein Tagebuch ein*
675)	18:28:45	*Klientin 7* * *Klientin 1*	*hab die hundert seiten dann eben vorher editiert ;)*
678)	18:28:52	*Klientin 1* * *Klientin 7*	*danke.*
687)	18:29:25	*Klientin 1* * *Klientin 7*	*hilft mal mit wem zu reden, der mein prob kennt.*
692)	18:29:40	*Klientin 7* * *Klientin 1*	*:) bitte bye*

Fazit Beispiel Rike

Inwiefern konkrete Handlungsschritte folgen, bleibt noch offen. In diesem Themenbeispiel war jedoch im Unterschied zu den vorhergehenden eine Entwicklung nachzuvollziehen von den ersten Lösungs-Tipps hin zu einem „Erspüren", einer Hinführung zu eigenen Reflexionen und Auseinandersetzen mit den eigenen Ängsten. In Kombination mit dem mehrfach rückgemeldeten emotionalen Verstanden-Fühlen steigt damit erfahrungsgemäß die Chance, dass Rike aus den Erläuterungen und Beiträgen der anderen Chat-Teilnehmerinnen wie der Fachkraft sowie ihren eigenen Überlegungen etwas Greifbares für sich mitnimmt und sie durch die Ermutigung, es Klientin 7 gleichzutun, und in der Sehnsucht verstanden zu werden, ebenso in der Therapie – so wie hier gelungen – etwas mehr von sich zeigen können wird. Deutlich zeigt sich dann ebenfalls der Schwenk vom gemeinsamen „Beratschlagen" in der Gruppe (Paris, 2005, S. 362) über Handlungsalternativen hin zu einer „Beratungssituation" zur Exploration innerer Prozesse, geleitet von einer professionellen Fachkraft, die unter anderem therapeutische Ansätze einbringt und deren Expertise von Rike wie von der Gruppe selbstverständlich akzeptiert wird.

Interessant ist hier zudem der Aspekt, dass offenbar die Chats ebenso dazu dienen, kommunikative Probleme in der face-to-face-Therapiesituation zu verhandeln, z. B. die Frage zu klären, wie man in verschiedenen Beratungskontexten zu interagieren hat.[98] Hier zeigt sich wohl ein Bedürfnis, auf das die Chatberatung antwortet und wo sie ihre speziellen Stärken ausspielt: Die anonyme Situation ermöglicht es, sich stärker zu öffnen. Die Chatteilnehmer können sich mit anderen Teilnehmern, die ähnliche Erfahrungen machten, austauschen und davon lernen, wie diese gehandelt haben; sie sehen, dass sie nicht alleine mit dem Problem dastehen.

5.3.6 Beispiel Kostbares Kind: Entschleunigung als Beratungsvoraussetzung

Im folgenden Beispiel geht es ebenfalls um die Entwicklung des Anliegens von der ersten Themenmeldung über die Bearbeitung. Der Ausschnitt Themenmeldung wurde bereits im Beispiel Elli behandelt.

98 Auf diese wichtige Unterstützungsfunktion der Chatberatung gegenüber der örtlichen verweisen ebenfalls Evangelou und Marquardt (2013) in ihren Ausführungen über den Einzelchat (s. Abschnitt Chat als Beratungsform).

Ausschnitt 57: Beispiel Kostbares Kind, bke-Ulla, 28.11.11

87) 20:22:28	* bke-Ulla *	dann können wir ja die themen für heute sammeln
88) 20:22:32	* bke-Ulla *	wer hat was?
89) 20:22:35	*Klientin 5*	ich hab n thema für heute
90) 20:22:36	*Kostbares Kind*	ja ich *meld*

Die Teilnehmerin „Kostbares Kind" (Nick wie oben beschrieben verändert, in der persönlichen Ansprache oft abgekürzt als Kostbare oder Kind) meldet sich sehr schnell, innerhalb von 8 Sekunden nach Überleitung der Fachkraft aus dem Smalltalk zu der Themenphase, mit einer klaren Anmeldung „ja ich", der sie mit einem Aktionswort (*meld*) noch mehr Gewicht verleiht. Dies sichert zusätzliche Aufmerksamkeit, da sie sich damit aus der Reihe der anderen Teilnehmerinnen heraushebt und die Dringlichkeit mit ihrer Aktion unterstreicht: *meld* ist sozusagen das schriftsprachliche Synonym für „Arm heben und melden", so dass sie dafür sorgt, keinesfalls übersehen zu werden und in der potentiellen Masse der Themenmeldungen unterzugehen. Ohne weiter auf diese Besonderheiten in der Anmeldung einzugehen, listet die Fachkraft zunächst die angemeldeten Themen auf, auch als Rückmeldung an die entsprechenden Teilnehmerinnen, dass sie sozusagen „auf der Liste stehen", und arbeitet die Themen in der zeitlichen Reihenfolge der Anmeldungen ab (s. o. Beispiel Elli). Dieses Vorgehen wird nicht mit den Teilnehmerinnen abgestimmt und in der Folge nicht weiter thematisiert, was bedeuten könnte, dass die Teilnehmerinnen dieses Vorgehen bei dieser Fachkraft so kennen und/oder auf jeden Fall einfach als gegeben hinnehmen.

Nach Abschluss des ersten besprochenen Themas leitet die Fachkraft dann zum hier interessierenden Thema über.

Ausschnitt 58: Beispiel Kostbares Kind, bke-Ulla 28.11.11

177)	20:36:53	* bke-Ulla *	nächste ist dann *Kostbares Kind*
178)	20:36:59	*Kostbares Kind*	okay
179)	20:37:00	*Klientin 11*	hab euch lieb <3
180)	20:37:16	*Kostbares Kind*	eine kleine warnung: es ist kein besonders schönes thema
181)	20:37:16	*Klientin 5*	ich dachte sie wäre weg, gut dass du noch da bist
182)	20:37:30	*Klientin 8*	cool wir sind zu 11 obwohls nur 10 sein dürfen
183)	20:37:31	* bke-Ulla *	@Klientin 8 och schön
184)	20:37:32	*Klientin 12*	kann ich nachher vlt wenn es passt kurz ein thema mitreinbrungen? sry wegen der unterbrechung *kostbare*
185)	20:37:53	*Klientin 11*	Ja, ulla
186)	20:37:54	* bke-Ulla *	@Klientin 12 ich nehm dich auf die themenliste. weiß aber nicht, ob noch zeit bleibt. okay?
187)	20:38:03	*Klientin 12*	ok danke
188)	20:38:05	*Klientin 4*	nein, ich bin noch da :)
189)	20:38:25	* bke-Ulla *	*Kostbare * wir ziehen uns dann mal warm an. für dein thema
190)	20:38:29	*Kostbares Kind *	okay, ich fang dann mal an
191)	20:38:45	*Klientin 8*	warum warm anziehen?
192)	20:38:49	*Kostbares Kind *	ähm, *tief lufthol* also ich glaube, ich bin sexuell belästigt worden
193)	20:39:03	* bke-Ulla *	@Klientin 8, weil *Kostbares Kind* schreibt, dass ihr thema nicht schön ist
194)	20:39:17	*Klientin 2*	Kostbare.. gut das dus raus gebracht hast
195)	20:39:18	* bke-Ulla *	stimmt kein schönes thema
196)	20:39:19	*Klientin 8*	okay
197)	20:39:26	*Fachkraft*	und *Klientin 2* zustimme
198)	20:39:40	*Klientin 2*	darf man fragen von wem das das die belästigung ausging?
199)	20:39:48	* bke-Ulla *	was können wir für dich tun?

Die Überleitung erfolgt ohne weitere Erläuterung (Z. 177, „nächste ist dann…"), was von Kostbares Kind wie den anderen Teilnehmerinnen ohne jedweden Kommentar so akzeptiert wird. (Z. 178, „okay"). Hier wird die Struktur des „nacheinander Abarbeitens" der Themenliste noch einmal sehr deutlich, ebenso wie in der zwischenzeitlich ebenfalls erfolgenden Nachmeldung von Klientin 12 (Z. 184, „kann ich nachher vlt wenn es passt kurz ein thema mitreinbrungen? sry wegen der unterbrechung *kostbare*"). Sie nutzt die Pause zwischen zwei Themen, um ihr eigenes Anliegen noch anzumelden, da sie in der Themensammelphase noch nicht mit im Chat war, und tut dies mit einer höflichen Bitte, kombiniert mit einer Entschuldigung an Kostbares Kind als die Teilnehmerin, die jetzt eigentlich mit ihrem Thema starten sollte. Damit wird sehr deutlich Verbindlichkeit und Regelakzeptanz signalisiert: während eines laufenden Themas nicht mit einem anderen hineinplatzen, Anerkennung der Fachkraft als steuernde und leitende Instanz. Die Fachkraft reagiert umgehend auf diese Bitte (Z. 186), womit ebenfalls die Verbindlichkeit bestätigt wird, selbst wenn sie inhaltlich keine feste Zusage machen kann. Die umgehende Antwort signalisiert: Ja, ich habe dich gehört und nehme das Anliegen ernst, wenn auch mit Vorbehalt, was von Klientin 12 ebenfalls wieder bestätigt wird (Z. 187, „ok danke"). Damit ist dieser Kurzdialog beendet und die Aufmerksamkeit wendet sich dem eigentlich angekündigten Thema zu.

In dem Nebeneinander vieler verschiedener Gesprächsbeiträge zwischen Einleitung (Z. 177) und Beginn wird deutlich, welche Anstrengung es mitunter bedeuten kann, die Aufmerksamkeit auf das eigentliche Thema zu ziehen. Dieses ist noch nicht benannt, aber mit einer geheimnisvollen, Neugier erregenden Andeutung eingeleitet worden (Z. 180, „eine kleine warnung: es ist kein besonders schönes thema"). Die Rahmung als „kein besonders schönes Thema" versehen mit einer „Warnung" weckt auf jeden Fall Aufmerksamkeit und Fantasien in Richtung Gefahr, Unangenehmes. Kostbares Kind verdeutlicht damit schon im Vorfeld ihr Unwohlsein, eigene Betroffenheit und eine gewisse Angsthaltung, wie damit wohl umgegangen werden kann, wie die anderen reagieren werden. Diese Ebene greift die Fachkraft auf, indem sie aus einer Mischung zwischen Ernstnehmen der Ankündigung und chattypischer „Leichtigkeit" der Angst ein gewisses Schutzversprechen entgegensetzt (Z. 189, „Kostbares Kind, wir ziehen uns dann mal warm an. für dein thema"). Sowohl die namentliche Ansprache wie die versprochene Maßnahme sind als Reaktion auf die angedeutete Angsthaltung der Teilnehmerin zu deuten und suggerieren Schutz und Handlungsfähigkeit, sozusagen ein Versprechen, dass trotz aller berechtigten „Warnung" dem Schrecklichen etwas entgegenzusetzen sein wird. Damit ist diese Intervention als ein wesentlicher Baustein zu der für den Beratungsprozess notwendigen Vertrauensbildung und Kompetenzzuschreibung an die Fachkraft zu sehen.[99] Von einer anderen Teilnehmerin wird die Intervention nachgefragt (Z. 191) und von der Fachkraft noch einmal

99 Vgl. hierzu die Ausführungen von Nothdurft (1994, S. 183ff) über Kompetenzzuschreibung und Vertrauenserzeugung zu Beginn von Beratungssituationen. Zu dem Thema vgl. ebenfalls Bergmann (1980).

erläutert, während Kostbares Kind nicht explizit auf diese Zusicherung reagiert. Ihre Unsicherheit und Ängstlichkeit ist zudem aus dem Rumdrucksen zu erschließen, mit dem sie ihr Thema einleitet (Z. 190, „okay ich fang dann mal an", Z. 192, „ähm, *tief lufthol* also ich glaube....“), bevor sie es dann klarer auf den Punkt bringt (Z. 192, „ich glaube ich bin sexuell belästigt worden"). Damit unterstreicht sie sprachlich-stilistisch noch einmal, wie schwierig es für sie ist, mit diesem Anliegen herauszurücken. Dies kann offenbar von den anderen gut nachvollzogen werden, es erfolgt umgehend die Anerkennung einer anderen Teilnehmerin für diesen Schritt (Z. 194, „Kostbare .. gut das dus raus gebracht hast“), dem sich die Fachkraft nachher ebenfalls explizit anschließt (Z. 197, „und *Klientin 2* zustimme“), nachdem sie vorher betont sachlich die Rahmung der betroffenen Teilnehmerin übernommen hat (Z. 195, „stimmt kein schönes thema“). Mit diesen beiden Interventionen wird Kostbares Kind signalisiert, dass man die Besorgnis, ihr Unwohlsein akzeptiert und nachvollziehen kann und zudem würdigt, welche Leistung das Ansprechen darstellt. Neben dem grundsätzlichen Signal, dass Nicht-Schönes hier ebenso Raum und Schutz hat, wird damit sowohl ihrer sprachlich-stilistisch signalisierten ängstlichen Erwartungshaltung entsprochen als auch durch die positive Würdigung sozusagen Mut und Schutz verheißen: wer es schon mal ansprechen kann („herausbringt“), ist schon ein Stückchen weiter. Die Schutzfunktion wird weiterhin von der Fachkraft unterstrichen, indem das „Unangenehme“ nicht weiterthematisiert wird, sondern lediglich zur Kenntnis genommen und eher zur Handlungsebene übergeleitet wird. Mit der Frage: „was können wir für dich tun?“ (Z. 199) wird einerseits der notwendigen Auftragsklärung Rechnung getragen als auch – ähnlich wie im Bild „warm anziehen“ – eine gewisse Handlungsoption vorgegeben. „*Was* können wir für dich tun?“ suggeriert ja per se mehrere Handlungsmöglichkeiten, unter denen Kostbares Kind jetzt sozusagen auswählen kann, und unterstreicht damit eine Handlungsfähigkeit, die dem ängstlichen Rumdrucksen entgegensteht. Dies gilt gerade im Bereich sexueller Belästigung als wichtiges Gegenmittel, da dieses Erleben mit einem Gefühl von Ohnmacht und Handlungslosigkeit für die Betroffenen verbunden wird.

Kleiner Exkurs: Interessanterweise wird das Rumdrucksen hier – im Unterschied zum Beispiel „Pumba“- offenbar nicht als Ausdruck der unangemessenen Selbstinszenierung betrachtet, sondern als stimmig im Verlauf und der Thematik angemessen. In diesem Prozess erfolgen keine tadelnden oder Authentizität anzweifelnde Rückmeldungen, sondern es wird mit Aufmerksamkeit, Fürsorge und überwiegend anerkennend-ermutigenden Beiträgen reagiert.

Mit ihrer Frage setzt die Fachkraft einen klaren Unterschied zu Reaktion von Klientin 2, die das „ich glaube“ und die darin angedeutete Unsicherheit überhört, somit die angedeutete Frage eher als Tatsache betrachtet und nach deren

Bedingungen fragt (Z. 198, „darf man fragen von wem das das die belästigung ausging?“). Sie greift sozusagen das „ich glaube…“ als eine Suche nach Bestätigung/Orientierungshilfe auf und steigt in die Beantwortung dieser Frage ein, während die Fachkraft zunächst den Auftrag genauer zu klären versucht.

Im folgenden Abschnitt wird deutlich, wie Kostbares Kind dieses Thema weiter entfaltet, ob und wie sie in ihrer Unsicherheit/Ängstlichkeit auf den angebotenen Schutz eingehen kann:

Ausschnitt 59: Beispiel Kostbares Kind, bke-Ulla 28.11.11

198) 20:39:40	*Klientin 2*	darf man fragen von wem das das die belästigung ausging?
199) 20:39:48	* bke-Ulla *	was können wir für dich tun?
201) 20:40:06	*Kostbares Kind*	von meinem onkel
203) 20:40:16	*Klientin 2*	ow.. in der familie..-.-
204) 20:40:30	*Klientin 8*	wann war das?
206) 20:40:32	*Kostbares Kind *	naja, ich wollte mal fragen, ab wann es sich eigentlich um sexuelle belästigung handelt und wie ich damit umgehen soll?
207) 20:40:43	*Kostbares Kind *	vor knapp 3 monaten
208) 20:40:51	*Klientin 8*	alles was gegen deinen willen geschieht
209) 20:40:53	*Klientin 12*	Es ist besser wenn du dir vor Ort Hilfe suchst und Ihn Anzeigst.
210) 20:40:56	* bke-Ulla *	das sind klare fragen.
211) 20:41:11	* bke-Ulla *	vielleicht nacheinander – erstmal, wann ist es eine sexuelle belästigung
212) 20:41:17	*Klientin 2*	alles ist sexuellebelästigung was berührungen oder anzügliche bemerkungen angeht die dir zu weit gehen!
214) 20:41:32	* bke-Ulla *	*Klientin 2*hat schon eine allgemein gültige antwort.
215) 20:41:39	*Klientin 2*	vorallem bei berührungen wen er dich an orten berühr that wo du das nicht möchtest!
216) 20:41:46	*Klientin 5*	sorry bin total überfordert gerade, hat nix mit dir zutun *Kind*
217) 20:41:49	* bke-Ulla *	hilft die schon – oder willst du genauer bei dir schauen?
218) 20:41:58	*Klientin 12*	Sowelche Leute müssen Eingespeert werden. -.-

220)	20:42:37	*Kostbares Kind*	hmmm, also dann weiß ich nicht, ob es wirklich sexuelle belästigung war
221)	20:42:52	*Klientin 12*	Hat er etwas gegen deinen Willen getan?
222)	20:43:03	*Kostbares Kind*	naja, nicht direkt
223)	20:43:07	*Klientin 8* * *Klientin 5*	*kann ich irgendwas für dich tun?*
224)	20:43:18	*Klientin 2*	Kostbare wens dir möglich ist magst du uns beschriebn was passiert ist? aber ich kann gut verstehen wen es zu schlimm ist für dich!
225)	20:43:19	*Klientin 12*	Wolltest du es auch? Wie alt bist du, wenn ich Fragen darf?

Auf die Frage der Fachkraft, was die Gruppe für Kostbares Kind tun könne, antwortet diese mit zwei klaren Fragen (Z. 206), was entsprechend von der Fachkraft auch so konnotiert wird (Z. 210), die gleichzeitig auch versucht, diese zu strukturieren (Z. 210, 211, „vielleicht nacheinander – erstmal, wann ist es eine sexuelle belästigung“). Parallel dazu steigen jedoch die anderen Teilnehmerinnen ein, die verschiedene Strategien verfolgen: Informationen zu erhalten (Klientin 2, Z. 198, Klientin 8, Z. 204), erste Antworten auf die Frage, was sexuelle Belästigung darstellt (Klientin 8, Z. 208, Klientin 2, Z. 212) oder auch erste Handlungstipps – als Reaktion auf die zweite Frage, wie sie damit umgehen soll (Klientin 12, Z. 209). Während die Fachkraft versucht zunächst genauer an den einzelnen Fragen zu bleiben, stürmen die anderen schon in verschiedene Richtungen los, die – entgegen der eigenen Unsicherheit von Kostbares Kind – offenbar schon deutlich von der Tatsache als solcher, nämlich Belästigung, ausgehen, wo Kostbares Kind selbst noch nach Orientierungshilfe zum Einordnen sucht. Besonders deutlich wird dies bei Klientin 12 (Z. 209, „Es ist besser wenn du dir vor Ort Hilfe suchst und Ihn Anzeigst“), die ohne genaue Kenntnis der Umstände und ungeachtet von der Anfrage der Teilnehmerin, ab wann man dies so einordnen können, quasi schon konkrete Handlungstipps vorgibt, als ob die Tatsachen schon klar erwiesen seien. Ohne Beachtung der Tatsache, dass die anderen in andere Richtungen fragen, setzt sie diese Strategie auch weiterhin fort (Z. 218, „Sowelche Leute müssen Eingespeert werden-.-“), ohne auf Rückmeldungen der anderen Teilnehmerinnen zu achten. Sie produziert sich hier undifferenziert als Expertin zum Thema Umgang mit sexueller Belästigung und negiert die Unsicherheit von Kostbares Kind ebenso wie die vorsichtigen Nachfragen der anderen. Es erfolgt keine Reaktion auf sie, weder bestätigend noch kritisierend. Das könnte so gedeutet werden, dass eigene Alleingänge geduldet werden: in diesem Raum der maximalen ad-hoc-Partizipation kann jeder zunächst einmal seine Linie durchziehen. Sowohl die Teilnehmerinnen wie auch die Fachkraft müssen sich unter den Bedingungen hoher Störanfälligkeit „kommunikative Schneisen“ schlagen, um einem Thema, einer Richtung Gehör zu verschaffen. Ist diese Freiheit nun ein Zeichen der fehlenden Verbindlichkeit? Und/oder ein Zeichen der Offenheit für die ratsuchende Teilnehmerin, die sich aus einer Vielfalt möglicher Reaktionsmöglichkeiten das für sie Passende heraussuchen kann? Bedenklich könnte dabei, gerade angesichts der vorher mehrfach signalisierten ängstlichen Unsicherheit, allerdings die Heftigkeit der Reaktion (anzeigen, einsperren) sein, die von der Fachkraft auch nicht explizit kommentiert wird.

Die anderen bleiben bei ihrem Thema und Gesprächsfokus: Definition, ab wann es eigentlich sexuelle Belästigung darstellt. Eingehen auf einen bestimmten Beitrag bedeutet stets auch Verstärkung der Wirkung, was die Fachkraft nutzt, um denjenigen Beitrag hervorzuheben, der ihrer Richtung, zunächst genauere Definition zu suchen, entspricht (Z. 214, „*Klientin 2* hat schon eine allgemein gültige antwort.“). Sie vergewissert sich jedoch, ob das dem Anliegen entspricht und offeriert hier zwei Wahlalternativen: „hilft die schon – oder willst du genauer bei dir schauen?“ (Z. 217). Mit diesen zwei Alternativen bietet sie Kostbares Kind eine klare Wahlmöglichkeit an: sich mit allgemeinen Informationen zu begnügen oder tiefer in die Selbstreflexion einzusteigen („genauer bei dir schauen“). Auch hier wird indirekt wieder eine Auftragsklärung versucht: inwieweit geht es um Informationsvermittlung oder eben um den Wunsch, bei der Selbstreflexion in einer Krisensituation begleitet zu werden?

Darauf geht Kostbares Kind zunächst nicht konkret ein. Sie verdeutlicht noch einmal ihre Unsicherheit (stilistisch wie verbal: Z. 220, „hmmm, also dann weiß ich nicht, ob es wirklich sexuelle belästigung war “), was gleichzeitig die Neugier der anderen Beteiligten weckt. Sie reagiert damit sozusagen auf die Definitionsversuche der anderen (ihr „also“ verdeutlicht eine Schlussfolgerung), ohne jedoch Anhaltspunkte zu liefern, wie sie zu eben dieser Schlussfolgerung kommt. Damit verharrt sie auf dem Stand von vorher: wie einordnen?, was indirekt eine Zurückweisung und Negierung des Engagements der anderen darstellt. Diese reagieren darauf mit weiteren Nachfragen nach Details (Klientin 12 und 2, Z. 221, 224, 225) – es ist demnach gelungen Neugierde zu wecken. Unklar bleibt die Verwendung des Emoticons (Bedeutung. „umgekehrt“), das nicht zu ihrer Aussage passt. Es wird jedoch nicht von den anderen nachgefragt.

Interessantes Detail am Rande: Klientin 5 gibt kund, dass sie sich mit dem Thema überfordert fühle (Z. 216) und erwähnt ausdrücklich, dass das nichts mit Kostbares Kind zu tun habe. Sie befolgt damit die informelle Verbindlichkeitsregel (Teilnahme wird erwartet, falls nicht möglich, sollte dies auch kundgetan und nach Möglichkeit begründet werden) und bekundet Höflichkeit gegenüber der Teilnehmerin, die gerade ein Thema einbringt und besorgt war, dass eben „kein schönes Thema" für die anderen ist. Klientin 5 reagiert damit auf die angedeutete Unsicherheit, indem sie genau dies als Grund für ihre fehlende Beteiligung ausschließt – mit dem Risiko, dass etwas, was als Verneinung betont wird, damit erst recht in den Blickpunkt rückt: warum sagt sie das so extra?

Mit ihrer eigenen „Überfordert-sein"-Meldung erregt sie jedoch Neugier und Hilfsbereitschaft der anderen. Klientin 8, die sich bisher nicht am Thema von Kostbares Kind beteiligt hat, flüstert sie an und bietet ihr Hilfe an (Z. 223, *„kann ich irgendwas für dich tun?"*)- möglicherweise ein Indiz dafür, dass Klientin 8 bestimmte Mutmaßungen hat, was zu Überforderung bei Klientin 5 geführt haben könnte und dass sie der Unterstützung bedürfte – eventuell aufgrund früherer Begegnungen im Chat bzw. anderweitiger Bekanntschaft. Die Fürsorglichkeit von Klientin 8 bestätigt den allgemeinen Rahmen als „Plattform, wo man Hilfe erhält", auch ohne explizit danach gefragt zu haben. Geht man dagegen – aufgrund der bisherigen spärlichen Beteiligung von Klientin 8 am Thema – von eher geringem Interesse daran aus, bietet sich für sie mit dem Eingehen auf den Beitrag von Klientin 5 ein eleganter Ausweg, wie sie neue „Unterhaltung" finden und gleichzeitig ihre Hilfsbereitschaft, gemäß der impliziten Norm: Anteilnahme an den Beiträgen der anderen, demonstrieren kann.

Zurück zum Thema von Kostbares Kind:

Klientin 2 erfragt genauere Details zum Geschehen, formuliert diese Frage jedoch sehr vorsichtig und mit deutlicher Betonung des schon gleich zu Beginn eingebrachten Mitgefühls, wie schwer es wohl sei, über solch eine Erfahrung zu berichten (Z. 224, „Kostbare wens dir möglich ist magst du uns beschriebn was passiert ist? aber ich kann gut verstehen wen es zu schlimm ist für dich!") Formulierungen wie „magst du", „wenn es dir möglich ist" oder „kann gut verstehe, wenn es zu schlimm ist" signalisieren Mitgefühl bei dem als „nicht sehr schön" angedeuteten Thema und lassen Kostbares Kind ausdrücklich eine große Wahlfreiheit, ob sie Details berichten mag oder nicht. Gleichzeitig wird das Geschehen damit aber auch als „kaum zu bewältigen/kaum zu beschreiben" gerahmt und antizipierend schon viel Verständnis signalisiert – Mitgefühl, das trägt, aber möglicherweise auch pathologisiert, da es das Thema zusätzlich beschwert und unreflektiert. Ohne Beachtung der noch ausstehenden Antwort auf die Frage, ob es denn um solche geht, werden schon allgemeine Erfahrungen, wie schlimm sexuelle Übergriffe sind, als allgemeingültig und damit auch für Kostbares Kind zutreffend in den Raum gestellt. Klientin 12 kennt solche Rücksichtnahme nicht, sie stellt sehr direkte Fragen (Z. 221, 225). Auch wenn sie den Tenor von Klientin 2 aufgreift

(Z, 225, „….wenn ich fragen darf"), so klingt das in der Kombination mit ihren Fragen nicht nach Mitgefühl, wie es Klientin 2 suggeriert, sondern nach einer imitierten Floskel, die im Widerspruch zur Direktheit ihrer Fragen steht.

Ausschnitt 60: Beispiel Kostbares Kind, bke-Ulla 28.11.11

227) 20:43:30	*Kostbares Kind*	ich bin 19
228) 20:43:35	* bke-Ulla *	das mit dem einverständnis ist ja so'ne sache. weil es situationen gibt … in denen man aus angst oder unter druck nicht sagen und zeigen kann, was man nicht will
229) 20:43:41	*Kostbares Kind*	hmm ja, wär besser wenn ich das kurz erzähle
230) 20:43:50	*Klientin 8*	nur wenn du kannst
231) 20:43:55	*Kostbares Kind*	natürlich wollte ich sowas nicht! hallo, er ist mein onkel!
232) 20:43:58	* bke-Ulla *	ja vielleicht können wir dann klarer was dazu schreiben. nur mut
233) 20:44:02	*Klientin 12*	da gebe ich dir Recht Ulla.
234) 20:44:27	*Klientin 12*	Entschuldige *Kostbares Kind*.

Kostbares Kind reagiert zunächst auf die Informationsfragen, z. B. nach dem Alter, und stimmt zögernd („hmm ja, wär besser…", Z. 229) dem Anliegen zu die Situation zu schildern. Auch Klientin 8 reagiert auf das Zögern, so wie vorher Klientin 2, und signalisiert Verständnis und Schutz, damit auch Erlaubnis gut auf sich aufzupassen (Z. 230, „nur wenn du kannst") und die Freiheit Anliegen abzulehnen – damit ein indirektes Aufgreifen und Einbringen von Themen, die bei sexueller Belästigung eine Rolle spielen. Das Zögern und die damit vermittelte Rahmung des Themas als sehr belastend rufen offenbar Fürsorge und Schutzbestrebungen bei den anderen Teilnehmerinnen hervor.

Die Fachkraft greift unterdessen auf andere Art und Weise dieses Zögern und die von Kostbares Kind signalisierte Unsicherheit in der Einordnung auf, indem sie das Kriterium „Einverständnis mit der Handlung" noch einmal etwas auffaltet und auf die Möglichkeit der eingeschränkten Willensbekundung hinweist (Z. 228, „….situationen, in denen man aus Angst oder unter druck nicht sagen oder zeigen kann…"). Sie baut damit quasi eine Brücke, wie Kostbares Kind ihre eigene Situation etwas besser einordnen und das Kriterium „gegen meinen Willen", bei dem Kostbares Kind ins Zweifeln kam, differenziert werden kann. Das ist gleichzeitig eine Einladung, die das vorherige Angebot „willst du genauer bei dir schauen" indirekt noch einmal aufgreift. Kostbares Kinds Entscheidung, das genauer zu erzählen, wird von der Fachkraft ausdrücklich positiv bestätigt und mit „nur Mut" noch einmal bestärkt. Darin drückt sie wie Klientin 2 auch Verständnis für die Belastung, Angst und Würdigung der Anstrengung aus – emotionales Verständnis, das als wesentlicher Beitrag zu Arbeit an sich selbst erforderlich oder zumindest sehr hilfreich ist, sowie Hilfestellung bei der Problemdefinition – und weist darauf hin, dass bei genauer Kenntnis der Situation auch eine passgenauere Hilfestellung möglich sei. Das hat Kostbares Kind ja vorher schon erlebt: allgemeine Definitionen sind nicht ausreichend. Auch dies ist wiederum eine Einladung: schau genauer bei DIR = Selbstreflexionszumutung.

Möglicherweise ermutigt durch den Hinweis auf eingeschränkte Willensbekundung reagiert Kostbares Kind danach sehr scharf auf den zweiten Teil der Frage von Klientin 12 (Z. 225, ob sie „es auch wollte"). Gegen diese Frage verwehrt sie sich heftig (Z. 231, „natürlich wollte ich sowas nicht! hallo, er ist mein onkel!") Die Ausrufezeichen, Worte wie „natürlich nicht" und „hallo..." (jugendtypisch oft synonym verwendet für „Spinnst du/was soll das?") unterstreichen ihre heftige Abwehr gegen die Unterstellung, dass dies ihrem Willen entsprochen haben könnte. Klientin 12 wiederum reagiert auf diese stilistischen Mittel, versteht die Botschaft und entschuldigt sich ausdrücklich (Z. 234), nachdem sie der Fachkraft vorher schon in der Einschränkung bei der Willensbekundung beigepflichtet hat. Während sie zunächst ihre absolute Strategie (Anzeigen, einsperren) durchgezogen hat, reagiert sie nun auf die von den anderen dargelegte differenzierte Sichtweise und bestätigt ihre Zustimmung – als Einlenken auf den allgemeinen Konsens, von dem sie sich nicht ausgeschlossen fühlen möchte?

Kostbares Kind macht dann ihre Ankündigung wahr und berichtet über die Situation, deren Einordnung ihr schwer fällt:

Ausschnitt 61: Beispiel Kostbares Kind, bke-Ulla 28.11.11

235)	20:44:30	*Kostbares Kind*	naja, also ich hab früher eigentlich ein sehr gutes verhältnis zu ihn gehabt. ich hab halt bei ihm übernachtet, filmabend, das war nicht das erste mal
236)	20:44:44	*Kostbares Kind*	ähm, wir haben im selben zimmer geschlafen, ich auf seiner couch
238)	20:45:19	* bke-Ulla *	das ist ja noch im *grünen bereich* ... und dann
239)	20:45:21	*Kostbares Kind *	und naja, er hat nackt geschlafen, ich weiß nicht ob das sexuelle belästigung ist, aber er hat auf jeden fall eine grenze überschritten und ich hab mich sehr unwohl gfühlt

241) 20:45:46	* bke-Ulla *	verstehe. damit hat er der situation einen unangemessenen sexualisierten touch gegeben.
242) 20:45:58	* bke-Ulla *	nachvollziehbar doof für dich
243) 20:46:01	*Klientin 2*	hm ich denke persönlich da ich nicht hundertprotzendtig weis wie dir rechtlage isat.. das es das beste wäre wen du ihm einfahc sagts das du das nciht möchtest..
244) 20:46:16	*Kostbares Kind *	das sagst du so einfach
245) 20:46:27	*Klientin 12*	Was eine wut gerade in mir Entwickelt. ulla@ sowas gibst doch nicht, pervese Schwe… SORRY!
246) 20:46:43	*Klientin 13*	du hast große angst davor mit deinem onkel darüber zu sprechen
247) 20:46:44	*Klientin 2*	Kind ich weiss das es schwer ist… aber es tut mir leid was anderes fällt mir moemntan grad ned ein-.-
248) 20:46:47	*Klientin 8* * *Klientin 5*	*ich kann dich verstehen, wenn du irgendwie ablenkung brauchst oder so, ich bin da*
249) 20:47:04	*Kostbares Kind *	schon okay, ich hoffe ja, keiner hier hat erfahrung mit sowas
250) 20:47:20	*Klientin 12*	*Kostbare*, darf ich dich was fragen?
251) 20:47:41	*Kostbares Kind *	ja klar
252) 20:47:51	*Klientin 5* * *Klientin 8*	*vielen dank*
253) 20:47:51	*Klientin 8*	ich denke es ist jetzt erstmal wichtig, dass du mit jemandem, der dir helfen kann darüber reden kannst und das irgendwie verarbeiten kannst
254) 20:48:06	* bke-Ulla *	Kostbare, die situation ist nicht okay. rückmeldung: sexuelle belästigung durch distanzloses /sexualisiertes verhalten.
255) 20:48:11	* bke-Ulla *	mal in ampelfarben: nicht mehr grün
256) 20:48:17	* bke-Ulla *	sondern tieforange bis leicht rot
257) 20:48:19	*Kostbares Kind*	du meinst, eine art therapie? ich hab da auch schon dran gedacht
259) 20:48:30	*Klientin 12*	Egal..sry e
260) 20:48:34	*Kostbares Kind *	ja, das seh ich auch so ulla
261) 20:48:50	* bke-Ulla *	also erste frage schon beantwortet.
262) 20:48:56	*Klientin 8*	ja oder zumindest zu einer beratungsstelle
263) 20:48:59	*Kostbares Kind*	frag ruhig, *Klientin 12*

Bei der Schilderung des Situationsablaufs (Z. 235, 236) wird sie von der Fachkraft durch Fragen unterstützt und ermutigt, auch den schwierigeren Teil einzugestehen (Z. 238, „...und dann?"). Die Fachkraft bestätigt den bisherigen leichteren Teil mit Hilfe der Metapher „im grünen Bereich" und lenkt gezielt auf das hin, was offenbar schwerer zu benennen ist. Damit reagiert sie sowohl kohärent auf die von Anfang an sichtbaren bzw. auch verbalisierten Schwierigkeiten wie auch auf das von Kostbares Kind wiederum sehr deutlich vorgebrachte „Rumdrucksen", was sich an der häufigen Verwendung von Füllwörtern wie „naja", „also", „halt", „ähm",... zeigt. Es wird Verständnis signalisiert („noch im grünen Bereich") und doch auch auf eine Präzisierung, auf das was eben noch nicht oder nur schwer gesagt werden kann, hingeleitet. Die Frage „Und dann?" unterstellt ja genau dies, dass noch etwas folgt, was vermutlich eben nicht mehr so eindeutig im grünen Bereich liegt, wie aus den Andeutungen zu erschließen war.

Auf diese Einladung hin wird Kostbares Kind konkreter. Sie schildert den Teil, bei dem sie so unsicher ist (Z. 239, „und naja, er hat nackt geschlafen, ich weiß nicht ob das sexuelle belästigung ist, aber er hat auf jeden fall eine grenze überschritten und ich hab mich sehr unwohl gfühlt") und betont dabei noch mal sehr klar ihr eigenes Erleben von Grenzüberschreitung, unwohl fühlen. Die Fachkraft ordnet das geschilderte Geschehen in sachlichem Kommentar ein (Z. 241, „verstehe...„sexualisierter touch"), wobei sie mit der Zuschreibung „er hat..." eine klare Verantwortungszuordnung vornimmt, die Kostbares Kind entlastet. Zusätzlich fügt sie in zweiter Zeile noch einen verständnisvollen Kommentar bezüglich deren Erleben hinzu (Z. 242, „nachvollziehbar doof für dich"), wobei sie eben diese Ebene auch würdigt, ohne sich mit der Grenzüberschreitung festzulegen. Damit gelingt ihr das Kunststück Verständnis zu signalisieren ohne den Onkel vorzuverurteilen Auch Kostbares Kind ist sich ja eben unsicher, ob allein das „Nacktschlafen" schon als Belästigung gilt.

Die anderen Teilnehmerinnen sind da weniger vorsichtig. Klientin 2 gibt erneut konkrete Handlungstipps, während Klientin 12 in Fortsetzung ihres anfänglichen Musters erneut undifferenzierte, verurteilende, pauschalisierende Kommentare von sich gibt, die dem vorsichtigen, unsicheren Bestreben von Kostbares Kind (Orientierung zu finden) diametral zuwiderläuft. Sie richtet sich dabei ausdrücklich an die Fachkraft („ulla@") – möglicherweise um sich deren Zustimmung zu sichern oder auch, um auch diesen Teil deutlicher zu Gehör zu bringen. Klientin 13 dagegen setzt auf einen verständnisvollen, (co-)therapeutisch anmutenden Weg, indem sie das vermutete emotionale Erleben von Kostbares Kind in Worte fasst (Z. 246, „du hast große angst davor mit deinem Onkel darüber zu sprechen"), nachdem diese mit ihrer Ablehnung des Tipps von Klientin 2 deutlich gemacht hat, wie schwer vorstellbar ihr solch ein Handeln scheint (Z. 244, „das sagst du so einfach"). Damit bietet sie ihr das Verständnis, das Kostbares Kind wohl bei Klientin 2 vermisst und profiliert sich als fürsorgliche, verständnisvolle Teilnehmerin, auch wenn sie sich bislang kaum am Thema/Austausch beteiligt hat.[100] Auch Klientin 2 schiebt dann „Verständnis" nach („tut mir leid, ich weiss, dass es schwer ist…") und entschuldigt sich, was von Kostbares Kind eher abgetan wird („schon okay"). Potentielle Konflikte werden demzufolge eher bagatellisiert. Auch Klientin 8 steigt auf die Handlungsebene ein und gibt eine konkrete Empfehlung ab, die ebenfalls – wie Klientin 2 – ungeachtet der unsicheren Einordung eine therapeutische Maßnahme empfiehlt. Die Teilnehmerinnen sind damit sozusagen alle ein Stück weiter als Kostbares Kind selbst, die noch nach ihrer eigenen Position dem Geschehen gegenüber sucht. Die anderen dagegen setzen die „Belästigung" als Tatsache voraus und empfehlen Maßnahmen, die bei sexuellen Übergriffen hilfreich sein könnten (Z. 253). Es erhebt sich die Frage, wie die Fachkraft auf diese Diskrepanz reagiert.

Die Fachkraft bleibt noch an der ursprünglichen Frage, Unterstützung beim Einordnen, und gibt eine klare Einordnung vor, in der sie weiter das vorher schon verwendete Bild (Ampelfarben, roter-gelber-grüner Bereich…) zur Verdeutlichung einsetzt. Sie bezieht klar Position (Z. 253, „nicht okay", „sexuelle Belästigung durch…"), was von Kostbares Kind dankbar aufgegriffen wird (Z. 260, „ja, das seh ich auch so"). Gleichermaßen geht Kostbares Kind jedoch auch auf den Vorschlag von Klientin 8 („Vor Ort Hilfe suchen") ein und bestätigt dies als eigene Überlegung, so dass Klientin 8 wiederum das noch einmal detaillierter beschreibt („Ja, zumindest zur Beratungsstelle"). Damit sind sie schon beim zweiten Teil der ursprünglichen Frage (1. Einordnung, 2. Wie damit umgehen), worauf die Fachkraft im Bemühen um Strukturierung noch einmal hinweist („also erste Frage schon beantwortet"), bevor auch sie explizit zum zweiten Teil übergeht. Ihre Aufgabe, die sie mit dieser Strukturierung vornimmt, ist gleichermaßen ein Beitrag zur Entschleunigung, ein Weg, Kostbares Kind die Zeit zu geben bzw. zu lassen, die diese eventuell für ihre eigenen inneren Prozesse noch braucht, bevor sie – im Zuge der voranstürmenden anderen Teilnehmerinnen, wie sie selbst auf der Suche nach einer schnellen eindeutigen Lösung und zwar „jetzt"-, mitgerissen wird auf einen Weg, der nicht ihrer Unsicherheit, ihrem inneren Einordnen und Gefühl entspricht. Das bedeutet im Tun der Fachkraft ein „Bremsen" gegenüber dem Sog der anderen, damit die Klientin selbst ihre eigenen Schritte gehen kann und darf… und ebenso *muss*, denn damit zwingt sie Kostbares Kind mehr in die

100 Zur Positionierung von Klientin 13 siehe auch Beschreibung von Teilnehmerrollen, Beispiel Sanne.

eigenen Reflexion, das „nachspüren, was in dir ist“ – eine der Anfangsfragen der Fachkraft an Kostbares Kind, statt Zuflucht in vorschnellen Handlungsschritten zu suchen. Sie mutet Kostbares Kind damit eine weitere Phase der Unsicherheit statt „(Er-)Lösung“ in klarerer Haltung und Handlung zu – ein wesentlicher Bestandteil von Beratung.

Ausschnitt 62: Beispiel Kostbares Kind, bke-Ulla 28.11.11

264)	20:49:17	* bke-Ulla *	nun zum zweiten teil: was tun
265)	20:49:29	*Kostbares Kind*	es fällt mir ziemlich schwer, einer person dabei in die augen zu sehen. ich weiß nicht, ob ich das könnte
266)	20:49:36	*Klientin 13*	hmm
268)	20:49:43	*Klientin 12*	quatsch ist schon in Ordnung, entschuldige. Ja, ich würde Dir auch Raten Hilfe vor Ort zu suchen vielleicht eine Freundin mitzunehmen, dass es dir vielleicht leichter fällt.
269)	20:49:58	*Klientin 8*	wenn du eine beratungsstelle erstmal per mail anschreibst
270)	20:50:05	* bke-Ulla *	hilfe suchen ist eine idee
271)	20:50:20	*Klientin 2*	genau *klientin 8*
272)	20:50:27	* bke-Ulla *	frage: wie weitermachen mit dem onkel? konkret?
273)	20:50:29	*Kostbares Kind*	ulla, geht sowas auch anonym?
274)	20:50:32	*Klientin 13*	ich merke, dass du angst hast dass du dann gar nicht drüber reden könntest
275)	20:50:39	*Klientin 8*	oder das was du sagen möchtest auf ein zettel schreibst und den zu anfang der stunde abgibst
276)	20:50:50	*Kostbares Kind*	ich hab überlegt, es meinen eltern zu sagen, dann können die mit ihm reden
277)	20:50:56	*Kostbares Kind*	was meint ihr dazu?
278)	20:51:07	* bke-Ulla *	in der beratungsstelle kann man sich nur persönlich beraten lassen.klar geht das auch ohne name. aber da die schweigepflicht sowieso ernst genommen wird ....brauchst du da keine sorge haben
279)	20:51:08	*Klientin 2*	wen du dich das getraust wär das wohl die beste idee
280)	20:51:10	*Klientin 12*	Verstehst du dich mit deinen Eltern?
281)	20:51:16	*Klientin 1*	wenn du dich traust, wäre das gut!
282)	20:51:23	* bke-Ulla *	wieso kannst du nicht mit ihm reden?
283)	20:51:40	*Kostbares Kind*	ich weiß nicht, es ist mir unangenehm

284)	20:51:56	* bke-Ulla *	glaube deine eltern können dir das nicht so recht abnehmen *malvermute*
285)	20:52:13	* bke-Ulla *	hängt auch davon ab, wie du mit dem onkel weitermachen willst
286)	20:52:22	* bke-Ulla *	du kannst auch einfach kontakt abbrechen. ohne sprechen
287)	20:52:26	*Klientin 2*	ulla ich denke abnehemn ned aber da können sie zusammen schauen wie man es ihm am besten sagen könnte
288)	20:52:54	*Kostbares Kind*	also seit dem hab ich keinen kontakt mehr zu meinem onkel
289)	20:53:00	* bke-Ulla *	stimmt *Klientin 2*. wobei eltern schonmal schnell überreagieren und weil's familie ist dann alles hochgekocht wird. das hilft auch nciht immer
290)	20:53:10	* bke-Ulla *	kein kontakt mehr ist ein klares signal
291)	20:53:17	*Kostbares Kind*	aber weihnachten kommt er zum beispiel zu uns, da grault mir jetzt schon vor
292)	20:53:19	*Klientin 2*	ulla stimmt.. aber gut wäre es ev. trotzdem einfahc mal darüber zu reden..
293)	20:53:20	*Klientin 12*	Genau! Die Denken, dass man dann lügt. :P
294)	20:53:40	* bke-Ulla *	also aus dem weg kannst du ihm nicht gehen. da mußt du was überlegen
295)	20:53:46	*Klientin 13*	aber es klingt so, als wolltest du die sache jetzt auch nicht so stehen lassen und eben kontaktvermeidung
296)	20:53:48	*Klientin 12*	Und wenn es dann raus kommt, vertuchen die das und die Eltern stehen dazu nicht und Unterstützen einen nicht.
297)	20:54:07	* bke-Ulla *	weiß nciht, ob ich da falsch denke … aber Kostbare ist kein kind mehr und volljährig….
298)	20:54:31	*Klientin 13*	hmm – ah und dann KANNST du den kontakt auch gar nicht immer vermeiden. sorry, war etwas langsam gerade
299)	20:54:38	*Kostbares Kind *	was meinst du ulla?
300)	20:54:50	* bke-Ulla *	da ist schon gut, wenn du selbst was regelst mit dem onkel.
301)	20:54:57	*Kostbares Kind *	hmmm
302)	20:55:07	* bke-Ulla *	was nicht bedeutet, dass deine eltern dich nicht unterstützen könnten. aber abnehmen…. hm
303)	20:55:23	* bke-Ulla *	vorschlag: du kannst hier überlegen, wie du selbst es angehen kannst

In diesem Teil übernimmt die Fachkraft eine klare Führung, das Geschehen spielt sich mehr im Frage-Antwort-Dialog ab, was der Kontrollkompetenz und fachlichen Autorität der Fachkraft geschuldet ist, die sie hier ganz selbstverständlich einsetzt. Dies wird von den übrigen Teilnehmerinnen wenn überhaupt, dann eher zustimmend kommentiert, entsprechend Nothdurfts (1994, S. 199f) Erkenntnissen des „Vorschuss-Vertrauens" in die Kompetenz des Beraters, die fraglos akzeptiert wird. Sie bringt durch Problematisierung verschiedener angesprochener Aspekte, wie z. B. Volljährigkeit, „nicht aus dem Weg gehen können", Kostbares Kind dazu, die vorgeschlagenen bzw. ihre eigene Lösungsschritte hinsichtlich möglicher Konsequenzen genauso wie im Hinblick auf ihre Eigenverantwortung und eigene Ressourcen zu überdenken und damit noch einen Suchprozess auszuhalten. In diesem Tun zeigt sich erneut als Grundprinzip: Lenkung in Richtung „Krise aushalten" statt schneller Rettung durch Eltern.

Fazit Beispiel Kostbares Kind

In diesem Beispiel ist die Annäherung an das Thema mithilfe von „Entschleunigung" gut zu verfolgen. Die Fachkraft sortiert die Beiträge der Peers teils durch Hervorhebungen, teils durch Ignorieren und sorgt mit fachlichen Kommentaren für eine angemessene Einordnung und Erkenntnisfortschritt, der zu einer Ausgestaltung und Präzisierung der Problemdefinition als notwendiger Ausgangspunkt von Beratung führt. Das von der Ratsuchenden als sehr belastend gerahmtes Anliegen wird mit Schutz- und Fürsorgebestrebungen sowohl der Fachkraft wie der Peers aufgefangen, so dass der Suchprozess die notwendige Zeit und Raum bekommt. Die dabei von Kostbares Kind signalisierte Unsicherheit und Zögern wird offenbar als authentisch erlebt und mit angemessenen Reaktionen beantwortet, was ihr ein weiteres Öffnen ermöglicht. Die Teilnehmerinnen drängen auf schnelle, effektive Lösungen, nehmen das Ergebnis des Suchprozesses vorweg und suggerieren eine starke Erwartungshaltung. Die Fachkraft steuert mit Nachfragen und Problematisieren dagegen und hebt damit wiederholt die „Krise", das Aushalten statt schneller Lösungen als notwendig hervor. Es gelingt die Aufmerksamkeit über einen langen Zeitraum bei diesem Thema zu halten (kaum Flüsterkontakte, keine Schweigepausen, rege Beteiligung mehrerer Peers) und Kostbares Kind in Richtung eigenverantwortlicher Lösungsschritte statt „Rettung" von außen zu bewegen. Als Stilmittel nutzt die Fachkraft dazu vor allem eine Mischung aus fachlich qualifizierter Einordnung, konkreten Empfehlungen sowie in den Raum gestellten Denkanstößen im Sinne der sokratischen Hebammenkunst, z. B. Aussagen wie „weiß nicht, ob ich falsch denke"; Einwand endet mit „hmmm..." oder „...", was zum Weiterdenken einlädt. Damit suggeriert sie einen Denkhorizont, eigene Handlungsmöglichkeiten für die Ratsuchende und das grundsätzliche Zutrauen, dass Kostbares Kind eine Lösung findet, wenn sie sich die Zeit für ihre Suche lässt. Die Beratung erfolgt demnach eher in der Art eines „Weisen", der Anstöße gibt als in Form eines direkten Ratschlags. Ohne ausdrückliches Thematisieren wird damit ein Gegengewicht zum schnellen, dramatischen und ergebnisorientierten Vorwärtstürmen der Peers geschaffen, denen sie einen zeitaufwändigen Suchprozess zumutet, den sie mehrfach an Kostbares Kind selbst rückkoppelt („Was brauchst du? Willst du schauen?"). Sie geht sozusagen Schritt für Schritt mit und stützt die Ratsuchende auf ihrem eigenen Weg, sowohl der Problemdefinition (Was genau war das jetzt eigentlich?) als Vorbedingung für passgenaue Beratung wie der Lösungssuche.

Offenbar gelingt es ihr die anderen Teilnehmerinnen auf diesen Weg mitzunehmen, denn sie steigen mehrfach auf die von der Fachkraft vorgeschlagenen Denkrichtungen mit eigenen Beiträgen ein. Ihre Autorität und Fachkompetenz wird damit hingenommen und leitet den Prozess, anders als im Beispiel Pumba. Die für die moderierende Fachkraft notwendige Mischung aus „Beratungskompetenz" und „Gruppenmoderatorin" scheint in diesem Beispiel gut austariert. Demzufolge ist das Anliegen von „Kostbares Kind" ein Beispiel dafür, wie bei entsprechender Bereitschaft der Ratsuchenden ein selbstkritisches Anliegen mit Reflexionsbereitschaft aufgefaltet werden kann, notwendige Zeit und Raum braucht und die Peers entgegen der ersten Tendenz zur schnellen Lösung den Suchprozess, den sie zugemutet bekommen, mittragen und ausgestalten können.

5.4 Flüstern

Warum wird das Flüstern denn extra beleuchtet?

In den bisherigen Textbeispielen tauchte das Flüstern wiederholt in mehr oder weniger großem Ausmaß auf. Gemäß der Forderung von Deppermann (2008) nach der wechselseitigen Beeinflussung von Material und Forschungsfrage scheint es daher lohnend, der Funktion genauer auf den Grund zu gehen, die das Flüstern verkörpert. Ein paar erste Thesen bzw. Fragen hierzu:

- Chat gilt als eher als unverbindlicher Rahmen der Kommunikation, Flüstern dagegen als ein Ort, wo explizit mehr Nähe und Vertrautheit gesucht wie erzeugt wird.
- Flüstern setzt Vertrauen voraus und schafft damit gleichzeitig Vertrauen und Nähe.
- Welche Resonanz findet ein solch intimerer Rahmen in einem größeren, unverbindlichen Rahmen?
- Welche Rolle spielt der Zweier-Dialog in der großen Masse?

- Chat-Kommunikation ist per se stets dialogisch angelegt (s. Ausführungen zu „Chatkommunikation"), im Flüstern wird dies sozusagen noch einmal mehr exerziert bzw. exponiert.
- In der Auswertung wurde deutlich, wie sehr inhaltliche Themen eben nicht nur offen, sondern ebenso im Flüstern großen Raum einnehmen. In welchem Verhältnis steht das Flüstern zur Beratungsintention?

Soziologisch betrachtet ist Flüstern in der Regel ein Zeichen von Ungeduld mit der laufenden Kommunikation. Man versucht etwas Neues hineinzubringen, indem man sich einen Extra-Raum schafft, jenseits des Gesamtgeschehens. Dies wird teilweise mit der Absicht gestartet, unbeobachtet Botschaften weitertragen zu können, die eben nicht für alle gedacht sind, und sich damit ein Stück Exklusivität zu verleihen, teilweise jedoch ebenfalls gezielt dazu eingesetzt um aufzufallen, um Aufmerksamkeit zu erregen, z. B. in der Absicht cool zu sein. Flüstern wird stets kontextabhängig eingesetzt, z. B. Erinnerung an die Schule: bei welchen Lehrern hat man sich getraut zu flüstern, bei welchen nicht?

Flüstern gilt per se als „Geheimbotschaft", die stets Neugier erregt. In einer ko-präsenten Gruppe fallen zwei Personen auf, die tuschelnd ihre Köpfe zusammenstecken, hier im Chat im Rahmen schriftbasierter Kommunikation läuft das Ganze, abgesehen von „unbeabsichtigten" Fehlern, verdeckt ab, außer für die Beteiligten und die Fachkraft, die bei Beleidigungen oder inhaltlich schwerwiegenden Themen eingreifen kann und soll. Damit ist das Klatsch-und Intrigenpotential (Weitertragen von nicht angenehmen bzw. wenig schmeichelhaften Botschaften, sich zusammenschließen gegen Person xy), das dem Flüstern per se innewohnt, noch einmal gesteigert. Bereit im Alltagsgeschehen wird Flüstern oft eher als moralisch fragwürdig oder Verurteilens wert betrachtet; wie der Volksmund es ausdrückt: „Heimlichkeiten sind Schlechtigkeiten". Mit der Tatsache des Flüsterns, d. h. der gezielten und exklusiven Weitergabe von Informationen ist stets die Frage von Intimität und Diskretion bzw. Indiskretion mit zu bedenken.

Diesen Hintergrund gilt es zu berücksichtigen, wenn anhand des vorliegenden Untersuchungsmaterials folgenden Fragen nachgegangen werden soll: Wann und wie wird das Flüstern im Rahmen des hier interessierenden Themas Beratung im Gruppenchat genutzt? Wo und wozu wird es eingesetzt?

5.4.1 Beispiele

Ausschnitt 63: Flüsterbeispiel 1, bke-Uschi 24.01.12
Anmerkung: um den Verlauf deutlicher zu machen wurden hier jeweils nur die Textzeilen zusammengestellt, die den Flüsterdialog zwischen den zwei beteiligten Teilnehmerinnen abbilden (Ausnahme: Z. 105, offene Frage der Fachkraft).

64) 17:06:21	*Klientin 10* *Klientin 2*	*Huhu lange nich gesehn wie gehts dir?*
71) 17:07:08	*Klientin 2* * *Klientin 10*	*hey, joah viel passiert in letzter zeit und dir so?*
79) 17:07:53	*Klientin 10* * *Klientin 2*	*auch viel*
85) 17:08:43	*Klientin 10* * *Klientin 2*	*(mist) passiert -.-*
100) 17:10:46	*Klientin 2* * *Klientin 10*	*was ist denn passiert?*
104) 17:11:16	*Klientin 10* * *Klientin 2*	*ausbildung läuft scheisse derzeit*
105) 17:11:23	*Fachkraft*	wie lautet deine Frage denn *Klientin 10*?
178) 17:22:25	*Klientin 10* * *Klientin 2*	*und be dir so?*
179) 17:22:30	*Klientin 2* * *Klientin 10*	*sry war irgendwie nicht ganz dabei, musste grad noch in ner klinik anrufen und so.*
189) 17:23:58	*Klientin 2* * *Klientin 10*	*wie lang machst du die ausbildung schon?*
192) 17:24:24	*Klientin 10* * *Klientin 2*	*erste halbjahr jetzt rum (nächsten monat zeugnisse) geht insgesamt 2 jahre*
198) 17:25:07	*Klientin 2* * *Klientin 10*	*aber es ist das was du machen möchtest an sich, wenn das andere nicht wär?*
219) 17:28:08	*Klientin 2* * *Klientin 10*	*bei mir ist grade eher lebensverkürzende maßnahmen suchen*
222) 17:28:32	*Klientin 10* * *Klientin 2*	???

Klientin 10 flüstert Klientin 2 an (und zwar 30 Sekunden nach der Frage der FK: „wer ist heute das erste mal dabei?“, Z. 63), nutzt demnach vermutlich die Pause, in der sie nichts Aufregendes erwartet, für einen eigenen Vorstoß/eigene „Action“ und reduziert damit für sich Ungeduld und Langeweile. Nach der

Grußfloskel „huhu“ lässt die Formulierung „lange nicht gesehn“ auf eine bereits bestehende Bekanntschaft zwischen beiden schließen, wobei offen bleibt, ob im Chat oder sonst wo. Dieser Bezug zu früheren Begegnungen, eventuell gemeinsamen Erfahrungen ist nach Thiedeke (2003) ein Kennzeichen für Gruppenkohäsion. Klientin 10 beendet die Kontaktaufnahme mit einer eher allgemeinen Frage „wie geht's dir?“, was von Klientin 2 ähnlich vage-unverbindlich beantwortet (Z. 71, „hey, joah viel passiert in letzter zeit und dir so?“) und die Frage ohne nähere Erläuterung zurückgegeben wird. Klientin 10 greift dieses Muster auf und gibt ebenfalls nur Andeutungen, sogar unterteilt in zwei Zeilen (Z. 79, 85, „auch viel… (mist) passiert -.-“). Das eingeklammerte (mist) ebenso wie die ikonisierte Befindlichkeitsmitteilung -.- (= betrübt schauend) sowie die hervorgehobene Platzierung durch eine extra zweite Zeile, wo das allgemeine und nichtssagende „auch viel“ – das ja genauso „viel Schönes“ bedeuten könnte – präzisiert wird, deuten jedoch mehr an. Klientin 2, die gleichzeitig noch mit einer anderen Teilnehmerin flüstert, beißt darauf an und fragt nach einer gewissen Zeitverzögerung explizit nach (Z. 100). Sie signalisiert damit – im Unterschied zu ihrer ersten unverbindlichen Antwort (Z. 71, joah… und bei dir so?“) nun mehr Interesse, was Klientin 10 die Möglichkeit zu näherer Explikation eröffnet. Sie beschreibt ihre Situation in einem Satz (Z. 104), danach bricht der Dialog zwischen den beiden zunächst ab. Unmittelbar nach dieser Beschreibung nämlich fragt die Fachkraft – im offenen Dialog – die zuvor angekündigte Frage von Klientin 10 ab, so dass Klientin 10 zunächst einmal im Fokus der Gruppe steht und im offenen Dialog über ihre Themen gesprochen wird.

Damit gibt es hier offenbar einen klaren Cut zugunsten der Gruppenöffentlichkeit: der Zweier-Flüster-Dialog wird zugunsten des Gruppengeschehens, in dessen Fokus Klientin 10 nunmehr gerückt ist, zurückgestellt. In den folgenden gut 10 Minuten wird dann diese angekündigte „kurze Frage“ behandelt, bevor zu einem neuen Thema übergegangen wird. Klientin 10 beteiligt sich hierbei offen und stellt das Nebenbei-Geflüster ein, während Klientin 2 – ohne Kenntnis von Klientin 10 – ihre anderweitigen Flüsterdialoge weiterführt. Als ihr eigenes Thema beendet ist, greift Klientin 10 aktiv wieder den Flüsterfaden zu Klientin 2 auf und fragt explizit nach (Z. 178, „und bei dir so?“). Klientin 2 reagiert darauf unmittelbar und entschuldigt sich zunächst für ihre fehlende Beteiligung in der Gruppe (Z. 179), wobei dies wieder in einer eher unverbindlich-vagen Form passiert („irgendwie nicht ganz dabei, mußte grad noch… und so…“).[101]

101 Diese Entschuldigung verweist, wie schon in anderen Beispielen ersichtlich, auf die implizite Regel der Beteiligung an den offen behandelten Themen.

Wie zur Wiedergutmachung schiebt sie dann aber eine Frage nach, die wieder Interesse an dem Thema/angedeuteter Not von Klientin 10 bekundet (Z. 189) und deren vorhergehende Aussage („Ausbildung läuft scheisse") aufgreift. Das gleiche wiederholt sich in der nächsten Interaktion: als Klientin 10 antwortet, führt Klientin 2 diese Frage weiter, zeigt Interesse (Z. 198), auf das Klientin 10 aber nicht unmittelbar eingeht. Es entsteht dann sozusagen eine Gesprächspause, in der beide in andere Flüsterdialoge verstrickt sind, erst drei Minuten später erfolgt eine neue Aussage von Klientin 2, wobei sowohl die Platzierung (noch keine Antwort von Klientin 10 auf die vorherige Frage) wie der Inhalt ganz offensichtlich nicht zu dem vorherigen Ablauf mit wechselseitigen Redebeiträgen passen. Es ist zu vermuten, dass Klientin 2 sich hier in ihrem Geflüster vertan hat und mit diesem Beitrag, der an eine andere Gesprächspartnerin gerichtet war, versehentlich Klientin 10 angeflüstert hat. Die reagiert prompt mit deutlichem Unverständnis (Z. 222, „???"), woraufhin keine Antwort mehr erfolgt. Damit ist der Austausch zwischen den beiden für diesen Chat beendet.

Fazit

Man könnte dies als Beispiel dafür betrachten, wie im größeren Rahmen eine Kontaktaufnahme versucht wird, die teilweise erfolgreich ist (Frage, Antwort als Zeichen für emotionales Interesse/Anteilnahme), aber aufgrund von anderweitigen Aufmerksamkeits-Faktoren (offenes Thema, Konkurrenz durch andere Flüsterdialoge) relativ schnell wieder versiegt. Das scheint jedoch für beide Teilnehmerinnen kein Problem darzustellen. Die Unverbindlichkeit der Wortwahl wie der Fragen spiegelt sich damit sozusagen im gesamten Verlauf dieser Episode wider. Dennoch ist eine klare Paarsequenzierung der Beiträge, nämlich Frage-Antwort in gegenseitigem Wechsel, feststellbar.

Einen quantitativ wie qualitativ intensiveren Flüsterdialog dagegen führt Klientin 2 in demselben Chat mit einer anderen Teilnehmerin (Klientin 7):

Anmerkung: der Dialog beginnt zunächst im offenen Text, wird dann flüsternd fortgesetzt (erkennbar an der *Kursiv-Schrift* und den doppelt aufgeführten Namen neben der Zeit-leiste)

Ausschnitt 64: Flüsterbeispiel 2, bke-Uschi 24.01.12

42)	17:02:09	*Klientin 2*	hey *Klientin 7* wie wars?
49)	17:03:08	*Klientin 7*	nicht geklappt… ich habe es morgens nicht geschafft aufzustehen… naja ich hab dann kurz meinen Nebensitzer gefragt, der konnte mir aber auch nicht alles erklären
50)	17:03:45	*Klientin 7*	also morgen…
58)	17:04:36	*Klientin 7* * *Klientin 2*	*warst du schon beim PSychiater?*
60)	17:05:11	*Klientin 2* * *Klientin 7*	*Mom*
69)	17:06:55	*Klientin 2* * *Klientin 7*	*öhm ja, war aber ein wenig seltsam, hat mir aber direkt mal ne nummer gegeben um mich wieder auf ne warteliste für ne stationäre sestzen zu lassen, aber dann hast du ja wenigstens ein wenig heute geschafft oder?*
76)	17:07:30	*Klientin 7* * *Klientin 2*	*und was wäre das für eine stationäre?*
80)	17:08:02	*Klientin 2* * *Klientin 7*	*wieder dbt, aber ich weiß noch nicht ob ich das wirklich will, hab aber jetzt mal nen termin gemacht. will einfach nicht mehr :(*
84)	17:08:28	*Klientin 7* * *Klientin 2*	*wie sind deine Erfahrungen mit dbt? Und wie lange sollst du dann dort bleiben?*
90)	17:09:21	*Klientin 7* * *Klientin 2*	*ja, ich habe das Gefühl mein Körper macht wieder etwas besser mit/bzw. die Dosisänderung zeigt Wirkung*
99)	17:10:39	*Klientin 2* * *Klientin 7*	*ich hasse dbt, aber ist wohl das einzig sinnvolle. hmm das ist doch auch schonmal ein fortschritt. schläfst du jetzt weniger? hast du denn nochmal nen termin beim psychiater?*
106)	17:11:24	*Klientin 7* * *Klientin 2*	*ja ich schlafe ntagsüber nicht mehr, habe zwar riesen Probleme morgens aufzustehen, aber ich hoffe, dass ich das auch noch in den Griff kriege*
108)	17:11:48	*Klientin 7* * *Klientin 2*	*Termin beim PSychiater ja, aber erst nächste Woche*
115)	17:12:43	*Klientin 7* * *Klientin 2*	*warum hasst du dbt? Also ich finds nicht wirklich sinnvoll als komplett Programm aber einzelne Teile sind zumindest anwendbar… (für mich)*

In der allgemeinen Smalltalk-Phase begrüßt Klientin 2 Klientin 7 explizit namentlich und mit der Frage „wie wars?" (Z. 42). Klientin 7 versteht offenbar genau, was gemeint ist, was auf einen diesem Chat vorhergehenden Austausch zwischen den beiden, in welcher Form und Rahmen auch immer, schließen lässt, so dass eine Antwort ohne Rückfrage möglich ist (Z. 49). Nach Beantwortung der Frage wechselt Klientin 7 in den Flüstermodus, wo sie Klientin 2 ebenfalls mit einer gezielten Frage anflüstert. Die Art der Frage („warst du schon…") lässt gleichfalls auf einen gemeinsam geteilten Bedeutungshintergrund und schon Vorankündigung dieser Aktion als geplant schließen.[102] Nach einer ersten Reaktion (Z. 60, „mom" = Bitte um einen Moment Geduld), mit der Klientin 2 auf das Anflüstern reagiert und zu verstehen gibt, dass eine längere Antwort folgt, die etwas Zeit zum Ausformulieren braucht, erfolgt die Antwort auf diese Frage dann sehr ausführlich in drei vollen Zeilen, für Chatverhältnisse eher untypisch. Dies könnte als ein Beleg dafür gewertet werden, wie ernst und verbindlich diese Frage und der anschließende Austausch betrachtet werden. Klientin 2 würdigt demnach die Nachfrage von Klientin 7 und bemüht sich sehr in ihrer Antwort – ein Zeichen von Wertschätzung, ebenso wie der Bezug zu den von Klientin 7 im offenen Text genannten Teil-Erfolgen (Z. 69, „…dann hast du ja wenigstens ein wenig heute geschafft, oder?"). Klientin 7 geht darauf nicht mehr ein, sondern erfragt genauere Informationen zu der Aussage von Klientin 2, was diese im Folgenden bereitwillig erläutert. Im Unterschied zu dem vorherigen Beispiel, wo die Fragen wie die Antworten eher vage-unverbindlich und knapp gefasst waren, scheint hier ein beiderseitiges echtes Interesse und Anteilnahme vorzuliegen: beide fragen wiederholt nach, nehmen in ihren Antworten aufeinander Bezug und bleiben in relativ kurzen Abständen „am Ball", d. h. halten den Gesprächsdialog aufrecht. Hier sind beispielhaft die ersten 10 Minuten des Dialogs aufgeführt, der gesamte Flüster-Dialog erstreckt sich über den vollen Chatverlauf und umfasst insgesamt 107 Zeilen (= Gesprächsbeiträge).

Themen ihres Austauschs sind verschiedene Behandlungen, die beide schon erlebt haben, Erfahrungen mit Therapieformen, Unterstützung durch Familie, gesetzliche Betreuungen, Anforderungen des Alltags und vieles mehr. Der komplette Verlauf belegt – wie schon die Anfangszeilen – ein hohes beiderseitiges Interesse und Ausgewogenheit im Austausch wider. Klientin 7 beteiligt sich darüber hinaus angemessen ebenso an den offen besprochenen Themen, wo sich Klientin 2 deutlich zurückhält. Die positive Erfahrungen und die emotionale

102 Bezugnahme auf vorangegangene Ereignisse und Begegnungen gelten laut Thiedeke (2003) als ein Kennzeichen für Gruppenzusammenhalt.

Bedeutung, die beide offenbar diesem Austausch beimessen, spiegeln sich erneut in der Abschiedsphase des Chats:

Ausschnitt 65: Flüsterbeispiel 2, Klientin 2, Klientin 7 Chatende (bke-Uschi 24.1.12)

676) 18:28:48	*Klientin 2* * *Klientin 7*	*tschüss, würd mich freuen demnächst wieder mit dir zu schreiben*
681) 18:29:03	*Klientin 7* * *Klientin 2*	*ja, ich denke ich komme morgen*
684) 18:29:19	*Klientin 7* * *Klientin 2*	*bye, sonnst kannst mir auch PM schreiben*
686) 18:29:23	*Klientin 2* * *Klientin 7*	*super, dann bis morgen*

Klientin 2 äußert emotional getönt den ausdrücklichen Wunsch nach Fortführung dieses Dialogs, was Klientin 7 bestätigt und mit zwei konkreten Angeboten verbindet: Verabredung für „morgen" und/oder Kontakt über die PMs, also persönliche Nachrichten. Klientin 2 nimmt das Angebot der Verabredung erfreut an („super dann bis morgen"). Da sie keine weiteren Angaben zu Ort und Zeit machen, ist anzunehmen, dass es für denselben Rahmen gilt, d.h. dass es um eine Verabredung für den morgigen Chat geht.

Fazit

Damit wird deutlich, wie weit beide den Chat für den Austausch in einem eigenen kleinen Rahmen nutzen und dies explizit so wünschen. Das ist nicht unbedingt die Intention des Gruppenchats, aber es zeigt deutlich auf, inwiefern eine verbindliche Form, die im Zweier-Kontakt eher gegeben ist als in der Gruppe, und die Nutzung dieses Rahmens ebenso dem Austausch über die eigenen Anliegen und damit einem möglichen Weiterkommen in diesen dient.

Inhaltlich betrachtet ist hier ein geflüsterter ernsthafter Austausch zu erkennen, eine Art „Peer-Beratung" neben dem eigentlichen Chatgeschehen: Klientin 2 und Klientin 7 kommen hier zusammen und nutzen die Chance auf eigenständige „Beratung" mit Problemdefinition sowie Austausch von Erfahrungen und Lösungsschritten. Es wird nicht explizit formuliert, interessant ist es dennoch, über die zugrundeliegenden Motive zu spekulieren. Sie könnten sich überall treffen, sich per pm verabreden, irgendwo in einem sozialen Netzwerk chatten.... Aber sie nutzen die Plattform hier, was den Rahmen als Beratungsplattform unterstreicht. Liegt das am „Sicherheitsnetz" durch die mitlesende Fachkraft, was beiden bewusst ist, die – gerade bei potentiell überfordernden Inhalten – jederzeit eingreifen könnte und dies gegebenenfalls tut? So dass damit ein gewisser Schutz gewährleistet ist? Oder liegt das am hier offen eingeführten Rahmen als Beratungsplattform, wo es – im Unterschied zu Facebook und Co – durchaus eben um ernste, betrübliche, peinliche Inhalten gehen darf und soll? Der vorgegebene Rahmen, Beratung in der Gruppe, wird hier nur teilweise genutzt, da der Austausch nur mit einer Person erfolgt, aber inhaltlich passend gefüllt.

Entgegen der impliziten Regel – von Teilnehmerinnen wird eine Beteiligung am Chatgeschehen und offenes Bereden von Anliegen in der Gruppe erwartet – läuft hier eine starke Fokussierung auf den Zweier-Austausch. Beide sind daneben jedoch durchaus im offenen Chatgeschehen präsent, darüber hinaus ebenfalls in weiterem Flüsteraustausch (Klientin 2 mit Klientin 10, Klientin 7 mit Klientin 1). Dies lässt mehrere Rückschlüsse zu: bei beiden scheint es sich um erfahrene Chatteilnehmerinnen zu handeln, die mehr oder weniger mühelos verschiedene Gesprächsstränge parallel verfolgen können. Beide verfügen über umfangreiche Erfahrungen mit Krankheitsdiagnosen und Therapien, die sie den anderen im Zweieraustausch oder offen zur Verfügung stellen und damit das Gruppengeschehen vorantreiben. Dies zeigt sich beispielsweise deutlich am oben in themenbezogener Auswertung zitierten Beispiel „Rike": nach Ende ihres Thema bedankt Rike sich ausdrücklich bei Klientin 7 für die offen gewährte Unterstützung und Tipps. Sie wählt dazu den Flüsterweg, der noch einmal Aufmerksamkeit hervorruft und gleichzeitig – nach Abschluss ihres Themas – nicht mehr den weiteren Verlauf des Chats stört, wo nun ein neues Thema behandelt wird. Aus dieser Initiative von ihr entwickelt sich ein neuer Flüsteraustausch.

Ausschnitt 66: Flüsterbeispiel 3: Klientin 7, Klientin 1 (bke-Uschi 24.01.12)

622)	18:24:03	*Klientin 1* * *Klientin 7*	*danke. hast mir iwie sehr geholfen.*
627)	18:24:31	*Klientin 7* * *Klientin 1*	*bitte ;) Erinnert mich nur an mich vor 1,5 Jahren....*
630)	18:24:48	*Klientin 1* * *Klientin 7*	*hast du da mit thera angefangen?*
634)	18:25:03	*Klientin 7* * *Klientin 1*	*Ja*
639)	18:25:40	*Klientin 1* * *Klientin 7*	*abwarten und tee trinken? wolltest du auch am anfang alles hinschmeißen?*
651)	18:27:12	*Klientin 7* * *Klientin 1*	*die möglichkeit hatte ich nicht, ich saß relativ tief in der Suppe und mein Vater hatte extreme Angst um mich, ich habe nur gemerkt die Therapeuten checkt nicht was los ist*
659)	18:27:43	*Klientin 1* * *Klientin 7*	*und dann hast du dir gesagt"jetzt ist auch egal" und hast ihr tagebuch gezeigt?*
669)	18:28:29	*Klientin 7* * *Klientin 1*	*ich dachte, wei könnte sie mich durchschauen, da vioel mir nur mein Tagebuch ein*
675)	18:28:45	*Klientin 7* * *Klientin 1*	*hab die hundert seiten dann eben vorher editiert ;)*
678)	18:28:52	*Klientin 1* * *Klientin 7*	*danke.*
687)	18:29:25	*Klientin 1* * *Klientin 7*	*hilft mal mit wem zu reden, der mein prob kennt.*

Rike (=Klientin 1), deren Thema in der Gruppe abgeschlossen ist, wendet sich ausdrücklich noch einmal an Klientin 7, deren Beiträge sie offenbar als hilfreich angesehen hat. Diese explizite Würdigung ist ebenso als ein Zeichen von Verbindlichkeit, als Beziehungspflege in der großen Masse zu deuten. Klientin 7 regiert auf diese Ansprache mit einer selbstoffenbarenden Anspielung: Die abschließenden …. sind ein chattypisches Signal für eine Fortsetzung, die dann von Rike prompt erfragt wird (Z. 630). Die knappe Antwort (Z. 634, „ja") reicht ihr dann nicht, sie verfolgt dieses Thema weiter, unter anderem mit Suggestivfragen (Z. 639, „wolltest du auch am Anfang alles hinschmeißen?"), mit denen sie weitere Parallelen zwischen sich und Klientin 7 unterstellt. Daraufhin erläutert Klientin 7 noch einmal ihre spezielle Situation damals und verknüpft dies (Z. 669) mit einem indirekten Tipp, der vorher schon in der offenen Themenbehandlung erfolgt war – nicht ohne dem noch einen kleinen Schwenk ins Leichte zu geben (Z. 675), mit gleichzeitigen Kontrollerleben („vorher editieren"), und damit vermutlich die Angstschwelle zu senken, über die Rike vorher lange gesprochen hatte. Rike bedankt sich ausdrücklich erneut für diesen Tipp und die Offenheit und fügt erläuternd hinzu, wie hilfreich sie es erlebe, „mal mit wem zu reden der mein prob kennt" (Z. 687). Damit verdeutlicht sie genau die Funktion, die eine wesentliche Intention des Gruppenchats darstellt: Ent-Dramatisierung des Erlebens des Einzelnen durch die Erfahrung: anderen geht es genauso, Austausch mit Gleichbetroffenen, damit weniger Vereinsamung in der Problematik sowie die Möglichkeit Lösungsideen der anderen kennen zu lernen und selbst umsetzen zu können. Damit entsteht eine gewisse Solidarität, eine Gruppenkohäsion, die der Vereinzelung und damit Dramatisierung der Situation entgegen wirken kann. Die Verbindlichkeit, die im Chat erlebt wird, da andere auf mein Anliegen eingehen und mir zu helfen versuchen, die erlebte Solidarität ebenso wie das Modell erfolgreicher Lösungsversuche der anderen ermutigen und helfen wieder mehr an die eigenen Ressourcen und Handlungsmöglichkeiten zu glauben, d.h. ein Stück Kontrolle über die eigene Situation wiederzugewinnen – „Verflüssigung" im Sinne von Rainer Paris, als erklärtes Kennzeichen und Ziel von Beratung.

Beispiel 4 (Begrüßungen)

Nicht jedes Mal leitet Flüstern eine weitreichende inhaltliche Beratung ein. Manchmal dient es eher der ausdrücklichen Kontaktpflege und Betonung der besonderen Beziehung, die zwischen zwei Teilnehmern besteht und die sie in dieser Exklusivität gewahrt wissen wollen.

Ausschnitt 67: Flüsterbeispiel Begrüßungen (bke-Uschi 24.01.12)

64) 17:06:21	*Klientin 10* * *Klientin 2*	<u>*Huhu lange nich gesehn wie gehts dir?*</u>

Ausschnitt 68: Flüsterbeispiel Begrüßungen (bke-Elena, 30.06.12)

520) 16:17:11	*Klientin 6* * *Klientin 1*	<u>*wie gehts dir*</u>
522) 16:17:19	*Klientin 6* * *Klientin 1*	<u>*und deinem hasen*</u>
524) 16:17:52	*Klientin 1* * *Klientin 6*	<u>*bin grad leicht aggro ^^ – wie gehts dir? Meinem Häschen gehts super :)*</u>

Ausschnitt 69: Flüsterbeispiel Begrüßungen (bke-Mirata, 13.04.11)

33) 20:01:46	*Klientin 5* * *Klientin 4*	*chuuuuuuuuuuuuuuuuuuuuuuuuck*
37) 20:02:14	*Klientin 4* * *Klientin 5*	*ulliiiiiiiiiiiiiiiiiiiiiiiiiiiiiiiiiiiiiiiiiiiiiii*

Dieses Beispiel illustriert das, was Orthmann (2004) in ihrer Auswertung als „gesteigerte Begrüßungen“ charakterisiert hat.

Flüster-Begrüßungen sind sowohl zwischen den Peers als auch zwischen Teilnehmerinnen und moderierender Fachkraft zu finden, teilweise sogar von dieser ausgehend.

Ausschnitt 70: Flüsterbeispiel Begrüßungen (bke-Ulla 28.11.11)

112) 20:26:18	*Fachkraft* *Klientin 13*	*bist du da?*

Ausschnitt 71: Flüsterbeispiel Begrüßungen (bke-Elena, 30.06.12)

433) 16:01:43	*Fachkraft 1* * *Klientin 2*	*kaum bist du da, schon sagen wir wieder die gleichen Sachen*
436) 16:01:59	*Klientin 2* * bke-Mod	*ja*

Flüstern zur Geheimniswahrung

Neben der Beziehungspflege und Extra-Portion Aufmerksamkeitsgenerierung in einem Medium, wo dies nicht durch Lautstärke, Sitzhaltung, Mimik usw. erfolgen kann, dient das Flüstern ebenso dem Zweck, dem es in anderen Zusammenhängen dient: der Geheimnisverbreitung bzw. Geheimniswahrung. So wird das Flüstern gezielt zur Weitergabe solcher Informationen eingesetzt, bei denen klar ist oder wird, dass es um Dinge geht, die eben nicht jeder wissen soll, wo Scham und Diskretion walten und ihren angemessenen Platz beanspruchen.

Ausschnitt 72: Flüsterbeispiel 5, bke-Uschi 24.01.12

58) 17:04:36	*Klientin 7* * *Klientin 2*	*warst du schon beim PSychiater?*

Ausschnitt 73: Flüsterbeispiel 5, bke-Nathan 27.01.12

152) 15:54:29	*Klientin 4* * bke-Nathan	*meine stiefmami hat übrigens nen neuen*

Dies wird sowohl aus eigenem Antrieb von vorne herein getan als auch dann, wenn durch die Art und Weise der Mitteilung suggeriert wird, dass es um etwas Besonderes geht, was eben nicht so offen benannt werden soll.

Ausschnitt 74: Flüsterbeispiel 6, bke-Mirata 11.04.12

105) 20:07:43	*Klientin 5*	ich schaff grade gar nichts, nichtmal ne mail zu lesen, geschweige denn sinnvoll zu reagieren
106) 20:08:04	*Klientin 6*	ich wär froh mal eben sinnvoll denken zu können ^^
107) 20:08:04	*Klientin 2* * *Klientin 5*	*wieso was los?*

Klientin 2 reagiert auf die offen geäußerte Andeutung von Klientin 5 mit einer gezielten Nachfrage, die sie allerdings eben nicht offen stellt, sondern für die sie in den Flüster-Modus wechselt. Damit suggeriert sie einen anderen Rahmen von Vertrauen und „sich öffnen können", verspricht sozusagen durch diesen Wechsel, das ihr möglicherweise Anvertraute diskret zu behandeln, dass es quasi „unter uns" bleibt. Klientin 5 geht auf diese Anforderung nicht ein, sondern führt ihr Thema offen weiter. Klientin 2 insistiert ihr gegenüber ebenfalls nicht weiter.

Im selben Chat jedoch bleibt sie bei einer weiteren Andeutung einer anderen Teilnehmerin hartnäckig bei ihrem Versuch, im Flüstermodus mehr Informationen zu erhalten, als offen benannt werden. Im folgenden Beispiel geht es um Alkohol, den Klientin 6 für sich ausschließt.

Ausschnitt 75: Flüsterbeispiel 7, bke-Mirata 11.04.12

116)	20:08:54	*Klientin 6*	ich darf nicht mehr
117)	20:09:00	*Klientin 6*	seit heut hab ichs schriftlich
118)	20:09:09	*Klientin 15*	wieso?
120)	20:09:21	*Klientin 5*	warum *Klientin 6*?
121)	20:09:23	*Klientin 2*	wieso *Klientin 6*?
123)	20:09:32	*Klientin 6*	was unnettes, aber ich red nicht drüber
130)	20:10:16	*Klientin 2* * *Klientin 6*	<u>*krank?*</u>
131)	20:10:24	*Klientin 6* * *Klientin 2*	<u>*Ja*</u>
134)	20:10:48	*Klientin 2* * *Klientin 6*	<u>*darf ich fragen was du hast?*</u>
136)	20:11:00	*Klientin 6* * *Klientin 2*	<u>*Ungern*</u>
137)	20:11:13	*Klientin 2* * *Klientin 6*	<u>*hm ist das jetzt ein nein?*</u>

Die Aussage von Klientin 6 „ich darf nicht mehr", getoppt noch mit dem bedeutsamen und Neugier erregenden Zusatz, dies jetzt „schriftlich" zu haben, zieht erwartungsgemäß Nachfragen nach sich, denen sie elegant ausweicht (Z. 123, „was unnettes, aber ich red nicht drüber"). An dieser Stelle steigt Klientin 2 wiederum im Flüstermodus ein, möglicherweise da ja die Andeutung wie das Ausweichen ein Geheimnis suggeriert, das einerseits nach einer Anschlussfrage schreit und wohl ihrer Meinung nach dann eher im Flüstern aufgehoben wäre. Zudem wäre dies eine besondere Auszeichnung und Aufwertung der Beziehung zu Klientin 5, wenn diese ihr flüsternd das anvertraut, worüber sie offen nicht reden will. Klientin 6 bleibt hier wieder sehr ambivalent: einerseits geht sie auf die Nachfrage ebenfalls im Flüstern ein, wenn auch mit knappen Antworten „Ja", andererseits verrät sie eben keine genaueren Details, sondern belässt es bei ambivalenten Andeutungen („Ungern"), die berechtigterweise Verwirrung stiften, ob dies nun ein Nein heiße oder nicht. Klientin 6 spielt hier mit den Möglichkeiten des unverbindlichen Rahmens: Ich antworte und sage doch nichts. Damit endet der Flüsterdialog, Klientin 2 hakt ebenso nicht mehr nach.

Das Flüstern dient Klientin 2 hier dazu, ein Nebengeschehen zu eröffnen, einen Raum jenseits dessen, worüber offen gesprochen wird. Damit wird das Flüstern als „geheimniswahrend", als weniger bedrohlich (wenn's nur einer weiß statt allen…) dargestellt und die Einladung ausgesprochen, in diesen exklusiven

Nebenraum zu wechseln. In diesem Beispiel wird die Einladung nicht angenommen, an anderen Stellen dagegen schon.

Im nächsten Beispiel ging es vor dem nun folgenden Ausschnitt in der Frage einer Teilnehmerin an die Gruppe darum, ob ihr die Teilnahme an SM-Partys beruflich schaden könnte. Nach der Diskussion gibt ihr die Fachkraft folgenden Rat:

Ausschnitt 76: Flüsterbeispiel 8, bke-Uschi 24.01.12

148) 17:18:16	*Fachkraft*	ich würde dir aber schon empfehlen gut drauf zu achten, das das privat bleibt wenn du irgend kannst, *Klientin 10*
157) 17:18:59	*Klientin 1*	mal so aus interesse frag: es gibt sm-partys?
161) 17:19:52	*Klientin 10* * *Klientin 1*	*Junge Hiebe zum beispiel einfach mal googlen ^^*
190) 17:24:15	*Klientin 1* * *Klientin 10*	*hab mir die seite angeschaut. kannte ich gar nicht sowas. erinnert ein wenig an swingerclub zumindest das, was ich mal im tv drüber gesehen hab. ist das nicht komisch, wenn da so viele andere noch gleichzeitg da sind? wenn man anders wen kennt?*
197) 17:25:02	*Klientin 10* * *Klientin 1*	*nein weil es gibt da auch räume die man abschliessen kann*
199) 17:25:13	*Klientin 10* * *Klientin 1*	*und man läuft ja da nicht nackt rum*
204) 17:26:02	*Klientin 1* * *Klientin 10*	*aha. man hat einfach nur andere möglichkeiten als zuhause? was ist der kick dabei für dich?*

Während die Fachkraft nach der Empfehlung zu Vertraulichkeit/Verschwiegenheit dann zum nächsten Thema überleitet, fragt Klientin 1 offen nach den erwähnten SM-Partys nach. Klientin 10 beantwortet die Frage ziemlich umgehend, wechselt aber dabei in den Flüstermodus – einerseits vermutlich, weil ihr Thema schon als beendet erklärt wurde und sie das neu beginnende Thema nicht unterbrechen will, andererseits rückt sie damit diese Frage und die damit verbundenen Informationen in den Bereich dessen, was diskret behandelt werden soll. Damit befolgt sie den Rat, den ihr die Fachkraft zum Abschluss des Themas gegeben hat. Wenn es „privat" bleiben soll, werden solche Informationen eben nicht in der großen Runde ausgebreitet, sondern eher im intimen Rahmen des Flüsterns, wo es weniger öffentlich und damit womöglich weniger schambesetzt ist. Klientin 1 folgt offenbar umgehend dem Rat von Klientin 10 („einfach mal googeln") und teilt ihr dann ihren Eindruck von der Seite mit, d.h. gibt ein Signal, dass sie an dem Thema und diesbezüglichen Austausch mehr interessiert ist. Daraufhin entspinnt sich über einen längeren Zeitraum ein reger Austausch über SM-Praktiken, von dem hier nur ausschnittsweise der Beginn wiedergegeben wird. Klientin 10 antwortet zunächst auf der sachlichen Informationsebene, indem sie die Google-Adresse für Informationen angibt, lässt sich dann aber auf den privaten und persönlich geprägten Austausch ein, nachdem der Impuls dazu eindeutig von der anderen Teilnehmerin kommt. Die wiederum reagiert damit wohl auf das öffentliche Einbringen des Themas und der damit verbundenen Selbstoffenbarung, die sie nun weiter abfragt.

Der Flüsterrahmen dient demnach dem Ausbreiten von geheimen Themen, schafft einen Raum, in dem solche voyeuristischen Neigungen befriedigt werden können, ohne die anderen zu stören und ohne selbst dafür irgendwie komisch angeschaut zu werden, ein Schutzraum, wo man zu zweit gegenüber der großen Masse abtauchen kann. Offenbar fesselt Klientin 1 dieses Thema mehr als das gerade offen behandelte, denn sie lässt sich intensiv auf das Thema ein und heizt es mit Fragen auf der persönlichen Ebene noch an.

Ausschnitt 77: Flüsterbeispiel 9, bke-Uschi 24.01.12

250) 17:32:23	*Klientin 1* * *Klientin 10*	*also wenn ich darf hätt ich noch ne frage zu der party?aber nur, wenn du mir die welt erklären magst.*
253) 17:32:46	*Klientin 10* * *Klientin 1*	*frag ruhig*
259) 17:33:24	*Klientin 1* * *Klientin 10*	*danke . was macht ihr zu 6.in einem raum? tauscht ihr? gebt ihr tips? schaut ihr zu?*
262) 17:33:49	*Klientin 10* * *Klientin 1*	*wir spielen alle also wenn du möchtest geb ich dir ein kleines beispiel*
266) 17:34:21	*Klientin 1* * *Klientin 10*	*dann geb mal.arme bke-..., falls sie mitliest*
275) 17:36:17	*Klientin 10* * *Klientin 1*	*stimmt *g* wir sind in einem raum und einer von uns ... ...*

Interessanterweise ist zumindest ihr, Klientin 1, durchaus bewusst, dass es eben nicht nur ein unbelauschtes Zwiegespräch zwischen ihr und Klientin 10 ist, sondern die Fachkraft ebenfalls beteiligt ist, was sie im Nebensatz erwähnt und damit deutlich ins Bewusstsein rückt (Z. 266). Klientin 10 stimmt dem zu (Z. 275,

„stimmt *g*…"). Die Fachkraft wird bedauert, was aber nicht von einer Fortsetzung des Tuns abhält.

Man kann mutmaßen, dass damit eben indirekt Informationen an die Fachkraft platziert werden sollen, denn im Rahmen dieser Plattform wäre es ja durchaus möglich, das Gespräch z. B. per pm zu führen. Beide entscheiden sich jedoch dafür, dies flüsternd zu tun; es geht demnach gerade um den kleinen Raum innerhalb eines großen Raumes. Wo man nichts verpassen will? Den man nicht verlassen will? Einerseits vielleicht aus Bequemlichkeit, Flüstern als schnellste und einfachste Lösung, andererseits durchaus mit dem Blick auf ein mögliches Profilieren gegenüber der Fachkraft mit einem sexualisierten (Tabu-)Thema, was stets Aufmerksamkeit hervorruft und Erwachsene ein Stück weit provoziert. Dies stellt für viele Jugendliche durchaus einen Reiz des Geheimen, Verbotenen dar. Erst wenn es entdeckt wird, dass man etwas Verbotenes tut, macht es so richtig Spaß. Es ist daher vermutlich durchaus gewollt, die Aufmerksamkeit der Fachkraft noch einmal explizit auf den Inhalt des Flüsterns zu lenken, indem man sie indirekt anspricht und damit eine Reaktion zu provozieren versucht. Zudem spielt Klientin 10 ja mit der abschließenden Empfehlung der Fachkraft, solche Themen eher „privat" zu halten: einerseits geht sie ins Flüstern, d.h. sie folgt dem Rat, andererseits ist sie sehr freigiebig mit ihren Informationen.

Eine weitere Mutmaßung ist jedoch, dass mit dem Abtauchen in den Flüsterraum das offene Gruppengeschehen als gemeinsames Abarbeiten eines Anliegens von einer der Teilnehmerinnen, was per definitionem Vorrang hat, nicht weiter gestört werden soll. Damit erklären sich ebenfalls etliche Flüster-Interaktionen, z.B. Erläuterung von Regeln, Aufklärung über das gerade laufende Thema, Anmeldung eines neuen Themas bzw. Nachfrage von später Dazu stoßenden, ob noch Themenanmeldungen angenommen werden etc.

Flüstern als Kontaktpflege zur Fachkraft

Andererseits dient das Flüstern oft der gezielten Kontaktaufnahme zur Fachkraft, um sich damit eine Extra-Portion Zuwendung oder vielleicht sogar eine Exklusiv-Beratung zu holen. Manchmal nutzt es die Fachkraft selbst aus genau diesem Grund, um über diesen Weg, Extra-Zuwendung, an das Thema zu kommen, um das es wirklich geht. Es folgt hierzu ein Beispiel, wo nach dem Widerstand der Teilnehmerin, die eben nicht auf das offene Angebot eingehen will, die Fachkraft in den Flüstermodus wechselt und über diesen Weg ein Sich-Einlassen der Teilnehmerin erreicht. Der Wechsel in den Flüstermodus erfolgt ab Z. 609, erkennbar an der *Kursiv-Schrift*, im Beispiel hier nur die Passagen zwischen Klientin 7 und Fachkraft.

Ausschnitt 78: Flüsterbeispiel 10, bke-Manuel, 21.11.11

586)	16:18:01	*Klientin 7*	ich geh jetzt nach hause und betrinke mich
594)	16:18:29	*bke-Manuel*	das scheint eeine Unsitte hier heute zu sein, *Klientin 7* warum?
599)	16:18:43	*Klientin 7*	was warum?
600)	16:18:47	*Klientin 7*	warum, iochb gehe?
602)	16:18:53	*Klientin 7*	oder warum ich mich betrinke?
606)	16:19:20	*bke-Manuel*	warum du gehst und dich betrinkst ohne vorher mit uns drüber zu reden^^
608)	16:19:36	*Klientin 7*	weil es nichts zu reden gibt
609)	16:19:36	*bke-Manuel* * *Klientin 7*	*komm flüster mal ne Runde mikt mir*
610)	16:19:45	*Klientin 7* * bke-Manuel	*wieso?*
615)	16:20:06	*Klientin 7* * bke-Manuel	*ich hoffe, wieder etwas zu fühlen, wenn ich alkohol trinke*
617)	16:20:18	*bke-Manuel* * *Klientin 7*	*weil du so wirkst als würde es dir gut tun?*
619)	16:20:35	*bke-Manuel* * *Klientin 7*	*daa fühlt man meist weniger als mehr*
623)	16:21:01	*Klientin 7* * bke-Manuel	*aber da ich alkohol nicht mag, wird es eh wieder nicht klappen und ich werde 3 liter milch mit so wenig 43er getrunken haben, dass ich niox vom alk merke*
628)	16:21:51	*bke-Manuel* * *Klientin 7*	*was wäre denn passender für dich um dich zu spüren, klingt so als wolltest du weglaufen*
630)	16:22:04	*Klientin 7* * bke-Manuel	*will ich auch*
634)	16:22:36	*bke-Manuel 5* * *Klientin 7*	*vor was wohin?*
636)	16:22:49	*Klientin 7* * bke-Manuel	*vor mir, egal wohin*

Die Fachkraft platziert mit ihrer Aufforderung (Z. 609, „komm flüster ne Runde mit mir….") sozusagen ein Exklusiv-Angebot von Beratung, auf das Klientin 7 zwar zunächst mit einer Rückfrage („wieso") antwortet, auf das sie aber ziemlich umgehend inhaltlich eingeht, indem sie jetzt doch die Gründe für ihren Wunsch nach Betrinken benennt (Z. 615, „ich hoffe wieder etwas zu fühlen…"). Damit ist innerhalb von wenigen Sekunden – durch die Zuwendung – gelungen, sie von der provokativen „Ich gehe mich betrinken"-Rolle hin zu einem kleinen Schritt der Selbstreflexion und Nachdenken über sich zu bringen. Sie hat mit der Flüsterrunde die Aufmerksamkeit für sich und kann sich deswegen nun vielleicht eher auf das Nachspüren ihrer Beweggründe einlassen. Zwar bleibt sie teilweise beim oberflächlichen Jammern (Z. 623, „es wird eh wieder nicht klappen…"), die Fachkraft beharrt jedoch hartnäckig auf den Hintergründen („weglaufen wollen") und bringt Klientin 7 dazu, sich damit näher auseinanderzusetzen, sowie den nächsten Anstoß zur Selbst-reflexion zu platzieren (weglaufen – „vor was wohin?").

Während in diesem Beispiel der Anstoß von der Fachkraft ausging, gibt es gelegentlich Teilnehmerinnen, die über diesen Weg extra-Zuwendung und Beratung außerhalb der Reihe angemeldeter Themen suchen, gerne durch Hineinplatzen in einen laufenden Chat. Im folgenden Beispiel sehen wir eine Teilnehmerin, die nach etwa einer Stunde Chatzeit durch das Ausscheiden einer anderen Teilnehmerin in den Chat kommt (17.59 Uhr) und ungeachtet des laufenden Themas ziemlich prompt mit ihrem Anliegen startet, das sie der Fachkraft flüsternd mitteilt.

Ausschnitt 79: Flüsterbeispiel 11, bke-Uschi 24.01.12

498) 18:02:59	*Klientin 15* * bke-Uschi	*Hi. Ich hab kurz ne frage geht total schlecht war grad bei meinr thera au von mein suzidgedankn erzahlt abr nimmt net ernst u tut mich in keine klinik obw*
509) 18:04:54	* bke-Uschi * * *Klientin 15*	*hallo *Klientin 15*, weißt du, das du im notfall auch selber in eine klinik gehen kannst?*
521) 18:06:39	*Klientin 15* * bke-Uschi	*Ja abr mir glaubt ja keiner. Und bin seit zwei wochn 18 muss i dan in erwachsen pyschatri das macht mir angst*
529) 18:08:22	* bke-Uschi * * *Klientin 15*	*ja, bist du sicher das du in die erwachsenen psychiatrie müsstet?*
539) 18:09:50	*Klientin 15* * bke-Uschi	*Denk schon weil jugndpyschatri nur bis 18 geht oder*
568) 18:14:08	*Klientin 15* * bke-Uschi	*Ja i hab kein plan nur das mir voll schlecht u i net versteh warum es meine eltrn u so net glauben*
573) 18:15:28	* bke-Uschi * * *Klientin 15*	*Klientin 15, manmal können und wollen menschen nichts mitkriegen aber wenn du fühlst es geht dir so schlecht darst du dir hilfe im krankenhaus holen dafür sind die ja da*
576) 18:15:51	*Klientin 15* * * bke-Uschi *	*Manchmal denk i echt lassn es drauf ankommen. Und hab schon oft nen blodsin gmacht hab diabetes u spritz mir entweder zu viel insulin das i umkip odr gar kein dan hohe werte ist au n hilferuf*

587) 18:18:38	* bke-Uschi * * *Klientin 15*	*und deshalb ist deine idee ind die klinik zu gehen gut und richtig Klientin 15*
619) 18:23:53	*Klientin 15* * bke-Uschi	*Ja so denk i au abr wen i geh als notfal werd i vl nach zwei tagn entlassn u dann wil ja ne langere therapi au no wasch u kontrolzwange*
638) 18:25:33	* bke-Uschi * *Klientin 15*	*das könnte sein, aber dafür müsstest du hingehen und es versuchen*
643) 18:26:03	*Klientin 15* * bke-Uschi	*Belastet mich alles. Bin nervlich am ende kan au seit letze woche nicht mehr in schule gehn vor lautr angst tu mir was an u gras zug gefahrn u ubrlegt ob i mi auf di gleise legn soll*
649) 18:26:48	* bke-Uschi * * *Klientin 15*	*deshalb gehst du ja auch in die klinik * Klientin 15* genau dafür ist die da*
667) 18:28:20	*Klientin 15* * bke-Uschi	*Ja abr kp nach drei tagn geht mit au net besser wen i als akutfal reinkomm.*
679) 18:28:52	*Klientin 15*	*Aber denk sichrheit geht vor. Der chatvistvja rum magstvno kurz mir schreibn*
685) 18:29:23	* bke-Uschi * *Klientin 15*	*bye Klientin 15 alles gute und versuchs ok* 

Der Einleitung „hab kurz ne frage" folgt eine massive Botschaft: Umgang mit Suizidgedanken und Klage darüber, dass dies nicht ernst genommen werde. Die Chatregel würde es nun erfordern, die Teilnehmerin zu begrenzen und darauf zu verweisen, dass sie nicht einfach dazwischen platzen kann. Andererseits hat sie mit ihrer Klage „niemand nimmt mich ernst" eine klassische Zwickmühle für die Fachkraft geschaffen: wenn sie auf die Regel verweist, wird die Teilnehmerin das wieder genau in diesem Sinne interpretieren. Da zunächst vom Selbstverständnis der bke-Beratungsplattform wie von der Vorgabe an die Fachkräfte stets von der Ernsthaftigkeit eines Anliegens auszugehen ist, das nicht deckungsgleich mit dem präsentierten Anliegen sein muss, sondern oft eben ein starkes Bedürfnis nach Aufmerksamkeit und Zuwendung, versucht die Fachkraft hier den Spagat zwischen einer Überleitung in die Lösungsrichtung, womit sie Ernstnehmen und Hilfestellung anbietet, und gleichzeitig nicht zu viel Aufmerksamkeit zu geben, da sie in einem laufenden Thema engagiert und ihre Aufmerksamkeit dort gebunden ist. Ungeachtet der steigenden Dramatik von Klientin 15, die quasi mit jedem Beitrag immer wieder neue dramatische Nuancen ins Gespräch bringt, bleibt die Fachkraft konstant bei ihrem Vorschlag, dass die Teilnehmerin selbst in eine Klinik gehen und sich dort um Hilfe bemühen sollte. Dies sowie die wiederholte namentliche Ansprache signalisieren Ernstnehmen, gleichzeitig aber eine klare Botschaft: mehr gibt es hier auf diesem Weg nicht. Die Teilnehmerin reagiert beständig mit „ja, aber…“-Antworten und neuen Themen, offensichtlich in Negierung der indirekten Abgrenzung und im Bemühen um mehr Engagement der Fachkraft, egal wie. Im Unterschied zu dem Beispiel vorher, wo über den Flüstermodus, der von der Fachkraft selbst initiiert wurde, versucht wurde Selbstreflexionsanstöße zu vermitteln, beschränkt sich die Fachkraft hier auf ein stetes Wiederholen desselben Lösungsvorschlages. Die Haltung der Teilnehmerin („Ja, aber…“, steigende Dramatisierung, Anklage gegen andere bei fehlender Eigenverantwortung) lässt vermuten, dass das Anliegen eben nicht Ringen um Eigenverantwortung und Lösungen ist, sondern überwiegend Aufmerksamkeitsgenerierung, was die Fachkraft mit nicht übermäßiger Zuwendung indirekt beantwortet. Selbstreflexionsanstöße werden nicht untergebracht, sondern eher „Schadensbegrenzung“ mit Verweis auf die Klinik, so die Situation wirklich so dramatisch sein sollte. Die Teilnehmerin zieht viele Register, um die Fachkraft zu binden, zuletzt sogar mit dem deutlichen Appell, dass diese sich noch über die Chatzeit hinaus mit ihr abgeben solle (Z. 679, „Chat ist rum, magst mir no kurz schreiben“), was von der Fachkraft mehr oder weniger ignoriert bzw. mit einem sanften Stupser Richtung Eigenverantwortung (“versuchs ok“) erwidert wird. Wobei hier ebenfalls die Wortwahl („versuchs“ – statt des deutlicheren Anstoß: Tu es!) schon leichte Zweifel an der Entschiedenheit und dem tatsächlichen Tun der Teilnehmerin signalisiert. Die Fachkraft agiert hier ambivalent, einerseits mit der Botschaft: ich gehe nicht auf dein Thema ein, andererseits bleibt sie im Kontakt/Austausch und befriedigt das Aufmerksamkeitsbedürfnis bzw. ermutigt die Teilnehmerin, immer noch mehr zu fordern.

Als Ordnungsprinzip ist hier wieder eine gewisse Komplementarität festzustellen, die die Interaktion in Gang hält: beide Seiten lassen sich nicht ernsthaft auf ihre eigentliche rollenbedingte Aufgabe („suchen“, „beraten“) ein, sondern begnügen sich mit einer Farce dieser Aufgaben: ich tu so, als ob ich beraten werden will, ich tu so, als ob ich darauf eingehe. Beide Seiten fühlen sich damit wohl in ihrem jeweiligen Selbstbild gestärkt („hilfloses Opfer“ – „helfende Beraterin“). Gleichzeitig reagiert die Fachkraft damit unter den bestehenden Rahmenbedingungen eines Gruppenchat ohne Exklusiv-Zuwendung und Eingebunden sein in Anliegen einer anderen Teilnehmerin durchaus adäquat auf den fehlenden Beratungsauftrag.

Klatsch- und Intrigenpotential

Soweit einige Beispiele, wo es um Flüstern unter Einbezug der Fachkraft und klar um Beratungsthemen ging.

Ansonsten dient das Flüstern ebenso dem gezielten Austausch von Informationen untereinander, dem Intrigieren und Zusammenschließen gegen eine Teilnehmerin, die in irgendeiner Form unangenehm auffällt. Im folgenden Beispiel geht es um die Teilnehmerin „Pumba", bei der im Thementeil schon längere Abschnitte zitiert wurden und der ein mangelndes echtes Anliegen unterstellt wird. Die Peers tauschen hier gezielt im Flüstermodus Informationen untereinander aus, in die sie dann explizit die Fachkraft zusätzlich mit einbinden. Ausgangspunkt war ein Beitrag von Pumba (Z. 87) und dessen ungehaltene Rückweisung durch Klientin 1 (Z. 93, s. Ausschnitt 41), woraufhin sich eine andere Teilnehmerin (Klientin 7) neugierig einmischt und sich gezielt mit ihrer Nachfrage an die ungehaltene Klientin 1 wendet.

Ausschnitt 80: Flüsterbeispiel 12, bke-Manuel 21.11.11

87) 15:08:44	*Pumba 3*	ne, egal. mein thema ist sinnlos.. brauch ich nich ansprechen.. ich halt mich einfach zurüc, wenn ich das ansprech, was im forum passiert dann sind alle gegenmich
93) 15:09:12	*Klientin 1*	ach Pumba sei doch einfach ruhig
94) 15:09:26	*Klientin 7* * *Klientin 1*	<u>*hab ich was verpasst?*</u>
95) 15:09:37	*Klientin 1* * *Klientin 7*	<u>*im forum in ihrem technikthread ^^*</u>
108) 15:11:37	*Klientin 7* * *Klientin 1*	<u>*was isn damit?*</u>
109) 15:11:51	*Klientin 7* * *Klientin 1*	<u>*welcher überhaupt?*</u>
110) 15:11:56	*Klientin 1* * *Klientin 7*	<u>*ich such ja gerade*</u>
113) 15:12:16	*Klientin 7* * *Klientin 1*	<u>*achso, habs schon*</u>

Im späteren Verlauf des Chats kommt es zu einer ähnlichen Situation: aufmerksamkeitsheischender Beitrag von Pumba, Einsteigen und abfällige Kommentierung wiederum durch Klientin 1, die diesmal zusätzlich die Fachkraft durch Anflüstern mit einbindet.

Ausschnitt 81: Flüsterbeispiel 12, bke-Manuel 21.11.11

506)	16:08:37	*Pumba*	das ist mir grad alles zu viel…
507)	16:08:53	*Klientin 5*	was denn pumba, willst doch Themaplatz haben?
508)	16:09:13	*Klientin 1* * bke-Manuel	*sie sucht nur aufmerksamkeit manu*
509)	16:09:25	*Klientin 5* * *Klientin 1*	*an diesem Punkt ahne ich, was du meinst^^*
512)	16:09:42	*Klientin 1* * bke-Manuel	*wie schön ^^ so geht das im übrigen immer, sie sucht krampfhaft aufmerksamkeit*
514)	16:09:50	*Klientin 1* * bke-Manuel	*Siehste*
517)	16:10:04	*Klientin 5* * *Klientin 1*	*ich spür schon*

Die Fachkraft steigt auf das Anflüstern stilistisch wie inhaltlich ein (Z. 509) und gibt dem Verbrüderungsangebot von Klientin 1 sozusagen statt. Dies wird noch zusätzlich unterstrichen durch die Verwendung des Vertrautheit und Nähe signalisierenden ikonisierten „Augenaufschlag" (^^). Mit ihrer Reaktion unterstützt sie das Intrigenpotential, das im Flüstern von Klientin 1 explizit gegen Pumba genutzt wird, und auf diese Reaktion hin noch weiter ausgebaut wird (Z. 512, 514).

Eine ähnliche Reaktion ist immer wieder einmal festzustellen: sich verbünden gegen eine Teilnehmerin, v.a. gegen solche, die aus irgendwelchen Gründen nicht ernst genommen werden oder den Ärger der Gruppe auf sich ziehen. Das ist unter gruppendynamischen Gesichtspunkten durchaus nachvollziehbar und ambivalent zu werten: einerseits bedenklich im Sinne einer ungerechten Behandlung (viele gegen einen, Mobbing-und Ausgrenzungsgefahr), andererseits unterstreicht es wiederum den Anspruch, den die Teilnehmerinnen offensichtlich an den Chat haben: dass hier der Platz eben nicht für „Fakes", sondern für ernsthafte Anliegen sein sollte.

„Verschwörungen", d.h. der Zusammenschluss einiger Menschen gegen einen oder mehrere anderen sind offenbar ein typisches gesellschaftliches Phänomen.[103] Coady (2014) weist darauf hin, dass verbreiteten Gerüchten zwar oft ein schlechter Ruf anhänge und Personen, die sich von Gerüchten beeinflussen ließen, eher als leichtgläubig gelten. Andererseits macht er zu Recht darauf aufmerksam, dass Gerüchte eine wichtige Funktion gegenüber der offiziellen und

103 Vgl. hierzu und zu den folgenden Ausführungen über Gerüchte David Coady (2014, S. 277–299), der sich unter anderen auf Popper (1962) beruft.

gesellschaftlich verbreiteten vorherrschenden Meinung hätten. Das könnte hier beispielsweise die offizielle Regel für die Fachkräfte sein, den vorgebrachten Anliegen erst mal Glauben zu schenken. Zudem habe sich so manches Gerücht im Nachhinein als wahr erwiesen. Von Bedeutung, ob man einem Gerücht Glauben schenke, scheint vor allem zu sein, inwiefern man die Quelle als zuverlässig identifiziere. So wäre hier im Chat durchaus zu erklären, warum manche Teilnehmerinnen – wie hier Klientin 1, die sich als „Experte" aufspielt und vielen Teilnehmerinnen als langjähriges Mitglied in den Gruppenchats vertraut ist – mit ihren Behauptungen/Maßregelungen etc. Aufmerksamkeit und Interesse erwecken und ihnen dann Glauben geschenkt wird – notfalls „gegen" ein anderes Mitglied, das denunziert wird.

Flüsterbeispiel 13

Klatsch und Tratsch gelten als Aufmerksamkeitsfaktor (vgl. Bergmann, 1987), als interessanter Gegenentwurf zu „üblicher" Themenbearbeitung, was stets Interesse hervorruft: da ist was los, da könnte es „Action" geben, z. B. ein Konflikt. Heimlichkeit des Flüsterns steigert die Neugier, man will dabei sein, es hautnah und zeitnah mitkriegen – besonders wichtig für Jugendliche, wo Dabeisein eine wichtige Statusbedeutung darstellt.

Ausschnitt 82: Flüsterbeispiel 13, bke-Mirata, 13.04.11

49)	20:03:00	*Klientin 2*	mir geht es okay, nur dass ich nicht morgen haben will^^
50)	20:03:11	*Klientin 9* * *Klientin 5*	*wenn *Klientin 2* gleich nen thema anmeldet schrei ich*
53)	20:03:20	*Klientin 12*	jetzt fang bloß kein thema an *Klientin 2* :D
56)	20:03:39	*Klientin 5* * *Klientin 9*	*wieso? ^^*
59)	20:03:54	*Klientin 9* * *Klientin 5*	*hatte sie gerade bei *bke-Fachkraft3**
81)	20:06:16	*Klientin 9* * *Klientin 5*	*is genau die gleiche scheiße wie bei *bke-Fachkraft3*, die is sowas von ignorant, dass gibts gar nicht*
119)	20:09:52	*Klientin 5* * *Klientin 9*	*sowas mistiges und *Klientin 8* nervt noch zusätzlich*

Klientin 2 platziert schon während der Einstiegs-/Smalltalk Phase in ihrer Antwort auf die Frage der Fachkraft nach der jeweiligen Befindlichkeit einen Hinweis, der sozusagen nach Rückfrage schreit (Z. 49, „nur dass ich nicht morgen haben will^^“). Darauf reagieren sofort zwei Teilnehmer, beide eher abwehrend und mit deutlichem Hinweis, dass Klientin 2 daraus kein Thema in der offenen Bearbeitung machen solle. Diese unmittelbare Reaktion lässt auf Kenntnis von Klientin 2 – und deren üblichem Vorgehen?- schließen, was später im Flüstern ja bestätigt wird. Während Klientin 12 offen auf den Hinweis von Klientin 2 antwortet und sie maßregelt (Z. 53) – wobei der vorwurfsvolle Ton („jetzt fang bloß nicht…“) von einem Lächel-Smiley :D entschärft wird –, wählt Klientin 9 für ihre genervte Reaktion den Flüstermodus und beginnt einen Dialog mit Klientin 5, bei der sie wohl Verständnis für ihre Reaktion erwartet. Diese steigt ebenfalls auf das Flüstern ein und fragt nach den Ursachen für die heftige Reaktion nach, was Klientin 9 in der Folge die Gelegenheit gibt, über Klientin 2 herzuziehen. Sie spielt hierbei auf Erfahrungen mit ihr in einem offenbar unmittelbar vorhergehenden Chat mit bke-Fachkraft 3 an und nutzt es für abwertende Bemerkungen (Z. 81, „die is sowas von ignorant“). Klientin 5 geht darauf nur indirekt ein, nutzt den Flüsterdialog aber ihrerseits, um über eine andere Teilnehmerin zu lästern (Z. 119, „…und *Klientin 8* nervt noch zusätzlich“). Beide nutzen den Austausch demnach zum „Klatschen“.

Ohne Kenntnis von dieser Interaktion zu haben, die ja – verdeckt für die Allgemeinheit – nur für die Angeflüsterten und die Fachkraft lesbar ist, nutzt Klientin 8 ihrerseits den Flüstermodus, um sich Informationen über Klientin 5, die mit Klientin 9 über sie lästert, zu holen.

Ausschnitt 83: Flüsterbeispiel 14, bke-Mirata, 13.04.11

113) 20:09:27	*Klientin 8* * *Klientin 12*	*wollte nämlich mit dir flüstern*
118) 20:09:42	*Klientin 12* * *Klientin 8*	*warum mit mir?*
125) 20:10:26	*Klientin 8* * *Klientin 12*	*ich blick bei *Klientin 5* nicht so ganz durch …. und du machst den anschein als ob du bissel öfter da wärst und mir bissel was erklären aknnst bei ihr, finde ihr verhalten bissel naja… seltsam*
134) 20:11:19	*Klientin 12* * *Klientin 8*	*puh, naja is viel bei ihr… ich weiß auch nicht was so genau alles aber du kannst ja mal ihren thread lesen wenns dich wirklich interessiert… hilfe annehmen oder so heißt der*
136) 20:11:41	*Klientin 12* * *Klientin 8*	*sie hat glaub irgendwelche aufmerksamkeitsprobleme die sie hier im chat extrem auslebt :D*
138) 20:11:48	*Klientin 8* * *Klientin 12*	*ouuhhh okay. danke, der sagt mir was.*

Hier laufen demnach zwei Flüsterdialoge parallel, ohne dass dies jeweils offenkundig ist. Klientin 8 und Klientin 5 tun parallel das gleiche, nämlich über die andere herziehen, ohne den Konflikt offen zu benennen und auszutragen.

Klientin 12 reagiert zwar zunächst überrascht, steigt aber auf dieses Ansinnen (zusätzliche „Erklärungen" über Klientin 5 und ihr Verhalten) ein und gibt flüsternd die gewünschte Auskunft, statt beispielsweise auf die Möglichkeit der direkten Nachfrage bei Klientin 5 selbst zu verweisen. Sie nutzt ebenfalls die Möglichkeit des geheimen Flüsterns dazu, eher negative Kommentare (Z. 136, „sie hat glaub irgendwelche aufmerksamkeitsprobleme die sie hier im chat extrem auslebt :D") loszuwerden – zwar wieder mit einem Grins-Smiley (:D) entschärft, aber doch recht drastisch formuliert und verurteilend. Klientin 8 reagiert entsprechend mit einer lautsprachlich Überraschung und Entsetzen simulierenden Buchstabenkombination (Z. 138, „ouuhhh") und dem Hinweis, diesen Thread zu kennen, d. h. sie verknüpft die Information mit ihrem eigenen Kenntnisstand, was offenbar zusammenzupassen scheint.[104]

Hier wird wiederum die Funktion des Flüsterns explizit dazu genutzt „gegen" eine andere Teilnehmerin Stimmung zu machen und eigene negative Reaktionen (Ablehnung, Bedenken) etc. zu formulieren – unter der Hand, so dass es weder der Teilnehmerin selbst bekannt wird und ebenso die Gefahr vermindert, für solche Beleidigungen/Unterstellungen von der Fachkraft zurechtgewiesen zu werden. Die angeflüsterte Teilnehmerin wird gleichfalls zur „Geheimnisträgerin", was Vertraulichkeit voraussetzt ebenso wie generiert und damit eine Form von Nähe und Verbindlichkeit schafft.

Im letzten Beispiel fragt Klientin 12 auf die Anfrage von Klientin 8 nach Flüstern nach, warum denn gerade sie als Flüsterpartnerin ausgewählt wird. Klientin 8 begründet dies mit der vermuteten Erfahrung (Z. 125) – ein deutliches Kompliment, mit der sie an die vermutete Expertise von Klientin 12 appelliert und ihr damit schmeichelt. Ein Schuss ins Blaue („du machst den anschein als ob…")., der aber offenbar von Erfolg gekrönt ist: neben Informationen zu Klientin 5 erhält Klientin 8 damit zusätzlich eine Exklusiv-Zuwendung und baut mit diesem „Zweierdialog in der Masse" ebenso wie dem vertraulichen Austausch von Gemeinsamkeiten – die sonst nicht offen geäußert werden (dürfen) – eine Form von Beziehung und Verbindlichkeit zwischen ihnen beiden auf. Beziehung zu „Statushöheren" (Klientin 12 „dem Anschein nach schon länger dabei", mehr

104 Auch hier wieder ein Hinweis darauf, wie die Teilnehmerinnen verschiedene Formen der Beratung (hier: Anspielung auf einen Thread im Forum) nutzen, wie durchlässig demnach die verschiedenen Beratungsformen untereinander sind.

Erfahrungen/Kenntnisse mit den einzelnen Teilnehmerinnen) wertet in der Regel den eigenen Status ebenfalls auf.

Das Flüstern dient demnach hier gleichzeitig dem Beziehungsaufbau, der Festigung der eigenen Position, Statuserwerb bzw. –Sicherung, wie auch dem Ablästern/Verbünden gegen andere.

Im nächsten Beispiel nutzt eine neu Hinzugekommene den Flüstermodus, um sich wegen eines offen laufenden Konfliktes zu erkundigen, den sie – da später erst hinzugestoßen – wohl nicht einordnen kann.

Ausschnitt 84: Flüsterbeispiel 15, bke-Leona 20.08.12

176) 16:18:22	*Klientin 13* * *Klientin 3*	*hey :) was macht *Klientin 4* denn, worüber reden die?*
201) 16:21:20	*Klientin 3* * *Klientin 13*	*hi*  **Klientin 4* hat die angst, dass die neue userin „xy" ihre mutter sein könnte oder jemand anderes aus ihrem rl.*

In diesem Fall sehen wir einen kurzen Flüsterdialog, gerahmt von einer kurzen gegenseitigen Begrüßung („hey", „hi", jeweils unterstrichen von einem positiv getönten Emoticon). Die Frage ist offen formuliert, der erste Teil „was macht *Klientin 4* denn", könnte für sich alleine genommen durchaus Intrigenpotential haben. Klientin 3 steigt jedoch deutlich zeitlich verzögert, fast 3 Minuten später, darauf ein und zudem eher auf den zweiten Teil der Frage („worüber reden die?"), was sie mit sachlicher Wiedergabe inhaltlicher Informationen beantwortet. Sowohl durch die Verzögerung wie durch den Antwortstil ist damit indirekt deutlich gemacht, dass sie Informationen weitergibt, aber nicht an näherer Diskussion oder Ablästern interessiert ist. Damit ist dieser kurze Flüsterdialog beendet.

Im offen ablaufenden Chatgeschehen ging es länger um einen Konflikt zwischen Klientin 4 und Klientin 15, der von beiden wiederholt angefacht wird, während einige andere Teilnehmerinnen ebenso wie die Fachkraft versuchen beruhigend zu intervenieren.

Im Folgenden zunächst der Ausschnitt aus dem offenen Gruppengeschehen, der den Konflikt eigentlich abschließen und das Chatgeschehen neu strukturieren soll:

Ausschnitt 85: Flüsterbeispiel 16, bke-Leona 20.08.12

245) 16:27:21	*Klientin 4*	vllt sollte ich auch besser gehen damit *Klientin 15* sich nimmer mit beschäftigen muss
246) 16:27:34	System	*Klientin 5* hat den Chat verlassen.
247) 16:27:38	*bke-Leona *	Ich mach euch einen Vorschlag
248) 16:27:54	*Klientin 15*	ne hab deine seite eh schon wieder zu so interessant bist du auch nicht für mich fand das nur nicht so intelligent von dir
249) 16:28:00	* bke-Leona *	wir besprechen zuerst *Klientin 14*s Theman und entscheidenn dann weiter
250) 16:28:19	*Klientin 9*	find ich gut
251) 16:28:34	*Klientin 11*	bin ich dabei
252) 16:28:44	*Klientin 12*	guter vorschlag

Die Fachkraft versucht dem Hin und Her ein Ende zu setzen, indem sie ablenkt und einen neuen Fokus setzt. Dem wird von mehreren Teilnehmerinnen zugestimmt, Klientin 4 und 15 äußern sich dazu nicht. Allerdings hat Klientin 15 vorher schon eingelenkt und kundgetan, dass das Thema für sie erledigt sei (Z. 248, „ne hab deine Seite eh schon wieder zu…“). Damit wirkt der Konflikt im offenen Chatablauf beendet.

An dieser Stelle wechselt Klientin 4 dann in den Flüstermodus, während die Gruppe mit einem neuen Thema beginnt. Im folgenden Ausschnitt wird der Flüsterdialog zwischen den beiden teilweise wiedergegeben (Umfang insgesamt über 30 Beiträge).

Ausschnitt 86: Flüsterbeispiel 17, bke-Leona 20.08.12

253) 16:28:47	*Klientin 4* * *Klientin 15*	*ganz ehlrich mich fuckt einfach nur ab was du in jedem verdammten chat laberst von wegen kopftuch und so eine scheiße. Hab mal mehr Respekt!*
267) 16:31:51	*Klientin 15* * *Klientin 4*	*wieso du hast mich doch angemacht obwohl es gar nicht um dich ging. was hast du jetzt für probleme mit kopftuch trag eins oder lass es, ist halt voll egal*
272) 16:32:37	*Klientin 4* * *Klientin 15*	*laber keine scheisse ganz ehrlich. Solche Kommentare kannst du dir sparen. Und seine Meinung zu sagen ist nicht dumm anmachen. Ich glaube du weisst gar nicht was das bedeutet :D*
291) 16:35:33	*Klientin 15* * *Klientin 4*	*blabla ihr emos habt doch eigentlich immer verständnis für alles und jeden wo ist dein verständnis? du müllst mich hier halt schon wieder zu.*

301) 16:37:21	*Klientin 4* * *Klientin 15*	*willst du mich gerade verarschen oder so? Hab ich iwo gesagt ich bin ein Emo. Echt du bist so voller Vorurteile :D kein wunder dass du so viel nicht verstehst ..hast halt noch viel zu lernen Selber*
302) 16:37:33	*Klientin 4* * *Klientin 15*	*Schuld laber nicht scheisse bzw respektlos an und ich respektiere dich. Aber das wird wohl nie passiern :D*
378) 16:49:37	*Klientin 15* * *Klientin 4*	*aber es nervt halt einfach voll dass du mich echt jedes mal dumm anmachst und beleidigst*
395) 16:51:30	*Klientin 4* * bke-Leona	*Sorry Leona dass ich gerade nicht so aktiv war … aber mich regt manch ein verhalten hier einfach nur auf -.-'*
403) 16:51:58	*Klientin 15* * *Klientin 4*	*du hast angefangen ist halt so und dann wunderst du dich wenn man dich auch anmacht. ist dein kopftuch so eng dass du nichts mehr checkst wie das echt war/ ist?*
412) 16:52:33	*Klientin 4* * *Klientin 15*	*Ganz ehrlich hast du nichts anderes zu tun als zu provozieren mit solchen dummen Aussagen?!*
424) 16:54:10	*Klientin 15* * *Klientin 4*	*du hast mich zugemüllt ich hab dich nicht angeflüstert oder? so dumm einfach dass du nicht mal checkst was du machst und dann schreibst du noch so dumm dass du deist bist was halt echt niemanden interessiert und glaubst dass du super gebildet bist*
425) 16:54:18	*bke-Leona * *Klientin 4*	*einfach nicht zuhören hilft manchmal auch*
429) 16:55:04	*Klientin 4* * *Klientin 15*	*Haha du hast gemüllt ja ;) aber ganz ehrlich ich verlager es nur aufs flüstern damits im chat nicht stört … weil ich anstand habe…schlauer als du allemal ;)*
430) 16:55:16	*Klientin 4* * bke-Leona	*sorry aber ich packs net wenn man so respektlos ist.*
431) 16:55:31	*Klientin 4* * bke-Leona	*und das ja leider nicht das erste mal*
440) 16:56:36	*Klientin 15* * *Klientin 4*	*wo hast du anstand? du machst mich grundlos an wegen leo beleidigst mich regst dich wegen kopftüchern auf du bist einfach dumm*

Klientin 4 ist offenbar nicht an einer Befriedung interessiert, sie nutzt den Flüstermodus, um Klientin 15 noch einmal massiv und verschärft anzugreifen, mit einer Wortwahl, die deutlich grenzwertiger ist als im Chat üblich und die im offenen Gruppengeschehen von der Fachkraft als Regelverstoß vermutlich gerügt worden wäre. Sie nutzt den Flüstermodus, um den Konflikt anzuheizen und sich unbeobachteter bzw. geschützter danebenbenehmen zu können. Klientin 15 steigt auf die Vorwürfe ein, verteidigt sich und wiederholt ihre Vorwürfe von vorhin, was wiederum Klientin 4 als Vorlage nutzt, um Klientin 15 anzugreifen („in jedem verdammten Chat"), d.h. sie bleibt nicht bei dem gerade aktuellen Konflikt, sondern generalisiert und kocht damit die ganze Sache hoch[105]. Es erfolgt eine ganze Reihe von Vorwürfen hin und her, wobei beide auf vergangene Dinge anspielen und der Ton zunehmend schärfer wird („du checkst nichts", „du bist einfach dumm"). Klientin 4 wendet sich zwischendurch hilfesuchend an die Fachkraft (Z. 395). Sie entschuldigt sich für ihr Nicht-Mittun in der offenen Themenbesprechung und begründet dies damit, dass „manches Verhalten hier" sie einfach nur aufrege. Damit umgeht sie elegant, dass sie den Konflikt massiv geschürt hat. Mit der indirekten Beschuldigung schiebt sie jegliche Verantwortung von sich und entschuldigt sich zudem nur für ihr fehlendes Engagement, nicht für den Ton oder Verhalten, das sie gegenüber Klientin. 15 einsetzt. Damit versucht sie die Fachkraft, deren Mitlesen ihr wohl bewusst ist, auf ihre Seite zu ziehen und vermutlich zu einer Stellungnahme zu bewegen. Die Fachkraft reagiert zunächst nicht, erst drei Minuten später flüstert sie zurück: ohne Stellung zu beziehen gibt sie nur einen Tipp, der wieder in Richtung Konfliktvermeidung geht ("einfach nicht zuhören"), womit sie Klientin 4 in Verantwortung nimmt und eine Aktionsmöglichkeit zuschreibt, die diese ja ganz offensichtlich nicht will. Logischerweise reagiert diese umgehend darauf, indem sie der Fachkraft erneut ihre Position als unschuldiges Opfer zu verdeutlichen versucht (Z. 430, 431, „sorry aber ich packs nicht, wenn man so respektlos ist"). Ziemlich gleichzeitig – nach der „Ermahnung" der Fachkraft – spielt sie sich gegenüber Klientin 15 als die Bessere auf („ich verleg mich aufs Flüstern damit ich nicht störe. ich habe anstand.."), was in dieselbe Richtung zielt wie das Anflüstern der Fachkraft: sich als die Überlegene, Bessere, Besonnenere darzustellen, ohne Verantwortung für eine mögliche Störung des Chats – wiederum mit hoher Wahrscheinlichkeit eine Botschaft an die Fachkraft, auf die diese jedoch nicht eingeht.

Mit der Verlagerung des Konfliktes in den Flüstermodus hinein gelingt es Klientin 4, dieses Thema – dessen Beendigung von mehreren Teilnehmerinnen eingefordert wurde – weiter anzuheizen und somit – trotz eines anderen in der Gruppe offen behandelten Themas – weiter im Mittelpunkt zu stehen. Der Konflikt dient der Profilierung und befriedigt das Bedürfnis, ja nicht als die Verliererin oder gar

105 Auch dies ist wiederum ein Verweis auf eine gemeinsame Vorgeschichte, die lt. Thiedeke (2003) als Definitionsmerkmal für Gruppen gilt.

als „dumm“ dazustehen, wie Klientin 15 sie beleidigt hat, und ihre Überlegenheit zu demonstrieren. Dies tut sie in mehreren Varianten: gut darstellen gegenüber der Fachkraft, beschimpfen und herabsetzende Vorwürfe gegenüber Klientin 15, sich selbst profilieren als richtig denkend und überlegt handelnd. Der von beiden Seiten wiederholt eingeforderte „Respekt“ der anderen vor der eigenen Person wird in Wortwahl und Verhalten von beiden karikiert – die damit verbundene Action, Konkurrenzbestreben und vermeintlicher Prestige-Gewinn scheint dies jedoch deutlich aufzuwiegen, zumal jede die Schuld und Fehlverhalten (z. B. die andere „zumüllen“) ja nur auf der anderen Seite identifiziert.

5.4.2 Fazit

Über alle Chats hinweg kann man feststellen, dass die angeflüsterte Person eigentlich immer zurückflüstert, mit Ausnahme der Fachkraft, die dies nicht immer tut, d. h. diese Form der Kontaktaufnahme wird offenbar als sehr verbindlich erlebt. Im offenen Chatdialog bleiben gelegentlich Reaktionen aus bzw. gehen in der Schnelligkeit des Gesprächsverlaufes unter. Im Flüstern dagegen ist ein hohes Ausmaß an Reziprozität festzustellen, das in der Zweiersituation und direkten Ansprache wohl stärkeren normativen Charakter hat als in der Gruppe, wo man sich ja auf die Beiträge der anderen verlassen kann. Das bestätigt wiederum die Befunde von Dorta (2005) zu Höflichkeit als kontextspezifischem und verbindlichkeitsschaffendem Element sowie die Erkenntnisse von A. Storrer (2002) zur grundsätzlich dialogischen Funktion.

Flüstern dient, wie in den obigen Beispielen ausgeführt, demnach verschiedenen Funktionen:

- Beziehungsaufbau und -pflege
- Exklusive Zuwendung suchen und gewähren
- „Neben-Beratung“ unter den Peers und/oder mit der Fachkraft
- Diskretion/Schutz für heikle Themen
- Nebenbeschäftigung als zusätzlicher Kick/Action
- Intrigieren/Verbünden gegen andere Teilnehmerinnen
- „Jammern können“ vor willigem Publikum, wenn dieser Weg offen versperrt wird
- Verstärkung/Weiterführung eines (nicht mehr) offen behandelten Geschehens
- Indirekte Botschaften an die Fachkraft (gegebenenfalls provokativ)

5.5 Teilnehmer-Rollen

Bisher haben wir uns in den einzelnen Kapiteln der Auswertung mit den zeitlich identifizierbaren Phasen des Beratungschats, Beginn, Themensammlung und – Bearbeitung, auseinandergesetzt sowie die Rolle des Flüsterns – als intimen Unterraum innerhalb der großen Öffentlichkeit – beleuchtet. Wie in den Ausschnitten deutlich zu erkennen war, gibt es eine Vielfalt von Profilierungs- und Reaktionsmöglichkeiten, die einzelne Teilnehmerinnen im Verlaufe des Chats einsetzen. Dennoch gibt es bestimmte Phänomene, die – fast wie Gesetzmäßigkeiten – wiederholt auftauchen, z. B. emotionale Anteilnahme bei belastenden Themen, „friedensstiftende" Maßnahmen, etc. Kann dies neben den schon beschrienen Grundstrukturen des Beratungs-Chats ebenso über die Teilnehmerinnen hinweg systematisiert werden?

Auf der Suche nach übergreifenden Faktoren soll in diesem Kapitel über mehrere Chats hinweg untersucht werden, ob es **bestimmte, stets wieder identifizierbare „Rollen" der Teilnehmerinnen** gibt. Dazu gehört die Konsistenz in der Darstellung einer Teilnehmerin über verschiedene Chats hinweg, sowohl als Helfende, wie auch als Helferin und Ratsuchende, sowie die Verbindung zwischen verschiedenen Teilnehmerinnen, die innerhalb des Gruppengeschehens eine bestimmte „Rolle", z. B. Friedensstifter, Experte, informeller Führer, ... einnehmen.[106]

Sollte man diese „Rollen" identifizieren können, so wäre dies ein gewichtiges Argument, das gegen die „Unverbindlichkeit" des Chats spräche. Im Gegenteil, damit wäre ein hohes Maß an Konstanz und Authentizität nachgewiesen, das ja – wie beschrieben – für die Teilnehmerinnen wie für die Fachkräfte ein häufig als „heißes Eisen" auftauchenden Diskussionspunkt darstellt. Es geht hierbei allerdings nicht um die zuvor schon behandelte Authentizität des eingebrachten Anliegens, sondern um die Person, die – bei Konstanz über verschiedene Zeiten hinweg – in ihrer spezifischen Identität deutlich wiedererkennbar wird. Daneben spielen die gruppendynamischen Aspekte eine wichtige Rolle. Wie aus der Forschung bekannt, gibt es bestimmte „Rollen", die sich in Gruppen jedweder Art stets entwickeln wie beispielsweise Anführer, heimlicher Chef, Sündenbock, Mitläufer, Mauerblümchen und ähnliche. Gilt das hier ohne Ko-Präsenz ebenfalls? Auf der Grundlage einer rein schriftbasierten Kommunikation?

---

106 Zur Auswertung dieser „Rolle" wird ein ebenfalls anonymisierter Nick benutzt. Sollte es um eine Teilnehmerin gehen, die bereits in einem der Beispiel-Ausschnitte auftauchte, wird – zur Identifizierbarkeit – selbstverständlich der gleiche Nick wie im Chatausschnitt benutzt.

Und nicht zuletzt geht es ebenso um die Konstanz innerhalb eines Chats. Kann hier ein „roter Faden", eine interne Konsistenz über die verschiedenen eingebrachten Themen hinweg gefunden werden? Falls ja, wäre das gleichfalls als Argument für eine höhere Verbindlichkeit, eine innere Logik zu deuten, die über das „unverbindliche Nebeneinander" verschiedener Jugendlicher und deren unzusammenhängenden Themen hinausginge.

5.5.1 Beispiele

Um verschiedene Rollentypen zu illustrieren, erfolgt zunächst ein Überblick über verschiedene Kategorien der Partizipation: als Ratsuchende bzw. Helferin beim Thema selbst, als Gruppenmitglied in Bezug auf die Gruppe und das gemeinsam verfolgte Ziel. Die Reihenfolge der Auflistung entspricht einem zunehmenden Maß der Partizipation, die hier verstanden wird als Ausmaß des „sich Einlassens" auf die Gruppe sowie den Beratungsauftrag als Kernthema des Gruppengeschehens. Die Kategorien werden hier sozusagen schlaglichtartig mit kurzer Beschreibung generalisiert, teilweise mit Verweis auf bereits beschriebene Teilnehmerinnen zur Illustration. Im Anschluss an den Überblick erfolgt eine genauere Explikation einzelner Rollen anhand längerer Textausschnitte:

Kategorien:

- unverbindlich vorbeischauend, nicht partizipierend. Kennzeichen: kurze Begrüßung, schnelle Frage nach behandelten Themen, mutmaßlich danach spontane Entscheidung zur Teilnahme oder nicht, oft Drängen auf eigenes Thema oder kommentarloses Verschwinden. In dieser Teilnahme wird keinerlei Verbindlichkeit er- bzw. gelebt, Entscheidungskriterium ist vermutlich der erhoffte Unterhaltungswert.
- „Opfer": Suche nach Aufmerksamkeit und Zuwendung. Erzählt meist dramatische Geschichten, die sich stetig noch steigern, kein Auftrag, der eine Selbstreflexion/Arbeit an sich geschweige denn Veränderungsbereitschaft voraussetzt. Erkennbar an „Ja, aber.."-Schleifen, die sich in Variationen wiederholen, häufig über mehrere Chats hinweg.
  Beispiel: Teilnehmerin „Pumba" (Ausschnitte 41–47)
- „Dramatikerin": reinplatzen mit höchster Dringlichkeit, narzisstische Grundstruktur, die alleineige, exklusive Zuwendung einfordert; (vorzugsweise ebenso im Flüstern mit der Fachkraft.
  (Beispiel: Ausschnitt 79, Flüsterbeispiel 11, Klientin 15)

- Coole, über den Dingen stehende Abgeklärte. Versucht zu provozieren und/oderdie Fachkraft in Kleinkriege/Elternrolle/Gegenrede zu verwickeln.
  Beispiel: Teilnehmerin „Profi“ (Ausschnitte 33–40)
- „Anything goes“, Leitmotto: „den Gefühlen folgen“. „Wenn es zu dir passt, tu es, dann ist es auch in Ordnung.“ Damit Verleugnung von Ambivalenzen und Leid.
  Beispiel: in Fall Elli (Ausschnitt 22) Klientinnen 2 und 4, Z. 116: „wenn deine gefühle so sind dann find ich das total oke!“
- „Friedens- und Harmoniestifterinnen“, versuchen Konflikte zu entschärfen. Sehr bestrebt, das eigentliche Geschehen im Chat ihrem Verständnis nach aufrecht zu erhalten, im Sinne von: “wir helfen uns einfühlsam, verstehen uns alle gut, gehen lieb miteinander um“.
- „Naivlinge“: simple Lösungsvorschläge. Damit erfolgt ebenfalls implizite Verleugnung des Leids („mach doch einfach…“, „red doch mal mit…“). Sonderform: Empfehlung von Therapie und professioneller Hilfe als Standard-Ratschlag.
  Beispiel: Teilnehmerin „Hummelchen“, s. folgende Beschreibung
- Vertreter von massiven, über das eigentliche Anliegen hinausschießenden drastischen Lösungsvorschlägen. Anteilnahme am Thema erkennbar, Reaktion: absolute Schlussfolgerungen und Verurteilungen, kein Raum für Zwischentöne und Schattierungen.
  Beispiel: Fall „Kostbares Kind“, Klientin 12 („sowelche leute gehören eingesperrt“)
- Co-Therapeutin/Helferin, Technik: Spiegeln des emotionalen Erlebens nach Rogers. Einfühlsame Deutung, agiert nahezu ausschließlich auf Gefühlsebene, bietet Verständnis und Wärme, kann Begrenzungen schlecht ertragen.
  Beispiel: Teilnehmerin „Sanne“, s. folgende genauere Beschreibung.
- „Experte“: abgeklärtes „über den Dingen stehen“, kennt vieles aus eigener Erfahrung, meist noch schlimmer, aber macht kein Drama daraus. Aus Expertenposition sehr hilfsbereit. Falls er Thema einbringt, eher beiläufig/nebenbei, nicht mit einem klar identifizierbaren Anliegen geschweige denn realistischer Hoffnung auf Hilfe, dennoch wiederholt ebenso als Ratsuchender beteiligt.
  Beispiel: Teilnehmer „Alessandro“, s. folgende genauere Beschreibung.
- Beratungsinteressierte: Ernsthaftes Anliegen, interessiert an Erkenntnis und auf der Suche nach Lösungsschritten, glaubhafte Ankündigung diese umzusetzen. Interessiert an verschiedenen Sichtweisen und im Verlauf der Beratung deutliche Erkenntnisfortschritte sichtbar.
  Beispiel: Teilnehmerin „Kostbares Kind“ und „Rike“.

Die Vertreter der verschiedenen Kategorien stehen beispielhaft für bestimmte Haltungen, die die Teilnehmerinnen der Gruppe wie dem Beratungsgeschehen gegenüber vertreten. Man könnte diese einordnen auf einem Kontinuum zwischen Ernsthaftigkeit und Fluidität im Sinne des eingebrachten Beratungsauftrages und in Bezug zur Gruppe: Einlassen auf Gruppe als Hilfe/Teil des Ganzen oder eher Gruppe als „Bühne", ohne Bezug.

Nach diesen allgemeinen Kategorien wird nun versucht, verschiedene „Rollen" anhand von ausgewählten Textbeispielen etwas plastischer greifbar zu machen. Die drei ausgewählten TeilnehmerInnen sind jeweils in mehreren Chats vertreten, Leitfrage ist die Suche nach identifizierbaren Ähnlichkeiten in der Selbstpräsentation über die verschiedenen Chats hinweg.

Beispiel „Sanne"[107]

Sanne ist eine Teilnehmerin, die in 6 der 17 Chats dabei war und sich mehrfach mit Gefühlsrückmeldungen einfühlsam einbringt. Das Ziel „anderen helfen" scheint ihr sehr wichtig.

Ausschnitt 87: Beispiel „Sanne", bke-Leona, 20.08.12

175) 16:18:12	*bke-Leona*	Wie haltet ihr es mit der Datensicherheit – wäre das ein Thema für jetzt?
179) 16:18:35	*Klientin 1*	wäre mit sicherheit interessant leona
182) 16:18:49	*Sanne*	ne, wir sollten schauen, wie wir *Klientin 4* helfen könnnen! @leona

Ihr Einsatz erfolgt oft recht vehement, im obigen Beispiel, Z. 182, erkennbar mit „!" und namentlicher Ansprache an die Fachkraft, womit stilistisch sozusagen eine Rüge ausgedrückt wird. Damit produziert sie sich als die Person, die hier genau weiß, um was es eigentlich geht („anderen helfen") und die dieses Ziel deutlich einfordert. Mit diesem Vorgehen stellt sie sich zuweilen, wie im obigen Beispiel, deutlich gegen die Fachkraft und zelebriert sich als mindestens Co-Therapeutin, wenn nicht gar als die „bessere", weil einfühlsamere und verständnisvollere Helferin. Sie macht der Fachkraft dadurch die „Initiativ- und Kontrollkompetenz" (Reitemeier, 1994, S. 237), die dieser als Institutionsvertreterin zusteht, streitig und erzielt mit diesem Kompetenzgerangel vermutlich ebenfalls wieder Aufmerksamkeit der

107 Dieser wie auch die folgenden Nicks wurden nach dem im Auswertungsteil beschriebenen Schema verändert.

anderen. Insofern ist diese Positionierung durchaus ebenso als ein Akt der Selbstdarstellung und -Profilierung zu betrachten.

Der nächste Ausschnitt zeigt denselben Chat 10 Minuten später. Die Gruppe hat sich immer noch nicht auf ein Thema geeinigt. Das Geschehen wird beherrscht von einem Konflikt, vordergründig um Datenschutz, der bereits im Kapitel „Flüstern“ behandelt wurde.

Ausschnitt 88: Beispiel Sanne, bke-Leona 20.08.12

247)	16:27:38	*Fachkraft*	Ich mach euch einen Vorschlag
249)	16:28:00	*Fachkraft*	wir besprechen zuerst *Klientin 14*s Thema und entscheiden dann weiter
250)	16:28:19	*Klientin 9*	find ich gut
251)	16:28:34	*Klientin 11*	bin ich dabei
252)	16:28:44	*Klientin 12*	guter vorschlag
254)	16:28:49	*Sanne*	wenn *Klientin 4* das nicht verletzt, bin ich auch dafür
255)	16:29:20	*Fachkraft*	mir scheint *Klientin 4* wäre einverstanden, stimmt das *Klientin 4*?
256)	16:29:25	*Klientin 4*	mich verletzte eher was ganz anderes Sanne. aber danke der anchfrage.

In diesem Ausschnitt schwingt Sanne sich erneut zum Fürsprecher für Klientin 4 auf (Z. 254), produziert sich als rücksichtsvolle Versteherin, womit sie ebenfalls wieder indirekt die Fachkraft überrundet; als die, die alle im Blick hat, Rücksicht nimmt, was eigentlich Aufgabe der Fachkraft wäre. Die Fachkraft geht auf diesen indirekten Vorwurf und Konkurrenz ein, indem sie den Vorwurf einerseits ablehnt (Z. 255, „mir scheint…“), aber explizit noch einmal nachfragt. Klientin 4 geht ebenfalls auf diese Fürsprache ein und bedankt sich ausdrücklich. Die Rolle der einfühlsamen Versteherin und „Co-Therapeutin“ wird demnach anerkannt und durch Aufmerksamkeit ebenso wie durch positive Rückmeldungen (Z. 256, „… danke der nachfrage“) sowie faktische Bestätigung der Handlungsmacht verstärkt: Die Fachkraft fragt noch einmal nach, statt die Teilnehmerin für die Rollen-Grenzüberschreitung zurechtzuweisen.

Im nächsten Abschnitt zeigt sich wiederum dieser Anspruch, die Fachkraft indirekt zurechtzuweisen und auf das „eigentliche“ Ziel des Chats hinzuwirken. Der Ausschnitt wurde bereits im Kapitel Themensammlung aufgeführt.

Ausschnitt 89: Beispiel Sanne, bke-Manuel 21.11.11

239) 15:26:21	*Sanne*	also ich gebe die hoffnung auf, dass wir bevor ich nachhilfe gehe noch mit einem thema beginnen
245) 15:27:01	*bke-Manuel*	ok das war das Stichwort, bitte um Themenwünsche, damit wir loslegen können
250) 15:27:38	*Sanne*	upps, wollte euch nicht den spaß verderben

Die durchaus deutliche Kritik (Z. 239) wird durch einen Smiley entschärft, aber dennoch verstanden und es erfolgt eine entsprechende Reaktion der Fachkraft, die damit den Impuls aufgreift, ohne auf die „Konkurrenz"/Streitig machen der Initiativkompetenz einzugehen. Darauf wiederum reagiert Sanne mit einer Quasi-Entschuldigung, in der sie scheinbar überrascht („upps") den Umschwung – ab Z. 246 folgen Themenmeldungen – kommentiert und ihre eigene Rolle dabei bagatellisiert/entschuldigt. Nicht nur der Kommentar als solcher, sondern vor allem die Hervorhebung durch 17(!) Smileys sorgen für einen hohen Aufmerksamkeitswert, der ihre Sonderposition als „heimliche Führerin" bestätigt.

Im folgenden Beispiel schildert die ratsuchende Teilnehmerin, Klientin 1 als Anliegen, wie schwer sie sich mit dem früher heftigen Streit ihrer Eltern tut.

Ausschnitt 90: Beispiel Sanne, bke-Ulla 28.11.11

472) 21:17:27	*Fachkraft *	was genau würdest du dir wünschen, *Klientin 1*?
474) 21:17:45	*Sanne*	klingt als wären deine eltern schon immer zerstritten gewesen
475) 21:17:51	*Klientin 1*	eine harmonische Familie. Wo man sich sicher und geborgen fühlt
476) 21:18:00	*Klientin 1*	ja Sanne, schon mehrere Jahre
477) 21:18:48	*Fachkraft*	das ist ein schöner wunsch
478) 21:18:53	*Sanne*	hmmm – und diese atmosphäre ist für dich unaushaltbar
481) 21:19:46	*Klientin 1*	Oft Sanne, manchmal ist es auch anders und ich habe fast das, was ich mir wünsche
482) 21:20:05	*Fachkraft*	verstehe deine traurigkeit gut. aber bei all dem mist und den problemen… scheinen deine eltern sich doch relativ gut entwickelt zu haben. …
485) 21:20:13	*Sanne*	uff, das ist ja ganz heftig, wenn es bei euch solche harten drohungen gab
488) 21:20:24	*Fachkraft*	gab es denn schonmal einen kleinen moment …wo du dich bei ihnen geborgen gefühlt hast?
490) 21:20:28	*Klientin 1*	Ja Sanne. Früher
491) 21:20:37	*Sanne*	und dass es die jetzt nicht mehr gibt, hilft dir auch nicht.
492) 21:20:38	*Klientin 1*	Ja *Fachkraft*, gab es schon
493) 21:20:55	*Klientin 1*	Schon Sanne, aber ich kann mich halt noch dran erinnern und das vergesse ich nicht einfach
494) 21:21:04	*Fachkraft*	das ist schön. das du das erlebt hast. das kannst du gut aufbewahren und in eine schatztruhe tun
495) 21:21:11	*Sanne*	ich vermute, du hast angst, dass es wieder kommen könnte oder eine(r) das dann tatsächlich durchführt

Sanne deutet Gefühle von Angst und Bedrohung die mit den früheren Situationen verbunden waren, und verbalisiert diese ausführlich (Z. 474, 478, 485, 491), wohl im Sinne eines von ihr so verstandenen therapeutischen Vorgehens. Die Fachkraft dagegen versucht, Klientin 1 in Richtung Auftragsklärung und Wahrnehmung dessen zu lenken, was sie sich wünscht („harmonische Familie“) und eher die mittlerweile eingetretenen positiven Entwicklungen zu würdigen. Klientin 1 stimmt beiden zu. Obwohl sie jedoch mehrfach signalisiert, dass die Situation sich verändert hat (Z. 481, „Manchmal ist es auch anders, und ich habe fast das, was ich mir wünschee“; Z. 490, „früher“, Z. 493, „(hilft) schon“), bleibt Sanne hartnäckig bei dem, was vorher so schlimm war. Damit konterkariert sie die Richtung der Fachkraft ebenso wie die Wünsche der Ratsuchenden im Blick auf harmonische Familie und setzt ihr „Therapeutensein“ und Konkurrenz zur Fachkraft um. Dieses Vorgehen wird jedoch von keinem der Beteiligten thematisiert.

Über diese drei Chats hinweg profiliert sich Sanne demnach als eine Teilnehmerin, die sehr stark auf das Helfen-wollen, verständnisvolles Eingehen abhebt und darin in klare Konkurrenz zur Fachkraft geht, die von ihr in den „therapeutischen Bemühungen“ überrundet und/oder hinterfragt wird.

Ein weiterer Hinweis, aus dem indirekt ihre selbstdefinierte Rolle als „Helferin“ erschlossen werden könnte: Sanne ist als Teilnehmerin in 6 von den insgesamt 17 ausgewerteten Chats vertreten. Nicht ein einziges Mal bringt sie dabei selbst ein Beratungsthema ein.

Auf dem beschriebenen Kontinuum zwischen Seriosität und Fluidität wäre Sanne vermutlich deutlich nahe des Seriositäts-Pols zu verorten. Sie trägt ein hohes Maß an Ernsthaftigkeit und Beharrlichkeit in den Chat hinein und geht augenscheinlich stets von einem authentisch hohen Maß an Hilfsbedürftigkeit und -Interesse der anderen Teilnehmerinnen aus, selbst bei anderweitigen Signalen. Siehe hierzu das im Abschnitt Themenbearbeitung als Selbstinszenierung beschriebene Beispiel „Pumba“: Sanne ist Klientin 4, die Pumba zum Einbringen eines Themas drängt und gegenüber der Fachkraft verteidigt, dass sie den Gerüchten nicht glaube. „Helfen wollen“ als oberste Intention des Chatgeschehens wird von ihr eingefordert, z. B. Anmahnen der Themensammlung, und nach eigenen Vorstellungen nahezu unbeirrt ausgestaltet. Mit dieser Helferrolle pflegt sie vermutlich ihr eigenes Selbstbild und blendet Fiktionen, den Unterhaltungsanspruch des Chats oder eigenes In-Frage-Stellen aus. Das Fluide, Fließende bzw. der Leichtigkeitscharakter, den der Chat ebenfalls verkörpert, wird von ihr negiert.

Toffler (1980, hier zit. nach Volkmann, 2010) hat den „Prosumer“ beschrieben: eine Mischform zwischen „einer funktional spezialisierter Leistungsrolle“ (Producer) auf der Anbieter- und „Publikumsrolle“ auf der Abnehmerseite (Konsumer). wie sie heute in immer mehr (Wirtschafts-)Bereichen gang und gäbe werden, z. B. Leser-Reporter, Autor für Wikipedia, Trendscouts…. In Anlehnung an Stichweh (1988) entwickelt und differenziert Volkmann (2010, S 206–220) das etwas allgemeinere Konzept der „sekundären Leistungsrolle“. Den Leistungsrollen, z. B. Ärzte und Pfleger im Gesundheitssystem, Produzenten und Verkäufer im Wirtschaftssystem, stehen Publikumsrollen auf der Abnehmerseite entgegen, die sozusagen komplementär zu den Leistungsrollen den Einbezug der Nicht-Leistungsträger in das jeweilige Sozialsystem (Gesundheitswesen, Handel) sichern.

Sekundäre Leistungsrollen sind sozusagen die „aktivistische Alternative" (ebd.) zu einer reinen Publikumsrolle, indem das Publikum bei der Leistungsproduktion über die Zuschauerrolle hinaus aktiv wird, hier: indem Sanne aktiv mit-berät. Sekundäre Leistungsrollen sind stets Nicht- Professionelle, die sich als Amateur wie ihre Vorbilder am Code des jeweiligen Gesellschaftssystem orientieren (hier: therapeutisch-einfühlsames Handeln) und „handeln *als wären sie…*" (Therapeuten, Journalisten, etc.…) (ebd., S. 213), wobei sie ihr Wissen aus der Publikumsrolle heraus erworben haben.

Sanne agiert in den von ihr besuchten Chats in dieser sekundären Leistungsrolle im Sinne einer Leistungsbeteiligung anstelle passiven Konsumierens. Das ist als Möglichkeit in diesem auf Peer-Beteiligung zugeschnittenen Format des Beratungschats sozusagen strukturell zugrunde gelegt, wird von ihr aber sehr intensiv vertreten.

Beispiel „Hummelchen"

Hummelchen ist in drei der hier zugrunde gelegten 17 Chats vertreten, wobei sie zweimal ein eigenes Thema einbringt und sich rege an den Themen der anderen beteiligt, meist in Form von Nachfragen.

Ausschnitt 91: Beispiel Hummelchen (Themenbearbeitung „Profi", bke-Mirata, 11.04.12)

171)	20:17:03	*Hummelchen*	hattest du mal ein alkoholproblem?
172)	20:17:33	*Profi*	Nein, nicht wirklich
173)	20:17:48	*Profi*	Habe hauptsächlich an den WE getrunken
175)	20:17:58	* Hummelchen *	ok und wieso?
176)	20:18:22	*Profi*	Weil ich jetzt „extremer" geworden bin
177)	20:18:37	*Profi*	Und in Verbindung mit der Tatsache, dass mit der Likör schmeckt…
178)	20:19:15	* Hummelchen *	hmm trinkst du nur weils dir schmeckt?
179)	20:19:22	*Klientin 15*	warum lässt du es nicht einfach?
180)	20:19:36	*Profi*	Nein, *Hummelchen*, um betrunken zu sein
181)	20:19:47	*Profi*	Weil ich destruktiv sein will, *Klientin 15*
182)	20:19:50	* Hummelchen *	ok und was willst du mit dem alkohol betäuben?
183)	20:20:01	* Hummelchen *	was heißt destruktiv?
195)	20:23:05	* Hummelchen *	also sorry wenn ich jetzt nochmal so doof nachfrage – du trinkst um svv zu begehen und rumzuhuren?
197)	20:23:15	*Klientin 10*	Ja, so in etwa, Hummelchen…

198) 20:23:27	*Klientin 6*	ohne ist das einfach nicht machbar hm?
199) 20:23:40	* Hummelchen *	ok also gut find ichs jetzt auch net
200) 20:23:45	* Hummelchen *	warum machst du das?
226) 20:26:50	* Hummelchen *	geht es dir gut wenn du „rumvögelst"?
231) 20:27:23	*Klientin 10*	Einerseits ja, andererseits fühlöe ich mich danach dreckig, schlampig
238) 20:28:57	* Hummelchen *	aber wenn du es danach so empfindest, also schlampig, hilft das nicht fürs nächste mal'? dass du es dann anders machst

Hummelchen stellt viele Nachfragen, die eher naiv wirken („hattest du mal ein Alkoholproblem? Trinkst du nur, weil es dir schmeckt? Warum machst du das?") bzw. psychologisches Halbwissen als Erklärungsmuster zugrunde legen („Alkoholproblem", „was willst du betäuben?"). Diese eher geschlossenen Fragen, die eine ‚einfache' Ja-Nein-Antwort suggerieren, entspringen wohl ihrem Bedürfnis nach klarer Einordnung und einfachen Lösungen. Ihre Beteiligung in Form der Nachfragen zeigt Interesse und Hineindenken in die Thematik sowie Bezug zur Gruppe: sie folgt in ihren Fragen dem allgemeinen Strom bzw. den Aussagen der anderen, lässt allerdings ein Verständnis für Zwischentöne bzw. vielschichtigere Problemdefinitionen oder Ambivalenzen („einerseits- andererseits"), die eben keine schnellen Lösungen zulassen, vermissen. Die Reflexionsbereitschaft, bzw. vielleicht ebenso das -vermögen für differenziertere Fragestellungen als Auslöser für ein „Thema" und Grundlage für einen gemeinsamen Beratungsprozess scheint eher gering ausgeprägt. Im Sinne des Kontinuums wäre sie daher wohl eher auf dem „fluiden" Teil zu verorten: durchaus Interesse und Anteilname an der Teilnehmerin, allerdings eher an einer raschen, leicht zu bewerkstelligenden Lösung interessiert, im Sinne eines naiven Denkmodells: wir klären das jetzt und dann ist es gut. Damit wird das in den Fragestellungen aufscheinende Leid eher negiert bzw. bagatellisiert.

Eine ähnliche Haltung zeigt sich ebenfalls beim nächsten Thema desselben Chats: Die Teilnehmerin fragt sich, ob ihre Probleme im Studium auf medizinische Ursachen zurückzuführen seien, früher habe sie so etwas nicht gekannt.

Ausschnitt 92: Beispiel Hummelchen, bke-Mirata, 11.04.12

395) 20:57:13	* Hummelchen *	*Klientin 9* ich bin der meinung du solltest mal von dem trip mit physischen krankheiten runterkommen, in der schule hattest des ja uch net

Ausschnitt 93: Beispiel Hummelchen, bke-Leona, 17.09.12

27) 16:02:50	*Klientin 7*	Mir gehts nich gut, ich hasse Schule -.- Und das am 3. Tag…
29) 16:03:08	* Hummelchen *	was is so schlimm *Klientin 7**?
31) 16:03:53	*Klientin 7*	Alles Hummelchen!!
34) 16:04:07	* Hummelchen *	was ist denn „alles“?
35) 16:04:25	*Klientin 7*	Ja alles halt
36) 16:04:31	* Hummelchen *	aha

An dieser Stelle ist der „naive“ Ansatz, auf einfache Frage folgt einfache Antwort, wieder gut zu erkennen. Das Jammern von Klientin 7 wird wiederum auf eine erkennbare und beschreibbare Ursache zurückzuführen versucht, die Abwehr der Klientin gegenüber diesem Denk-Ansatz negiert bzw. nicht erkannt. Hummelchen bleibt auf der Fährte einer verstehbaren Ursache und nimmt dann die erneute Abfuhr quasi achselzuckend hin („aha“), ohne den gegen sie gerichteten indirekten Vorwurf (wie kann man so blöd fragen… ist halt so…) wahrzunehmen bzw. auf jeden Fall nicht erkennbar zu reagieren. Die Doppelbödigkeit bzw. mehrfache Bedeutungshintergründe von Aussagen, hier eine zu vermutende Grundhaltung von Klientin 7: „mir gehts einfach schlecht, bitte kümmert euch“, wird einerseits befolgt, indem Hummelchen als zunächst einzige aus der Gruppe nachfragt, d. h. die Botschaft aufnimmt und Interesse entgegenbringt, andererseits mit dem Versuch einer genauen Ursachenanalyse konterkariert.

Die eher naiv anmutenden Denkmuster spiegeln sich ebenso in den zwei von ihr selbst eingebrachten Themen wider:

Ausschnitt 94: Beispiel Hummelchen, bke-Mirata, 11.04.12

143) 20:12:11	*Fachkraft 1*	wer möchte denn über was genauer reden? elegant eüberleitung zu de rfrage nach themen
145) 20:12:26	*Klientin 15*	ich wohl
146) 20:12:28	*Klientin 10*	Ich würde gerne
147) 20:12:28	*Klientin 9*	Ich würde
148) 20:12:32	*Klientin 15*	aber nicht als erste
150) 20:12:32	*Hummelchen *	hab auch was

Bei der Themenanmeldung bringt sie sich als letzte ein mit der eher halbherzigen und affektiv neutralen Formulierung „hab auch was“, die keine besondere

Dringlichkeit erkennen lässt. Als sie nach der Bearbeitung der ersten Themen dann zum Zug kommt, schildert sie das Anliegen wie folgt:

Ausschnitt 95: Beispiel Hummelchen, bke-Mirata, 11.04.12

480) 21:11:15	* Hummelchen *	also bei mir gehts drum, dass mein vater suchtprobeme hat
481) 21:11:27	* Hummelchen *	er trinkt und isspielsüchtig
483) 21:11:33	* Hummelchen *	noch dazu ist er choleriker
489) 21:12:05	* Hummelchen *	ich hab nicht so viek mit ihm zu tun, ok wir wohnen imselben haus aber ich versuche uihm aus dem wegzu gehen
490) 21:12:09	* Hummelchen *	ja
491) 21:12:32	* Hummelchen *	er schreit rum und wirft teilweise mit sachen
498) 21:13:13	* Hummelchen *	und naja ich habe versucht ihn mal drauf anzusprechen aber da rastet er voll aus sagt er hat keine problem er wäre keinsäufer und wir würden ihn nur schlechtmachen wollen
499) 21:13:14	*Klientin 5*	kannst du ihm denn so einfach aus dem weg gehen?
505) 21:14:00	*Hummelchen *	naja ich versuche es aber ich fahre früh mitihm zur uniund abends heim
507) 21:14:24	* Hummelchen *	ich fragemich wie das weitergehen soll?
518) 21:16:06	*Hummelchen*	und ich frage mich wie ich das ändern kann? er verspielt viel geld im casino

In diesen Schilderungen fällt wiederum eine Tendenz zu fehlenden Zwischentönen auf. Die Einordnung des Problems erfolgt in klaren, pathologischen Kategorien: Vater hat Suchtprobleme, trinkt, ist spielsüchtig, Choleriker, das eigene Anliegen wird als sehr pauschale Frage gestellt („wie das weitergehen soll"). Der eigene Auftrag an die Gruppe bleibt trotz nachvollziehbarer Not durch die geschilderten Umstände unklar, genauso wie die Frage, ob es eher um Unterstützung für sie bzw. eher um die Hoffnung auf Rettung für den Vater gehen soll. Ähnlich wie in ihren Beiträgen als Helfende gegenüber den anderen Teilnehmerinnen schwingt hier ebenso die naiv anmutende Hoffnung auf eine schnelle, einfache Lösung (er sieht es ein, er hört auf mit Trinken und Spielen…) mit, die gleichzeitig ein Stück fehlende Problemeinsicht bei ihr signalisiert. Das eigene Anliegen in Worte fassen und eigene Wege zur inneren Veränderung bzw. aushalten-Können einer nicht veränderbaren Situation suchen können, ist eine wesentliche

Ausgangsvoraussetzung für eine erfolgreiche Beratung. Nach dieser hier signalisierten Grundhaltung liegen diese Kriterien (noch) nicht vor. Ob bzw. in welchem Ausmaß es der Fachkraft im Prozess gelingen könnte, sie in diese Richtung – Reflexion des eigenen Tuns und eigener Handlungsmöglichkeiten unter widrigen, momentan wohl nicht veränderbaren Umständen – anzustoßen, ist fraglich.

Ein ähnliches Bild zeigt sich in einem anderen Chat, wo sie erneut ein Thema einbringt. Da kein dringendes Thema angemeldet wurde, macht Hummelchen einen allgemeinen Vorschlag:

Ausschnitt 96: Beispiel Hummelchen, bke-Leona, 17.09.12

329)	16:49:22	*Hummelchen*	wie wäre eine diskussion über beziehungen?
331)	16:49:36	*Klientin 6*	da hab ich nicht so viel zu diskutieren ^^ ich bin beziehungsunfähig
333)	16:49:49	*Klientin 6*	die einzige beziehung, die ich pflege, is zu meinem auto
334)	16:50:01	* Hummelchen *	das seh ich nicht so, aber abgesehen davon bist du ein mann der vllt einer frau wie mir das denken von männern näherbringen kann
351)	16:51:43	*Klientin 6*	na dann schieß mal los humelchen, was soll ich dir denn genau näher bringen? 
353)	16:51:57	* Hummelchen *	wieso sind männer manchmal solche arschlöcher?
357)	16:52:21	*Hummelchen*	am einen tag heißts „ich hab nicht mehr viele gefühle für dich" und 2 tage später „ich liebe dich" – was soll das?
359)	16:52:35	*Hummelchen*	bzw welche aussage ist jetzt gelogen und welche nicht
360)	16:52:36	*Klientin 6*	könnt ihr frauen doch auch?
361)	16:52:39	*Hummelchen*	?
362)	16:52:48	*Hummelchen*	sag mir welche aussage gelogen is
378)	16:54:25	*Hummelchen*	sind männer generell so?
379)	16:54:27	*Klientin 6*	meine ex is genauso
380)	16:54:33	*Klientin 6*	ich bin irgendwie nicht so ^^
381)	16:54:33	*Hummelchen*	hmm ok
382)	16:54:39	*Hummelchen*	ich auch nich…
383)	16:54:49	*Fachkraft 1*	das liegt nicht am Geschlecht
384)	16:54:59	*Klientin 6*	wenn ich ne person verletzen will is mir das geschlecht auch egal
385)	16:55:28	*Hummelchen*	hmm ok… also nicht geschlechterspezifisch sondern einfach charakterlich ftesgelegt obman das macht oder nicht?

Das als Interesse an einer Diskussion über Beziehungen angekündigte Thema („Denken von Männern näher bringen“) wird mit einer stark pauschalisierenden und abwertenden Frage eingeleitet (Z. 353), die wiederum ein klares Bild ohne Zwischentöne suggeriert. Die folgenden Beiträge gehen ebenfalls in diese Richtung: Wunsch nach einer klaren Antwort („sag mir welche Aussage gelogen is...“, „sind männer generell so?“) statt einer differenzierten Diskussion. Hummelchen bekundet damit sehr deutlich ihre Abwehr gegen das Aushalten von Ambivalenzen und die Tendenz zu einer einfachen „Schwarz oder Weiß?“-Lösung. Impulse, die in eine andere Richtung gehen, z. B. der Versuch von Klientin 6 zur Differenzierung im Sinne von „Ausnahmen“ oder mutmaßliche Motive, werden zwar aufgegriffen, aber erneut in eine Kategorie einzuordnen versucht (Z. 385). Der Name der Kategorie, die als Verhaltensursache herangezogen wird, wechselt, statt „Geschlecht“ jetzt zu „Charakter“, das einfache Denk-Schema (er macht es, weil...) bleibt jedoch bestehen.

Die Gruppe steigt auf das Thema ein, ausgehend von Hummelchens Beispiel entspinnt sich über die nächsten 20 Minuten eine allgemeine Diskussion zwischen mehreren Teilnehmerinnen über Kommunikationsmodelle und ein adäquates Modell von Konfliktbewältigung und Ausdrücken von Bedürfnissen. Abschließend kommt die Fachkraft noch einmal auf Hummelchens Ausgangsfrage zu sprechen:

579)	17:15:04	*bke-Leona*	Hummelchen, ist deine Frage ein wenig beantwortet?
580)	17:15:09	*Hummelchen*	ja klar leona

Die von der Fachkraft suggerierte Differenzierung („Frage *ein wenig* beantwortet?“) wird in einer pauschalen Gesamtaussage („ja klar“) negiert. Hummelchen bleibt hier wieder sehr konstant bei ihrer Präferenz zu schnellen Lösungen und wenig differenzierten Aussagen.

Am Beispiel Hummelchen ist demnach ebenfalls über mehrere Themen und Chats hinweg Verhaltenskonstanz nachzuweisen. In ihrem Auftreten verkörpert sie damit den Prototyp, der in dem beschriebenen Kontinuum wohl als Mittelpol mit Tendenz zum Fluiden und wenig authentischer Suche einzuordnen wäre: Interesse an Beratungsangebot, Einlassen und Anteilnahme an Themen anderer, aber wenig Bereitschaft und/oder Fähigkeit zu tiefgehender Reflexion geschweige denn Selbstreflexion und Infrage stellen eigener Denk- und Handlungsweisen durch Zulassen von Ambivalenzen und Diskrepanzen. Das fällt Jugendlichen häufig schwer, sowohl vom Zeiterleben her wie von der mit Ambivalenzen verbundenen Spannung (s.a. Kapitel A, III Zielgruppe Jugend). Die Suche nach schnellen, einfachen Lösungen – basierend auf eher naiv anmutenden Denkmustern und Erklärungsmodellen – steht im Vordergrund, womit zwar Leid und Not nicht negiert, aber doch schnell abgewehrt werden. Die Aufgabe der Fachkraft gegenüber diesem Typ von Teilnehmerinnen besteht in der Zumutung von Diskrepanzen und Ambivalenzen sowie des Aushaltens eines Prozesses der Lösungs-Suche statt vorschneller Lösungsfindung, ähnlich wie bke-Ullas Vorgehen im Fall „Kostbares Kind". Es bleibt abzuwarten, inwieweit sich Teilnehmerinnen, die diese Rolle verkörpern, darauf einlassen können oder zum nächsten Thema überschwenken, da die allgemeine Frage ja durch viele Impulse beantwortet *scheint*.

Beispiel „Alessandro"

Alessandro, in der namentlichen Ansprache meist mit „ale" abgekürzt, ist in den 17 hier untersuchten Chats 10 Mal dabei gewesen. Er kennt sich demzufolge gut aus und ist den meisten Teilnehmerinnen, die öfter dabei sind, bekannt. Er ist ebenso derjenige, der von „Hummelchen" um seine Stellungnahme zu „Männern/Beziehungen" gebeten wurde.

Wie gestaltet er seine Rolle/Identität? Dazu einige Ausschnitte:

Ausschnitt 97: Beispiel Alessandro, bke-Mirata, 11.04.12

105) 20:07:43	*Klientin 5*	ich schaff grade gar nichts, nichtmal ne mail zu lesen, geschweige denn sinnvoll zu reagieren
106) 20:08:04	* Alessandro *	ich wär froh mal eben sinnvoll denken zu können ^^
108) 20:08:17	*Klientin 10*	Ich bin angesoffen, also entschuldig bitte, wenn ich Buchstaben vergesse
112) 20:08:38	* Alessandro *	bah nie wieder alkohol
116) 20:08:54	* Alessandro *	ich darf nicht mehr
117) 20:09:00	* Alessandro *	seit heut hab ichs schriftlich
120) 20:09:21	*Klientin 5 *	warum ale?
121) 20:09:23	*Klientin 2*	wieso ale?
123) 20:09:32	* Alessandro *	was unnettes, aber ich red nicht drüber
(Thema von Hummelchen: Vater mit Suchtproblemen)		
545) 21:19:47	*Fachkraft 1*	ich denke dass es gut ist, den neurologen ins vertrauen zu ziehen, allein schon weil alk und medis wirklich keine gute mischung sind
546) 21:20:08	* Alessandro *	vom alkohol wird der neuro ihn aber auch nicht wegkriegen

553) 21:21:27	*Fachkraft 1*	@Hummelchen der arzt darf ihm nicht erzählen, dass er die info von dir hat
554) 21:21:40	* Alessandro *	von wem soll ers denn sonst wissen?
561) 21:22:19	* Alessandro *	wenn der neuro clever ist hat er von alleine gemerkt, dass da alkohol im spiel ist
564) 21:22:50	*Fachkraft 1*	dann müßte er der arzt uaf eine kur drängen
570) 21:23:23	*Hummelchen 2*	ja eine kur wäre glaubcih für alle gut
571) 21:23:44	* Alessandro *	da reicht ne kur schon nimmer
575) 21:24:32	* Alessandro *	von ner kur hört der das saufen nicht auf
576) 21:24:39	* Alessandro *	ich weis wovon ich rede, ich hab das alles schon durch

Bereits in der Anfangsphase „toppt“ Alessandro („Ale“) durch seine Beiträge die Aussagen von anderen (Z. 106, 112), was vermutlich mehrere Funktionen hat: Aufmerksamkeit generieren, sich als überlegen zu profilieren, Präsenz anmelden.[108] Die Rolle des „überlegenen Experten“ übernimmt er ebenfalls in der Themenbearbeitung von „Hummelchen“, wo er mit en passant platzierten Beiträgen seine Expertise kundgibt und ein durchweg eher pessimistisches Bild zeichnet („wenn Arzt clever wäre“, „Kur reicht da nimmer“). Seine eher lakonisch-knappe Ausdrucksweise ebenso wie sein „Klartext“ („von ner Kur hört der das saufen nicht auf“) unterstreichen den Eindruck von Expertentum, das er explizit noch einmal beansprucht (Z. 576, „ich weis wovon ich rede...“) und dem von den anderen nicht widersprochen wird. Seine Expertise stellt er offenbar gerne und hilfreich zur Verfügung, was ebenso am Beispiel Hummelchen (Diskussion über Beziehungen, s. o.) deutlich wurde.

Ein ähnliches Bild zeigt sich in einem anderen Chat.

108 „Wettbewerbscharakter“ ist laut den Untersuchungen von Deppermann (2001) zur Gesprächskultur von (männlichen) Jugendlichen ja eines der Grundmerkmale von Unterhaltung.

Ausschnitt 98: Beispiel Alessandro, bke-Leona 17.09.12

14)	16:01:10	*Fachkraft *	Wie geht es euch?
15)	16:01:14	*Klientin 10*	gut
16)	16:01:18	*Klientin 1*	grad ganz ok
17)	16:01:19	*Fachkraft*	schön
18)	16:01:26	*Klientin 1*	jedenfalls besser als die letzten tage
19)	16:01:29	* Alessandro *	das überleg ich mir noch mal …
92)	16:12:52	*Fachkraft 1*	Ich kenne *Klientin 10* nicht
93)	16:13:02	* Alessandro *	wahrscheinlich nicht unter dem nick
94)	16:13:23	*Fachkraft 1*	du meinst unter einem andern?
95)	16:13:23	*Klientin 7*	Jeder kennt sie, aber nich unter *Klientin 10*.
96)	16:13:34	* Alessandro *	fragt sich welchen du von den 30 kennst
329)	16:49:22	*Hummelchen*	wie wäre eine diskussion über beziehungen?
331)	16:49:36	*Alessandro*	da hab ich nicht so viel zu diskutieren ^^ ich bin beziehungsunfähig
333)	16:49:49	*Alessandro*	die einzige beziehung, die ich pflege, is zu meinem auto

In diesem Chat profiliert er sich ebenfalls mit gut platzierten lakonischen Beiträgen als Kenner der Szene, als Experte mit Überblick (über „30 Nicks") und jemand, der zu Recht eine Sonderrolle einnimmt: auf Frage nach Befindlichkeit antworten alle entsprechend, er: „das überlege ich mir noch mal" (Z. 19). Seine Beiträge stechen von den anderen ab, er ist nicht „einer unter vielen", sondern inszeniert sich als jemand Besonderes. Seine Beiträge entsprechen nicht dem allgemeinen Strom, sondern sind eher als pessimistisch-widerborstig einzuordnen, im Unterschied zu „Sannes" verständnisvollen Beiträgen, s. Rollen-Beispiel „Sanne". Alessandro scheint es wichtig, sich als „besonders" zu profilieren, wozu er unter anderem selbstironische und betont witzige Beiträge nutzt („einzige Beziehung zu auto") – ebenso wie die an den Tag gelegte Lässigkeit oder Spontaneität ein wichtiges Statusmerkmal unter Jugendlichen.

Diese Haltung des abgeklärten, erfahrenen, über den Dingen stehenden „Experten", der seine Expertise gerne hilfreich einbringt, ist in allen Chats zu beobachten. Mehrfach bringt er jedoch selbst ein eigenes Thema ein. Wie lebt er dann seine Rolle als Ratsuchender?

Ausschnitt 99: Beispiel Alessandro, bke-Manuel 21.11.11

245) 15:27:01	*Klientin 5*	ok das war das Stichwort, bitte um Themenwünsche, damit wir loslegen können
249) 15:27:22	* Alessandro *	nur vllt.
(Diskussion über Reihenfolge)		
323) 15:36:06	* Alessandro *	ich bin sowieso der mit den fragezeichen
326) 15:36:19	*Klientin 6*	ich bitte bitte bitte dich Ale anzufangen
329) 15:37:09	* Alessandro *	na meinetwegen
357) 15:43:00	* Fachkraft *	gut aufgewärmt können wir nun bei ale starteen
359) 15:43:27	* Fachkraft *	die Ohren sind auf
360) 15:43:52	* Alessandro *	ich hab nen sau schlechtes gewissen
361) 15:43:53	* Fachkraft *	leg los ale
362) 15:44:11	* Fachkraft *	rzähl
363) 15:44:28	*Alessandro *	gut, dass Sanne nimmer da is, die hätte mir gleich sonst was für vorträge gehalten ... ich hab mich gegen den willen eines freundes dazu entschlossen ihn einweisen zu lassen
364) 15:45:17	* Fachkraft *	oh heikel aber auch interessant, da interessieren mich gleich eure meinungen zu
365) 15:45:35	* Alessandro *	er wollte das absolut nicht und hätte dafür seinen tot in kauf genommen, nur ich wollt das eben nicht und jetzt ist es einfach so, dass ich halt immer nur höre, dass ichs wohl besser nicht getan hätte, weil man ja niemand zwingen kann
373) 15:47:22	*Fachkraft *	wirst du ihn besuchen und fragen wie er das im Nachhinein findet?
374) 15:47:50	* Alessandro *	ich würde ihn schon gern besuchen, wenns möglich ist, aber ich hab da so bisschen sorge vor der reaktion
375) 15:48:12	* Alessandro *	ich mein, ich war ja am ende dankbar dafür, dass man mir so geholfen hat
376) 15:48:14	* Fachkraft *	du hast es ddoch wohl aus Liebe getan und wolltest ihm nichts Böses nehme ich an
377) 15:48:21	* Alessandro *	aber muss ja nicht heißen, dass ers auch so sieht
378) 15:48:34	* Fachkraft *	daann hast du wohgl auch nichts zu befürchten finde ich aber was meint ihr dazu?
379) 15:48:36	* Alessandro *	ich hatte nur nicht vor schuld an seinem tot zu sein

Er meldet sich an mit „nur vielleicht“, was seine „ach, ich habs nicht so nötig“-Haltung hervorhebt und einen Entscheidungsspielraum offenlässt. Auf diesen Vorbehalt weist er bei der Diskussion um die Reihenfolge noch einmal ausdrücklich hin (Z. 323) und lässt sich dann erst nach dringlichen Bitten einer anderen Teilnehmerin (Z. 326) dazu herab zu beginnen. Dies wird ebenfalls eher als Entgegenkommen und überlegen gerahmt („meinetwegen“), es wird in keiner Weise ersichtlich, dass er ein dringendes Anliegen mitgebracht hat. Bei der Themenschilderung steigt er mit einer Situationsbeschreibung ein, es gibt keine Frage/Anliegen an die Gruppe oder Fachkraft, sondern allenfalls einen indirekt zu erahnenden Auftrag, der der Schilderung der Ereignisse vorausgeht und diesen entsprechend rahmt („sauschlechtes gewissen“). Eigene Gefühle werden in der folgenden Situationsbeschreibung angedeutet, aber bagatellisiert (“bisschen Sorge vor der Reaktion“). Anteilnahme/Mitgefühl bzw. positive Deutungen der Fachkraft (Z. 376) werden entwertet und zurückgewiesen, womit sein „ich hab den Überblick“-Anspruch bestätigt wird. Seine Sorge kann er wohl nur in sehr angedeuteter und eher Understatement-Form ausdrücken (Z. 379), um das Image zu wahren, Formulierungen wie Haltung widersprechen damit den einleitend angedeuteten „sauschlechten gewissen“.

Ausschnitt 100: Beispiel Alessandro, bke-Mirata 25.01.12

119) 20:09:56	*Fachkraft *	okay jetzt haben wir genug small talk gemacht und jetzt gibts big deep talk, wer hat themen? auf die plätze fertig los!!
121) 20:10:02	*Alessandro *	vllt.
143) 20:13:55	*Fachkraft *	okay dann fang mal an ale,
145) 20:14:28	* Alessandro *	ich versuchs mal in worte zu fassen
146) 20:14:34	* Alessandro *	meine stiefmutter hat nen neuen
147) 20:14:41	*Fachkraft 1*	oh
149) 20:14:56	* Alessandro *	oh träfe es nicht, wenns nicht wieder so nen assi wäre
150) 20:15:17	*Fachkraft *	was is assi an ihm@ale?
151) 20:15:24	* Alessandro *	das er auch nen säufer ist
152) 20:15:37	* Alessandro *	kann mir egal sein, ich weis
153) 20:15:46	* Alessandro *	aber ists nicht
227) 20:28:23	* Alessandro *	ach man hat keinen sinn, lassen wir das
229) 20:29:20	*Klientin 8*	warum hats keinen sinn?
230) 20:29:37	* Alessandro *	ich werd ihr eh helfen, egal was ich mir hier sagen lass oder annehme
248) 20:34:30	*Fachkraft *	sie will den assi retten und du willst sie retten und wer rettet dich@ale?
249) 20:34:43	* Alessandro *	ich kann schwimmen
250) 20:35:19	*Fachkraft *	@Ale dann wüünsch ich dir ein angenehmes Wasser im ernst @Ale 
251) 20:35:32	* Alessandro *	hm
252) 20:35:56	*Fachkraft *	magst du mal über den auftraggeber nahcdenken@ ale?
253) 20:36:18	* Alessandro *	hm bei mir ist das einfach so
254) 20:36:50	* Alessandro *	egal mach weiter

In diesem Beispiel meldet er sich wiederum nur mit „vielleicht“ und damit der Suggestion: ach, ich brauch es eigentlich nicht, was wieder sein über-den-Dingen-Stehen symbolisiert. Dessen ungeachtet startet die Fachkraft mit seinem Thema und er beginnt umgehend – möglicherweise ein Hinweis, dass sie sein

Muster kennt: abgeklärt tun, aber es steckt doch ein Bedürfnis dahinter, das er nicht so offen zeigen kann. Er beginnt mit der Einleitung „versuchs in Worte zu fassen", gefolgt von einer klaren Situationsschilderung. Ein Anliegen an die Gruppe bzw. die Fachkraft wird nicht formuliert, ist eher wieder aus der nonchalant und lakonisch mitgeteilten Beschreibung zu erahnen, nämlich Sorge um die Stiefmutter. Er inszeniert sich als „wissend"/abgebrüht, der emotionale Anteilnahme/Verständnis eher zurückweist („oh träfe es nicht…"), und nimmt die Beratungsergebnisse schon vorweg, indem er andeutet, was wohl kommen wird und ebenso, dass er dies sowieso nicht wird umsetzen können oder wollen (Z. 152/153; Z. 230). Damit führt er jeden Beratungsansatz ad absurdum. Das wird allerdings von den anderen Teilnehmerinnen wie von der Fachkraft mehr oder weniger kommentarlos hingenommen – in Kenntnis seines persönlichen Stils? Seine Wortwahl „ach man…" deutet durchaus Verzweiflung und Not an, die er aber in den inhaltlichen Aussagen („ich werde eh…") nicht zugeben kann/will. Sätze wie „ich werde eh nichts annehmen/helfen lassen", „egal, bei mir ist es so" signalisieren Abwehr, wo das Einbringen des Themas auf der anderen Seite Hilfebedarf kundtut. Das kann er wohl nur so dosiert zulassen, auf Annäherungen/Hilfestellungen reagiert er eher mit Abblocken und Rückzug. Eine Anspielung der Fachkraft auf seinen Hilfebedarf („wer rettet dich?") wird umgehend gekontert, bei Wiederholung mit einem mehrdeutigen „hm" kommentiert. Davon will er offensichtlich nichts hören, bzw. nicht offen zeigen, dass er Unterstützung und Fürsorge braucht/genießt, sondern reagiert an der Stelle, wo sein Expertentum/Status angekratzt wird, mit Rückzug und Abbruch. In dieser Formulierung („egal, mach weiter") wird wiederum das Verleugnen „schwacher" Gefühle fortgeführt („egal"), um den Status zu erhalten, und gleichzeitig inszeniert er sich erneut als die Person, die den Überblick hat und entscheidet bzw. der Fachkraft Anweisungen erteilt. Die Selbstüberschätzung wird damit sowohl stilistisch wie inhaltlich zelebriert.

Ausschnitt 101: Beispiel Alessandro, bke-Mirata, 11.04.12

681) 21:48:00	*Fachkraft 1*	wir haben noch ein paar minütchen und keine themen meldung mehr, will noch jeman die zeit für was kuzes kleines nutzen?
683) 21:48:47	* Alessandro *	vielleicht
684) 21:48:53	* Alessandro *	ich weis nur nicht wie ichs in worte packen soll *mirata*
690) 21:50:10	* Alessandro *	heut morgen bei meinem arzt ist so einiges schiefgegangen und jetzt heißt dann wohl für mich „ich muss ihnen leider mitteilen, dass sie diabetes haben"
691) 21:50:18	* Alessandro *	das leider hätte er ruhig noch betonen können
693) 21:50:42	* Alessandro *	ich hasse es jetzt schon
694) 21:51:05	* Alessandro *	morgen früh wird mehr getestet und eingeordnet
695) 21:51:07	*Klientin 2*	hm hat er das per bluttest rausgefunden?
696) 21:51:16	System	*Klientin 16* hat den Chat verlassen.
697) 21:51:20	* Alessandro *	er möcht gern nen zweites mal nüchternblutzucker messen
698) 21:51:30	*Fachkraft *	ja das sit gut
699) 21:51:39	* Alessandro *	find ich gar nicht gut
700) 21:51:40	*Fachkraft *	das er das gründlich macht
701) 21:51:43	* Alessandro *	ich will davon nix hören
702) 21:52:00	* Alessandro *	ich will das nicht haben
711) 21:53:29	* Alessandro *	wird besser, wenn ichs hab und richtig eingestellt werde
712) 21:53:33	*Klientin 2*	viel wasser trinken?
713) 21:53:35	* Alessandro *	aber gerade ist das einfach
714) 21:53:37	* Alessandro *	bescheiden
715) 21:53:41	* Alessandro *	mach ich schon
716) 21:53:53	*Fachkraft *	ja ein richtig blöder schock nichtwahr
717) 21:54:13	* Alessandro *	kam heute morgen echt...scheiße
733) 21:58:18	* Alessandro *	wird zeit schreiend im kreis zu rennen ^^
734) 21:58:27	*Klientin 2*	nein ale das hilft auch nix

In diesem dritten Themenbeispiel meldet Alessandro sich erst ganz am Schluss und da ebenfalls nur zögernd („vielleicht"). Er hat kein richtiges „Thema" und äußert sich zurückhaltend-vorsichtig („weiß nicht, wie in Worte packen"). Sein cooler Expertenstatus wird durch das vorsichtige Ausdrücken teilweise zurückgenommen, inhaltlich jedoch voll bestätigt. Was er andeutet: niederschmetternde Diagnose vom Arzt mit weitreichenden Folgen, hat ziemliches Gewicht, das in seinen Ausführungen nur sehr spärlich und dezent zum Ausdruck kommt. Er schildert die Situation distanziert auf der Sachebene mit nüchterner Mitteilung der Fakten, seine eigenen Gefühle werden nur sehr verhalten angedeutet („Das leider hätte er betonen können", „gerade bescheiden", „ich will nix davon hören"). Er rettet sich in die abgeklärte Rolle („wird besser"). Erst die emotionale Anteilnahme von außen (Z. 716) scheint ihn wohl zu etwas deutlicherem Ausdruck zu ermutigen, der aber ebenfalls sozusagen „gebremst" daherkommt („kam heute morgen echt... scheiße") und was er mit einer flapsigen Bemerkung umgehend wieder auszugleichen versucht, in der er seine Verzweiflung zwar andeutet, aber ironisch aufs Korn nimmt („schreiend im Kreis rennen"). Seine Not ist allenfalls zwischen den Zeilen zu erahnen („ich will das nicht haben"), insofern bleibt sein Status als „abgebrüht, erfahren" sozusagen gewahrt, möglicherweise getreu dem Motto: „Ein Mann weint nicht!".

Insgesamt spiegelt sich in allen drei eingebrachten Themen ein sehr ambivalentes Bild seines Umgangs mit sich, seinen Gefühlen, seiner Not, seinem Selbstbild, wie seiner Haltung dem Beratungssetting gegenüber. Das Einbringen eines Anliegens gilt in diesem Setting als Signal für Hilfebedarf. Diesem Signal von vermutlich erlebter „Schwäche" muss Alessandro offenbar sehr massiv entgegensteuern: schon in der Anmeldung ("vielleicht", „meinetwegen") ebenso wie im Anliegen selbst, wo nur sehr zögernd bzw. distanziert eine Situationsbeschreibung preisgegeben wird und Gefühlsbekundungen weitgehend vermeiden werden. Mitgefühl und Unterstützung der anderen werden zurückgewiesen, als unpassend oder überflüssig markiert, da er Hilfe laut eigenem Bekunden ja doch nicht annehmen wird, und eher entwertet – möglicherweise um seinen Status als „über den Dingen stehend, stark und überlegen" nicht zu gefährden.

In dieser Ambivalenz ist er jedoch über alle drei Chats, in denen er ein „Thema" anmeldet, hinweg konsistent. Interessanterweise geht es in zwei der drei Themen um seine Rolle als „Helfer" im Alltag, die er – aufgrund existenzieller Bedürfnisse der anderen – als absolut notwendig erachtet, gleichwohl hier aber Bestätigung dafür sucht, d. h. so sicher ist er sich in dieser Rolle damit wieder nicht. Die Rolle als „Retter und Helfer" ist ebenfalls eine Inszenierung des „weiter"-Seins, d. h. entspricht somit der in den Chats als Teilnehmer zelebrierten Rolle. Im Gegensatz zu „Sanne" hinterfragt er aber diese Rolle zumindest andeutungsweise, indem er sie zur Diskussion stellt – ehrliche Bereitschaft des Hinterfragens oder Status-Zelebrieren?

Fraglich bleibt seine Haltung dem Beratungsansatz insgesamt gegenüber: er verteidigt den Chat stark gegen „Fakes" (s. Beispiel „Pumba"), als Platz für

Teilnehmerinnen, die wirklich was brauchen und annehmen. Er selbst jedoch beschränkt sich überwiegend auf Darstellung der Situation, ohne dass tatsächlich ein affektives Betroffen sein, ein spürbarer Leidensdruck und Suchprozess spürbar wird – nimmt er trotzdem was mit/an?

Insgesamt ist jedoch über weite Strecken hinweg ein sehr konsistentes Bild seiner unter dem Nick „Alessandro" gelebten Identität nachzuweisen. Ob dieses Expertentum nun seinem Männlichkeitsbild, seinem Status in der Gruppe und/oder seiner Persönlichkeit bzw. noch ganz anderen Motiven entspringt, mag dahingestellt bleiben. Nachweisbar ist eine hohe Konsistenz in der Darstellung, was die im Theorieteil beschriebenen Befunde zum Konzept der Pseudonymität bestätigt: Wiedererkennbarkeit, hohe Konstanz in der Darstellung, authentisch sein als Mittel der eigenen Identitätswahrung.

5.5.2 Teilnehmerrollen: Fazit

Die drei hier beschriebenen Teilnehmertypen unterscheiden sich stark voneinander, sind aber in sich jeweils von hoher Konsistenz. Die Konstanz der Verhaltensweisen über mehrere Chats hinweg sowie innerhalb des Chats im „Rollenwechsel" zwischen helfender und ratsuchender Person kann als Hinweis auf eine hohe Authentizität gedeutet werden. Wie die im Theorieteil beschriebenen Befunde nahelegen (vgl. Döring, 2003, u.a.), ist es schwer, über lange Zeit hinweg eine vorgetäuschte Identität glaubhaft und ohne Fehlleistungen zu präsentieren. Je authentischer eine Person das eigene Verhalten präsentiert, desto glaubhafter wirkt es und desto müheloser kann über die Zeit hinweg ein bestimmtes Bild aufrechterhalten werden.

Man kann demzufolge anhand der beschriebenen Rollen/Teilnehmer-Typen davon ausgehen, dass sie hier einen Teil ihrer Identität ausleben, der zu ihnen passt und der sich konstant über die Zeit hinweg repräsentiert. Diese Befunde sprechen gegen die a-priori-Annahme von Chat bzw. Online-Beratung (vgl. Engelstädter/Schierbaum, 2008) als einem Unverbindlichkeits-Medium ohne persönliche Begegnung, in dem man kommt und geht, wie man will und das keinen Bezug zur eigenen Identität und dem eigenen Alltagsleben hat. Dieser Bezug ist durch die Konsistenz gegeben, ohne dass damit bereits Aussagen möglich sind, *wie* genau dieser Bezug aussieht.

Zumindest bei Alessandro gibt es klare Hinweise darauf, wie sehr die hier präsentierte Identität als Experte und Helfer ebenso seinen Alltag bestimmt. Bei den beiden anderen kann man es nur mutmaßen: Hummelchen beispielsweise steht dem Vater und seinen Auffälligkeiten ähnlich naiv gegenüber wie hier im Chat den eingebrachten Themen.

C Diskussion

VII Befunde der Auswertung: Zusammenfassung

Nach dem empirischen Teil, in dem die Analyse der vorliegenden Chatprotokolle beschrieben und erste Befunde unter Rückgriff auf wissenschaftliche Erkenntnisse, die im Theorieteil erörtert worden waren, bereits in einen größeren Gesamtrahmen eingeordnet worden waren, sollen nun die Ergebnisse der Untersuchung noch einmal zusammenfassend dargelegt werden. Die Darstellung orientiert sich dabei grob am Analyseraster bzw. an den bereits im Theorieteil aufgeworfenen Fragestellungen.

„Was geht hier eigentlich vor?" – diese bereits mehrfach zitierte Frage Erving Goffmans als Leitmotiv der wissenschaftlichen Annäherung und Analyse diente sozusagen als Leitfaden für die vorliegende Arbeit. Es wurde versucht, das Zusammentreffen einer Gruppe Jugendlicher/junger Erwachsener, die sich explizit auf einer Beratungsplattform mit dem Anspruch fachkundiger psychologischer Begleitung zu einem Gruppenchat zusammenfinden, in seinen wesentlichen Grundzügen zu beschreiben. Thema ist die Verschränkung zweier auf den ersten Blick scheinbar unvereinbarer Gegensätze, polarisiert gesprochen: Seriosität und Authentizität eines fachlich qualifizierten Beratungsangebotes im Sinne einer Lebensbegleitung in krisenhaft erlebten Situationen versus Fluidität und Unverbindlichkeit eines Chatangebotes, das jederzeit per Mausklick betreten und ebenso schnell sanktionsfrei wieder verlassen werden kann und in dem es eher um „Unterhaltung" als um ernsthaftes Sich-Einlassen und Reflektieren geht. Und das zudem unter den Bedingungen einer mehr oder weniger zufällig zusammengewürfelten Gruppe junger Menschen mit hohem Autonomiestreben, Tendenz zur Selbstüberschätzung und Abgrenzung gegenüber Autoritäten.

Wie beeinflussen sich diese beiden Bereiche gegenseitig, wenn sie zusammengeführt werden? Wie arbeiten sie aufeinander zu? Was passiert mit einem qualifizierten professionellen Beratungsangebot unter medialen Restriktionen bzw. wie wird die chattypische Unverbindlichkeit beeinflusst, wenn „seriöse" Themen und authentische Leid-Erfahrung den Gesprächsgegenstand darstellen? Und kann eventuell sogar von einer gegenseitigen Befruchtung gesprochen werden, die beiden Seiten zugutekommt?

Eine erste Antwort auf diese Fragen anhand ausgewählter Stichpunkte auf der Grundlage der empirischen Befunde soll in den folgenden Ausführungen versucht werden.

1 Beziehung

Nahezu alle namhaften Autoren sowie die Vertreter der institutionellen Beratungsangebote (s. Definitionen im Kapitel Beratung) sind sich darin einig, dass das Herstellen einer tragfähigen und emotional erlebbaren „Beziehung" zwischen Ratsuchendem und Berater bzw. innerhalb der Gruppe unter den einzelnen Teilnehmern eine der Grundvoraussetzungen für einen gelingenden Beratungsprozess ist.

„Beratung ist zuallererst Beziehung", wie Christoph Hutter (2013, S. 22) es pointiert formuliert.

Der überwiegend warmherzig getönte Umgang untereinander, die vielfältige persönliche Bezugnahme und Anteilnahme an den Fragen und Themen der anderen Jugendlichen sind in den dargestellten Chat-Ausschnitten erkennbar und beschrieben worden. Neben den ausführlichen Begrüßungen und Befindlichkeitsmitteilungen, die auf Vertrauen und Beziehung, zumindest Beziehungsherstellung schließen lassen, zeigt ebenso das Flüstern als Option zum geschützten Zweierdialog die Verbindlichkeit und Beziehung untereinander auf, die zu intensivem Austausch führt – was ohne ein Grundmaß an Beziehungserleben so nicht denkbar wäre (s. Kapitel Auswertung und Flüstern). Wie bereits Dorta (2005) in seiner Dissertation ausgeführt hat, geht es in der zunächst unverbindlich anmutenden Chatkommunikation ebenfalls um ein Minimum an „Beziehungsaushandeln" – ohne dieses wäre das Bemühen um eine gelingende Selbstdarstellung und – Profilierung obsolet, würde ins Leere laufen und seine Anziehungskraft verlieren. Beziehung lebt aus dem gegenseitigen Austausch, der in den dargestellten Ausschnitten nachvollziehbar munter vonstattengeht, sowohl in Smalltalk-Phasen als auch zu ernsteren Themen.

Ebenso belegt die im Text ersichtliche Andeutung einer Weiterführung, sowohl der Themen wie auch der Begegnung, z. B. durch Verabredung zu einem anderen Chat, die Beziehungskomponente und wie sehr diese geschätzt und genutzt wird.

Ebenso verweist der wiederholt hergestellte Bezug zu geteilten früheren Erlebnissen auf eine Gruppenkohäsion, die über ein zufälliges Zusammentreffen hinausreicht. Anhand der bke-Chatkommunikation wird daher deutlich, dass in virtueller Präsenz ebenfalls eine Gruppe performativ konstituiert wird, die untereinander fürsorglich miteinander umgeht (z. B. neu Hinzukommenden den Ablauf oder das Thema erklären, Trost spenden), gewisse Akzeptanz von Höflichkeits- und Gruppenregeln, wie Begrüßung und Verabschiedung, lebt und diese normativ voraussetzt. Rituale scheinen hier ebenso wie in jeder anderen Gruppe wichtig für den erlebten Zusammenhalt.

Im Nebeneinander verschiedener Themenstränge ist ein gemeinsamer Gesprächsfaden ebenso identifizierbar wie die Akzeptanz der Initiativ- und Kontrollkompetenz der moderierenden Fachkraft, gerade in den – vermutlich altersgemäß typischen – abgrenzungs- und profilierungsbedingten Konkurrenzbestrebungen. Dies unterstreicht den erlebten Gruppencharakter ebenso wie das in den Textbeispielen mehrfach sichtbare Einsetzen für die Gruppe bzw. die Intention des Beratungschats: Hilfe bei Anliegen, Schutz gegen vermeintliche Ungerechtigkeiten, Einsatz gegen Fakes und damit für „ernste Themen" und deren Bearbeitung. Zu den gruppengenerierenden Maßnahmen zählen ebenso versuchtes Konfliktmanagement und damit bewiesenes Verantwortungsgefühl für das Gelingen der Gruppe und ihres Ziels. Durch diese kommunikativen Handlungen kann das konstitutive Herstellen der Gruppe wie der „Rahmung" belegt werden. Die normativ vorgegebene und überwiegend praktizierte Höflichkeit im Umgang untereinander ermöglicht Nähe und Verbindlichkeit, was den für gelingende (Kommunikations-)Beziehungen grundlegenden Faktor Vertrauen fördert.

2 Leichtigkeit als Spezifikum der Chatkommunikation

Im sogenannten „Plaudermedium" Chat als niederschwelliges Angebot sowohl zum Beziehungsaufbau zu Fremden wie zur Beziehungspflege mit bereits Bekannten gilt die Leichtigkeit der Sprache als ein charakteristisches Merkmal. Dies trifft besonders auf die Zielgruppe Jugend/Junge Erwachsene zu, deren sprachliche Besonderheiten wie Abkürzungen, Ignorieren bzw. großzügiges Auslegen sprachlicher Konventionen, Neigung zu kreativen Sprach- und Schriftschöpfungen im Zuge einer tempoangepassten Notwendigkeit zur Sprachökonomie und Effizienz, sich außerhalb dieses Trägermediums ebenfalls zeigen (s. Untersuchungen von Deppermann et al., 2001). Diese Rhetorik des Lakonischen, Lapidaren, teilweise sogar läppisch Anmutenden mit den Reflexionszumutungen einer ernsthaften Beratung zu verschränken – wie gelingt das? Wie im Text sichtbar, wird die sprachlich wie gefühlt erlebbare „Leichtigkeit" einerseits durch jugendgemäße Formulierungen, u.a. aufmerksamkeitserregende Wortneuschöpfungen, andererseits durch einen lockeren „Flow", d.h. rasche Abfolge von assoziativ geprägten Beiträgen, vor allem in der Smalltalk-Phase, realisiert. Dieser Flow, ein rasches Oszillieren zwischen emotionaler Betroffenheit, lakonischen Kommentaren, aber ebenso warmherzigem Mitgefühl und Empathie sowie mehr oder weniger realistischen Lösungsvorschlägen, zeigt sich ebenso in der Themenbearbeitung, die seitens der Teilnehmerinnen sowohl von Dramatisierungs- wie Normalisierungstendenzen geprägt sind. Das offenherzige Austauschen von eigenen einschlägigen Erfahrungen, das Bekunden von Mitgefühl und die damit einhergehende „Normalisierung“ vermitteln themenbezogen ebenfalls ein Flair von „Leichtigkeit“ (im Sinne von: wenn andere das geschafft haben.....).

Die chattypische Leichtigkeit dient in diesem Rahmen nicht zuletzt dazu, dem Unterhaltungsanspruch gerecht zu werden, der mit dem Medium und dieser speziellen Kommunikationsform verbunden wird: „Unterhalten werden“/ sich gut unterhalten, in mehrfacher Hinsicht, wozu ebenso ein lockerer Fluss im Gesprächsablauf, Rumwitzeln, Kreativität, Überraschungen wie Selbstoffenbarung gehören (vgl. Trepte 2010). Und in dieser Selbstoffenbarung geschützt sein – vor Verrat, lustig machen und eben auch vor zu viel Tiefgang.

Die Fachkraft setzt „Leichtigkeitskomponenten“ in vielfacher Hinsicht ein: zum einen dient ein lockerer, jugendgemäßer Sprachstil durchaus als Zugang zur Zielgruppe, die auf eine formelle Begrüßungsformel („Ich wünsche allen Anwesenden einen schönen guten Abend“) in der Regel vermutlich eher befremdet reagieren würde. Im Themenbereich, bei der Beratung selbst, dient die „Leichtigkeit“, z. B. durch den Einsatz von Metaphern, der Ent-Dramatisierung und der suggestiv vermittelten Sicherheit. Damit unterstützt sie hier das Gemeinschaftsgefühl, den Vertrauensaufbau, damit eine Atmosphäre geschaffen werden kann, die ein vertrauensvolles Sich-Öffnen mit der eigenen affektiv bewegenden Thematik erst einmal ermöglicht.

Im Beispiel „Elli“ finden wir eine die Themenbearbeitung einleitende Metapher („alle an Bord“), mit der ein Schiff als sozialer Gruppenraum eine traditionsreiche Vergemeinschaftung aufgreift, die sozusagen eine Schicksalsgemeinschaft und ein gemeinsames Handeln als Notwendigkeit unterstellt, und damit die Gruppe ebenso sprachlich konstituiert. Der virtuelle Raum wird durch eine verdinglichende Metapher sozusagen „materialisiert“, was man als eine sprachliche Strategie, eventuell sogar verständniserleichternde Notwendigkeit in virtuellen Kontexten sehen könnte.[109] Insgesamt tauchen viele Metaphern und bildliche Ausdrücke in dieser Sprache der „Leichtigkeit“ auf.

Ein bereits im Text beschriebenes Zitat (bke-Uschi, Z. 376, „*mut in dosen zu *Klientin 4* schieb*“) illustriert anschaulich, wie ein notwendiger Schubser/ Ermutigung in „Leichtigkeit“ verpackt und gleichzeitig der Entschluss der Klientin, einen neuen Schritt zu wagen, noch einmal therapeutisch und mit Nachdruck (beziehungsbetonende persönliche Ansprache, Handlungsbeschreibung) aufgegriffen wird.

---

109 Z. B. Begriffe wie „Chat*raum*“ und ähnliches. Vgl. dazu auch die Ausführungen von Dorta (2005) zu „Fiktionalisierungen“ als Mittel der Beziehungsgestaltung im Chat.

Gleichzeitig dient – wohl im Sinne eines sprachlichen Anschlusses an die Zielgruppe, der gelegentlich schon einmal über-performed wird – der leichte Sprachstil bei der Fachkraft mutmaßlich mehrfach der Entschärfung, der Hinwegnahme der Autorität. Darin ist sicher ein deutlicher Unterschied zur Beratungsleistung außerhalb dieses Mediums, vor Ort/in der Anwesenheitskommunikation, zu sehen. Dort spielt Autorität, das (Macht-)Gefälle zwischen Klient und Experte eine wesentlich größere Rolle, was sich ja bereits im Setting zeigt: eine sogenannte „Komm-Struktur", d.h. der Experte hat den Heimvorteil, der Klient ist per se eher in einer „unterlegenen" Position. Bei der online-Beratung und speziell hier im Chat wird nun dieses Gefälle zu entschärfen versucht, entsprechend den Forderungen des Systemischen Lösungsorientierten Ansatzes, der eine Augenhöhe zwischen Berater – fachlicher Experte – und Ratsuchendem – Experte für sein eigenes Leben – vorsieht. Oft werden „leichte" Formulierungen und/oder ikonisierte Darstellungen (Emoticons, Abkürzungen) verwendet, um Anschlussfähigkeit und Gleichgewicht, das „ich bin einer von euch" zu demonstrieren oder gar zu zelebrieren. Hier bieten sich einige Ansätze zum Nachdenken über diese Stilmittel in der Rolle der professionellen Fachkraft: braucht es das tatsächlich? Ist das eher ein Bedürfnis der Fachkraft, eventuell zur Verschleierung der Hierarchie und der tatsächlichen Machtverhältnisse/Ungleichheiten? Wird nicht sogar die Autorität von den Jugendlichen explizit gesucht? Sonst wäre wohl kein solcher Zuspruch zu den Chats auf einer Beratungs-Plattform zu verzeichnen. Reicht nicht die Leichtigkeit in der Begrüßungsphase, im Beziehungsaufbau, um in der Beratungsphase intensiver und ach mit Nachdruck die Seriosität und Authentizität, die sich in einem hochqualifizierten Beratungsangebot widerspiegelt, und damit ebenso eine gewisse Autorität zu vertreten?

Und/oder ist dies möglicherweise ein Ausdruck der eigenen Unsicherheit der meist älteren moderierenden Fachkräfte, die sich mit diesem Sprachstil einen Ankerpunkt im noch neuen Medium/Terrain suchen und teils mit Überkompensation auf die eigene Unsicherheit reagieren? Provokativ gefragt: werden Fachkräfte durch die Unverbindlichkeit der Chatkommunikation selbst unverbindlicher und im Einsetzen ihrer Professionalität ein Stück ängstlicher, während Jugendliche unter dieser Rahmung eher mehr Verbindlichkeit finden? Dies ist sicher eine lohnenswerte Anschluss-Forschungsfrage.

3 Themenpräsentation und -Bearbeitung

In der Analyse des vorliegenden Textmaterials wurde die differierende Ernsthaftigkeit in der Präsentation des eigenen Leids/Anliegens deutlich herausgearbeitet. Das Kontinuum von Fluidität bis authentische Seriosität zeigt sich bereits in der Anmeldung als erste Präsentation des Themas. Die Teilnehmer sind schon in der Anmeldung wie in der Themenbearbeitung selbst an deutlich unterschiedlichen Punkten hinsichtlich der Parameter Leidensdruck, Problemeinsicht und Reflexionsbereitschaft. Neben Teilnehmern, die ein eigenes Anliegen ernsthaft als solches vertreten und sich auf entsprechende Reflexionsanregungen einlassen, finden sich ebenso solche, bei denen eher die Präsentation des Leids, die Selbstdarstellung als solche, im Mittelpunkt zu stehen scheint. Ein Chanson der Sängerin Annett Louisan beschreibt diese Haltung mit den Worten „Bleib mir weg mit deiner Lösung… sie wär der Tod für mein Problem". Anliegen dieser Klienten ist vermutlich weniger eine tatsächliche „Lösung" im Sinne intensiver Veränderungsarbeit an sich selbst, wie sie als Kriterium erfolgreicher Beratungsarbeit definiert wird (s. Kapitel A, II), sondern eher die Befriedigung von Aufmerksamkeits- und Anerkennungsbedürfnissen, die sie sich über diesen Weg der Selbstdarstellung als Opfer mit Leiderfahrungen in einer als unveränderlich präsentierten Situation erhoffen. Dennoch kann man nicht pauschal sagen, dass sie sich nicht auf diese Themen einlassen, sonst wären sie wohl nicht auf dieser Plattform aktiv, allerdings sind sie (noch) nicht auf der Stufe einer ernsthaften Reflexion, inklusive ihrer eigenen Anteile am Problem und an einer möglicher Lösung. Wie sich ihr manchmal mehrfaches Rumkokettieren mit ihren Themen auswirkt, ob diese „Schleifen" möglicherweise eine wichtige Vorbedingung darstellen, um sich irgendwann mehr zu trauen und sich auf eine tiefergehende Reflexion einzulassen, ist an manchen Beispielen zu vermuten und wäre sicher ein wichtiges Thema für weitere Forschungsarbeit. Der Fall „Rike" zeigt ja beispielhaft, wie die Beratung hier ebenfalls dazu genutzt wird, kommunikative Probleme in der face-to-face-Therapiesituation zu verhandeln, d. h. die Frage zu klären, wie man in verschiedenen Beratungskontexten zu interagieren hat. Hier zeigt sich offenbar ein Bedürfnis, auf das die Chatberatung antwortet und wo sie ihre speziellen Stärken ausspielt: Die anonyme Situation ermöglicht es, sich stärker zu öffnen. Die Chatteilnehmer können sich mit anderen Teilnehmern, die ähnliche Erfahrungen machten, austauschen und davon lernen, sie sehen, dass sie nicht alleine mit dem Problem dastehen. Im Sinne eines „selbstexplorierenden Handelns" (Döring, 2000, S. 529), das die Präsentation im Chat darstellt, können neue Verhaltensweisen, die im Alltag noch als zu fremd und beängstigend erlebt werden, ausprobiert und ins eigene Verhaltensrepertoire integriert werden (Beispiel „Rike", Ausschnitt 51, Z. 528 „… kann dank bke endlich meine Gefühle schriftlich ausdrücken, aber mündlich geht das nicht so wirklich, wenn ich denn weiß wies mir geht").

Als logische Folge dieser unterschiedlichen Eingangsbedingungen werden von den Teilnehmerinnen unterschiedlich ernsthafte „Beratungsaufträge“ erteilt. Aufgabe der Fachkraft im Chat ist es dann sozusagen, die Teilnehmerinnen in Richtung Seriosität und selbstkritische Reflexion des eigenen Erlebens, inklusive der Frage des „Leidensdrucks“ als notwendige Vorbedingung von Veränderungsbereitschaft, sowie der Problemanteile und Lösungsmöglichkeiten zu führen bzw. deutlich die Grenzen dessen, wozu die Klientin bereit und fähig ist, zu erkennen und dementsprechend das eigene Engagement darauf abzustimmen. Dazu gehört sozusagen ein fortlaufender innerer Prüfprozess: wie authentisch ist der Leidensdruck und der möglicherweise vorliegende Beratungsauftrag? Dies alles unter der Bedingung des Fluiden, eines unverbindlich anmutenden Träger-Mediums und einer Gruppe von Jugendlichen mit hohem Selbstdarstellungs- ebenso wie „Unterhaltungsanspruch“ (s. Kapitel A, III). Inmitten dieser Bedingungen einen minimalen Strom des Interesses der einbringenden Teilnehmerin selbst wie auch der begleitenden Gruppe an dem eigentlichen Anliegen herauszuschälen sowie angemessene Selbstreflexionszumutungen unterzubringen, ist wohl eine der größten Herausforderungen für die Fachkraft im Gruppenchat.

Dass dies mal mehr (Beispiele „Rike“, „Mara“), mal weniger (Beispiel „Profi“, „Pumba“) gut gelingt, ist am Untersuchungsmaterial herausgearbeitet worden. Allerdings – und das gilt es hier noch einmal herauszuheben – ist dies kein Spezifikum der Chat- bzw. Onlineberatung. Dass Klienten die Selbstreflexionszumutungen in unterschiedlichem Ausmaße annehmen bzw. notwendige Veränderungsschritte umsetzen, entspricht ebenso den Erfahrungen von Beratungsarbeit vor Ort. „Ebenso wie traditionelle Beratungseinrichtungen nicht jedem Klienten im gleichen Ausmaß und im selben kurzen Zeitraum behilflich sein können, ist es bei den Virtuellen der Fall“ (Sasse, 2011, S. 292).

Im Beispiel „Rike“ wurde in der Unterstützung durch die anderen Teilnehmerinnen die Funktion verdeutlicht, die eine wesentliche Intention des Gruppenchats darstellt: Ent-Dramatisierung des Erlebens des Einzelnen durch die Erfahrung: anderen geht es genauso, Austausch mit Gleichbetroffenen, damit weniger Vereinsamung in der Problematik sowie die Möglichkeit, Lösungsideen der anderen kennen zu lernen und selbst umsetzen zu können. Damit entsteht eine gewisse Solidarität, eine Gruppenkohäsion, die der Vereinzelung und damit Dramatisierung der Situation entgegen wirken kann. Die Verbindlichkeit, die im Chat erlebt wird, da andere auf mein Anliegen eingehen und mir zu helfen versuchen, die erlebte Solidarität und das Modell erfolgreicher Lösungsversuche der anderen ermutigen und helfen wieder mehr an die eigenen Ressourcen und Handlungsmöglichkeiten zu glauben, d. h. ein Stück Kontrolle über die eigene

Situation wiederzugewinnen – „Verflüssigung“ im Sinne von Rainer Paris, als Kennzeichen und Ziel von Beratung.

4 Flüstern: Kombination aus Öffentlichkeit und Diskretion mit Klatsch- und Intrigenpotential

Das Flüstern, die geschützte Mitteilung im Zweier-Modus unter indirekter Einbeziehung der Fachkraft, stellt sozusagen einen intimeren Ort im großen Rahmen dar, der genutzt wird für verschiedene Funktionen: Beziehungspflege, Rumwitzeln, Intrigen, Indirekte Botschaften an die Fachkraft, ernsthaftes Bereden von Themen sowohl mit der Fachkraft als auch untereinander; als Anlauf bzw. Alternative zum offenen Einbringen, aber durchaus zur Problembearbeitung.

Im Unterschied zu Orthmann (2004), die in den von ihr ausgewerteten (Anfangs-) Sequenzen nicht die vermutete Paarsequenzierung feststellen konnte, ist hier die dialogische Ausrichtung klar nachweisbar: Angeflüsterte reagieren sozusagen stets. Dieser Weg via Zweierkontakt scheint eine noch höhere Verbindlichkeit und damit Anschlussverpflichtung herzustellen als der Austausch im „öffentlichen Feld“ der großen Gruppe.

Damit werden Kontakte durch persönlichen Austausch vertieft oder bereits bestehende Beziehungen gepflegt (s. Beispiele im Kapitel B, VIII, 3.4.2: namentliche Begrüßung, intensivere Nachfragen als im offenen Rahmen, Verabredungen). Gleichzeitig dient das Flüstern nicht zuletzt im Hinblick auf die mitlesende Fachkraft ebenso der zusätzlichen Aufmerksamkeitsgenerierung in einem Medium, wo dies nicht durch Lautstärke, Sitzhaltung, Mimik usw. erfolgen kann. Durch die Auswahl des Flüsterpartners besteht überdies die Möglichkeit, gezielt Zuwendung zu verteilen oder selbst zu erhalten, ein „Herausheben aus der Masse“, das der Selbstvergewisserung dient und dem eigenen Ego schmeichelt.

Darüber hinaus verfolgt das Flüstern ebenfalls den Zweck, den man schon in anderen Zusammenhängen kennt: der Geheimnisverbreitung bzw. Geheimniswahrung. Wie in den Beispielen herausgearbeitet wurde, wird der Flüstermodus gezielt zur Weitergabe solcher Informationen eingesetzt, bei denen klar ist oder wird, dass es um Sachverhalte geht, die eben nicht jeder wissen soll, wo Scham, Taktgefühl und Diskretion ihren angemessenen Platz beanspruchen. Mit dem Flüstern wird quasi ein Nebengeschehen eröffnet, ein Raum jenseits dessen, worüber offen gesprochen wird. Flüstern wird damit als „geheimniswahrend“, als weniger bedrohlich (wenn's nur einer weiß statt allen…) dargestellt und die Einladung ausgesprochen, in diesen exklusiven Nebenraum zu wechseln. Dieser Einladung wird nahezu ausnahmslos Folge geleistet. Damit bietet das Flüstern einen Schutzraum, wo man zu zweit gegenüber der großen Masse abtauchen kann, ohne die Gruppe verlassen zu müssen.

Der Flüsterrahmen dient demnach dem Ausbreiten von geheimen Themen, schafft einen Raum, in dem eigenen Interessen nachgegangen oder voyeuristisch anmutende Neigungen befriedigt werden können, ohne Furcht vor Reputationsverlust oder Sanktionen wegen Regelverstoßes.

Neben normwahrenden Motiven (laufendes Thema nicht stören) stellt mutmaßlich aber ebenso der Reiz des Verbotenen einen nicht zu unterschätzenden Aspekt dar. Die Fachkraft greift in den ausgewerteten Beispielen selten beim Flüstern ein, d. h. der Raum wird geduldet und das Provokationspotential – was kann ich hier tun, bevor sie eingreift? – zumindest getestet. Damit bieten diese Nebenbeschäftigungen einen zusätzlichen Kick als Ablenkung, wenn das Gruppenthema langweilt oder eventuell zu heiß wird. Flüstern bietet dann der einzelnen Teilnehmerin die Chance: Ich kann „aussteigen" ohne wirklich zu gehen, d. h. Nähe und Distanz gleichzeitig leben.

Wenn die Fachkraft selbst das Flüstern nutzt, ist dies eine Extra-Zuwendung, die teilweise provoziert oder gezielt abgerufen wird, manchmal sogar zu Beratungszwecken. Auf jeden Fall ist es ein probates Mittel, gezielt mehr oder weniger indirekte Botschaften an die Fachkraft zu lancieren, die teils der Provokation und Aufmerksamkeitsgenerierung, teils aber ebenso als Hilfeschrei fungieren.

Das Flüstern birgt in sich, wie unter anderen Rahmenbedingungen ebenfalls, ein hohes Klatsch- und Intrigenpotential. Klatsch und Tratsch wirken als Aufmerksamkeitsfaktor, sie rufen stets Interesse hervor, um was es da gehen könnte, und versprechen (mehr) „Action". Die Heimlichkeit des Flüsterns steigert die Neugier und die Attraktion: man will dabei sein, „nichts verpassen", was besonders für Jugendliche eine wichtige Bedeutung hat, wo „Dabeisein" als Statuserhöhende Funktion gilt.

Wie aus einigen der Textbeispiele ersichtlich, wird die Funktion des Flüsterns explizit teils dazu genutzt, „gegen" eine andere Teilnehmerin Stimmung zu machen und eigene negative Reaktionen wie Ablehnung, Bedenken etc. zu formulieren – ohne Kenntnis der Teilnehmerin, um die es geht und durch seltenes Eingreifens der Fachkraft weitgehend sanktionsfrei. Die angeflüsterte Teilnehmerin wird ebenfalls zur „Geheimnisträgerin", was Vertraulichkeit voraussetzt wie generiert und damit eine Form von Nähe schafft. Zudem dient das Verbreiten von „Klatsch" Bergmann (1987) zufolge ebenso der Statuserhöhung, da es Gruppenzugehörigkeit und Expertise („jemand, der sich auskennt") signalisiert.

Flüstern wird daneben ebenfalls dazu eingesetzt, vor der in der Beratung geforderten Verbindlichkeit auszuweichen. Wie im Beispiel „Pumba" ersichtlich wurde, kann im Flüstern vor erwartungsgemäß willigem Publikum weiter gejammert werden, wenn dieser Weg im offenen Gruppengeschehen kritisiert oder versperrt wird. Eine positive Variante davon konnte im Fall „Rike" gesehen werden, wo das Thema nach der offiziellen Beendigung im Flüstern noch einmal aufgegriffen und vertieft wurde. Ebenso nutzte dies Fachkraft bke-Manuel, um eine Teilnehmerin zumindest ein Stück weit näher an die Reflexion über das Thema „mich betrinken" heranzuführen.

Soweit zu den einzelnen Funktionen, die an den Flüsterbeispielen herausgearbeitet werden konnten. Welche Funktion aber hat das Flüstern im Gesamtgeschehen des Beratungschats?

Dies scheint ambivalent zu beurteilen. Teilweise ist ein deutlich positiver, der Intention des Chats entsprechender Effekt (Beratung, zur Reflexion einladen, Themen und Lösungsvorschläge vertiefen) festzustellen, der die Rahmung als Beratungsplattform und die Nutzung als solcher in verschiedenen Ebenen unterstreicht. Andere Teilnehmerinnen dagegen nutzen das Flüstern ebenso wie das offene Gruppengeschehen als Mittel zur eigenen Selbstprofilierung und Ausspielen der Intrigenpotentiale gegen andere. Bei entsprechender Motivation zur Teilnahme an der Gruppe scheint das „Nebenbei-Geflüster" für chaterfahrene Teilnehmerinnen kein Problem darzustellen. Die Beteiligung an mehreren Strängen, offen und/oder geflüstert, ist üblich, das Flüstern wird dann gezielt aus oben beschriebenen Motiven zusätzlich oder sogar ausschließlich eingesetzt. Die Platzierung scheint in vielen Fällen eher aus einem spontanen Impuls heraus zu erfolgen, was dem Unverbindlichkeits-charakter des „Plaudermediums" entspricht, als einem von vorneherein geplanten Muster.

5 Rolle der moderierenden Fachkraft

Die moderierende Fachkraft hat kraft ihres Amtes verschiedene Aufgabenbereiche: als professionelle Beratungsfachkraft und Vertreterin der Institution „Virtuelle Beratungsstelle" ist sie die qualifizierte Expertin, die Unterstützung und Hilfe bei der Beratung anbieten und erfüllen soll, d. h. Unterstützung bei Problemdefinition und Lösungssuche, fachkundige Hilfe bei der Bewertung der Lösungsoptionen und Konkretisierung der erwogenen Lösungsschritte im Transfer auf den Lebensalltag. Dazu gehört – wie als Beratungsvoraussetzung beschrieben – eine warmherzige, verständnisvolle Beziehung und eine an Veränderung interessierte Grundhaltung, die von beiden Seiten getragen und geteilt wird. Komplementär zur Rolle der Fachkraft gehört in der Rolle der ratsuchenden Person ein Vertrauensvorschuss in die Kompetenz der Person des Beraters selbst und der Institution, wie es Nothdurft, 1994, in seiner Analyse von Beratungsgesprächen nachgewiesen hat.

Als moderierende Person im Gruppengeschehen ist es Aufgabe der Fachkraft für Struktur und geordneten Ablauf zu sorgen, d. h. sowohl zeitlich als auch organisatorisch Grenzen zu setzen (Reihenfolge, Zeitstruktur). Dazu gehört ein Grundmaß an Autorität, da sie die Regeleinhaltung überwachen und gegebenenfalls durch Sanktionen durchsetzen soll, d. h. einschließlich Disziplinierung der Teilnehmerinnen.

Der Unterhaltungsanspruch der Kommunikationsform Chat hingegen erlegt ihr darüber hinaus ebenso auf, für eine angemessene „Unterhaltung" zu sorgen, die erwartete „Leichtigkeit" nicht aus dem Blick zu verlieren und für eine angenehme und arbeitsfähige Gruppenatmosphäre zu sorgen, die der Unterhaltung wie der Einbindung der Peers in die fachlichen Interventionen und Lösungsfindung gerecht wird.

Aufgabe der Fachkraft ist es demzufolge, in diesen drei Bereichen Beratung-Struktur-Gruppenmoderation prozessorientiert eine ausgewogene Mischung herzustellen, vergleichbar einem Discjockey am Mischpult, der mal den einen, mal den anderen Regler hoch- oder herunterdrehen muss, damit das Gesamtergebnis rund wird.[110] Das kann je nach zeitlicher (z. B. Einstieg, Smalltalk) oder thematischer Phase im selben Chat ein unterschiedliches Mischungsverhältnis ergeben, das insgesamt ausbalanciert sein sollte.

Der Expertenstatus und Professionalitätsanspruch erfordert, Themen/eigene Betroffenheit als solche bei den Teilnehmern zu erkennen bzw. zu fördern und beim Herausarbeiten und Annähern zu unterstützen. Das inkludiert ebenso die Selektion derer, die eben keinen solchen eigenen Anspruch mitbringen und dementsprechend keine Beratungsleistung suchen, sondern die Befriedigung anderweitiger Bedürfnisse. In einem mitlaufenden Prozess überprüft sozusagen die Fachkraft fortwährend die Authentizität und Ernsthaftigkeit des eingebrachten Anliegens und die Frage, ob eine ausreichende, für Beratung notwendige „Suchhaltung" festzustellen ist. Sofern ein solcher Suchprozess erkennbar ist, gilt es im „Unterhaltungsstrom" Selbstreflexionszumutungen unterzubringen und unter Einbindung der Peers-Ressourcen mögliche Lösungswege zu eruieren. Hier heißt es für die Fachkraft auszubalancieren zwischen Abrufen von Lösungsideen, Einbindung der Peers und „eingrenzen" bzw. fachlicher Kommentierung einzelner Ideen und Steuerung des Gesamtprozesses, wozu Animation der

110 Ich danke meiner Chatkollegin E. P. für dieses treffende Bild.

Teilnehmerinnen ebenso wie „Entschleunigung“ und Beharrlichkeit in der Einladung zu näherer Exploration gehört (s. Beispiel „Kostbares Kind“).

Daneben erfordert die Rolle der Fachkraft ebenfalls, die Balance zwischen Gruppenarbeit (Moderation ebenso wie Deutung des Gruppenprozesses) und Einzelarbeit zu finden, wozu die institutionell vorgegebene „Initiativ- und Kontrollkompetenz“ (Reitemeier, 1994, S. 237) genutzt werden sollte. Hier ist fachliches Gespür gefragt, wann es eher um eine breite „Ideenbörse“ (Problemdefinition, Lösungssuche) der Peers und wann eher um einen therapeutisch gelenkten Prozess in einem Anliegen geht, der dann eher im Einzeldialog vorgenommen wird. In einem Artikel über 10 Jahre Erfahrung mit dem Beratungs-Gruppenchat im Rahmen der Ehe-, Familien und Lebensberatung wird das als Konzept „Einzelberatung in der Gruppe“ (Böhlker-Stede, 2013, S. 74) benannt und als „bewährter Ansatz“ (ebd.) dargestellt. Demgegenüber ist es – zumindest in der hier vorliegenden Zielgruppe junger Menschen – meines Erachtens eher eine Mischung aus beidem (Peers- ebenso wie fachliche Interventionen), die wirkt und das Ganze zu einer „hybriden Beratungsform“ (s. 14. Kinder- und Jugendbericht, S. 305) werden lässt. Es erfordert Fingerspitzengefühl und routinierte Leitungserfahrung bei der Fachkraft, diese beiden Ansätze tatsächlich zu einer „hybriden“ Form zusammenzuführen. In den Beispielen „Mara“ und „Rike“ ist genau diese Mischung nachzuverfolgen.

Insgesamt wurde in der Auswertung die ambivalente Rolle der Fachkraft in der Rolle als Moderator und gleichzeitig Teil der Gruppe deutlich. Dies wird teilweise mit über-angepasstem Verhalten, z. B. Sprachstil, auszubalancieren versucht (Beispiel Begrüßungsformel „hiho“ als „Gruß der Gartenzwerge“), was schon einmal zu kritischen Nachfragen von Teilnehmern führt. Der Umgang mit diesen Rückmeldungen oder den Konkurrenzbestrebungen einzelner Teilnehmer verweist auf die Gestaltungsmacht und Sonderposition des Moderators. Manchmal setzt er seine Moderationshoheit relativ schroff durch, in anderen Beispielen („Pumba“, Themensammlung) zeigt sich mehrfach, wie die Autoritätsposition eher verdeckt bzw. nachträglich relativiert wird. Im Beispiel „Pumba“ wurde eine Teilnehmerin per Flüstern diszipliniert, als diese entsprechend reagierte, wurde die Disziplinierung zurückgenommen und in eine Schutzhandlung umgedeutet. Die Verdeckung der Autoritätsposition scheint für die Fachkraft eine eher implizite Norm, die wohl der Anpassung an die Abgrenzungstendenzen der Zielgruppe gegen Autoritäten geschuldet ist.

Damit erhebt sich die Frage, wie offen Autorität und Kritik/Widerstand geäußert werden dürfen und können. Die kommunikative Herstellung ebenso wie die Verhandlung dieser Themen, die strukturell im Beratungs-Chat als Kombination zweier konträrer Grundtypen, was Partizipation und Gestaltungsmöglichkeiten angeht, angelegt sind, scheint äußerst schwierig und wird daher offenbar eher vermieden.

Die Schwierigkeit für die Fachkraft, die Balance der Doppelrolle als Teil der Gruppe und als Leiter der Gruppe zu halten, erfordert Autoritätsverneinung bzw. De-Thematisierung. Diese Problematik ist strukturell in der Rolle als Chatberater angelegt.

Eine weitere strukturelle Besonderheit, die sich auf die Rolle der moderierenden Fachkraft auswirkt, ist die tangentiale Grundstruktur des Chats. Gegenüber den tangential angelegten Beiträgen soll der Moderator für mehr Verbindlichkeit sorgen, auf den Beratungsangeboten beharren und die Konsistenz unter den Bedingungen der zugrundeliegenden Fluidität sichern. Die moderierende Fachkraft gilt sozusagen als Instanz der Regeltreue, Authentizität und Verbindlichkeit.

6 Authentizität

Das Thema der Authentizität wird in der Face-to-Face-Beratung nur äußerst selten explizit thematisiert oder gar zur Disposition gestellt. Möglicherweise tragen die Rahmenbedingungen des örtlichen Beratungs-Settings dazu bei, dass die Authentizität als gegeben unterstellt wird. Hierzu zählen vor allem: schriftliche Angaben von persönlichen Daten, die damit prinzipiell nachprüfbar sind, Kommunikation auf mehreren Ebenen, wobei die nonverbale eine wichtigen Anteil bei der Eindrucksbildung und damit sozusagen fortlaufender Authentizitätsprüfung einnimmt, Realitätscheck in der Situation bei widersprüchlich oder unklar erscheinenden Angaben, Aufwand des Klienten zur persönlichen Inanspruchnahme, Akzeptanz der institutionellen Bedingungen, etc.

Es gibt theoretisch nur wenig denkbare Szenarien, unter denen es vorstellbare, den Zeit- und Energieaufwand rechtfertigende Gründe geben sollte, dass jemand unter einem fingierten Vorwand eine Beratungsstelle aufsucht, um sich dort persönlich beraten zu lassen. Unter den Rahmenbedingungen der webbasierten Kommunikation wird jedoch – wie berechtigt auch immer – die Möglichkeit der im Vergleich zur Anwesenheitskommunikation leichter zu bewerkstelligenden Fiktion (zu Unterhaltungszwecken, zu Testzwecken, zur Aufmerksamkeitsgenerierung?) unterstellt und ein vermeintliches Anliegen – gerade wenn es nur lapidar oder sehr ausweichend formuliert werden kann – speziell von den Teilnehmerinnen selbst sehr kritisch hinterfragt. Dies passiert in der Anwesenheitskommunikation – aus oben geschilderten Gründen – tatsächlich wesentlich seltener bis nie. Ein Grundfaktor, der zu diesem Misstrauen beiträgt, ist vermutlich eben genau das Charakteristikum, das die Onlineberatung für viele so attraktiv macht: die Verdeckung der personalen Identität, die Anonymität, in deren Schutz man eben mal leichter über belastende Themen reden kann als von Angesicht zu Angesicht. Das würde erklären, warum vor allem bei neuen Nicks zunächst mal sehr genau beäugt wird, inwiefern diese Teilnehmer sich vorsichtig reintasten statt unangemessenen Platz beanspruchen und sich dem geltenden Setting und Bedingungen unterwerfen. Gerade erfahrenere Teilnehmer haben hier ein genaues Auge auf die Regelakzeptanz durch neu Hinzukommende, was sie teils sehr vehement einfordern. Das Konzept der Pseudonymität (wiedererkennbare Identität) greift ja sozusagen erst bei mehrfachem Auftauchen.

Offenbar haben die Teilnehmer zur Klärung der Authentizitätsfrage jedoch andere Deutungsschemata und Relevanzen. Gerade da die Onlineberatung eine Alternative zur Face-to-Face-Beratung darstellt, in der im Schutz der Anonymität erste Schritte gewagt, Hemmungen abgebaut und mögliche Reaktionen gefahrloser, was z. B. Angst vor Konsequenzen wie Einweisung in Klinik, Anzeige etc. betrifft, und mit höherer Selbstbestimmung ausgetestet werden können (siehe Fall „Rike"), soll dieser Raum des Austestens nicht vorschnell wieder versperrt oder mit zu hohen Hürden verbaut werden. Aus diesen institutionell bedingten (vgl. Nothdurft, 1994) ebenso wie aus ethischen Gründen, nämlich geschilderte Nöte grundsätzlich erst mal ernst zu nehmen und Ratsuchenden mit Hemmungen ebenfalls eine niederschwellige Anlaufstelle zu bieten, verwenden Fachkräfte relativ wenig Energie darauf, den *Wahrheitsgehalt* einer Aussage zu prüfen, sondern im Fokus steht eher die Auseinandersetzungsbereitschaft, die Haltung, die bei Problem-Einbringern dahintersteht. Man geht als Prämisse davon aus, dass jeder, der Zeit und Energie aufwendet, um in diesem speziellen Medium (Beratungs-Plattform) präsent zu sein, ein bestimmtes Anliegen mitbringt. Das kann ebenso das Bedürfnis nach Aufmerksamkeit, nach „einmal im Mittelpunkt stehen" sein. Und möglicherweise gehört es zur Lerngeschichte der betreffenden Person, dass dies umso besser bzw. sowieso erst gelingt, je abstruser die Geschichte verpackt und verkauft wird.[111] Es kann aber genauso gut das Bedürfnis danach sein, eine andere (Teil-)Identität auszuprobieren, sei es dass eine schüchterne Jugendliche mal frecher rüberkommen will, was sie sich aus Angst vor negativen Peer-Reaktionen im alltäglichem Umfeld nicht traut, oder ein Mittdreißiger, der sich aufgrund seiner emotionalen Entwicklung mit Gleichaltrigen nicht wohl fühlt, hier sein inneres „wahres Alter" unter einem

111 R. Haubl, 2000, S. 7: „Hinter der Konkurrenz aufdringlicher Selbstdarsteller stünde damit allerdings die Not, nicht anders Beachtung finden zu können."

Nick leben will. Wenn diese sich auf der Beratungs-Plattform tummeln, mag dies ebenso am Kick des Ungewohnten/„Verbotenen“ liegen oder im Falle des Mittdreißigers an erhoffter „leichter Beute“ im Sinne von Kontaktaufnahme zu vermeintlich labilen Jugendlichen, auf jeden Fall wird diese Rahmung bewusst aufgesucht, wo die Auseinandersetzung mit eigenen Anteilen gefordert wird. Wenn TeilnehmerInnen öfter präsent sind, wird (s. Forschungsbefunde Kapitel Computervermittelte Kommunikation, A, V) es eher auf eine stimmige, „authentischere“ Selbstpräsentation hinauslaufen, da auf Dauer ein vorgetäuschtes Bild schwer in sich stimmig aufrechtzuerhalten ist. In Fällen der bewusst akzentuierten salienten Teil-Identität dagegen kann diese Übung dazu dienen, diesen Identitätsaspekt mehr in sich zu integrieren, z. B. im Alltag frecher zu werden (s. „Chat als Probehandeln“, Döring. 2003, S. 530).

Gerade im Bereich der schweren, dramatischen Fälle (Themen wie beispielweise Missbrauch, Sucht oder Gewalt in der Familie) passiert es jedoch sehr häufig, dass jemand zunächst einmal den hier herrschenden Stil der Beratung und des Umgangs miteinander ausprobieren will. Er/sie testet dann möglicherweise zuerst mit einem banalen oder eher abstrusen Anliegen, ob er/sie Verständnis findet und wie verständnisvoll und hilfreich auf ein Anliegen eingegangen wird. Nicht selten, wie Erfahrungen zeigen, taucht jemand dann mehrere Chats später mit einem „glaubhafteren“ Anliegen auf, das dann stimmiger geschildert wird. Die „Schleifen“ und Testphasen vorher dienen dann offenbar zum Aufbau von Vertrauen in die Beratung (Person und Institution), wie es ebenso Nothdurft (1994) als strukturell notwendig schildert.

Die Teilnehmer im Chat repräsentieren eher Misstrauen, prüfen den möglichen Wahrheitsgehalt sehr wach und skeptisch. „Banale“ oder „zu dramatische“ Themen und Unstimmigkeiten gelten ihnen als Indiz für das schnelle Urteil „unecht“ = nicht der Zeit und Mühe wert (Beispiele: Alessandros Warnungen im Fall „Mara“, „Pumba“, im Chat bke-Leona „doofer fake“). Damit unterstreichen sie gleichzeitig den hohen Anspruch an „echte“ Beratung als grundlegend für diese Form.

Die Fachkräfte dagegen gehen bei einem eingebrachten Anliegen zunächst einmal grundsätzlich von einem dahinterliegenden Leidensdruck aus, in der Logik: sonst keine Suche nach Beratung, Unterhaltung gibt's woanders einfacher. Ziel ist – im Unterschied zu manchen Teilnehmern – dann nicht die „Faker-Jagd“, sondern das jetzt dahinterliegende Anliegen zu erspüren. Und ebenso, ob es tatsächlich um die eine Beratung kennzeichnenden Kriterien Problemdefinition und selbstkritische Reflexion auf der Suche nach möglichen Veränderungsschritten geht (s. Fall „Profi“). Diese Kriterien werden weniger nach dem

Inhalt, sondern eher nach dem zutage gelegten Eingehen auf die Reflexionsanstöße beurteilt. Wenn hier keine Haltung des „Beraten-werden-Wollens“ gezeigt wird, wird der Beratungsaufwand reduziert bzw. eingestellt, aber es erfolgt keine Detektivarbeit im Sinne einer inhaltlichen Überprüfung auf Unstimmigkeiten.

„Banale“, „zu dramatische“ Darstellung heißt für Fachkräfte dann nicht automatisch „unecht und nicht der Mühe wert“, sondern eine solche Darstellung kann Anzeichen von hoher Belastung, psychischen Auffälligkeiten, Angst, Schutzfunktion (Dissoziierung) und ähnliches bedeuten. Schön sichtbar wurde dies im Beispiel „Kostbares Kind“: das „Rumdrucksen“ bei der Darstellung wurde im Zusammenhang mit der gesamten Selbstpräsentation als Anzeichen der Belastung, als Indiz für Schutz- und Fürsorgenotwendigkeit interpretiert und von den Peers wie der Fachkraft mit entsprechenden Reaktionen honoriert, während „Mara“ und „Rike“ zunächst, „Pumba“ sogar über lange Strecken hinweg für die Verzögerung und Dramatik eher mit negativen, tadelnden Ermahnungen bedacht wurden.

Das Misstrauen und die Skepsis der Teilnehmer entsprechen den oben bereits aufgeführten Ergebnissen einer Studie („Real- Life-Extensions“, s. Abschnitt A, IV): Das eigene Profil wird authentisch erstellt und entsprechend beurteilt, gleichzeitig herrscht eine hohe Skepsis gegenüber Angaben der anderen.

Die skeptische Haltung Außenstehender, was die Authentizität der eingebrachten Anliegen betrifft, macht sich oft schon am Thema der „Anonymität“ und der damit in Verbindung gesetzten Unverbindlichkeit fest. Der Nick Name wird als „vorgetäuschte Identität“ und damit per se als nicht authentisch hingestellt. Wie die Auswertung der Nicknamen (s. Anhang: überwiegend Kategorie Vornamen) ebenso wie die nachgewiesene konstante personale Identität in den Teilnehmerrollen (Alessandro, Sanne und Hummelchen) belegen, kann sehr wohl von einer festen Identität ausgegangen werden, die sich mit hoher Wahrscheinlichkeit eines anderen als des Realnamens bedient, damit aber nicht weniger konstant bleibt.[112] Diese „Pseudonymität“, eine Identität ohne mit Realnamen identifiziert werden zu können, ermöglicht Nähe durch Distanz, wie sie u.a. von Heller (2005), Bergmann (2005) und Döring (2000, 2003) als hilfreich für die Onlinekommunikation beschrieben wurden, und rechtfertigt in keiner Weise den vorschnellen Ausschluss

112 Desen ungeachtet ließe sich trefflich darüber streiten, ob ein Nick wie „broken soul“ oder „Schlumpf 17“ eher dem Fiktionscharakter der Onlinekommunikation entspricht als „Annie“ oder „Mara“, die mutmaßlich höhere Authentizitätsansprüche an den Chat stellen als die erstgennannten. Das wäre allerdings noch mal ein neues Thema. Festzuhalten ist hier, dass ungeachtet der individuellen Nickwahl die Wiedererkennbarkeit und damit personale Identität eine wichtige Rolle spielt (s. dazu auch Kap A, V).

„echter persönlicher Begegnung“ aufgrund vorgetäuschter Namen, wie es Engelstädter und Schierbaum (2008) vorschnell aus ihren Daten schlussfolgern. Persönliche Begegnung geschieht hier unter einem gewünschten Schutzmantel und ist in ihrer Intensität doch nicht weniger echt. Das belegen beispielsweise die häufige persönliche Ansprache und Verweise auf andere Teilnehmerinnen und wie diese wohl reagieren würden, z. B. Fall Alessandro: „gut dass Sanne nimmer da is, die hätte mir gleich sonst was für Vorträge gehalten“).

Abschließend sei zum Thema Authentizität noch angemerkt: der hohe Freiheitsgrad und die rasche, weitgehend folgenlose Möglichkeit zum schnellen Ausstieg aus dem Chat wird kaum genutzt. „Abbruch“ eines Themas erfolgt nur, wenn kein Beratungsauftrag eruiert werden kann bzw. das Aufmerksamkeitsbedürfnis entweder ausreichend gesättigt oder von Fachkraft und Gruppe frustriert wird.

VIII Chancen und Risiken dieser neuen Form von Beratung

Ungeachtet aller Kontroversen über die tatsächlichen Möglichkeiten der Onlineberatung, die oft in einer erbitterten Grundhaltung zwischen Technikskeptikern und -begeisterten, zwischen „Bewahrern des Bewährten" und „Revoluzzern" der therapeutisch-beraterischen Szene ausgefochten werden, herrscht übergreifend doch Einigkeit darüber, dass die schriftliche Beschreibung als mehr oder weniger ausgefeilte Explikation des Anliegens eine hilfreiche Strukturierungsfunktion für den Klienten darstellt. Etwas, was innerlich belastet, in Worte zu fassen, schafft per se eine gewisse Distanzierung und ein Gefühl von Handlungsfähigkeit gegenüber dem Problem. Dies kann an sich schon entlastend erlebt werden und damit den weiteren Denkprozess und Lösungsideen fördern.

Der Therapeut Fritz. B. Simon beschreibt diese Wirkung als „Rogers-Effekt" des Schreibens: „Ich schreibe und beim Lesen wird es mir zurückgespiegelt, so dass der Faden weitergesponnen werden kann. Der Gedanke würde nicht weiter verfolgt, wenn er nicht niedergeschrieben worden wäre. So entwickeln sich im Medium des Geschriebenen Gedanken, die sonst nicht gedacht würden." … „Für mich ist Schreiben wie eine Abenteuerreise. Ich weiß vorher nicht, was ich schreiben werde. Ich habe vage Ideen, aber die sind eher wie Berge im Nebel, die Wege sind noch nicht zu sehen, es gibt eine Richtung. Erst während des Schreibens kommt eine Klärung zustande. Ich werde gezwungen, über Dinge nachzudenken, mit denen ich mich sonst nicht beschäftigen würde." (Dörte Foertsch im Gespräch mit Fritz B. Simon, 2010, S. 65). Selbst wenn hier eher auf längere Schriftstücke angespielt wird, so trifft dies teilweise ebenso auf das Erfordernis der schriftlichen Niederlegung im Chat zu. Nicht ohne Grund wird ein Thema beispielsweise mit „weiß nicht, wie ich es in Worte fassen soll" eingeleitet… diese Leistung, dass etwas in Worte gefasst, damit greifbar und für andere verständlich kommuniziert wird, ist ein Erfolgserlebnis an sich, das aus der Problemtrance des „Unaussprechlichen" herausführt und damit neue Wege (an)bahnt. Aus dem sich ohnmächtig erlebenden Jugendlichen wird durch den kreativen Akt der Verschriftlichung ein aktiver Gestalter, der dadurch in der Außenperspektive als „Beobachter" eine neue Reflexionsebene erschließt. In Anlehnung an Wittgensteins berühmten Aphorismus „Worüber man nicht sprechen kann, darüber soll man schweigen" könnte man diesen für die Onlineberatung umdeuten in „… darüber soll man *schreiben*". Tatsächlich spielen in den ausgewerteten Textbeispielen nicht wenige Teilnehmerinnen auf diese Funktion an (s. Beispiel

„Rike"), dass ein schriftliches Ausdrücken belastender Themen leichter sei als ein mündliches Mitteilen.

Die Beratung im Chat kann daher als eine Einladung verstanden werden, im Schutz der Pseudonymität neue Schritte zu wagen, wo man angstbesetzte Konsequenzen im Rahmen einer größeren Selbstbestimmungsmöglichkeit – Freiheit jederzeit gehen oder abbrechen zu können, wenn es mir zu dicht wird – und der weitgehenden realen Sanktionslosigkeit der Fachkraft (sie kann im Gegensatz zur örtlichen Beratung nicht die Polizei zu meiner Adresse schicken, wenn ich von Selbstgefährdung rede) viel besser abschätzen und vermeiden kann.

Es ist sicher kein Zufall, dass die Chats ebenfalls dazu dienen, kommunikative Probleme in der Therapiesituation vor Ort zu verhandeln, d.h. die Frage zu klären, wie man in verschiedenen Beratungskontexten zu interagieren hat. Hier zeigt sich offensichtlich ein Bedürfnis der Teilnehmerinnen, auf das die Chatberatung antwortet und wo sie ihre speziellen Stärken ausspielt: Die anonyme Situation, die fehlende Identifizierbarkeit als Realperson und die Sicherheit der häuslichen oder jedenfalls vertrauten Umgebung ermöglicht es, sich stärker zu öffnen. Im Austausch mit anderen Chatteilnehmern, die ähnliche Erfahrungen machen, kann von deren Erfahrungen profitiert sowie Solidarität und Entlastung („ich stehe nicht allein mit dem Problem da") erlebt werden. Neben Tipps zur Änderung kann damit glaubhafter, als es zuweilen eine Fachkraft tun kann, die Botschaft einer „Nicht-Änderbarkeit" einer belastenden Situation, z.B. Suchtprobleme in der Familie, vermittelt und eine neue Entwicklung eingeleitet werden, mit neuem Fokus: wenn ich nichts ändern kann, wie kann ich mich dann schützen?

Nicht ohne Grund weisen daher ebenso Fachleute, z.B. die Autoren des 14. Kinder- und Jugendberichts, auf diese Stärke hin: dass diese niederschwellige Form der Beratung gerade für solche Jugendliche wichtig sei, die aufgrund der Schwere/Seltenheit ihrer speziellen Situation im örtlichen Umfeld keine geeigneten Ansprechpartner finden, obwohl sie es besonders bräuchten. Gerade diese schweren Situationen (Missbrauch, Gewalt, Sucht, psychische Erkrankungen) sind ja oft besonders schambesetzt und bedürfen daher eines besonderen Schutzes, den die Onlineberatung mit ihren strukturellen Besonderheiten bieten kann.[113]

---

113 Böhlke-Steder et al. (2013, S. 76): „Es fällt auf, dass auch scham- und angstbesetzte Themen direkt angesprochen werden, KlientInnen und BeraterInnen keinen längeren Kennenlernprozess miteinander machen und vertraunsbildende Maßnahmen nicht nötig zu sein scheinen. In der face-to-face-Beratung muss die Sicherheit einer vertrauensvollen Beziehung oft erst über einen längeren Zeitraum erarbeitet werden. In der Onlineberatung geschieht das oft bereits in der ersten Anfrage."

„Die sind ja aber doch eh im Internet unterwegs und können da ihre Dinge loswerden", ist ein unter anderem von Kostenträgern häufig bemühtes Argument. Ja, die Jugendlichen und jungen Erwachsenen sind in der Regel viel in internetbasierter Kommunikation engagiert. Allerdings findet man bei den verbreiteten sozialen Netzwerken, z.B. bei Facebook als derzeitigem Marktführer, wenig Authentizität in Bezug auf Leiden, sondern es werden überwiegend „Erfolgsgeschichten" veröffentlicht. In den Spaß- und Kommunikationsnetzwerken mit deutlich anderer Rahmung, nämlich als einem Unterhaltungs-Setting, herrscht eher eine „heile Welt" vor. Negative Erlebnisse werden vergleichsweise selten mitgeteilt, Ausnahme eventuell Trennung mit Wunsch nach Anteilnahme und Mitleid bzw. der eher hoffnungsfroh verkündeten Botschaft: Bin wieder zu haben. Beispiel: Änderung des Beziehungsstatus auf Facebook von „Vergeben" zu „Single"- damit implizit Suggestion „auf ein Neues!", aber kein Raum für Trennungsdramen und Schmerz. Die grundsätzlich in Richtung positives Erleben gefärbte Tendenz zeigt sich im Übrigen ebenso daran, dass es keinen „gefällt mir *nicht*"- Button in Facebook gibt. Die Facebook-Welt sammelt nur Schönes, Gefälliges – bzw. der einzelne Teilnehmer wird gezielt in die Richtung gelenkt, denn wer möchte nicht viele „Likes" als äußeres Zeichen der Anerkennung, der Bestätigung haben? Insofern erleben viele Jugendliche, dass es für die schmerzhaft erlebten Momente wenig Raum gibt. Hier bietet die Onlineberatung einen anderen Rahmen für emotionale Unterstützung gerade für diese Seiten des Lebens, einen Rahmen, in dem Peer-Empowerment mit fachlicher Unterstützung in krisenhaften Situationen kombiniert wird.

Die OnlineberaterInnen der Ehe-, Familien-, Lebensberatung (EFL) im Internet beschreiben in ihrer Zusammenfassung von 10 Jahren Erfahrung mit diesem Ansatz (Böhlke-Steder et al., 2013) ebenfalls, wie wichtig solch ein Angebot gerade für junge Menschen sei, die sich in dieser Lebensphase ausprobierten, aber ebenso Schutz und Orientierung suchten. Das rufen sie nicht unbedingt bei ihren Eltern ab, aber eben doch gerne bei Erwachsenen mit mehr Lebenserfahrung.

Wie aus den Jahresberichten der Virtuellen Beratungsstelle ersichtlich nutzen Jugendliche gerne die auf der Plattform angebotene Möglichkeit des Austauschs mit Eltern anderer Jugendlicher: Die Chance, die „Elternperspektive" kennenzulernen, ohne sich vom eigenen Selbstverständnis her sofort dagegen abgrenzen zu müssen, wie es im Ringen mit den eigenen Eltern geschieht, wird von Jugendlichen wesentlich häufiger genutzt als umgekehrt von den Eltern.

Vergleicht man die Chancen und Möglichkeiten der Onlineberatung, hier speziell den Gruppenchat, mit dem Angebot vor Ort, so schließt der Bezugspunkt „Einzeltherapie" Jugendliche aus. Oft passt da das Angebot vor Ort nicht – wenn man nicht in Zweierbeziehung reden will, sich selbst nicht in die Augen schauen kann, wie dann einem anderen? Wie aus der großen Nachfrage nach den Chats ersichtlich, *wollen* Jugendliche aber das Leistungsangebot, sie wollen eine therapeutische Lösung und gehen in ein Angebot rein, in dem die Lösung vom Prinzip her erreicht werden könnte. Das Angebot eröffnet Wege in Beratung und ebenso Psychotherapie. Onlineberatung ermöglicht Jugendlichen in ihrer Ernsthaftigkeit, in der sie sich ihren Problemen stellen, einen Schritt voranzukommen und bietet gleichzeitig die Möglichkeit eines „doppelten Bodens": wenn es doch nicht so passt, kann ich mich konsequenzlos wieder entziehen. Außerdem unterstützt und ermutigt sie die Jugendlichen zur Inanspruchnahme der Beratung vor Ort, indem sie mit ihnen die kommunikativen Gegebenheiten in den jeweiligen Interaktionssystemen ausdiskutiert und erläutert. Die Erfahrung „gemeinsam mit anderen unterwegs" zu sein, ist ein jugendtypisches Phänomen, das die Akzeptanz von Beratungsanstößen erleichtert und zur Ent-Dramatisierung beiträgt.

Entsprechend den Forderungen des 14. Kinder- und Jugendberichtes dient der Beratungsgruppenchat mit seinem Nebeneinander von Stärkung der eigenverantwortlichen Lösungsfindung und Einüben in soziale Verhaltensweisen (sich öffnen, Befindlichkeiten und Probleme thematisieren, Einfühlen in andere, Mithelfen, Rücksichtnahme, über individuelle Interessen hinaus verantwortlich sein für das Ganze/die Gemeinschaft) als ein jugend- und zeitgemäßer Weg, die „eigenverantwortliche und gemeinschaftsfähige Persönlichkeit" zu fordern und zu fördern.

Im Gegensatz zu den Gruppenchats der EFL-Beratung (vgl. Böhlke-Steder et al. 2013, S. 72–76), die mit Erwachsenen das Konzept „Einzelberatung in der Gruppe" umsetzt (d.h. BeraterInnen in der Schlüsselrolle der Gesprächsleitung, Problemanalyse und Lösungsfindung, Gruppe eher als „emotionale Unterstützung") wird in den hier untersuchten Jugend-Chats eher ein hybrider Beratungsansatz verfolgt, d.h. im Nebeneinander von Experten- und Peer-Kompetenz den Beratungsprozess voranzutreiben. Das fordert die jungen Menschen in ihren individuellen ebenso wie den gemeinschaftsfähigen Aspekten und fördert implizit die in den Themen oft angesprochene Eigenverantwortung und Lösungskompetenz sowie das Maß zwischen oft wackeligem Selbstbewusstsein und Selbstüberschätzung. Wer selbst sein Leid einbringt, kann 20 Minuten später hilfreich und tröstend anderen zur Seite stehen bzw. vielleicht einen entscheidenden Anstoß zu deren Lösungsfindung geben. Beratung findet hier wesentlich *in und mit* der Gruppe (statt vor) statt, was die Autonomieentwicklung der Jugendlichen stärkt und fordert. Das schließt ein gelegentliches oder zeitweises Wechseln zu „Einzelberatung" durch die Fachkraft vor der Gruppe nicht aus, wie in manchen Beispielen ersichtlich wurde, der Schwerpunkt liegt dennoch woanders.

Für junge Menschen mit einem anderen Zeiterleben ist eine unmittelbare Antwort statt warten müssen ebenfalls wichtig. Nicht grundlos ist der Chat an sich als quasi-synchrone Kommunikationsform sehr beliebt, so auch (s. Ergebnisse von Antinori, 2008) als Beratungsform, stärker als in der Zielgruppe der von den Ehe-, Familien. und Lebens-Beratungsstellen bedienten Klientel der Erwachsenen. Hier gibt es eine schnelle Entsprechung von Anfrage und Lösungsentwurf, von Anliegen und Antwort, kombiniert mit der der Chatform eigenen Unterhaltungsleistung.

Grenzen dieser Möglichkeit bestehen in der Kehrseite dieser positiven Aspekte: es besteht oft ein hoher Zeitdruck, nicht nur durch die Ungeduld der Jugendlichen, sondern ebenso durch äußere Rahmenbedingungen wie feste Chatzeiten oder Fülle der Themen. Manche Thematik kann nicht so aufgefaltet werden, wie sie es verdient, sei es durch die äußeren Bedingungen, sei es durch mangelnde Kompetenzen der Teilnehmer. Der Zeitdruck oder das „Abarbeiten" vieler Themen in raschem Hintereinander vermitteln eventuell sogar die Suggestion, es gebe für alles eine rasche Lösung – die notwendige Zeit und Raum für eine tiefergehende Exploration des Anliegens, inklusive der eigenen Anteile daran, das allmähliche Hintasten gegebenenfalls zu einem Aushalten der „Nicht-Lösungsmöglichkeit" kommt zu kurz.

Ein weiterer wichtiger Punkt: Es tauchen wiederholt Themen auf, die – ohne dass es Zeit, geschweige denn hinreichend verlässliche Möglichkeiten für eine eingehendere Diagnostik gäbe – eher dem psychiatrischen Bereich zuzuordnen sind, z. B. Hinweise auf akute Psychosen, langjährig verfestigte Ess-Störungen, etc.. Teilnehmer mit solcher Problematik ecken nicht nur inhaltlich, sondern ebenso hinsichtlich ihrer sozialen Kompetenzen schnell bei den anderen Teilnehmern an, die im Umgang mit solchen Phänomenen naturgemäß überfordert sind. Für solche Problematiken bietet der Chat nicht den notwendigen Rahmen. Hier ist „Beratung" anders zu definieren: es kann dann nicht um „Lösungsfindung" gehen, sondern um Begleitung auf dem Weg zu einer passenderen und intensiveren Hilfe. Das Verhandeln, ob ein Teilnehmer sich zu einer Therapie anmelden soll, was ihn dort erwartet und wie die Zugangswege sind, ist nicht selten Gesprächsgegenstand in der Gruppe. In Verkennung des Ausmaßes der Problematik bieten jedoch andere Teilnehmer – z. B. im Flüstern – oft ein hilfreiches Ohr und überfordern sich.

Grenzerfahrungen anderer Art bilden die Teilnehmer, die den Chat in Verkennung der Rahmenbedingungen durchweg zur Selbstprofilierung nutzen. Sie leben Anerkennungs- und Geltungsbedürfnisse aus, die vermutlich anderweitig kein so williges Publikum finden wie hier, wo man anderen „helfen will". Es kann sein, dass durch die vorrangige Befriedigung dieser Bedürfnisse die Grundproblematik, die ja oft mit sozialen Kompetenzen und Grenzerfahrungen im Alltag zu tun hat, eher noch manifestiert statt aufgedeckt und verändert wird, da der Entlastungseffekt die Situation stabilisiert und das Ergebnis der Re-Inszenierung das Grundgefühl bestätigt („aha, hier sind *ebenfalls* alle gegen mich"). Hier sind sowohl von den zeitlichen Rahmenbedingungen her wie durch die Peers (s. Beispiele „Pumba", „Profi") und die Fachkraft enge Grenzen gesetzt, diese Thematik zielführend aufzugreifen. Es kann neben der notwendigen Begrenzung eher nur um ein schrittweises Annähern gehen … und manchmal um einige „Schleifen" in der Hoffnung, dass Mini-Schritte ebenso irgendwann in die erwünschte Richtung führen.

Wenig Interventionsmöglichkeiten bieten sicher ebenfalls die Teilnehmer, die sich aufgrund persönlicher Grenzen, sei es Lese-Rechtschreibschwäche, Migrationshintergrund und sprachliche Probleme oder mangelnde Reflexionsfähigkeit, schriftlich schwer verständlich machen können. Hier stößt die viel diskutierte „virtuelle Gleichheit" wie schon beschrieben schnell an ihre Grenzen. Es wäre sicher lohnenswert, noch einmal genauer zu erheben, welchen Hintergrund die beteiligten jungen Menschen haben und wie es gelingen könnte, dieses Angebot noch mehr für die Zielgruppe der eher benachteiligten Jugendlichen zu öffnen, auf die der Kinder- und Jugendbericht hinweist.

Die Diskussion über „Grenzen der Onlineberatung" kann sicher nicht losgelöst von der Thematik Grenzen der Beratung an sich geführt werden. Dreh- und Angelpunkt ist eine Rat-suchende Person, d.h. jemand, der von Leidensdruck gedrängt sich um kompetente Hilfe bemüht. Das ist in der örtlich gebundenen Beratungsarbeit nicht anders als in der virtuellen. Inwiefern die erwogenen, angeratenen Lösungsschritte in echte, Veränderung vorantreibende Handlungen umgesetzt werden, ist ebenfalls eher abhängig vom Klienten selbst als von der Form, in der diese Lösungsschritte erarbeitet werden. Hier bietet das Konzept der „Single Session Therapy" (jede Sitzung wird als einmaliger, abgeschlossener Prozess betrachtet) oder den Nachwirkungen der Beratungsinhalte einen interessanten Ansatz.[114] In beiden Beratungsformen, virtuell wie örtlich gebunden, erfährt man erst – wenn überhaupt – im Nachhinein, welche Schritte tatsächlich ausprobiert und welche Wirkungen dadurch entfaltet wurden. Die Verpflichtung vor Ort beim nächsten Mal in der persönlichen Begegnung darüber zu erzählen, was und wie ich es ausprobiert habe, kann bei bereitwilligen Klienten die Verbindlichkeit erhöhen, bei den anderen wird es – on- wie offline – Möglichkeiten

114 Vgl. Hartmann, A., Zeeck, A. (2012) mit ihren Ausführungen zum „Intersession-Erleben", der Verarbeitung und Weiterführung der Therapie zwischen den Sitzungen durch weitere Auseinandersetzung mit den Inhalten und Anstößen der Therapiesitzungen.

geben, beim nächsten Termin nicht zu erscheinen oder Entschuldigungen zu finden, warum es nicht erfolgte. Und letztendlich bleibt oft die ungelöste Frage, wenn jemand mit seinem Anliegen nicht mehr kommt, ob vor Ort oder im Chat: Kommt er nicht mehr, weil es schon geholfen hat oder weil es seiner Meinung nach nicht hilft?

Die Frage der Verbindlichkeit wurde bereits unter den Aspekten Authentizität und Beziehung diskutiert. In dieser virtuellen Form ist der Zugang rein organisatorisch, aber wohl ebenso innerlich leichter, was Chancen und Risiken impliziert: Menschen, die ihr Anliegen für zu klein oder zu groß für eine Beratung vor Ort erachten, können hier professionelle Beratung erst mal „ausprobieren" und auf der Basis dieser Erfahrungen dann vielleicht ihre Entscheidung noch einmal neu treffen: möglicherweise ermutigt, nun eben einen anderen Schritt in Richtung Face-to-Face-Beratung zu wagen, aber vielleicht sogar beruhigt, dass dies jetzt nicht nötig ist. Der umgekehrte Fall, dass durch enttäuschende Erfahrungen hier der Schritt nicht mehr gewagt wird, ist ebenfalls denkbar. Die früher vorherrschende Meinung, Onlineberatung als „Übergang"/Senkung der Eingangsschwelle zu der „wirklichen" Beratung vor Ort zu betrachten, hat sich faktisch überholt, es gilt vielmehr die Multioptionalität: Onlineberatung als eine von mehreren möglichen Formen der Beratung zu betrachten, wobei jede Form für sich ihre Stärken und Schwächen aufweist.[115] Die Praxis zeigt eindeutig, dass Onlineberatung eine neue Klientel erschließt, die sonst keine Form von professioneller Beratung in Anspruch nehmen würde. Das gilt sicher speziell für Jugendliche, die in den Beratungsstellen verhältnismäßig selten auftauchen, weil das gesamte System nicht zu ihrem Erleben und Bedürfnissen passt. Ebenso zeigt sich, dass Klienten gerne die Mischung aus beiden Formen in Anspruch nehmen, um von beidem zu profitieren. Wie Böhlke-Steder (2013) ausführt, sei dieses Nebeneinander mehrerer Formen von niedergelassenen Therapeuten und Beratungsstellen anfangs

115 Zum Konzept der Multioptionalität: Heinz Thiery, längähriger Leiter der Virtuellen Beratungsstelle der bke, verweist explizit auf die Bedeutung, die Entscheidung des Klienten für Onlineberatung (nach Auswahl unter mehreren Optionen) auch ernst zu nehmen und ihn nicht mit dem Hinweis auf örtliche Beratung abzuspeisen. Wie Auswertungen vorliegender Mailprozesse zeigen, bricht an dieser Stelle oft der Kontakt ab. Böhlke-Steder et al. (2013) nutzen den Hinweis auf Mailberatung in ihrer Beratungsstelle auch zur Überbrückung der „Wartezeit", d.h. nicht als Wahlmöglichkeit, sondern tatsächlich als Übergang. Da könnten sich andere Effeklte ergeben. Dennoch beschreiben sie Klienten „mit langen intensivem Beratungsprozess…. so dass die Onlineberatung ein eigenständiges Beratungsinstrument ist" (ebd., S. 75).

eher kritisch beäugt worden, während es heute als Ergänzung und vielleicht sogar Hilfestellung für die örtlichen Systeme durchaus geschätzt wird (ebd., S. 73).

Ein anderes Risiko könnte sein, dass eben durch die unverbindliche leichte Form die Ratschläge und erarbeiteten Ergebnisse ebenfalls eher als unverbindlich interpretiert und nicht umgesetzt werden, dass sich durch die Unverbindlichkeit vermehrt ebenso „Klagende", die jammern, aber nicht wirklich was ändern wollen, einfinden und entsprechend diese Bühne auch geboten bekommen. Der Chat bietet eine Hilfsform, für die charakteristisch ist, die angebotene Hilfe nicht wirklich ernst- und anzunehmen („wasch mich, aber mach mich nich nass"). Da bietet das Gruppengeschehen dann wesentlich geringere Sanktions- und Steuerungsmöglichkeiten der Fachkraft: aufgrund der tangential angelegten Grundstruktur des Chats, der ebenso zu Unterhaltungszwecken genutzt wird, kann sie dem Läppischen, Lapidaren – vor allem, wenn dies auf Zuspruch der anderen Teilnehmer trifft – wenig entgegensetzen, wenn ihr professionelles Handeln, Einladung zu Selbstexploration, nicht angenommen wird. Sie kann den (Bühnen-)Raum begrenzen, aber bei fehlender Bereitschaft der nicht wirklich rat-suchenden Person keine tatsächlichen Veränderungen anstoßen.

Aber manche dieser Teilnehmer – so die langjährige Erfahrung der Chats – nutzen dies vielleicht als „Anlauf", sich irgendwann verbindlicher einzulassen bzw. mit einem lange innerlich gehüteten „wirklichen" Thema herauszutreten. Damit wird die Schlussfolgerung von Böhnke (2003, S. 3) bestätigt, dass der Chat als „ein wirksames Mittel der Kontaktaufnahme und Erstberatung [...] insbesondere bei jungen Menschen [...] die unter starken seelischen Belastungen leiden" eingestuft werden kann.

Fazit

In der Auswertung konnte nachgewiesen werden, dass der Chatablauf in diesem Rahmen (Begrüßung, Smalltalk, Themenbearbeitung) Beziehung und Verbindlichkeit kommunikativ konstituiert, was als Grundlage von „Angenommen fühlen", emotionaler Unterstützung und Vertrauen gilt. Dies wird übereinstimmend in der Literatur ebenso wie in den Rückmeldungen als wichtiges Merkmal von Beratung angegeben und setzt bzw. hält nötige innere Prozesse in Gang. Beziehung und Verbindlichkeit sind in den Beispielen ebenfalls erkennbar an den Bezügen zu früheren Chats durch explizite Nachfrage oder Anspielung, d.h. es existiert eine Kontinuität, auf die sich die Teilnehmer berufen.

Die beschriebene „Leichtigkeit" als Kennzeichen der Chatkommunikation verhindert nicht die Ernsthaftigkeit, sondern ermöglicht vermutlich gerade das Einführen von „Tiefgang" und das Oszillieren zwischen beiden Polen, durch unkomplizierte Suggestion von Schutz und Ent-Dramatisierung. Darüber hinaus dient sie der Ermutigung ebenso wie der Solidarisierung der Teilnehmer und hebt die eigene Expertise der Ratsuchenden hervor. Die Mischung aus Peer-Coaching und fachlich qualifizierter Einordnung kommt den Bedürfnissen der Jugendlichen entgegen.

Die Beratungsplattform als Rahmung an sich erlaubt, die Frage „Wie geht's euch“ ungleich Facebook und ähnlicher Netzwerke als ernst gemeinte Aufforderung und Interesse zu interpretieren. Die Antworten sind geprägt von Mischung aus ernsthafter Befindlichkeitsrückmeldung und Selbstprofilierung als Folge der medialen Bedingungen.

Anekdotische und wissenschaftliche Belege für die erlebte emotionale Unterstützung via computervermittelter Kommunikation wurden ausführlich referiert. Die Befunde von Turkle (1998) zeigen: schon in Zeiten unintelligenter Programme wurde vor allem die dadurch ermöglichte „Begegnung mit dem Selbst“, das Sich-mit-sich-Beschäftigen, Anonymität, auf sich verwiesen sein ohne störende Zwischengedanken oder Erwiderungen geschätzt. Dies geschieht im Schutz durch Distanz und gerade deshalb entsteht offenbar mehr, nicht weniger Nähe. Und zwar nicht Nähe *trotz* Distanz, sondern eben erst dadurch, wie von Döring (2003) und Heller (2005) beschrieben. Onlineberatung erscheint vor diesem Hintergrund als logische Fortentwicklung, als gelungene Kombination aus menschlicher Nähe/Eingehen und Schutz durch Distanz und höhere Unverbindlichkeit im anonymen bzw. pseudonymen Rahmen sowie Schutz für den Selbstwert. Die Kombination dieser Faktoren begünstigt Selbstoffenbarung offenbar ebenso wie die heute gelebte „öffentliche Privatheit“ (Verlust an Diskretion). Das Internet stellt für Jugendliche heute einen Teil ihrer Lebenswelt/Sozialraum dar, es existiert keine strikte Trennung mehr zwischen On- und Offline-Realitäten, beides verschmilzt miteinander.

Ein weiterer wichtiger Aspekt: die für das Bedürfnis nach Sehen und Gesehen werden schon immer wichtige „Schau- und Zeigelust“ die „basale Vorgänge in allen sozialen Beziehungen darstellt“ (Haubl, 2000, S. 5), die Freude am Ausbreiten intimster Angelegenheiten erfolgt heute eben nicht mehr nur oder ausschließlich im körperlichen Bereich, sondern in Zeiten des erweiterten Selbst ebenso in ausführlicher Selbstdarstellung. „Performanz“ ist heute im Mitmachmedium Internet eben nicht mehr auf körperliche Erscheinung beschränkt, sondern umfasst ebenso ausgiebige Selbstbeschreibung, notfalls mit mehrfachen Profilen in Netzwerken.

Die durch ein Publikum offerierte Einladung zur Selbstdarstellung birgt ein gewisses Risiko. Ziel könnte „Applaus kriegen“ statt Veränderung sein. Diese

Gefahr ist bei dieser Beratungsform sicher höher als in der intimen Face-to-Face-Beratung. Man kann dies zwar eindämmen (s. Beispiel „Profi"), aber sicher nicht rigoros unterbinden oder verhindern. Daher geht es darum, diese Teilnehmer herauszufiltern und entsprechend auf sie einzugehen, eben durch Verweis nach außen. Dies stellt ebenso wie eine Klientel mit bestimmten Herausforderungen (sprachliche Schwächen, psychische Erkrankungen) eine Grenze der Onlineberatung dar, nicht aber – wie Engelstädter/Schierbaum (2008) vorschnell schlussfolgern – die mangelnde persönliche Begegnung unter einem Pseudonym.

Die beschriebenen Risiken gilt es zu beachten und durch weitere Forschung geeignete Maßnahmen im Umgang mit diesen Risiken zu erarbeiten. Insgesamt konnte mit der beschriebenen Auswertung nachgewiesen werden, dass die Stärken der Onlineberatung, hier speziell die Chatberatung von Jugendlichen, eine zeitgemäße Möglichkeit zur Vermittlung von präventiver Unterstützung und passgenauer qualifizierter fachlicher Hilfen bei den vielfältigen Herausforderungen des Jugendalters eröffnen. Gerade in dieser Altersgruppe scheinen die Stärken des Ansatzes (selbstwertwahrender Schutz durch weitgehende Anonymität, Entdramatisierung durch Leichtigkeit, Nähe und erlebte Solidarität in Distanz, hohe Selbstbestimmungsmöglichkeiten in der Selbstoffenbarung wie der Lösungsumsetzung, Unterhaltung und Selbstprofilierungsmöglichkeiten vor Publikum) den Bedürfnissen zu entsprechen, so dass der Ansatz professioneller psychologischer Beratung im Gruppenchat als zeitgemäße und altersgerechte Unterstützungsmöglichkeit betrachtet werden kann.

IX Schlussfolgerungen für die (Weiter-)Qualifizierung von Professionellen

Wie in den Ausführungen zur Rolle der Fachkraft beschrieben wurde, ist es vor allem ihre Aufgabe, die Teilnehmer in Richtung Seriosität und selbstkritische Reflexion des eigenen Erlebens inklusive Problemanteile und Lösungsmöglichkeiten zu führen. Die Professionalitätsanforderung hierbei besteht darin, in einem quasi innerlich fortlaufenden metakommunikativen Prüfprozess die Konsistenz der Beiträge eines Teilnehmers auf Authentizität zu prüfen, eigene Betroffenheit in den Themen als solche zu erkennen und mithilfe von Selbstreflexionszumutungen beim Herausarbeiten zu unterstützen. Sie muss eine Perspektive bereitstellen für das, was sie registriert und was im Chat angesprochen wird, wozu ebenso Interventionen gegen eine sich im Chat ausbreitende nihilistische Stimmung („hilft eh nichts") oder naive Strömung („Red halt einfach mal mit ihm") zählen. Zur Wahl der Interventionen gehört Fingerspitzengefühl für die Reflexionsbereitschaft des betreffenden Teilnehmers und dessen Grenzen sowie eine zielgerichtete realistische Perspektive auf die spezielle Frage hin. Die Fachkraft muss nach bestimmten Kriterien die „Beratungsbedürftigkeit" und –Bereitschaft der Teilnehmer ermitteln. Dazu gehört ein standhaftes Einladen zur näheren Exploration und eine gute Abgrenzung gegenüber Provokationen (z.B. Übertragungsphänomene: „sei wie meine Eltern, dann schieße ich zurück!"). Es geht um eine Rollendefinition als Fachkraft zwischen der Moderation der Gruppe mit hohem Unterhaltungsanspruch und Konkurrenz um Aufmerksamkeit einerseits und „Beratungsarbeit", teils einzeln mit Teilnehmern, andererseits. Die Fachkraft muss „die Beziehungen der Gruppenmitglieder zueinander wie deren Meinungen in einen überindividuellen und kontrastierenden Zusammenhang setzen" (Thiery, 2011, S. 12), so dass durch ihre fachlichen Interventionen die jeweils hilfreichen Aspekte der verschiedenen Lösungsvorschläge für die betroffenen Teilnehmer erkennbar und individuell verfügbar werden. Wo Rückmeldungen von den Peers auf der Ebene einer einfachen Betroffenheit bleiben oder eher dem eigentlichen belastenden Thema ausgewichen wird, „sorgt professionelle Beratung für eine stabile Fokussierung des Gesprächs auf das individuelle Anliegen" (ebd., S. 9). Dafür muss sie unter hohem Zeitdruck die Gruppe zusammenhalten und auf ein Thema ausrichten, dabei die anderen Teilnehmer einbinden und professionell arbeiten, d.h. drei Felder berücksichtigen und gut ausbalancieren. Darauf sollten Professionelle sorgfältig vorbereitet werden, ebenso wie auf die herausfordernde Aufgabe der Konsistenzsicherung und der Generierung von Verbindlichkeit unter den Bedingungen hoher Fluidität.

Aus den erarbeiteten Ergebnissen können einige Ansatzpunkte und Ideen für die weitergehende Auseinandersetzung mit folgenden Fragen, gerade im Hinblick auf weitere Qualifizierung der in diesem Bereich professionell Tätigen abgeleitet werden:

- **Die Wichtigkeit der Auftragsklärung (zu Beginn und während der Beratung).**
  Dies umfasst ebenso die Rückbindung des ursprünglichen Auftrags beim Beenden des Themas, in der Phase des Transfers auf den Alltag. Die Frage „Was nimmst du heute für dich mit?" sollte noch einmal mit Blick auf den Auftrag betrachtet bzw. konkretisiert werden.
- **Themensammlung**
  Gilt hier die Reihenfolge als entscheidendes Kriterium oder erfolgt die Auswahl nach Dringlichkeit? Per Entscheidung der Fachkraft oder unter Einbeziehen der Gruppe? Beobachtung: ein „vielleicht" in der Anmeldung wird oft übergangen, die damit signalisierte Unverbindlichkeit selten hinterfragt oder kommentiert.
- **„Einzelarbeit *vor* der Gruppe" oder explizit mit der Gruppe?**
  Inwieweit wird die Gruppe als solche konkret in die Arbeit an dem Thema/dem Anliegen eingebunden, wird deren Erfahrungsschatz nicht nur zufällig, sondern gezielt abgerufen? Wie werden die Interventionen der Peers aufgegriffen und fachlich eingebunden bzw. weitergeführt? Dies erscheint besonders wichtig gerade unter dem Aspekt der Teilnehmer, die als „Helfer" in den Chat kommen.
- **Themenbearbeitung**
  Inwiefern wird an einem Thema im Sinne einer professionellen Beratung „gearbeitet"? Wie erfolgen die Definition des Anliegens und eine Anleitung zu möglichen Lösungsschritten? Wie wird eine mögliche „Lösung" von der ratsuchenden Person, von den übrigen Teilnehmern, von der Fachkraft definiert und wie werden die dabei auftretenden Unterschiede miteinbezogen? Was unterscheidet „Lösung" von den „Ratschlägen" der Peers in Richtung: „mach's doch einfach so….."? Kann die Lösung ebenso in einer anderen Sichtweise bestehen oder ist sie nur als Handlungsanleitung denkbar? Geht es um „Denkanstoß" zum Weiterwirken-lassen (Langzeitwirkung) oder gleich konkrete Umsetzung in Handlung?
- **Vom „Thema" zum Anliegen**
  Wie gelingt es der Fachkraft, das eingebrachte „Thema" in die Darstellung eines persönlich berührenden Anliegens überzuführen, zu übersetzen? Bereitschaft zu eigener Arbeit an den Anliegen zu erzeugen, abzufragen? Ist das Aufgabe des einbringenden Teilnehmers und/oder der Fachkraft? Wenn

Aufgabe des Teilnehmers, welche Form von professioneller Unterstützung braucht er dafür? Wie kooperieren die beiden dabei zusammen und welche Rolle kommt dann dabei den anderen Teilnehmern zu?
Nebenaspekt: ist dies tatsächlich stets erforderlich für die eingebrachte Fragestellung? Was ist mit den Teilnehmern, die in einer konkreten Fragestellung (z. B. Einschlafschwierigkeiten) einfach eine Ideensammlung von den anderen wollen und damit dann die Frage ohne affektive Betroffenheit erledigt ist?

- **Beendigung eines Themas**
  Ist eine „klare Beendigung" eher zeitlich bedingt oder inhaltlich? Wer definiert das Ende? Was sind Schlüsselkriterien des Klienten für Beendigung, was für „Dranbleiben"? Und bei der Fachkraft? Wie kann das Ende eines Themas fachlich gesteuert werden?
- **Einsatz von therapeutischen Techniken**
  Inwieweit bzw. in welcher Form dürfen psychologische Theorien oder fundierte therapeutische Arbeit einfließen, wo sind Jugendliche in ihrer Integrationsfähigkeit davon überfordert bzw. wann sind solche Interventionen vom Gesamtverlauf deplatziert? Welche Kriterien sind hierfür hilfreich? Hier geht es um die Grundsatzfrage: Inwieweit ist in dieser Konstellation professionelles Arbeiten a) möglich b) erwünscht? Wie kann hier bei den einzelnen Teilnehmern definiert werden: wer braucht was? Und bis zu welchem Ausmaß kann der Teilnehmer auf solche „Zumutungen" eingehen?
- **Selbstdefinition des Beraters vs. Anliegen des Teilnehmers nach „Unterhaltung"**
  Wieviel Leichtigkeit, wieviel „Tiefgang" kann, darf und soll in einem Chat sein? Wo und wann muss der Tiefgang versteckt/entschärft werden durch Leichtigkeit? Wo kann er einmal mit mehr Autorität ein- bzw. durchgesetzt werden? Was wird befürchtet, wenn geballte psychologische Kompetenz bzw. erwachsene Autorität ungehemmt bzw. ohne weitgehende nachträgliche Zurücknahme eingebracht wird?
  Und/oder eröffnet sich gerade durch Autoritätsverdeckung der Zugang zu den Jugendlichen, die sonst Autorität per se stärker ablehnen/opponieren müssen? Senkt dieser Zugang Widerstände und ermöglicht vielleicht sogar erst das dezente Platzieren psychologisch tiefgreifender Interventionen einschließlich Deutungen?)
- **Teilnehmer-Rollen/Prototypen**
  Die auftretenden Rollen gilt es einzuordnen auf dem Kontinuum zwischen Seriosität und Fluidität: Teilnehmer, die „Beratung" wollen/ernsthaftes Anliegen und Hilfebedarf signalisieren sowie Bereitschaft sich auf Eigenreflexion und

eigene Schritte einzulassen versus solche, die „Unterhaltung“ bzw. „Selbstinszenierung“ als Anliegen haben, keine Bereitschaft zur Reflexion mitbringen und nicht interessiert an Lösungsideen sind. Frage: Woran sind die Teilnehmer, die dazwischen liegen, kommunikativ zu identifizieren?
Zieht man die bekannte Unterscheidung nach Steve de Shazer in „Klagende, Kunden und Besucher“-Beziehungen heran: was wäre in der Kommunikation/Selbstpräsentation von sich und dem Thema typische Muster/Kommunikations-gattungen, die auf jeweils diese Rolle/ bzw. Einordnung in die verschiedenen Erwartungen hindeuten? Was kann hilfreich für die Fachkraft sein, dies zu identifizieren und passgenau zu reagieren, um nicht mit der Professionalität am Kontext zu zerschellen? Wie kann die fachliche Arbeit auf diese Erwartung/Einordnung abgestimmt werden, z. B. durch verstärkten Einsatz der Meta-Ebene: auf „Ja, aber…“-Struktur eingehen statt auf vorgebrachten Inhalt?
Ist es möglich bereits nach der Anmeldung die Teilnehmer auf dem „Seriositätskontinuum“ einzuordnen? Und/oder ist es möglich während bzw. durch die fachliche Arbeit Bewegung auf diesem Kontinuum zu erzeugen, z. B. wachsende Bereitschaft, das nach außen zu tragen, in Realberatung vor Ort überzuführen, „probieren sich zu öffnen“ etc. Wann sind solche Interventionen erfolgreich, wann eher nicht? Woran erkennt man als Fachkraft: dranbleiben oder nicht? Welche Mittel erweisen sich als hilfreich, Teilnehmer mehr in Richtung „Seriosität“ zu bewegen?

- **Zeitstruktur des Chats**
  Es bestehen hohe Anforderungen an eine gute zeitliche Struktur. Speziell die Berücksichtigung eines angemessenen Rahmens für das Chat-Ende scheint ausbaufähig.
- **Aggressivität/Zumutung in Anmeldung „man kann mir eh nicht helfen“.**
  Erfolgt diese Formulierung als Herausforderung für alle, die die Reaktion provoziert: „das wollen wir doch sehen“? Und/oder aus Angst vor Misserfolg und als vorauseilende Etikettierung, um sich Enttäuschung zu sparen/abzumildern? Sie erscheint manipulativ und aggressiv, sowie übergriffig gegenüber den anderen: woher will jemand schon vorher wissen, ob zu helfen oder nicht? Außerdem liegt ein klassisches Double-Bind vor: wenn nicht Hoffnung auf Hilfe, warum sollte es dann hier erzählt werden? Auf welchen Teil der Botschaft steigt die Fachkraft ein? Mithilfe welcher kommunikativen Figuren kann die Einstiegsbereitschaft solcher Teilnehmer gefördert werden?

X Ausblick/Forschungsdesiderate

Da der Einsatz von Gruppenchats im Beratungsbereich in der Praxis noch nicht so verbreitet ist und im Forschungsbereich bisher ebenfalls kaum auftaucht, wären zur Weiterentwicklung dieses vielversprechenden Ansatzes weitere wissenschaftliche Auswertungen wünschenswert. Einige Anschlussfragen ergeben sich aus den oben skizzierten Ansatzpunkten für die Professionellen, z. B. *den Beratungsprozess nach den unterschiedlichen Einbringertypen untersuchen*: was kann dabei an Unterschieden sowohl im Prozess als auch in den Interventionen herausgearbeitet werden? Mit Hilfe welcher Interventionen gelingt es, die Einstiegsbereitschaft in einen Beratungsprozess zu fördern?

Ein weiterer Schwerpunkt könnte das Konzept *„Beratung vor der Gruppe" versus unter verstärkter Einbeziehung der Gruppe* darstellen. Welche Kriterien können herausgearbeitet werden, wann welcher Ansatz eher geeignet ist bzw. wie dieser Ansatz oder sogar der Wechsel zwischen beiden Möglichkeiten umgesetzt werden kann? Ist dies abhängig von der Zielgruppe, z. B. Unterschiede zwischen Jugendlichen und Erwachsenen?

Im Zusammenhang mit dieser Frage lohnt sich ebenfalls ein *Vergleich der Beratungschats mit den unterschiedlichen Zielgruppen Jugend bzw. Eltern*: wo sind Parallelen festzustellen, wo gibt es Unterschiede? Inwiefern sind diese Unterschiede als Reaktion auf die unterschiedlichen Bedürfnisse der Zielgruppen zu sehen? Und/oder sind diese Bedürfnisse vielleicht gar nicht so verschieden, wie es auf den ersten Blick scheint? Welche Rolle spielt beispielsweise die Selbstpräsentation bei Eltern?

Die *möglichen Unterschiede zwischen themenoffenen und themengebundenen Chatangeboten,* bei denen sozusagen eine homogenere, aber auch selektive Zielgruppe angesprochen ist, könnten ebenso einen Ansatzpunkt darstellen.

Interessant wäre zudem der Frage nachzugehen, welchen Einfluss ein *systematischeres Abrufen von Beratungsergebnissen* (im Chat selbst, unmittelbar oder in einem Folgechat) auf den Transfer in den Lebensalltag hätte, so wie generell eine *Evaluation der Effizienz* wichtige Ansatzpunkte für die Weiterentwicklung bieten könnte. Möglicherweise eben sogar unter gezielter Auswertung der Beiträge von Teilnehmern, die mehrfach ein gleiches Thema einbringen und scheinbar in diesen „Schleifen" steckenbleiben. Was passiert in diesen Wiederholungen?

Darüber hinaus könnte *der systematische Vergleich zwischen den verschiedenen Beratungsformen* (Einzelchats, Gruppenchat, Forum) und deren jeweiligen Wirkmechanismen anregende Erkenntnisse liefern.

Für den Bereich der Jugendhilfe wäre eine *Auswertung der Teilnehmer hinsichtlich der gewünschten und der tatsächlich erreichten Zielgruppe* sinnvoll, um auf der Basis dieser Erkenntnisse möglicherweise bestehende Barrieren anzugehen und das Angebot breiteren Schichten zu öffnen, so dass eher benachteiligte Jugendliche ebenfalls diesen Weg für sich als Alternative und Zugang zu fachkundiger Hilfe durch Peers und Professionelle entdecken und nutzen können.

Zur Frage der Identitätsarbeit wären eine *Auswertung der Nick-Wahl* sowie eine genauere Untersuchung der *möglichen Zusammenhänge zwischen dieser Wahl und der Selbstpräsentation* lohnenswert.

Literaturverzeichnis

Allert, T. (1998). Die Familie : Fallstudien zur Unverwüstlichkeit einer Lebensform. Berlin: de Gruyter.

Allert, T. (2005). Der deutsche Gruß. Geschichte einer unheilvollen Geste. Frankfurt am Main: Eichborn.

Antinori, M. (2008). Online-Beratung in Tirol – Ist-Stand-Erhebung und Implementierung eines Beratungsangebotes im TirolCHAT. In: *e-beratungsjouurnal-net. Fachzeitschrift für Online-Beratung und computervermittelte Kommunikation*, 02/2008. Zugriff unter www.e-beratungsjouurnal-net.

Argelander, Hermann (1970). Das Erstinterview in der Psychotherapie. 6. Unveränderte Auflage 2007, Darmstadt.

Bke (Hg). Online-Beratung. Hilfe im Internet für Jugendliche und Eltern. Fürth: Bundeskonferenz für Erziehung e.V.

Beck, K. (2010). Soziologie der Onlinekommunikation. In: Schweiger, W. & Beck, K. (Hrsg.) (2010): Handbuch Online-Kommunikation. Wiesbaden: Verlag für Sozialwissenschaften, Springer Fachmedien, S. 15–35.

Beck, E. /Miller, G. (1993). Martin Buber. Ich führe ein Gespräch. Hildesheim: Bernward Verlag.

Becker-Beck, U. (1997). Soziale Interaktion in Gruppen : Struktur- und Prozessanalyse. Opladen: Westdt. Verlag.

Beißwenger, Michael (op. 2002). Chat-Kommunikation. Sprache, Interaktion, Sozialität & Identität in synchroner computervermittelter Kommunikation: Perspektiven auf ein interdisziplinäres Forschungsfeld. Stuttgart: Ibidem-Verlag.

Benke, K. (2007). Das Ich im Web 2.0: Vom Spiel zur Inszenierung. In: *.e-beratungsjournal-net. Fachzeitschrift für Online-Beratung und computervermittelte Kommunikation*, 01/2007. Zugriff unter www.e-beratungsjournal-net.

Berg, Insoo Kim/ Scott-Miller, D. (1993). Kurzzeittherapie bei Alkoholproblemen : ein lösungsorientierter Ansatz. Heidelberg: Auer.

Bergmann, J. R. (1980). Interaktion und Exploration. Eine konversationsanalytische Studie zur sozialen Organisation der Eröffnungsphase von psychiatrischen Aufnahmegesprächen. Konstanz.

Bergmann, Jörg R. (1987). Klatsch: Zur Sozialform der diskreten Interaktion. Berlin: de Gruyter.

Bergmann, J. (2005). Beratung und Therapie per Internet und Handy. In: Psychotherapie und Sozialwissenschaft, Zeitschrift für qualitative Forschung und klinische Praxis, 7. Jg, Heft2/2005. Gießen: Psychosozial Verlag, S. 3–8.

Berwanger, H. (2008). Coaching für Jugendliche und Heranwachsende – Unterstützung für einen Start ins selbstverantwortliche Leben. In: Eckey/Haid-Loh/Jacob (Hrsg) (2008). Weinheim und München: Juventa.

Böhlke-Steder et al. (2013). EFL @ Internet. Entwicklung und Stand der Onlineberatung am Beispiel der 10 jährigen Arbeit im Bistum Münster. In: Blickpunkt Beratung, Nr. 30, S. 72–76).

Böhnke, J. et al. (2003). *Rahmenempfehlungen zu Qualitätsmerkmalen der Internet-Beratung. Internet-Beratung für Eltern, Kinder, Jugendliche und Mitarbeiter in sozialen und pädagogischen Berufsfeldern.* Erarbeitet vom Arbeitskreis Online-Beratung. Verfügbar unter: http://www.kinderschutzzentren.org/pdf/internet-beratung_qualitaetsstandards.pdf.

Brummel, J. (2008). Psychosoziale Beratung im Internet als Problemintervention bei Jugendlichen. In: *e-beratungsjournal-net. Fachzeitschrift für Online-Beratung und computervermittelte Kommunikation*, 02/2008, Artikel 4. Verfügbar unter www.e-beratungsjournal.net.(20.05.2009).

Brunner, A. (2009). Theoretische Grundlagen der Online-Beratung. In Kühne, S. & Hintenberger, G. (Hrsg.). *Handbuch Online-Beratung.* Göttingen: Vandenhoeck & Ruprecht GmbH & Co. KG. S. 27–45.

Brunner, E. J. (2002). Von der Vision zum Konzept – Die Schlüsselstellung der Konzeptbildung in der Beratung. In: Nestmann, F./Engel, F. (Hrsg) (2002). Die Zukunft der Beratung. Tübingen, dgvt-Verlag, S. 201–207.

Buckel, Sabine (2003). Online-Beratung. Hilfe im Internet für Jugendliche und Eltern. [Fürth]: Bke.

Buckel, Sabine (2009). Beratung zwischen Leichtigkeit und Tiefgang – Qualifizierung und Profil des idealen Gruppenchatmoderators. In: bke-beratung.de erziehungs- und Familienberatung im Internet. Bericht 2008. Fürth: bke, S. 17–20.

Coady, D. (2014). Gerüchte, Verschwörungstheorien und Propaganda. In: Anton, A./Schetsche, M./Walter, M. (Hrsg). Konspiration. Soziologie des Verschwörungsdenkens. Springer VS.

Deppermann, A. /Schmidt, A. (2001). Ein bisschen Spaß muss sein: zur Eigenart der Unterhaltungskultur Jugendlicher. Frankfurt am Main: Johann-Wolfgang-Goethe-Univ., Fachbereich 03, Gesellschaftswissenschaften.

Deppermann, A./Neumann-Braun, K. (2001). Identitätswettbewerbe und unernste Konflikte. Frankfurt am Main : Johann-Wolfgang-Goethe-Univ., Fachbereich 03, Gesellschaftswissenschaften, 2001.

Deppermann, A./Neumann-Braun, K. (2001). Abschlussbericht zum DFG-Forschungsprojekt „Jugend, Kommunikation, Medien: eine ethnographische Längsschnittuntersuchung der Kommunikationskultur in Jugendgruppen".

Frankfurt am Main : Johann-Wolfgang-Goethe-Univ., Fachbereich 03, Gesellschaftswissenschaften, 2001.

Deppermann, A. (2002). Be-deuten: wie Bedeutung im Gespräch entsteht. Tübingen : Stauffenburg-Verlag.

Deppermann, A. (2008). Gespräche analysieren. Eine Einführung. 4. Aufl. Wiesbaden: VS, Verl. für Sozialwissenschaften.

Döring, Nicola & Schestag, Alexander (2000). Soziale Normen in virtuellen Gruppen. Eine empirische Untersuchung am Beispiel ausgewählter Chat-Channels. In: Thiedeke, Udo (Hrsg.): *Virtuelle Gruppen. Charakteristika und Problemdimensionen*. Opladen: Westdeutscher Verlag, S. 313–355.

Döring, N. (2000). Selbsthilfe, Beratung und Therapie im Internet. In Batinic, B. (Hrsg.). *Internet für Psychologen*. Göttingen: Hogrefe-Verlag.

Döring, Nicola (2002). Sozialpsychologische Chat-Forschung. Methoden, Theorien, Befunde. In: Michael Beißwenger (Hrsg.): *Chat-Kommunikation. Sprache, Interaktion, Sozialität & Identität in synchroner computervermittelter Kommunikation. Perspektiven auf ein interdisziplinäres Forschungsfeld*. Stuttgart: ibidem, S. 141–186.

Döring, N. (2003). Sozialpsychologie des Internet – Die Bedeutung des Internet für Kommunikationsprozesse, Identitäten, soziale Beziehungen und Gruppen. Göttingen: Hogrefe.

Döring, N. (2010). Rezension zu: Gabriel Dorta. 2005. Soziale Welten in der Chat-Kommunikation. Untersuchungen zur Identitäts- und Beziehungsdimension in Web-Chats. ZRS, Band 2, Heft 1. Walter de Gruyter.

Dorta, G. (2005). Soziale Welten in der Chat-Kommunikation: Untersuchungen zur Identitäts- und Beziehungsdimension in Web-Chats. Bremen: Hempe.

Eckey, B. (Hrsg). Jugend bewegt Beratung. Adoleszenz als Herausforderung und Chance für die Erziehungsberatung. Weinheim: Juventa-Verlag.

Eichenberg, C. (2007). Online-Sexualberatung: Wirksamkeit und Wirkweise. Evaluation eines Pro-Familia-Angebots. In *Zeitschrift für Sexualforschung, 3,* S. 247–262.

Engelhardt, E./Storch S. (2013). Was ist Onlineberatung? Versuch einer systematischen begrifflichen Einordnung der ‚Beratung im Internet'. In: *e-beratungsjournal-net. Fachzeitschrift für Online-Beratung und computervermittelte Kommunikation*, 02/2013. Zugriff unter www.e-beratungsjournal-net.

Engelstädter, A. /Schierbaum, A. (2008). Online-Beratung. Grenzen Professionellen Handelns im virtuellen Raum. In: Sozialwissenschaftliches Journal Nr. 6, Jahrgang III, Heft 1. Februar 2008. S. 79–97.

Evangelou, B,/Marquardt, D. (2013). Die Praxis der Offenen Sprechstunde für Jugendliche. In: In: bke-beratung.de erziehungs- und Familienberatung im Internet. Bericht 2012. Fürth; bke, S. 16–21.

Fix, Tina (2001). Generation@ im Chat. Hintergrund und explorative Motivstudie zur jugendlichen Netzkommunikation. München: Kopäd-Verlag.

Frisch, Max (1973). Stiller. Frankfurt: Suhrkamp.

Förtsch, D. im Gespräch mit Fritz B. Simon (2010). Der Rogers-Effekt des Schreibens.. In: Kontexte. Zeitschrift für Systemische Therapie und Familientherapie. Heft 1/2010. Göttingen: Vandenhoeck & Ruprecht.

Fröhlich-Gildhoff, K. (2006). Forschung zur Praxis in den ambulanten Hilfen zur Erziehung Freiburg i.Br. : FEL.

Gallery, Heike (2000). „bin ich-klick ich" – Variable Anonymität im Chat. In: Thimm, Caja (Hrsg.): *Soziales im Netz. Sprache, Beziehungen und Kommunikationskulturen im Internet.* Opladen: Westdeutscher Verlag, S. 71–88.

Gebhardt, Julian (2001). Inszenierung und Verortung von Identität in der computervermittelten Kommunikation. Rahmenanalytische Überlegungen am Beispiel des „Online-Chat". In: *kommunikation@gesellschaft*, Hg. 2. Beitrag 7. URL: http://www.unifrankfurt.de/fb03/K.G/B7_2001.

Glattauer, D. (2008). Gut gegen Nordwind. München: Goldmann.

Götzenbrucker, G./Hummel, R. (2002). Zwischen Vertrautheit und Flüchtigkeit. Beziehungsdimensionen in computervermittelten Konversationen – am Beispiel von Chats, MUDs und Newsgroups. In: Beißwenger, Michael (Hrsg.): *Chat-Kommunikation. Sprache, Interaktion, Sozialität & Identität in synchroner computervermittelter Kommunikation. Perspektiven auf ein interdisziplinäres Forschungsfeld.* Stuttgart: ibidem, S. 201–225.

Goffman, E. (1980). Rahmenanalyse. Ein Versuch über die Organisation von Alltagserfahrungen. Frankfurt am Main: Suhrkamp.

Goffman, E. (1983). Wir alle spielen Theater. Die Selbstdarstellung im Alltag. München: Piper.

Hardt, J./Ochs, M. (2011). „Internettherapie" – Chancen und Gefahren – eine erste Annäherung. In: Psychotherapeutenjournal 1/2011, S. 28–32.

Hartl, J. (2008b). *Wirkfaktoren in der E-Mail-Beratung.* Empirische Untersuchung bei den katholischen Online-Beratungseinrichtungen der Bundeskonferenz für Ehe-, Familien- und Lebensberatung. Diplomarbeit an der Fachhochschule Düsseldorf. Verfügbar unter: http://www.e-beratungsjournal.net/ausgabe 02/2008/hartel_dipl.pdf.

Hartmann, A. /Zeeck, A. (2012). Psychotherapie zwischen den Sitzungen. Intersession-Erleben und dessen Bedeutung für Prozess und Ergebnis. In: Psychotherapie im Dialog, Ausgabe 3, Sept. 2012.

Haubl, R. (2000). Editorial: Schau- und Zeigelust. In: psychosozial, 23. Jg., Heft IV (Nr. 82), S. 5–7.

Heider, T. (2007). *Der Chat als ergänzendes Instrument der sozialpädagogischen Onlineberatung am Beispiel der kids-hotline.* Diplomarbeit an der katholischen Stiftungsfachhochschule München. Verfügbar unter: http://www.ki-konzept.de/local/media/heider_diplomarbeit.pdf.

Heider, T. (2008). Prozesse in der Chatberatung. In: *e-beratungsjournal-net. Fachzeitschrift für Online-Beratung und computervermittelte Kommunikation,* 02/2008. Zugriff unter www.e-beratungsjournal-net.

Heller, K. (2005). Psychosoziale Beratung in einer Selbsthilfe-Newsgroup zum Thema Angst. In: Psychotherapie und Sozialwissenschaft, Zeitschrift für qualitative Forschung und klinische Praxis, 7. Jg, Heft 2/2005. Gießen: Psychosozial Verlag, S. 29–54.

Herpertz-Dahlmann, B./Bühren, K./Remscheid, H. (2013). Erwachsenwerden ist schwer. Psychische Störungen in der Adoleszenz. In: Deutsches Ärzteblatt, Jg. 110, Heft 25.

Hintenberger, G. (2009a). Der Chat als neues Beratungsmedium. In Kühne, S. & Hintenberger, G. (Hrsg.). *Handbuch Online-Beratung.* Göttingen: Vandenhoeck & Ruprecht GmbH & Co. KG. S. 69–78.

Hintenberger, G. & Kühne, S. (2009). Veränderte mediale Lebenswelten und Implikationen für die Beratung. In Kühne, S. & Hintenberger, G. (Hrsg.). *Handbuch Online-Beratung.* Göttingen: Vandenhoeck & Ruprecht GmbH & Co. KG. S. 13–24.

Hintenberger, G. (2010). Oraliteralität als Interventionsstrategie in der Mail-Beratung mit Jugendlichen. In: *e-beratungsjournal.net. Fachzeitschrift für Online-Beratung und computervermittelte Kommunikation,* 02/2008. Zugriff unter www.e-beratungsjournal-net.

Höflich, J (1996). Technisch vermittelte interpersonale Kommunikation: Grundlagen, organisatorische Medienverwendung, Konstitution „elektronischer Gemeinschaften". Opladen: Westdt. Verlag.

Höflich, Joachim (2001). Das Handy als „persönliches Medium". Zur Aneignung des Short Message Service (SMS) durch Jugendliche. In: *Kommunikation@ Gesellschaft,* Jg. 2, Beitrag 1. URL: http://www.unifrankfurt.de/ fb03/K.G/ B1_2001_Höflich.pdf.Gebhardt.pdf.

Höflich, J./Gebhardt J. (2003). Vermittlungskulturen im Wandel: Brief – E-Mail – SMS. Frankfurt am Main [u.a.] : Lang.

Höflich, J./Gebhardt, J./Steuber, S. (2003). SMS im Medienalltag Jugendlicher. Ergebnisse einer qualitativen Studie. In: Höflich, J./Gebhardt J. (2003).

Vermittlungskulturen im Wandel: Brief – E-Mail – SMS. Frankfurt am Main [u.a.]: Lang. S. 265–290.

Hurrelmann, K. (2012). Lebensphase Jugend : eine Einführung in die sozialwissenschaftliche Jugendforschung. 11., vollst. überarb. Aufl. Weinheim [u.a.] : Beltz Juventa, 2012.

Hutter, C. (2013).“Missing link“ oder „Zwischen allen Stühlen“ – Eine Standortbestimmung. In: Bundesverband Katholischer Ehe-, Familien- und Lebensberaterinnen und –Berater e.V. (Hrsg.): Was bleiben will, muss sich ändern. 50 Jahre Bundesverband, S. 9–24.

Ito, Mizuko et al. (2009). Hanging Out, Messing Around; Geeking Out: Living and Learning with New Media. Cambridge. (Ergebnisse der kalifornischen Forschung unterstützt von der Mac-Arthur-Foundation), nach: http://www.macfound.org/sit/c.IKLXJ8MQKRH/b.3599935).

Janssen, Ludwig (Hg.). Auf der virtuellen Couch. Selbsthilfe, Beratung und Therapie im Internet. 1998, Psychiatrie-Verlag Bonn.

Jacobi, F./ Maier, W./Heinz, A. (2013). Diagnostic and Statistical Manual of Mental Disorders. Hilfestellung zur Indikation. Ärzteblatt 12/2013.

JiM-Studien (2009–2015). Jugend, Information, (Multi-)Media. Basisstudie zum Medienumgang 12–19 jähriger in Deutschland. Stuttgart: Medienpädagogischer Forschungsverbund Südwest.

Jochum, U./Wagner, G. (1998) (Hrsg). Am Ende – das Buch. Semiotische und soziale Aspekte des Internet. Konstanz: Universitätsverlag UVK.

Kallmeyer, W. (2000). Sprache und neue Medien – zum Diskussionsstand und zu einigen Schlussfolgerungen. In: Kallmeyer, Werner (Hrsg.): *Sprache und neue Medien*, Berlin: de Gruyter, S. 292–315.

Keupp, H. (2002). Identitätsarbeit als Lebenskunst – Eine Perspektive für die psychosoziale Beratung. In: Nestmann, F./Engel, F. (Hrsg) (2002). Die Zukunft der Beratung. Tübingen, dgvt-Verlag, S. 51–78.

Kieserling, A. (1999). Kommunikation unter Anwesenden. Studien über Interaktionssysteme. Frankfurt am Main: Suhrkamp.

Kilian, J. (2002). T@stentöne. Geschriebene Umgangssprache in computervermittelter Kommunikation. In: Beißwenger, Michael (Hrsg.): *Chat-Kommunikation. Sprache, Interaktion, Sozialität & Identität in synchroner computervermittelter Kommunikation. Perspektiven auf ein interdisziplinäres Forschungsfeld.* Stuttgart: ibidem, S. 55–78.

Klein, A. (2008). Soziales Kapital Online. Soziale Unterstützung im Internet. Eine Rekonstruktion virtualisierter Formen sozialer Ungleichheit. Verfügbar über: bieson. ub.uni-bielefeld.de/volltexte/2008/1260/pdf/Klein_Alexandra_Dissertation.pdf; [23.02.11].

Klein, A. (2012). Umgang der Kinder- und Jugendhilfe mit verstärkter Mediennutzung am Beispiel Online-Beratung. Expertise im Rahmen des 14. Kinder- und Jugendberichts der Bundesregierung. Unveröffentlichtes Manuskript. Erscheint unter: www.dji.de/14_kjb.

Krebs, H. (1997). Lebensphase Adoleszenz: junge Frauen und Männer verstehen. Mainz : Matthias-Grünewald-Verlag.

Kriz, J. (2013). Wirkfaktoren in der Psychotherapie – braucht man die? In: Bundesverband Katholischer Ehe-, Familien- und Lebensberaterinnen und -Berater e.V. (Hrsg.): Was bleiben will, muss sich ändern. 50 Jahre Bundesverband, S. 25–41.

Kummer, Irene (1986). Beratung und Therapie von Jugendlichen. München: Kösel.

Kühne, Stefan (Hg.) (2009). Handbuch Online-Beratung. Göttingen: Vandenhoeck & Ruprecht.

Luckmann, T. (1986). Die gesellschaftliche Konstruktion der Wirklichkeit : eine Theorie der Wissenssoziologie. Frankfurt am Main : Fischer-Taschenbuch-Verlag, 1986.

Membarth, R. (2013). Hypnotherapie – Die ressourcenorientierte Arbeit mit Paaren und Einzelklienten auf der Grundlage der Arbeiten von Milton Erickson. In: Bundesverband Katholischer Ehe-, Familien- und Lebensberaterinnen und -Berater e.V. (Hrsg.). Was bleiben will, muss sich ändern. 50 Jahre Bundesverband, S. 59–63.

Menne, K. (2008). Onlineberatung Revisited. Zur Diskreditierung eines analytischen Verfahrens. In: Sozialwissenschaftliches Journal Nr. 6, Jahrgang III, Heft 1. Februar 2008. S. 96–109.

Müller-Doohm, S. (1999). Das Tabu, das Geheimnis und das Private: vom Verlust der Diskretion. In: Grenzenlose Gesellschaft? 29. Kongress der deutschen Gesellschaft für Soziologie. Bd. II/1 Freiburg im Breisgau.

Nestmann, F./Engel, F. (Hrsg) (2002). Die Zukunft der Beratung. Tübingen, dgvt-Verlag.

Nickisch, R. (2003). Der Brief – historische Betrachtungen. In: Höflich, J./ Gebhardt, J. (Hrsg.). Vermittlungskulturen im Wandel: Brief – E-Mail – SMS. Frankfurt am Main [u.a.]: Lang. S. 63–74.

Nothdurft, W. (1984). „..äh folgendes Problem äh". Die interaktive Ausarbeitung „des Problems" in Beratungsgesprächen. Tübingen.

Nothdurft, W. (1994). Kompetenz und Vertrauen in Beratungsgesprächen. In: Nothdurft, W.; Reitemeier, U.; Schröder, P. (1994): Beratungsgespräche. Analyse asymmetrischer Dialoge. Tübingen, Narr, S. 184–228.

Nothdurft, W.; Reitemeier, U.; Schröder, P. (1994). Beratungsgespräche. Analyse asymmetrischer Dialoge. Tübingen, Narr.

Oerter, R./Montada, L. (1987). Entwicklungspsychologie. Beltz: PsychologieVerlagsUnion.

Orthmann, C. (2002). Kinder und Jugendliche auf der Suche nach Gesprächspartnern: „Wer will chatten?“ In: Beißwenger, Michael (Hrsg.): *Chat-Kommunikation. Sprache, Interaktion, Sozialität & Identität in synchroner computervermittelter Kommunikation. Perspektiven auf ein interdisziplinäres Forschungsfeld.* Stuttgart: ibidem, S. 279–304.

Orthmann, C. (2004). Strukturen in der Chatkommunikation. Dissertation, FU Berlin. Zugriff unter: http://www.diss.fu-berlin.de (13.04.14).

Ott, R./Eichenberg, C. (2003). Klinische Psychologie und Internet. Potenziale für klinische Praxis, Intervention, Psychotherapie und Forschung. Göttingen: Hogrefe.

Paris, R., (2005). Raten und Beratschlagen. In: Sozialer Sinn, Heft 2/2005, 6. Jhg. Stuttgart.

Prommer, E./Brücks, A., Mehnert, J. (2009). „Real Life Extension“ in Web-basierten sozialen Netzwerken. Studie zur Selbstrepräsentation von Studierenden in studiVZ. Forschungsbericht, Potsdam, HFF.

Sasse, Stephanie (2011). Lebenshilfe im world wide web. Dissertation. Zugriff unter: http://edoc.ub.uni-muenchen.de/13360/1/Sasse_Stephanie.pdf (12.02.14).

Sassen, Claudia (2000). Phatische Variabilität bei der Initiierung von Internet-Relay-Chat-Dialogen. In: Thimm, Caja (Hrsg.): Soziales im Netz. Sprache, Beziehungen und Kommunikationskulturen im Internet. Opladen: Westdeutscher Verlag, S. 89–108.

Scherr, A. (2009). Jugendsoziologie. Einführung in Grundlagen und Theorien. 9. Auflage. Wiesbaden: VS.

Schestag, A. (2002). Macht und Machtmissbrauch im IRC aus ethnopsychologischer Sicht. In: Beißwenger, Michael (Hrsg.): *Chat-Kommunikation. Sprache, Interaktion, Sozialität & Identität in synchroner computervermittelter Kommunikation. Perspektiven auf ein interdisziplinäres Forschungsfeld.* Stuttgart: ibidem, S. 187–200.

Schmidt, G. (2004). Liebesaffären zwischen Problem und Lösung. Hypnosystemisches Arbeiten in schwierigen Kontexten. Heidelberg: Carl-Auer Verlag.

Schmidt, Gurly (2000). Chat-Kommunikation im Internet – Eine kommunikative Gattung? In: Thimm, Caja (Hrsg.): *Soziales im Netz. Sprache, Beziehungen und Kommunikationskulturen im Internet.* Opladen: Westdeutscher Verlag, S. 109–130.

Schönfeldt, Juliane (2002). Die Gesprächsorganisation in der Chat-Kommunikation. In: Beißwenger, Michael (Hrsg.): *Chat-Kommunikation. Sprache,*

Interaktion, Sozialität & Identität in synchroner computervermittelter Kommunikation. Perspektiven auf ein interdisziplinäres Forschungsfeld. Stuttgart: ibidem, S. 25–53.

Schultze, N. G. (2007). Erfolgsfaktoren des virtuellen Settings in der psychologischen Internet-Beratung. In: *e-beratungsjouurnal-net. Fachzeitschrift für Online-Beratung und computervermittelte Kommunikation*, 01/2007, Artikel 5. Verfügbar unter: http://www.e-beratungsjournal.net/ausgabe_0107/schultze.pdf.

Shakespeare, W. The Sonnets. Herausgegeben von Borgmeier, R. und Hanke, M. (2006). Stuttgart: Philipp Reclam jun.

Shazer, S. de (1989). Wege der erfolgreichen Kurztherapie. Stuttgart: Klett-Cotta.

Shazer, S. de (1992). Das Spiel mit Unterschieden: wie therapeutische Lösungen lösen. 1. Aufl. - Heidelberg : Auer.

Shell Deutschland Holding (Hrsg) 2010. Jugend 2010. Eine pragmatische Generation behauptet sich. 1. Aufl. Frankfurt am Main: Fischer.

Simmel, Georg (1907). Soziologie der Sinne. In: Simmel, Georg; Rammstedt, O. (Verfasser (1); Herausgeber (2), 2008. Individualismus der modernen Zeit und andere soziologische Abhandlungen. Frankfurt am Main: Suhrkamp, S. 275–289.

Simmel, Georg (1908). Der Brief. Aus einer Soziologie des Geheimnisses. In: Simmel, Georg; Rammstedt, O. (Verfasser (1); Herausgeber (2) (2008). Individualismus der modernen Zeit und andere soziologische Abhandlungen. Frankfurt am Main: Suhrkamp, S. 190–193.

Simmel, Georg (1910). Philosophie des Abenteuers. ex: Der Tag. Moderne illustrierte Zeitung Nr. 2 8 z, Morgenblatt vom 7. Juni 1910, Illustrierter Teil Nr. 130, S. 1–3 und Nr. 284, Morgenblatt vom 8. Juni 1910, Illustrierter Teil Nr. 131, S. 1–3 (Berlin). Zugriff unter: www.socio.ch/sim/verschiedenes/1910/abenteuer.htm. Zugriff am 12.02.2014.

Spielberg, R. (2005). Online-Beratung bei Arbeitsstörungen und Prüfungsängsten. In: Psychotherapie und Sozialwissenschaft, Zeitschrift für qualitative Forschung und klinische Praxis, 7. Jg, Heft 2/2005. Gießen: Psychosozial Verlag, S. 11–27.

Stegbauer, C. (2003). Form und Beziehung am Beispiel der schriftlichen Kommunikation.. In: Höflich, J. (Gebhardt, J. (Hrsg). Vermittlungskulturen im Wandel: Brief – E-Mail – SMS. Frankfurt am Main [u.a.]: Lang. S. 75–94.

Stierlin, H. (1980). Eltern und Kinder: Das Drama von Trennung und Versöhnung im Jugendalter. Frankfurt am Main, Suhrkamp.

Storrer, A. (2002). Sprachliche Besonderheiten getippter Gespräche. Sprecherwechsel und sprachliches Zeigen in der Chat-Kommunikation. In: Beißwenger, Michael (Hrsg.): *Chat-Kommunikation. Sprache, Interaktion, Sozialität &*

Identität in synchroner computervermittelter Kommunikation. Perspektiven auf ein interdisziplinäres Forschungsfeld. Stuttgart: ibidem, S. 3–24.

Thiedeke, U. (2003). Virtuelle Gruppen. Charakteristika und Problemdimensionen. Wiesbaden: Westdeutscher Verlag.

Thiery, H. (2011). Beratung auf Facebook und Twitter? Wie virtuelle Beratungsangebote auf die neuen Leitmedien reagieren können. In: *e-beratungsjournal. net. Fachzeitschrift für Online-Beratung und computervermittelte Kommunikation*, 02/2011. Zugriff unter www.e-beratungsjournal-net.

Thimm, C. (2002). Funktionale Stilistik in elektronischer Schriftlichkeit: Der Chat als Beratungsform. In: Beißwenger, Michael (Hrsg.): *Chat-Kommunikation. Sprache, Interaktion, Sozialität & Identität in synchroner computervermittelter Kommunikation. Perspektiven auf ein interdisziplinäres Forschungsfeld.* Stuttgart: ibidem, S. 255–278.

Trepte, S. /Reineke, L. (2010). Unterhaltung online. In: Schweiger, W. & Beck, K. (Hrsg.) (2010): Handbuch Online-Kommunikation. Wiesbaden: Verlag für Sozialwissenschaften, Springer Fachmedien.

Trepte, S. (2011). Privacy Online [Elektronische Resource]: Perspectives on Privacy and Self-Disclosure in the Social Web. Online-Ausg. – Berlin, Heidelberg : Springer Berlin Heidelberg, 2011.

Turkle, Sherry (1998). Leben im Netz – Identität in Zeiten des Internet. Rohwohlt.

Valkenburg, P. & Peter, J. (2007). Online communication and adolescent well being: testing the stimulation versus the displacement hypothesis. Zugriff am 30.08.2010 unter http://Jcmc.indiana.edu/vol12/issue4/valkenbur.html.

Valkenburg, P. & Peter, J. (2009). Effects of Instant Messaging on the Quality of adolscents' existing friendships: A Longitudinal study. Journal of Communication, 59, 79–97.

Valkenburg, P., Peter, J. & Schouten (2006). Precursors and underlying processes of adolesents' online self diclosure. Media psychology 10 (2), 292–312.

Vey, M. (2011). Von Leichtigkeit bis Tiefgang. Erfahrungen mit Jugendlichen im Gruppenchat. In: Generation digital. Neue Medien in der Erziehungsberatung. Fürth: bke. Materialien zur Beratung, Band 19.

Vellusig, R. (2000). Schriftliche Gespräche: Briefkultur im 18. Jahrhundert. Wien: Böhlau.

Voland, C. (2001). … scheuen das Licht der Öffentlichkeit. Eine Geschichte des Liebesbriefes. In: kommunikation @ gesellschaft ↗Jg. 2 (2001) ISSN 1616–2617.

Volkmann, U. (2010). Sekundäre Leistungsrolle. Eine differenzierungstheoretische Einordnung des Prosumenten am Beispiel des „Leser-Reporters“. In: Blättel-Mink, B/Hellmann, K. (Hg.). Prosumers revisited. Springer, S. 206–220.

Wabnitz, R. et al. (2013). 14. Kinder- und Jugendbericht. Als Download verfügbar unter: http://www.bmfsfj.de/RedaktionBMFSFJ/Broschuerenstelle/Pdf-Anlagen/14-Kinder-und-Jugendbericht. (13.3.2014).

Wagner, U. /Brüggen, N., Gebel, C. (2009). WEB 2.0 als Rahmen für Selbstdarstellung und Vernetzung Jugendlicher. Erster Teil der Studie „Das Internet als Rezeptions- und Präsentationsplattform für Jugendliche“ im Auftrag der Bayerischen Landeszentrale für neue Medien (BLM). München, Institut für Medienpädagogik in Forschung und Praxis (JFF).

Wagner, B./ Maercker, A. (2011). Psychotherapie im Internet – Wirksamkeit und Anwendungsbereich. In: Psychotherapeutenjournal 1/2011, S. 33–42.

Westerbarkey, J. (1991). Das Geheimnis. Zur funktionalen Ambivalenz von Kommunikationsstrukturen. Opladen: Westdeutscher Verlag.

Westerbarkey, J. (1991). Selbstdarstellung als Chance und Risiko. In: Das Geheimnis. Zur funktionalen Ambivalenz von Kommunikationsstrukturen. Opladen: Westdeutscher Verlag, S. 123–133.

Willand, I. (2002). Chatroom statt Marktplatz: Identität und Kommunikation zwischen Öffentlichkeit und Privatheit. München: kopaed-Verlag.

Abbildungsverzeichnis

Ausschnittverzeichnis

Anhang

Nicknamen

Vorüberlegung:
Die am Chat teilnehmenden Jugendlichen wählen sich einen Namen (nick-name), der durchaus ebenfalls deutbar ist. In der anonymisierten wissenschaftlichen Auswertung entfällt diese Infoquelle. Ein möglicher Zugang wäre (in Anlehnung an die Untersuchungen von Bechar-Israeli, 1995) eine Vorab-Kategorisierung, z. B. Namensvariation (Lindaa, marc123), poetische Namen (Regenbogen, Mondenschein), Befindlichkeitsmitteilungen (z. B. zerbrochene Seele), Persönlichkeitsbeschreibungen (ganzodergarnicht, bad-tobi) usw. und eine spätere Zuordnung der Nicknamen aus den ausgewerteten Chats zu diesen Kategorien.

Für diese Kategorisierung wurde auf der bke-Plattform auf öffentlich zugängliche, daher nicht schweigepflicht-gebundene Beispiele aus der Beratungsform „Forum" (zufällige Auswahl zweier Threads) zurückgegriffen. Diese 127 Nicks wurden mit einer Gruppe von Jugendlichen ausgewertet, verschiedene Kategorien gebildet und die Nicks entsprechend zugeordnet. Diese Kategorisierung diente als Grundlage für die Umbenennung der im Chat von den Teilnehmern verwendeten Nicks, die schweigepflichtgeschützt sind und daher umbenannt werden mussten.

Kategorisierung:
Nicks aus: bke-Plattform, Beratungsform Forum (Thread: „Tipps und Tricks gegen Ritzen"; „Schule-Ausbildung-Beruf", Zugriff am 25.10.2011)

Kategorien Nicknamen		Anzahl (Mehrfachzuordnungen)
VV	Vornamen variiert (z. B. Annie_, Christin17)	43
BP	Berühmte Persönlichkeiten (z. B. Angela-Merkel)	1
PH	Phantasie (z. B. in-between; Jippi)	38
PROV	Provokation (z. B. Assi-Gesselschaft88)	4
ML	Märchen/Literatur (z. B. Atreju09, schlumpf17)	6
BEF	Befindlichkeitsaussage (z. B. –Broken-inside-, -tiekmasnie-)	23
VW	Vorname + Wunsch/Ideal (z. B. Alexa4ever);	3
N	Naturassoziation/poetisch (z. B. Butterblume1992; Mondrose)	4
WK	Wortklang (z. B. suffelschnuffel, chuck)	6
GEG	Gegenstände/Begriffe (z. B. Kettenkarussell)	4
PRO	Programmatisch? (z. B. Easy 94, Flyaway)	7
S	Sonstiges	6

Auflistung der der Kategorisierung zugrunde gelegten Nicks (s. Forum):
Alana00 Angela-Merkel Annie— Anni1777 Assi-Gesselschaft88 Atreju09 Alexa4ever Blacky Brianna Brina-- Black-pebble -Broken-InsiDe- BrOkenSOul Butterblume1992 Cessation Christin17 Chuck Claudia2005 Creep custos Daisuki -darkangel- DarkBlue dasWombat Daydream -Deadgirl- diekaro Die-Maske Destructive-frenzy Easy94 Eldtt Emanuel -evn Finerl FlowerFairy Flyaway Franci94 Franzis Gefallener engel GirlHH18 Gruenschnabel Hexchen23 Icebaba In-Between Jasi90 Jenbee Jippy Jule86 Kettenkarussell Kileygh Kit-Kat -kleinepuppe- KeinerLilaEngel KoKo Kuepra lalin Le-dauphin Leo— Leonardo-Javier Leona7022 Linchen93 Lioni LittleLis longroad lui Leona03 LuLuInFairyLand Lunatika412 Mariechen90 Marccii -Marla- Marrett MajorKoenig master Mathilda2 Melanie Metti Midnight-x Mimiii mizzy Mondrose -mynona- Müssen nur wollen Naya Necro Nessii -Nychta_ Pamchen pattymaus Phantomkind Phoebe93 phoenixa PunksNotDeadxx Putzihasi Qwertz1234 red Rouchel Rotetreane112 Salzperle Samara Schlumpf17 Schneeflocke02 schnuffel1997 Sennerin Serenity Shadow-M soulfucked special suffelschnuffel sve sweeticedream SweetyN14 tak Tayresa Tears-in-heaven Terry333 -tiekmasnie- Tine-LALA tori-g- Vampirblut vanii welli xXEinsamer-Emo-PunkXx xXFallenAngelXx Xx—Joe—xX Yeuxmarron Yoga

Liste Emoticons in der bke-Onlineberatung

Bedeutung der Smileys in Chats und Foren

Standardmäßig ist in den Chats oberhalb des Texteingabefeldes ein Smiley-Symbol eingeblendet. Wird dieses angeklickt, öffnet sich eine Liste von sogenannten „Emoticons", ikonisierten Gefühlszuständen, die durch Anklicken aktiviert und dem eigenen Text als Ersatz für fehlende nonverbale Mitteilungen z. B. zur Verdeutlichung von Gefühlszuständen, Mimik etc. hinzugefügt werden können.

	:P)	Auf Wiedersehen
	|-O	Schrei
	o-)	Erschöpft
	8-O	Zyklop
	o_O	Verärgert
	X-(	Wuuuaahhh
	:#)	Erstaunt
	B-)	Erröten
	:¥(	Cool
	:-Z	Heulen
	:o¥	schwindlig, verwirrt
	|-)	Aehmm
	:-D	Breites Grinsen
	|+¥	Glücklich
	O:)	Scheinheilig

	:-*	Kuss
	:()	Lachen
	:-|	Kein Ausdruck
	X-.	Verklemmt
	:-(	Traurig
	8-o	Geschockt
	8=x	Krank
	:-)	Lächeln
	(-:	Umgedreht
	:-P	Zunge rausstrecken
	=]]	Seitlich
	:-s	Unsicher
	:-?	Sprachlos
	:-∞	Pfeifen
	;-)	Zwinkern
	:-r	Rote Karte
	:-y	Gelbe Karte
	:-h	Umarmen
	:-f	anerkennend auf die Schulter klopfen
	:thumbsup:	Daumen hoch

Liste der untersuchten Chats und der darin behandelten Themen

bke-Mirata	13.04.11,	13 Teilnehmer, 856 Zeilen
bke-Nathan	29.07.11	15 Teilnehmer, 795 Zeilen
bke-Manuel	01.08.11	13 Teilnehmer, 1054 Zeilen
bke-Mario	11.08.11	12 Teilnehmer, 672 Zeilen
bke-Elena	13.08.11	14 Teilnehmer, 1350 Zeilen
bke-Manuel	21.11.11	17 Teilnehmer, 897 Zeilen
bke-Ulla	28.11.11	16 Teilnehmer, 889 Zeilen
bke-Uschi	24.01.12	16 Teilnehmer, 701 Zeilen
bke-Mirata	25.01.13	13 Teilnehmer, 810 Zeilen
bke-Nathan	27.01.12	16 Teilnehmer, 734 Zeilen
bke-Nathan	10.02.12	13 Teilnehmer, 817 Zeilen
bke-Mirata	11.04.12	16 Teilnehmer, 757 Zeilen
bke-Elena	30.06.12	15 Teilnehmer, 808 Zeilen
bke-Uschi	04.09.12	13 Teilnehmer, 535 Zeilen
bke-Leona	20.08.12	16 Teilnehmer, 806 Zeilen
bke-Mia	29.08.12	14 Teilnehmer, 672 Zeilen
bke-Leona	17.09.12	10 Teilnehmer, 944 Zeilen

Themen

Bke-Manuel 21.11.11.

- Hilfe für Freund gegen dessen Willen
- Trauer und Wut auf sich selbst nach Ende einer Beziehung
- „Ess-Störungen"
- Ausziehen von zuhause

Bke-Ulla, 28.11.11

- „Nach Trennung gleich wieder neue Kontakte erlaubt?"
- „Wie umgehen mit sexueller Belästigung durch Onkel?"
- „Traurig dass Eltern so zerstritten, wenig Harmonie in Familie"
- „Hemmungen, über Gefühle/Gedanken zu sprechen"

Bke-Uschi, 24.01.12

- „Nachteilige Auswirkungen von Privatleben auf Beruf?"
- „Wie vom Ritzen wegkommen?"
- „Offenheit gegenüber der Therapeutin"

Bke-Mirata, 25.01.12

- „Sorge um Stiefmutter mit Alkoholiker-Freund"
- „Umgehen mit alten Mustern, Ess-Störung"
- Kommentare zum Thema „Weinen" (vor anderen)
- „Kraftlosigkeit nach ungewohntem Sich-Öffnen in der Tagklinik"
- „gute Nachricht" (Entscheidung für betreutes Wohnen und Klinik)
- „Besserer Umgang mit sozial schädlicher Impulsivität"

Bke-Nathan, 27.01.12

- „Stress mit trinkendem Vater"/Gewalt
- „Entscheidungsdilemma, Zwangsheirat?"
- „Ambivalenz bezüglich Aufnahme in Tagesklinik"

Bke-Nathan, 10.02.12

- „Überfordert fühlen, Sorge ob ich Ausbildung schafft"
- Trauer, Sorge auf Beerdigung Kontrolle zu verlieren
- Ambivalenz wegen Abbruch von Klinikaufenthalt wegen Magersucht

Bke-Mirata, 11.4.12

- „Auskotzen" über Alkoholkonsum/Angst vor Gewöhnung
- Probleme im Studium wegen extremer Antriebslosigkeit, Suche nach Diagnose und Umgang mit dem Phänomen
- Suchtprobleme des Vaters, wie damit umgehen?
- Umgang mit überraschender Diagnose Diabetes und daraus resultierenden Ängsten

Bke-Elena, 30.06.12

- Rückfall in Ess-Störung wegen zu viel Druck in aktueller Lebenssituation
- Trauer wegen zweier Todesfälle, Probleme in Therapie; Kontaktprobleme
- Auskotzen wegen Bruch mit Freundin, ungerechten Vorwürfen und sonstigem

Bke-Leona, 20.08.12

- Besorgte Frage nach anderer Teilnehmerin, Austausch über Datensicherheit
- „Wie umgehen mit Trauer am Todestag der Mutter?"
- „(wieder) Theapie machen?"
- Gemobbt werden und Ess-Probleme: aufs Internat wechseln? Wie mit Eltern reden?

Bke-Mia, 29.08.12

- Offenheit gegenüber neuer Therapeutin; Loyalitätskonflikt gegenüber der früheren
- „Wie lernen, sich nicht mehr so leicht aus der Bahn werfen zu lassen?"
- Ambivalenz: zur Therapie anmelden oder nicht?
- Umgang mit Panikattacken

Bke-Uschi, 04.09.12

- „Was tun gegen Liebeskummer?"(Ablenkung)
- „Wie zum (kalorienhaltigeren) Essen überwinden?"
- Therapiebedingte Abwesenheit: wie offen in der Schule damit umgehen?
- Wunsch nach Wechsel zu anderer Therapeutin, Hemmungen offen zu reden

Bke-Leona, 17.09.12

- Heimwerkererfahrungen, Angebot gegenseitiger Unterstützung
- Diskussion über Beziehungen, „Denken von Männern"
- 17 jährige, die unfreiwillig mit Familie in Türkei bleiben muss: wie helfen?
- Entscheidungshilfe: kranke Oma besuchen trotz Konflikt mit Familie?
- „schlagender Vater, was dagegen tun? Niemand glaubt und hilft" (Natascha, als Fake bezeichnet, wegen regelwidrigen Verhaltens mehr oder weniger ignoriert/zurückgewiesen).

William Shakespeare, Sonnet 18[116]

Shall I compare thee to a summer's day?
Thou art more lovely and more temperate:
Rough winds do shake the darling buds of May,
And summer's lease hath all too short a date:
Sometime too hot the eye of heaven shines,
And often is his gold complexion dimmed;
And every fair from fair sometime declines,
By chance or nature's changing course untrimmed:
But thy eternal summer shall not fade
Nor lose possession of that fair thou ow'st,
Nor shall Death brag thou wander'st in his shade,
When in in eternal lines to time thou grow'st:
So long as men can breathe or eyes can see,
So long lives this, and this gives life to thee.

116 Shakespeare, W./Borgmeier, R./Hanke, M. (Hrsg), 2006, S. 28.

Technologisch ermöglichte Züge im bke-Chat

In einer kurzen Beschreibung sollen hier die technisch ermöglichten und vom System vorgegebenen Optionen beschrieben werden, die die Teilnehmerinnen innerhalb des Chats für ihre Kommunikationszüge nutzen können.

Auf einer durchgehend eingeblendeten Namensleiste auf der linken Seite des Chatfensters kann nach Betreten des Chatraums gelesen werden, welche Teilnehmerinnen – identifizierbar am Nick – ebenfalls im Chat anwesend sind. Auf der rechten Seite ist eine Farbpalette abgebildet, auf der durch Anklicken eine Farbe gewählt werden kann, in der dann die eigenen Beiträge erscheinen. Diese farbliche Absetzung erleichtert die Zuordnung der Beiträge zu den einzelnen Absendern. „Stamm-user" haben bevorzugte Farben und es entsteht manchmal ein Konflikt darüber, wer welche Farbe nutzen darf.

Die TeilnehmerInnen des Chats können sich in verschiedener Weise beteiligen: zum einen an der offenen Diskussion, indem sie Textbeiträge tippen und absenden, so dass sie, von der Technik in der zeitlichen Reihenfolge des Absendens geordnet, öffentlich für alle lesbar und klar einem Absender zuzuordnen sind: Nick wird eingeblendet, Farbe eventuell als zusätzliche Orientierungshilfe.

Daneben bietet sich die Möglichkeit, einen Teilnehmer „anzuflüstern", d. h. einen Beitrag zu schreiben und diesen per Klick auf den gewünschten Nick in der Namensleiste so zu versenden, dass er nur von dem angeflüsterten Teilnehmer lesbar ist, nicht von den anderen Teilnehmern. Mit einer Ausnahme: Grundsätzlich alle Flüsterbeiträge sind jeweils ebenso für die Fachkraft lesbar, um gegebenenfalls bei Konflikten, Beleidigungen, inhaltlich schweren Themen… eingreifen zu können. Die Teilnehmer wissen, dass die Fachkraft die Flüsterbeiträge lesen kann, was gelegentlich gezielt zu indirekten Botschaften an die Fachkraft genutzt wird.

Außerdem kann man eigene Aussagen durch einen speziellen Befehl in „3. Person"-Form und kursiv geschrieben, d. h, vom anderen Text abgesetzt erscheinen lassen (z. B. „Fachkraft lehnt sich zurück und wartet erst mal ab" oder „linda457 stellt eine Schüssel Chips in die Mitte").

Mit Hilfe verschiedener Befehle gibt es weitere Möglichkeiten, wie man die Teilnahme am Chat individuell steuern kann. Alle Teilnehmer haben beispielsweise die Möglichkeit, bestimmte andere Teilnehmer zu „ignorieren", d. h., dass die Beiträge dieses Teilnehmers, der ignoriert wird, für den Ignorierenden nicht mehr lesbar sind. Damit können gezielt „Fakerverdächtige" (Verdacht, dass eine erfundene Geschichte lanciert wird) oder störende Teilnehmer individuell ausgeblendet werden.

Die Fachkraft hat darüber hinaus die Möglichkeit, Teilnehmer für eine Weile zu sperren oder sogar komplett vom Chat auszuschließen: System „kickt" den Teilnehmer raus; als Sanktionsmöglichkeit bei Störungen und/oder Verstoß gegen die Chatregeln zu nutzen. Das Stummschalten dient ebenfalls diesem Zweck; hierbei kann der Teilnehmer weiter schreiben und lesen, aber seine Beiträge werden vom System nicht mehr veröffentlicht.

Neben dem öffentlichen und „privaten" geflüsterten Austausch im Chat bietet das System darüber hinaus eine weitere Möglichkeit, wie die Teilnehmer untereinander kommunizieren können, per sogenannter „personal message" (pm). Jeder Teilnehmer kann jeden anderen Teilnehmer und Fachkräfte auf diese Weise mit einer mail-ähnlichen Botschaft anschreiben, die nur von den beiden Betreffenden eingesehen werden kann, auch nicht von der Fachkraft. Dies geschieht außerhalb des Chatrahmens, aber innerhalb des bke-Systems. Manche Teilnehmer nehmen darauf Bezug, aber ansonsten ist dies für die Fachkraft nicht nachvollziehbar.

Chatraumspezifische Besonderheiten sind darüber hinaus ein hohes Tempo, d. h. möglichst kurze, prägnante Beiträge und die Verwendung von sogenannten „Emoticons": bildhafte Darstellungen von Gefühlsausdrücken. In einer eingeblendeten Leiste (s. Anhang 2) stehen standardisierte Emoticons bereit, die als Ersatz für fehlende nonverbale Mitteilungen per Klick in den eigenen Beitrag eingefügt werden können. Darüber hinaus haben sich Abkürzungen (z. B. lol = laughing out loud) und Tätigkeitswörter (z. B. *g* (grins) oder *augenroll*) eingebürgert, die ebenfalls zum Kommunizieren der eigenen Befindlichkeit und zum Spezifizieren der Intention des geschriebenen Beitrags dienen, z. B. mit „Augenzwinkern" versehen.

Während des Chats ist es möglich, im Text zurückzugehen zu einem früheren Gesprächsabschnitt oder – für neu Hinzukommende- den bisherigen Gesprächsverlauf über einen rechts eingeblendeten Befehl zu „laden", d. h. auf dem eigenen Bildschirm erscheinen zu lassen.

In den hier untersuchten Chats spielen von den erwähnten zusätzlichen Kommunikationszügen nur wenige eine Rolle. Farbwahl und Flüstern werden häufig genutzt, ebenso ist der Einsatz von Emoticons und ikonisierten Mitteilungen (z. B. ^^ Augenaufschlag) durchaus üblich. Entsprechende Beispiele vom Einsatz dieser Kommunikationszüge und daraus folgender Implikationen wurden im Text erläutert. Beiträge in der 3. Person oder Ignorieren/Stummschalten traten in den ausgewerteten Chatprotokollen gar nicht auf. Sanktionen infolge von Regelverstößen waren ebenfalls nicht zu verzeichnen.

Lebenslauf

Geboren am 09. Februar 1966 in Fulda

1985	Abitur an der Marienschule Fulda
1985- 1990	Studium der Psychologie an der Johannes- Gutenberg-Universität Mainz
1991- 1995	Tätigkeit als Diplom-Psychologin an der Erziehungs-, Jugend- und Familienberatungsstelle der Kath. Jugendfürsorge in Augsburg
1991- 1995	Weiterbildung „Integrative Paar- und Familientherapie“
1995 – 1998	Elternzeit
Ab 1997	Freiberufliche Tätigkeit als Verkehrspsychologin bei TÜV SÜD
1998 – 2000	Weiterbildung in Systemischer Supervision und Organisationsentwicklung in sozialen Institutionen (VFT München)
1999	Approbation als Psychologische Psychotherapeutin
1999 – 2010	Freiberufliche Tätigkeit in der Ehe-, Familien- und Lebensberatung der Diözese Augsburg
Ab 1999	Freiberufliche Tätigkeit als systemische Supervisorin und Referentin
2004-2006	Tätigkeit als Diplom-Psychologin im heilpädagogischen Kinderheim „Santa Maria“, Kalzhofen
2005 – 2012	Tätigkeit als Diplom-Psychologin in der Erziehungs-, Jugend- und Familienberatungsstelle in Kempten/Allgäu
2009	Weiterqualifizierung in Onlineberatung (Caritas und bke-Modell)
Ab 2011	berufsbegleitendes Promotionsstudium (Soziologie) an der Johann Wolfgang Goethe-Universität Frankfurt am Main
Ab Jan. 2013	Bereichsleitung für die Psychologischen Erziehungs-, Jugend- und Familienberatungsstellen im Landkreis Unterallgäu